全国高等教育自学考试指定教材
学前教育专业(独立本科段)

幼儿园组织与管理

Youeryuan Zuzhi yu Guanli

(含:幼儿园组织与管理自学考试大纲)

(2015年版)

全国高等教育自学考试指导委员会 组编

主 编 邢利娅 蔡淑兰

高等教育出版社·北京

扫描微信二维码
关注自考教材服务

图书在版编目(CIP)数据

幼儿园组织与管理/邢利娅,蔡淑兰主编;全国高等教育自学考试指导委员会组编. --北京 :高等教育出版社,2015.6 (2021.10 重印)

ISBN 978-7-04-042933-6

Ⅰ.①幼… Ⅱ.①邢… ②蔡… ③全… Ⅲ.①幼儿园-组织管理-高等教育-自学考试-教材 Ⅳ.①G617

中国版本图书馆 CIP 数据核字(2015)第 121604 号

策划编辑 雷旭波　　责任编辑 朱丽娜　　版式设计 范晓红　　插图绘制 尹文军
责任校对 陈　杨　　责任印制 田　甜

出　版	高等教育出版社	咨询电话	400-810-0598
社　址	北京市西城区德外大街 4 号	网　址	http://www.hep.edu.cn
邮政编码	100120		http://www.hep.com.cn
印　刷	北京市鑫霸印务有限公司		
开　本	787mm×1092mm　1/16	版　次	2015 年 6 月第 1 版
印　张	16.75	印　次	2021 年 10 月第 9 次印刷
字　数	400 千字	定　价	31.00 元

本书如有缺页、倒页、脱页等质量问题,请与教材供应部门联系

物 料 号　42933-00

组编前言

21世纪是一个变幻莫测的世纪，是一个催人奋进的时代。科学技术飞速发展，知识更替日新月异。希望、困惑、机遇、挑战，随时都有可能出现在每一个社会成员的生活之中。抓住机遇，寻求发展，迎接挑战，适应变化的制胜法宝就是学习——依靠自己学习、终身学习。

作为我国高等教育组成部分的自学考试，其职责就是在高等教育这个水平上倡导自学、鼓励自学、帮助自学、推动自学，为每一个自学者铺就成才之路。组织编写供读者学习的教材就是履行这个职责的重要环节。毫无疑问，这种教材应当适合自学，应当有利于学习者了解、掌握新知识和新信息，有利于学习者增强创新意识、培养实践能力、形成自学能力，也有利于学习者学以致用、解决实际工作中所遇到的问题。具有如此特点的书，我们虽然沿用了“教材”这个概念，但它与那种仅供教师讲、学生听，教师不讲、学生不懂，以“教”为中心的教科书相比，在内容安排、编写体例、行文风格等方面已经大不相同了。希望读者对此有所了解，以便从一开始就树立起依靠自己学习的坚定信念，不断探索适合自己的学习方法，充分利用已有的知识基础和实际工作经验，最大限度地发挥自己的潜能，达到学习的目标。

欢迎读者提出意见和建议。

祝每一位读者自学成功。

全国高等教育自学考试指导委员会

2012年10月

目录

幼儿园组织与管理自学考试大纲

幼儿园组织与管理

全国高等教育自学考试
学前教育专业(独立本科段)

幼儿园组织与管理自学考试大纲

全国高等教育自学考试指导委员会　制定

出版前言

为了适应社会主义现代化建设事业的需要，鼓励自学成才，我国在20世纪80年代初建立了高等教育自学考试制度。高等教育自学考试是个人自学、社会助学和国家考试相结合的一种高等教育形式。应考者通过规定的专业考试课程并经思想品德鉴定达到毕业要求的，可获得毕业证书；国家承认学历并按照规定享有与普通高等学校毕业生同等的有关待遇。经过30多年的发展，高等教育自学考试为国家培养造就了大批专门人才。

课程自学考试大纲是国家规范自学者学习范围、要求和考试标准的文件。它是按照专业考试计划的要求，具体指导个人自学、社会助学、国家考试、编写教材、编写自学辅导书的依据。

随着经济社会的快速发展，新的法律法规不断出台，科技成果不断涌现，原大纲中有些内容过时、知识陈旧。为更新教育观念，深化教学内容、教学方式、考试制度和质量评价制度的改革，使自学考试更好地提高人才培养的质量，各专业委员会按照专业考试计划的要求，对原课程自学考试大纲组织了修订或重编。

修订后的课程自学考试大纲，在层次上，专科参照一般普通高校专科或高职院校的水平，本科参照一般普通高校本科水平；在内容上，力图反映学科的发展变化，增补了自然科学和社会科学近年来研究的成果，对明显陈旧的内容进行了删减。

全国考委教育类专业委员会组织编写了《幼儿园组织与管理自学考试大纲》，经教育部批准，现颁发施行。各地教育部门、考试机构应认真贯彻执行。

全国高等教育自学考试指导委员会

2015年1月

I 课程性质与课程目标

一、课程性质和特点

“幼儿园组织与管理”课程是全国高等教育自学考试学前教育专业本科段的推荐选考课,它应用现代管理学和教育管理学的基本理论来研究幼儿园组织与管理活动及其规律。由于幼教机构的性质及其所承担的保育与教育双重任务,幼儿园在组织与管理方面有其特殊的规律性。

学习本课程应全面系统地掌握幼儿园组织与管理的基本理论、基本知识和基本方法,了解我国幼教管理的政策和法规,认识幼儿园管理的特点及规律,培养和提高正确分析和解决幼儿园组织与管理中实际问题的能力,以进一步推动我国幼儿园组织与管理科学化的进程。

“幼儿园组织与管理”课程的内容包括幼儿园管理概述、幼儿园管理过程、幼儿园组织与制度管理、幼儿园人力资源管理、幼儿园保教工作及教科研管理、幼儿园健康和安全管理、幼儿园财务与设备设施管理、幼儿园与家庭和社区、幼儿园组织文化建设、园长与幼儿园领导工作。该课程涉及的学科较多,具有较强的理论性、实用性、针对性和可操作性。

二、课程目标

幼儿园组织与管理的课程目标是使考生能够:

全面系统地掌握现代幼儿园组织与管理的基本理论和基本知识;初步掌握幼儿园组织与管理的基本方法和技术;形成依法办园和科学办园的意识,具有一定的正确分析和解决幼教管理中实际问题的能力。

三、与相关课程的联系与区别

该课程涉及的知识领域较广,包括管理学、教育管理学、学前教育学、卫生学等诸多学科,体现了该课程具有综合性、多元性、应用性的特点。它与学前教育学、学前心理学、学前卫生学等学科的关系密切,并以其为理论基础。

四、课程的重点和难点

本课程的重点包括:

幼儿园管理的概念、管理要素及其特点,幼儿园管理的基本原则,以及运用这些原则应注意的问题。

幼儿园管理过程及其含义，幼儿园工作计划制订的依据与程序，幼儿园工作计划实施过程中管理的基本环节和主要工作。

幼儿园组织机构的设置依据，我国幼儿园教职工配备的标准，幼儿园规章制度的制定要求，以及执行制度过程中应注意的问题。

幼儿园人力资源管理的含义，人力资源管理的原则，人力资源管理的内容，人力资源管理的策略。

保教工作管理的内容，保教工作管理的过程及措施，幼儿园保教工作常规管理的内容和要求，幼儿园教科研工作管理的内容、过程及管理措施。

幼儿园健康工作管理的内容及措施，幼儿园安全管理的内容及措施。

幼儿园财务管理的含义及其意义，幼儿园设备设施管理的对象、管理的主体及要求。

幼儿园家长工作的基本原则，幼儿园家长工作的策略。

幼儿园组织文化的含义，幼儿园组织文化构建的步骤，幼儿园组织文化构建的策略。

园长的角色与职责，园长的素质，园长的管理策略。

本课程的次重点包括：

管理的概念及其含义，幼儿园管理的内容，幼儿园管理的特殊任务，幼儿园管理的意义和方法。

管理过程的各阶段及特点，管理各环节中管理者的主要任务。

幼儿园组织机构的意义，幼儿园规章制度的多样性，幼儿园组织设置的原则和多元形式。

幼儿园人力资源管理的意义，人力资源管理的过程。

幼儿园保教工作的重要性，幼儿园教师和保育员一日工作流程，幼儿园教科研工作管理的意义，幼儿园教科研管理的任务。

幼儿园健康工作管理的意义，幼儿园安全管理的意义。

幼儿园财务管理和设备设施管理的基本概念，幼儿园财务管理的目标、任务、原则和要求。

幼儿园做好家长工作的重要意义，幼儿园社区工作的内容和方式。

幼儿园组织文化的意义，幼儿园组织文化的内容、特征以及结构与分类。

园长负责制的结构与功能，园长专业发展的含义及其各阶段的特征。

本课程的难点为：

根据幼儿园管理理论分析案例，针对案例中的问题采取相应的措施。

Ⅱ 考核目标

为了使考试内容具体化和考试要求标准化，本大纲在列出考试内容的基础上，对各章规定了考核目标，包括考核知识点和考核要求。明确考核目标，是为了使考生能够进一步明确考试内容和要求，更有目的地系统学习教材，同时明确命题范围，以在命题中准确地安排试题的知识能力层次和难易度。

在本大纲的考核知识点中，按照识记、领会、应用三个能力层次来规定应达到的要求。各个能力层次的含义如下：

识记——能知道有关的名词、概念、知识的含义，并能正确认识和表述。

领会——能全面把握基本概念、基本理论，把握有关知识的重点内容。

应用——在领会的基础上解决实际问题。

Ⅲ 课程内容与考核目标

第一章　幼儿园管理概述

一、学习目的与要求

通过本章的学习，理解管理的概念及其含义，熟悉并掌握幼儿园管理的概念、管理要素及其特点，了解学习和研究幼儿园管理的意义，熟悉学习和研究幼儿园管理的方法，掌握幼儿园管理的基本原则，并熟悉这些原则运用时应注意的问题。

二、课程内容

（一）管理的含义及特征

从不同的理论视角看管理，管理的概念及其含义，管理具有二重性。

（二）幼儿园管理的含义及特点

幼儿园及其管理的含义，幼儿园管理的要素、内容及特点。

（三）学习和研究幼儿园管理的意义和方法

学习和研究幼儿园管理的意义，学习和研究幼儿园管理的方法。

（四）幼儿园管理的基本原则

幼儿园管理的基本原则：方向性原则、保教为主整体性原则、民主管理原则、有效性原则、社会协调性原则。

三、考核知识点与考核要求

（一）管理的含义及特征

识记：（1）管理的概念；（2）管理的含义。

领会：（1）从不同视角看管理；（2）理解管理的二重性。

（二）幼儿园管理的含义及特点

识记：（1）幼儿园管理的含义；（2）幼儿园管理的要素。

领会：（1）幼儿园管理的内容；（2）从对幼儿园性质和功能的探讨理解幼儿园教育的特点；（3）幼儿园管理的特殊性。

应用:分析幼儿园具有教育性、公益性和福利性。

(三) 学习和研究幼儿园管理的意义和方法

领会:(1) 学习和研究幼儿园管理的意义;(2) 学习和研究幼儿园管理的方法。

应用:(1) 制订一份学好本门课程的计划;(2) 能够运用案例法收集 2~3 例幼儿园管理的案例。

(四) 幼儿园管理的基本原则

识记:(1) 管理原则;(2) 幼儿园管理原则;(3) 方向性原则;(4) 保教为主整体性原则;(5) 民主管理原则;(6) 有效性原则;(7) 社会协调性原则。

领会:(1) 各项原则的意义以及实施应注意的问题;(2) 幼儿园为什么要坚持方向性原则;(3) 保教为主整体性原则的含义,它既是一条教育原则也是重要的管理原则;(4) 贯彻民主管理的原则为什么要坚持群众路线。

应用:(1) 举例说明园长坚持正确办园方向的重要性;(2) 幼儿园管理中如何树立正确的教育质量观、效益观;(3) 如何将"以人为本"的思想在幼儿园管理中付诸实施;(4) 如何在新的历史条件下勤俭办园;(5) 分析一所幼儿园在管理中是怎样实施社会协调性原则的。

第二章 幼儿园管理过程

一、学习目的与要求

通过本章的学习,理解幼儿园管理过程及其含义,明确管理过程的各阶段及特点;基本掌握幼儿园工作计划制订的依据与程序,掌握幼儿园工作计划实施过程中管理的基本环节和主要工作,并能运用所学理论知识分析幼儿园管理过程中存在的问题以及提出解决问题的对策。

二、课程内容

(一) 幼儿园管理过程概述

管理过程的含义,"戴明环"管理过程理论;幼儿园管理过程的分析,包括:幼儿园管理过程的含义,幼儿园管理过程的特点。

(二) 幼儿园工作计划的制订

幼儿园工作计划的含义及类型,制订幼儿园工作计划的依据及程序。

(三) 幼儿园工作计划执行过程中的管理

组织、协调及控制;指导、激励和教育;实行阶段应注意的问题。

(四) 计划执行过程中的检查与总结

计划执行中的检查;计划执行中的总结。

三、考核知识点与考核要求

(一) 幼儿园管理过程概述

识记:(1) 幼儿园管理过程的概念;(2) 幼儿园管理过程的四个环节(计划、执行、检查、总结)。

领会：(1)“戴明环”管理过程理论；(2)幼儿园管理过程的含义；(3)幼儿园管理过程的特点。

应用：尝试用“戴明环”管理过程理论分析1~2所幼儿园的管理环节是否清晰，运转是否有效？问题何在？并提出解决问题的对策。

(二)幼儿园工作计划的制订

识记：(1)幼儿园工作计划的概念；(2)决策的概念；(3)长、中、短期计划的概念；(4)全园、部门和个人计划的概念；(5)常规工作计划和临时工作计划的概念。

领会：(1)幼儿园工作计划的含义及分类；(2)制订幼儿园工作计划的依据；

(3)幼儿园工作计划制订的程序；(4)确立幼儿园工作计划的目标要求。

应用：按照所学理论制订一份班级工作计划和个人计划。

(三)幼儿园工作计划执行过程中的管理

识记：(1)控制的概念；(2)协调的概念。

领会：(1)执行是贯穿管理周期全过程的中心环节，是实现目标的关键；(2)幼儿园工作计划实施过程中管理活动主要由组织、协调和控制，指导、激励和教育等管理活动组成；(3)计划执行中组织、协调和控制的主要任务；(4)计划执行中指导、激励和教育的主要任务；(5)计划实行阶段应注意的问题。

应用：分析幼儿园出现工作不到位的情况有哪些，原因何在？

(四)计划执行过程中的检查与总结

识记：(1)定期检查和经常性检查；(2)全面检查与单项检查。

领会：(1)检查在管理过程中的意义；(2)检查的方式多样化；(3)有效检查的基本要求；(4)计划执行中总结的意义和总结的类型；(5)总结阶段应注意的问题。

应用：(1)联系幼儿园管理实际，分析计划总结过程中应注意的问题；(2)按所学要求，写一份班级保教工作总结，并请园长帮助分析与评议；(3)对所在幼儿园去年工作总结进行全面分析，联系实际指出优点与不足。

第三章 幼儿园组织与制度管理

一、学习目的与要求

通过本章的学习，理解组织的含义及设置幼儿园组织机构的意义；掌握设置幼儿园组织机构的依据，熟悉当前我国幼儿园教职工配备标准；明确幼儿园规章制度的含义、类型、制定要求以及执行制度过程中应注意的问题。

要求能联系当前不同体制和规模幼儿园组织结构的实际，理解幼儿园组织设置的原则和多元形式；理解幼儿园规章制度的多样性。

二、课程内容

(一)幼儿园组织机构的设置

幼儿园组织机构的含义，幼儿园设置合理的组织机构的意义，设置幼儿园组织机构的依据和原则。

（二）幼儿园的一般组织结构

幼儿园中正式组织与非正式组织的含义及其在管理中的作用，当前我国常见的不同规模幼儿园的组织结构形式，幼儿园不同的组织结构形式的利弊。

（三）幼儿园的规章制度

幼儿园规章制度的概念、作用、内容和类型，制定幼儿园规章制度的基本要求，运用制度管理幼儿园人员和工作应注意的问题。

三、考核知识点与考核要求

（一）幼儿园组织机构的设置

识记：（1）组织的含义；（2）幼儿园组织机构的概念；（3）幼儿园组织机构的要素；（4）管理跨度；（5）幼儿园组织机构设置的原则。

领会：（1）设置幼儿园组织机构的目的；（2）幼儿园组织机构设置的依据。

（二）幼儿园的一般组织结构

识记：（1）幼儿园的正式组织；（2）幼儿园的非正式组织。

领会：（1）幼儿园的性质差异；（2）幼儿园的规模差异；（3）大型公立幼儿园的组织结构形态；（4）中型幼儿园的组织结构形态；（5）小型私立幼儿园的组织结构形态。

应用：良好的幼儿园组织的形成和培养。

（三）幼儿园的规章制度

识记：（1）规章制度；（2）岗位责任制。

领会：（1）幼儿园规章制度的作用；（2）幼儿园规章制度的层次；（3）幼儿园规章制度指向的内容；（4）幼儿园规章制度的类型。

应用：（1）制定幼儿园规章制度的基本要求；（2）幼儿园规章制度执行时应注意的问题；（3）思考幼儿园制度管理与人文关怀的关系。

第四章　幼儿园人力资源管理

一、学习目的与要求

通过本章的学习，掌握幼儿园人力资源管理的含义，理解和领会人力资源管理的意义和原则，掌握人力资源管理的内容和过程，熟练运用幼儿园人力资源管理的策略。

二、课程内容

（一）幼儿园人力资源管理概述

幼儿园人力资源管理的含义及其意义，幼儿园人力资源管理的原则。

（二）幼儿园人力资源管理的内容与过程

幼儿园人力资源管理的内容，幼儿园人力资源管理的过程。

（三）幼儿园教师管理策略

幼儿园教师管理的有效策略。

三、考核知识点与考核要求

（一）幼儿园人力资源管理概述

识记:幼儿园人力资源管理的含义。

领会:幼儿园人力资源管理的意义。

应用:幼儿园人力资源管理的原则。

（二）幼儿园人力资源管理的内容与过程

识记：幼儿园人力资源管理的过程。

领会：幼儿园人力资源管理的内容。

应用：幼儿园人力资源管理的内容。

（三）幼儿园教师管理策略

应用:幼儿园教师管理策略。

第五章　幼儿园保教工作及教研管理

一、学习目的与要求

通过本章的学习,理解幼儿园保教工作的重要性,掌握幼儿园保教工作管理的内容、过程及措施;掌握幼儿园保教工作常规管理的内容和要求;理解幼儿园教科研工作管理的意义、幼儿园教科研管理的任务,联系实际掌握幼儿园教科研工作管理的内容、过程及措施。

二、课程内容

（一）幼儿园保教工作管理

幼儿园保育和教育的内容、保育和教育的关系;幼儿园保教工作管理的内容,幼儿园保教管理的过程,幼儿园保教工作管理的措施。

（二）幼儿园保教工作常规管理

幼儿园教育活动常规管理的内容,幼儿园一日生活常规管理的流程。

（三）幼儿园教科研工作管理

幼儿园教科研工作管理的意义与任务,幼儿园教科研工作管理的内容,幼儿园教科研工作管理的过程,教科研活动规范化管理的措施。

三、考核知识点与考核要求

（一）幼儿园保教工作管理

识记:幼儿园保教工作管理的内容。

领会:幼儿园保教工作管理的意义。

应用:(1) 幼儿园保教工作管理的过程;(2) 幼儿园保教工作管理的措施。

（二）幼儿园保教工作常规管理

领会:(1) 幼儿园保教工作常规管理;(2) 幼儿园一日生活常规管理的特点。

应用:(1) 幼儿园教师一日工作流程;(2) 保育员一日工作流程;(3) 幼儿园一日活动流程优化管理的措施;(4) 实地考察三所幼儿园的保教管理工作,总结其经验,分析其不足;(5) 参与幼儿园教科研活动。

(三) 幼儿园教科研工作管理

识记:(1) 幼儿园教科研工作管理的任务;(2) 幼儿园教科研工作管理的内容。

领会:(1) 幼儿园教科研工作管理的意义;(2) 幼儿园教科研工作管理的过程。

应用:(1) 制定幼儿园教科研工作管理的措施,进行教科研工作的规范化管理;(2) 结合幼儿园教科研工作的实际,拟订幼儿园教科研规划,并组织与开展教科研活动。

第六章　幼儿园健康和安全管理

一、学习目的与要求

通过本章的学习,理解幼儿园健康工作管理的意义,掌握幼儿园健康工作管理的内容及措施;理解幼儿园安全管理的意义,掌握幼儿园安全管理的内容及措施。

二、课程内容

(一) 幼儿园健康工作管理

幼儿园健康工作管理的意义,幼儿园健康工作管理的内容。

(二) 幼儿园安全工作管理

幼儿园安全管理工作的意义,幼儿园安全工作管理的内容,幼儿园安全工作管理的措施。

三、考核知识点与考核要求

(一) 幼儿园健康工作管理

识记:(1) 幼儿园环境;(2) 幼儿生活活动;(3) 幼儿园健康工作管理的含义;(4) 幼儿园健康工作管理的内容。

领会:(1) 幼儿园健康工作管理工作的意义;(2) 幼儿园环境管理的原则;(3) 幼儿园生活管理的内容。

应用:(1) 幼儿园健康管理的措施;(2) 幼儿园教师健康管理的意义;(3) 幼儿园教师健康管理策略;(4) 实地考察幼儿园健康工作管理的情况,并提出科学的实事求是的评价与整改意见。

(二) 幼儿园安全工作管理

识记:幼儿园安全工作管理的意义。

领会:(1) 幼儿园安全工作管理的内容;(2) 幼儿园安全事故的预防措施;(3) 幼儿园安全教育。

应用:制定幼儿园安全管理的措施。

第七章　幼儿园财务与设备设施管理

一、学习目的与要求

通过本章的学习，明确幼儿园财务管理和设备设施管理的基本概念，理解幼儿园财务管理的含义及其意义，了解幼儿园财务管理的目标和任务、原则和要求，明确幼儿园设备设施管理的对象、管理的主体及要求。

二、课程内容

（一）幼儿园财务管理概述

幼儿园财务管理的含义、意义，幼儿园财务人员的岗位职责和工作要求，幼儿园财务管理的目标和任务，幼儿园财务管理的特点、原则及要求；联系实际，运用恰当的原则，在幼儿园财务管理工作中合理有效地运用经费。

（二）幼儿园的设备设施管理

幼儿园设备设施管理的主体、客体（对象），管理主体的工作职责，幼儿园设备设施的基本质量要求，管理幼儿园设备设施的一系列要求。

三、考核知识点与考核要求

（一）幼儿园财务管理概述

识记：（1）幼儿园财务管理的含义；（2）幼儿园经费的类别；（3）幼儿园财务管理的原则；（4）幼儿园财务管理的特点；（5）幼儿园财务人员及其职责要求。

领会：（1）幼儿园财务管理的意义；（2）幼儿园财务管理的目标；（3）幼儿园财务管理的任务；（4）幼儿园经费管理和利用要求；（5）管理和建设好幼儿园财务队伍的意义和途径；（6）幼儿园经费预算和决算的意义。

应用：（1）合理有效管理幼儿园财务的要求；（2）幼儿园财务纪律及其对园长的职业道德的要求。

（二）幼儿园的设备设施管理

识记：（1）幼儿园的设备设施管理的内容；（2）幼儿园设备实施管理的主体。

领会：（1）幼儿园设备实施管理主体的职责；（2）幼儿园设施设备管理的要求。

第八章　幼儿园与家长和社区

一、学习目的与要求

通过本章的学习，理解家庭教育对幼儿成长的重要作用及幼儿园做好家长工作的重要意义，了解幼儿园家长工作的内容和形式，掌握幼儿园家长工作的基本原则和策略，了解幼儿园社区工作的意义、工作内容和方式。

二、课程内容

（一）幼儿园家长工作的重要意义

家庭教育对幼儿成长的重要性，家庭教育的特点及与幼儿园教育的关系，做好家长工作的重要意义。

（二）幼儿园家长工作的内容与形式

幼儿园家长工作的内容，幼儿园家长工作的形式以及不同形式的适用性。

（三）幼儿园家长工作的管理与指导

加强家长工作的计划性，家长工作制度的建设，园长应该如何做好班级家长工作的指导。

（四）幼儿园与社区

幼儿园与社区的关系以及做好社区工作的重要意义，了解基本的社区工作内容和方式。

三、考核知识点与考核要求

（一）幼儿园家长工作的重要意义

识记：家庭教育的含义。

领会：（1）家庭教育的特点；（2）幼儿园教育的特点。

应用：（1）家庭对幼儿有何重要的教育意义；（2）家庭教育与幼儿园教育的区别；（3）为什么要努力实现家园共育。

（二）幼儿园家长工作的内容与形式

识记：幼儿园家长工作的内容。

领会：幼儿园家长工作的各种形式。

应用：（1）在实践中试用幼儿园家长工作的几种方式，并观察效果；（2）班级家长工作的方式；（3）各种方式都在什么情况下适用。

（三）幼儿园家长工作的管理与指导

识记：幼儿园家长工作的原则。

领会：（1）家长工作纳入全园工作计划的必要性；（2）家长工作制度化的必要性。

应用：（1）在实践中灵活运用家长工作的原则和方法；（2）与家长沟通交流的技巧；（3）试着在与家长的沟通交流中注意工作原则和方法，观察与以前的不同之处。

（四）幼儿园与社区

识记：社区的含义。

领会：（1）幼儿园与社区的关系；（2）幼儿园做好社区工作的重要意义；（3）幼儿园社区工作包含的内容。

应用：（1）正确理解社区对幼儿园工作的支持；（2）幼儿园如何为社区服务；（3）幼儿园如何处理与社会其他部门的关系。

第九章　幼儿园组织文化建设

一、学习目的与要求

通过本章的学习，理解幼儿园组织文化的含义及其意义，了解幼儿园组织文化的内容、特征以及结构与分类，基本掌握幼儿园组织文化构建的步骤和策略，并能运用组织文化理论分析幼儿园组织文化建设的现状和问题，并能提出建议。

二、课程内容

（一）幼儿园组织文化概述

幼儿园组织文化的含义，幼儿园建设组织文化的重要意义，了解幼儿园组织文化的内容与特征。

（二）幼儿园组织文化的结构

物质文化、行为文化、制度文化、精神文化的含义和内容。

（三）幼儿园组织文化建设的步骤与策略

幼儿园组织文化建设的影响因素，构建组织文化的阶段，幼儿园组织文化建设的策略。

三、考核知识点与考核要求

（一）幼儿园组织文化概述

识记：(1) 组织文化；(2) 幼儿园组织文化。

领会：(1) 幼儿园组织文化的内容；(2) 幼儿园组织文化的特征；(3) 幼儿园开展组织文化建设的意义；(4) 组织文化对团队的影响力有哪些；(5) 幼儿园组织文化的建设者有哪些人？

（二）幼儿园组织文化的结构

识记：(1) 物质文化；(2) 行为文化；(3) 制度文化；(4) 精神文化。

领会：(1) 幼儿园物质文化；(2) 幼儿园行为文化；(3) 幼儿园制度文化；(4) 幼儿园精神文化；(5) 幼儿园组织文化的四个层次都包含哪些要素？(6) 构成幼儿园组织文化的四个层次之间的关系是怎样的？

（三）幼儿园组织文化建设的步骤与策略

领会：(1) 影响幼儿园组织文化建设的各种因素；(2) 幼儿园组织文化建设的步骤；(3) 幼儿园组织文化建设的策略。

应用：(1) 建立组织文化最重要的是什么问题？(2) 在实践中如何给幼儿园定位，建立幼儿园的组织文化。

第十章　园长与幼儿园领导工作

一、学习目的与要求

通过本章的学习，了解我国幼儿园实行园长负责制，理解园长负责制的含义；理解园长在幼儿园管理中扮演的角色及承担的主要职责；理解园长素质的含义，明确园长应具备的素质；理解园长专业发展的概念及其含义，了解其专业发展的各阶段及其影响因素；领会园长的管理理念，熟悉园长的领导策略。

二、课程内容

（一）园长负责制与园长的角色和职责

园长负责制及其含义，园长的角色与园长的职责。

（二）园长的素质与专业发展

园长的素质，园长的专业发展。

（三）园长的管理理念与领导策略

园长的管理理念，园长的领导策略。

三、考核知识点和考核要求

（一）园长负责制与园长的角色和职责

识记：（1）园长负责制的含义；（2）《幼儿园工作规程》中规定的园长职责。

领会：（1）园长负责制的结构与功能；（2）园长的角色；（3）园长工作的主要任务和内容。

应用：（1）园长为什么需要把握幼儿园的整体方向，规划幼儿园的发展？（2）园长怎样发挥指导者的作用？（3）园长为什么需要协调好园内与园外的关系？

（二）园长的素质与专业发展

识记：（1）园长素质的概念；（2）园长专业发展的概念。

领会：（1）园长素质的结构；（2）园长专业发展的含义与几个发展阶段的特征；（3）影响园长专业发展的内外因素。

应用：（1）分析1~2位优秀园长的素质；（2）应运所学理论谈谈促进园长专业发展的途径；（3）从影响园长专业成长的内外因素的角度，试析园长自主专业发展的策略。

（三）园长的管理理念与领导策略

识记：园长的管理理念

领会：（1）园长的领导策略；（2）园长运用权力的策略；（3）园长拓宽资源渠道的策略；（4）园长改善管理思维的策略。

应用：（1）收集和整理一例园长善于提升自身非权力影响力的案例，并进行分析；（2）收集和整理一例园长平衡幼儿园内部人际关系的成功或失败案例，并进行分析。

Ⅳ 关于大纲的说明与考核实施要求

一、自学考试大纲的目的和作用

课程自学考试大纲是根据专业自学考试计划的要求，结合自学考试的特点而确定。其目的是对个人自学、社会助学和课程考试命题进行指导和规定。

课程自学考试大纲明确了课程学习的内容以及深广度，规定了课程自学考试的范围和标准。因此，它是编写自学考试教材和辅导书的依据，是社会助学组织进行自学辅导的依据，是自学者学习教材、掌握课程的知识范围和程度的依据，也是进行自学考试命题的依据。

二、课程自学考试大纲与教材的关系

课程自学考试大纲是进行学习和考核的依据，教材是学习掌握课程知识的基本内容与范围，教材的内容是大纲所规定的课程知识和内容的扩展与发挥。课程内容在教材中可以体现一定的深度或难度。

大纲与教材所体现的课程内容基本一致。大纲中给出的课程内容和考核知识点，教材中一般都要有，而教材中有一些拓展的内容，并没有在大纲中体现。

三、关于自学教材

1. 指定教材

《幼儿园组织与管理》，全国高等教育自学考试指导委员会组编，邢利娅、蔡淑兰主编，高等教育出版社，2015 年版。

2. 参考书

张燕、邢利娅主编：《幼儿园组织与管理》，北京师范大学出版社，2002 年版。

邢利娅主编：《幼儿园管理》，高等教育出版社，2010 年版。

张燕编著：《幼儿园管理》，人民教育出版社，2008 年版。

四、关于自学要求和自学方法指导

本大纲的课程基本要求是根据专业考试计划和专业培养目标而确定的。课程基本要求还明确了课程的基本内容，以及对基本内容的把握程度。基本要求中的知识点构成了课程内容的主体部分。因此，课程基本内容的掌握程度、课程考核知识点是高等教育自学考试考核的主要内容。

为有效指导个人自学和社会助学,本大纲指明了课程内容的重点和难点,在章节的基本要求中一般也指明了章节内容的重点和难点。

本课程共 4 学分。

1. 系统学习,深入重点

自学者首先应系统学习各个章节的内容,掌握要求识记的概念,深入理解和掌握基本理论和基本方法,在此基础上深入学习知识点,掌握重点。

2. 科学的学习方法

考试前梳理已经学过的内容,搞清楚一些基本概念和基本理论,便于记忆,加深理解。

3. 深入理解教材例题,注意理论与实践相结合

能够根据案例给出的关键问题进行分析,提高分析问题和解决问题的能力。

五、应考指导

1. 如何学习

做好的计划是学习成功的重要方法。在学习课本的内容时,可以做读书笔记,重点内容用彩笔标注,如:红色代表重点,绿色代表需要深入理解的内容,黄色代表理论联系实际的内容等。在学习的过程中,要结合学习内容完成作业或练习,熟练掌握需要识记的内容,腾出更多时间完成需要深入理解的内容。建议列出“行动计划表”以便监控自己的学习进展情况。

2. 如何考试

卷面整洁非常重要。书写工整,段落、间距合理,卷面美观有利于评卷教师正确打分。作答时要认真审题,只回答所问的问题,不能凭自己的兴趣答题。

六、对社会助学的要求

针对重点章节、次重点章节、一般章节分别提出自学和助学的学时建议和要求,助学中应该注意的问题是根据考试大纲把握好助学方向,指导自学者通过助学的帮助改进学习方法,提高解决问题的能力。

在助学中应帮助自学者梳理重点和一般内容的关系,既要注重对重点内容的讲解与练习,也要指导自学者全面系统地学习教材。

注意培养自学者应用知识的能力。适当增加一些例题培养自学者运用方法的能力,深入理解基础理论,提高他们的分析应用能力。

七、对考核内容的说明

本课程考核为闭卷笔试,考试时间 150 分钟。

本课程要求考生学习和掌握的知识点都作为考核的内容。课程中各章的内容均由若干知识点组成,在自学考试中成为考核知识点。因此,课程自学考试大纲中所规定的考试内容是以分解为考核知识点的方式给出的。由于各知识点在课程中的地位、作用以及知识自身的特点不同,自学考试将对各知识点分别按三个认知(或叫能力)层次确定其考核要求。

在考试之日起 6 个月前,由全国人民代表大会和国务院颁布或修订的法律、法规都将列

入相应课程的考试范围。

按照重要性程度不同，考核内容分为重点内容、次重点内容、一般内容，在本课程试卷中对不同考核内容要求的分数比例大致为：重点内容占 60%，次重点内容占 30%，一般内容占 10%。

本课程在试卷中对不同能力层次要求的分数比例大致为：识记部分占 30%，领会部分占 50%，应用部分占 20%。

试题的难度可分为：易、较易、较难和难四个等级。每份试卷中不同难度试题的分数比例一般为：2∶3∶3∶2。

课程考试命题的主要题型一般有单项选择题、多项选择题、名词解释题、简答题、论述题、案例分析等题型。

附录　题型举例

一、单项选择题

在每小题列出的四个备选项中只有一个是符合题目要求的，请将其代码填写在题后的括号内。错选、多选或未选均无分。

1. 幼儿园各项规章制度的核心制度是（　　）。

A. 考核与奖惩制度　　B. 岗位责任制

C. 全园性制度　　D. 部门性制度

2. 建设幼儿园组织文化的核心是（　　）。

A. 物质文化　　B. 行为文化

C. 制度文化　　D. 精神文化

二、多项选择题

在每小题列出的五个备选项中至少有两个是符合题目要求的，请将其代码填写在题后的括号内。错选、多选、少选或未选均无分。

1. 学习和研究幼儿园管理的主要方法有（　　　）。

A. 文献法　　B. 调查法　　C. 行动研究法

D. 体验法　　E. 案例研究法

2. 幼儿园人力资源管理原则包括（　　　）。

A. 人事相宜原则　　B. 激励性原则　　C. 贯彻性原则

D. 一致性原则　　E. 连续性原则

三、名词解释

1. 幼儿园教师绩效管理

2. 幼儿园健康管理

四、简答题

1. 简述制订幼儿园计划的依据。

2. 简述幼儿园保教工作管理的内容。

五、论述题

1. 论述设置幼儿园组织机构的依据和原则有哪些？

2. 试述幼儿园设备设施管理的要求。

六、案例分析题

某幼儿园教师，日常工作不踏实，拈轻怕重，不服从领导安排，同事关系紧张，因而园长平时对她批评较多。有一天，园长偶尔发现她儿童诗写得不错，于是在员工大会上表扬了该教师的才华，将这几首诗选编到该园的课程内容中，并请该教师负责幼儿园园歌歌词的撰写。该教师工作积极性比以前大为提高，不仅认真完成任务，还主动向其他教师请教。

请运用园长领导策略理论，分析上述案例中园长的管理工作。

后　　记

《幼儿园组织与管理自学考试大纲》是根据全国高等教育自学考试教育类学前教育专业考试计划的要求编写的。2015 年 1 月教育类专业委员会召开审稿会议，对本大纲进行了评审，修改后经过主编复审定稿。

本大纲由内蒙古师范大学邢利娅教授主持编写，内蒙古师范大学蔡淑兰教授、华中师范大学王雯副教授和中华女子学院程敏讲师分别执笔撰写。

本大纲经由北京师范大学张燕教授、中华女子学院余珍有教授和北京师范大学杜继刚副教授审稿并提出改进意见。

本大纲编审人员付出了辛勤劳动，特此表示感谢。

全国高等教育自学考试指导委员会

教育类专业委员会

2015 年 1 月

全国高等教育自学考试指定教材
学前教育专业(独立本科段)

幼儿园组织与管理

全国高等教育自学考试指导委员会　组编
主　编　邢利娅　蔡淑兰

编者的话

《幼儿园组织与管理》教材编写组，由几所学校学前教育专业担任学前教育管理学教学和研究工作的人员组成。主编是内蒙古师范大学邢利娅教授和蔡淑兰教授，主要编写人员有华中师范大学王雯副教授、中华女子大学程敏老师。具体章节的编写者为：邢利娅（第一章、第二章），邢利娅、房玮婧（第十章），蔡淑兰（第四章、第五章、第六章），王雯（第三章、第七章），程敏（第八章、第九章）。

全书整体框架设计由全体编写成员共同讨论形成，全书统稿工作由邢利娅和蔡淑兰完成。编写人员团结协作、共同努力，力求保证教材质量，但仍有疏漏与不足，希望大家批评指正，以便不断修订完善。

本教材在编写过程中，参阅了大量前人及同行的研究成果，有的在书中注明，有的未加注释，凡借鉴他人成果的地方，在此一并表示深深的谢意。

编者

2015 年 5 月

第一章 幼儿园管理概述

学习目标

通过本章的学习，理解管理的概念及其含义，熟悉并掌握幼儿园管理的概念和要素，熟悉幼儿园的性质和功能及其管理的特点，了解学习幼儿园管理的意义以及学习和研究的方法，理解幼儿园管理的意义，掌握幼儿园管理的基本原则，并熟悉运用这些原则时应注意的问题。

建议学时

7学时。

案例导读

2010年颁布的《国家中长期教育改革和发展规划纲要(2010—2020年)》和《国务院关于当前发展学前教育的若干意见》都提出到2020年在我国基本实现普及学前教育的目标，同时国家还启动了两期学前教育三年行动计划，这将有效地推动我国学前教育的发展。从解决“入园难”到实现“有园上、上好园”，充分体现出我国的学前教育机构体系具有“公益性、教育性、福利性”的特点。以下案例选自在教育部召开的“第二期学前教育三年行动计划座谈会”上西部地区的陕西省和较发达地区的青岛市两地教育部门负责人的发言。随着我国学前教育的普及和幼教机构的快速发展，势必对幼儿园管理提出新的挑战，因此，要不断努力提高幼儿园管理水平和保教质量。

案例

第二期学前教育三年行动计划座谈会发言摘登(节选)

陕西省教育厅副厅长　王海波

主题：坚持三个并重，着力解决“有园上、上好园”的问题

陕西省出台的第二期学前教育三年行动计划，围绕建设、提升、管理发展主线，坚持建设与质量、公办与民办、城市与农村三个并重，深化改革，强化管理，着力解决“入园难、入园贵”和“有园上、上好园”问题。

一是优化学前教育资源配置，破解普惠性资源不足的问题。陕西省将再建一批公办园，其中，省政府重点支持建设450所公办园，使全省公办园数量达到幼儿园总数的50%，公办园在园幼儿人数达到在园幼儿总数的50%，学前三年毛入园率达到96%以上。为此，陕西省提出“控总量、调结构、八优先、达标准”的原则。“控总量”是结合人口出生

和流动趋势，科学地测算出区域内适龄儿童的总数和幼儿园的总需求量，避免造成资源浪费；"调结构"是通过优化和整合的方式，大幅提高公办园和普惠性民办园的覆盖率，提高标准化园所的数量；"八优先"是建园优先考虑乡镇空白点、县城以上城区、城市开发区、人口密集区、较大保障性住房社区、移民搬迁区、留守儿童集中区和农村新型社区；"达标准"是幼儿园建设规模、标准要符合国家和省级标准，建一所，成一所，用一所。

二是加大财政投入，破解学前教育投入保障机制不健全的问题。加大项目投入：省发改委、教育、财政三部门联合制订幼儿园建设项目计划，形成统一的建设项目库，对乡镇新建公办园每园补助150万元，对城区新建公办园每园补助200万元。提高生均财政补助标准：提升学前一年财政补助标准，达到每生每年1 300元；加大家庭经济困难儿童、孤儿和残疾儿童接受学前教育资助的力度。

三是强化人才支撑，破解教师数量不足、专业水平不高的问题。陕西省将出台政策，力争用3年时间，补足配齐幼儿园教师队伍，并通过加大免费师范生培养力度，建立高等学校与地方政府、幼儿园联合培养教师制度，探索大学生在校期间选修学前教育专业培养模式等机制，努力提升全省学前教育师资的整体素养和专业能力。

四是实施科学保教，破解幼儿园教育"小学化"的问题。陕西省将组建学前教育管理与质量专家团队，加强对各市县和幼儿园的督导与管理，并通过出台政策，重点抓好《3~6岁儿童学习与发展指南》实验工作和省级示范园结对帮扶、完善幼小衔接、学前教育骨干体系建设等工作，全面提升保育教育质量。

五是健全管理制度，构建学前教育规范管理体系。陕西省将出台一系列配套政策，进一步建立健全学前教育管理制度，提升学前教育的管理水平。

山东省青岛市教育局党委书记、局长　邓云锋

主题：推动学前教育优质普惠发展。

青岛市出台的第二期学前教育三年行动计划提出，到2016年，基本建立布局合理、资源充足、公益普惠、充满活力的学前教育公共服务体系，更好地满足人民群众对高质量学前教育的需求。

一是加大财政投入，助推学前教育可持续发展。市级财政安排专项资金，鼓励和引导区一级发展学前教育。区级政府财政预算内学前教育经费占预算内教育支出的比例达到5%，不举办高中的区达到10%以上。普惠性民办园生均定额补贴标准提高到每年2 400元以上。家庭经济困难在园幼儿资助标准提高到每人每年1 800元以上，免除在公办幼儿园就读的学前残疾幼儿、孤儿的保教费，在民办幼儿园就读的按照同等标准予以补助。

二是加快服务网络建设，实现学前教育普惠发展。完善设施布局：3年内新建、改扩建幼儿园300所，2017年至2020年建设400所，并预留300个建设项目，确保学前3年入园率达到99%以上，实现高水平普及。调整资源和布局结构：加强公办园建设，完善普惠性民办园管理办法，确保公办园和普惠性民办园所占比达到80%以上；新建小区配套幼儿园移交教育部门办成普惠性幼儿园，解决好老城区、城乡结合部布局不合理的问题，加快满足"就近入园"的需求。

三是加强师资,强化管理,促进学前教育优质发展。每年为农村免费定向培养200名专科及以上层次的幼儿教师。实施第二轮园长、教师全员培训,园长和专任教师具有专科及以上学历的比例达到80%以上。配齐补足幼儿园教职工,农村镇(街道)中心幼儿园公办幼儿教师比例达到50%以上,每所农村幼儿园至少有1名公办幼儿教师。通过生均财政拨款、专项补助等方式,支持解决好公办园非在编教师的工资待遇问题,逐步实现同工同酬。

提升科学管理水平。加强学前教育机构监管体系建设,完善保育教育质量评估监测体系。推进招生制度改革,扩大就近入园的试点范围。优化管理模式,探索通过名园办分园、优质园跨区域办园等方式,增加优质幼儿园的数量;探索城区幼儿园片区化管理,通过资源共享、优质园与薄弱园对口帮扶等措施,促进片区幼儿园均衡发展;推广农村园镇域一体化管理经验,统筹镇域幼儿园布局、经费保障、教师调配、保教管理、监督考核等工作,提升农村幼儿园的整体质量。

来源:中国教育报　2015年1月23日

当代的教育领域,管理的作用日益彰显,甚至教育的水平高低或质量好坏都与管理息息相关。幼儿园作为学前教育重要的组织机构,是整个教育系统的一个组成部分,它的管理水平以及办园质量的高低直接影响着“人之初”教育的质量,也影响着未来公民的综合素质。特别是当前我国学前教育管理为实现在2020年基本普及学前教育的目标,将会面临发展中的许多新问题、新矛盾和新挑战,因此,学习和研究幼儿园管理的理论与实务具有重要的意义和价值。

第一节　管理的含义及特征

一、从不同视角看管理

管理是最普遍的社会现象,管理几乎无所不在,无时不有。管理也是当代社会非常热门的一个词汇。如企业管理、教育管理、酒店管理、人力资源管理等,几乎所有的领域都与管理紧密联系。当某个企业出现产品质量问题,某学校教学质量下滑,某幼儿园儿童发生意外事故等时,人们分析原因常常会发现是管理方面存在问题,可见管理的重要性。管理决定和影响人们生活的各个方面,是我们身边最熟悉的社会现象。管理更是对社会活动的各种组织而言的。不仅国家与政府机关需要管理,工厂企业、学校、医院等都需要管理,人类社会生活的一切领域都涉及管理的问题。

怎样理解管理呢?自20世纪初管理学诞生以来,许多学者提出了各种各样的见解,但由于研究者自身对管理的理解角度不同,或强调的方面不同,表述和解释是多种多样的,可谓仁者见仁,智者见智。以下介绍几种管理理论对管理的解释。

职能论——古典管理学派中被称为“科学管理之父”的泰勒(Frederick W.Taylor)提出:“管理就是确切地知道你要别人去干什么,并使他用最好的方法去干。”另一位代表人物是法国管理学家法亨利·法约尔(Henri Fayol),在他1916年出版的代表作《工业管理和一般管理》中提到,“管理是一种分配于领导人与整个组织成员之间的职能”“管理就是实行计划、组织、指挥、协调和控制。”

目的论——“管理就是由一个或更多的人来协调他人活动,以便收到个人单独活动所不能收到的效果而进行的各种活动。”①强调管理是为了实现预定的目的而组织和合理使用多种资源的过程。

过程论——“管理就是计划、组织和控制等活动的过程。”②

人际关系学派——行为科学学派主张管理就是协调人际关系,激发人的积极性,以达到共同目标的一种活动。后发展为人本管理学派,强调管理的核心是对人的管理,“管理就是指导别人、激励别人的方法和技术。”

决策论——现代管理学派的代表赫伯特·亚历山大·西蒙(Herbert A.Simon)提出,可以把“决策的制定当作管理的同义词”。他认为,决策贯穿管理的全过程,包括确定目标和实现目标的手段两方面。

系统论——如阿凡纳西耶夫认为,管理就是对系统进行调节,即通过管理有限相应的系统,使之与客观要求相一致。

马克思主义管理论——马克思对管理这一社会现象曾做过深刻而精辟的分析,他认为管理作为人类社会任何发展阶段普遍存在的现象,其根源在于生产的社会性。“管理是社会共同劳动的产物。”人们为了有效地进行社会生产,就需要有协调每个人及其活动的机构和人员,也就是说必须有管理。在马克思看来,管理本质上是对共同劳动的指挥和协调,是对人的(不管是被他人所管还是劳动者自己管理自己)管理。③

由以上多种不同的解释可见,管理的确是一个很复杂的社会现象,其含义极其丰富。介绍这些不同的解释,并不是要一一进行评说,而是为学习者正确理解“管理”的概念提供参考。同时也使学习者进一步理解在社会科学的学习中,同一个概念有若干种解释是正常的,逐步学会对同一概念从不同角度去理解的思维方法。

二、管理的含义及管理的二重性

(一)管理的概念

依据马克思对管理一般本质的揭示,并综合其他的有关论述,管理的定义可以表述为:管理是指组织中管理者遵照一定的原则,使用各种管理手段,通过组织、指挥、协调各个受分工制约的不同个人的活动,创造出一种远比个人活动力量总和要大的集体力量或社会力量,从而高效率地达到一个组织的预定目标所进行的活动。④

(二)管理的含义

1. 管理是社会共同劳动的必然要求

管理是一种“古老”的社会现象。管理起源于集体的共同劳动。人类为了生存需要组成群体,形成社会组织,与自然界作斗争。“管理是协作劳动的产物”,这种集体的共同劳动需要分工、协作,通过集体的力量达到成员共同的目标。马克思指出:“一切规模较大的直

---

① 小詹姆斯·H.唐纳利等.管理学基础[M].李柱流,译.北京:中国人民大学出版社,1982:18.

② 弗里蒙特·E.卡斯特.组织与管理[M].李柱流,等,译.北京:中国社会科学出版社,1985:8.

③ 王淑英.对马克思主义管理二重性理论的再认识[J].理论与现代化,2001:05.

④ 张燕,邢利娅.幼儿园组织与管理[M].北京:北京师范大学出版社,2002:4.

接社会劳动或共同劳动，都或多或少地需要指挥，以协调个人的活动，并执行生产总体的运动——不同于这一总体的独立器官的运动——所产生的各种一般职能。一个单独的提琴手是自己指挥自己，一个乐队就需要一个乐队指挥。”①

2. 管理是在社会组织中进行的

组织是管理的载体。管理总是存在于一定的组织之中，正因为现实世界中普遍存在着组织，管理也才存在和有必要。两个或两个以上的人组成的、为一定目标而进行协助活动的集体形成了组织，“许多人在同一生产过程中，或在不同的但互相联系的生产过程中，有计划地一起协同劳动，这种劳动形式叫做协作。”②有效的协作需要组织，需要在组织中实施管理。社会生活中各种组织的具体形式虽因其生活功能的不同而有差异，但构成组织的基本要素是相同的。

3. 管理活动都必然有目标

管理活动就是实现预定目标的行动。凡是管理活动都必然有目标，尽管各种管理活动的主体不同、内容不同、范围不同，甚至具体的目标也有很大差别，但不会没有目标，否则就不是管理活动了。任何组织都有自己的任务，管理者要想完成任务，就必须把任务转化为目标。只有在把组织的目标变为每个人自己的目标时，这个组织才有凝聚力和战斗力。因此，管理也是管理者通过管理措施促使组织成员努力去实现预定目标的一种行为。

4. 管理的本质是追求效率

马克思指出，“单个劳动者的力量的机械总和，与许多人手同时完成同一不可分割的操作（例如举重、转绞车、清除道路上的障碍物等）所发挥的社会力量有本质的差别……这里的问题不仅是通过协作提高了个人生产力，而且是创造了一种生产力。”管理的社会价值就在于创造出扩大了的新的生产力，创造出远比个人活动力量总和要大的集体力量或社会力量。

5. 管理是对有限资源的开发和组合

资源泛指社会财富的源泉。它既包括自然资源，也包括社会资源。社会上任何一个组织或团体，无论是企业、机关、医院还是学校或幼儿园，它们的生存和发展都需要各种资源作为保障条件。所以任何管理都离不开资源。人力、物力、财力、时间、空间、信息等资源对管理者来说都十分重要，其中人力资源尤为重要。而这些资源，又都是有限资源，其中一些资源还是稀缺的、昂贵的资源。时间资源既花钱买不到，又没有替代物。由于每种资源的性质不同、潜能也不同，管理者重要的职责之一，就是对这些有限的资源的特点和潜能进行研究，通过不断地开发和组合，使资源在消耗中又得到增殖，扩大其社会效益和经济效益。

6. 管理是在特定环境下进行的

从系统的观点来看，任何组织都是一个系统，它存在于一个更大的系统之中。这个更大的系统就是环境，它对组织的存在与发展具有激励和约束的双重作用。环境可分为两大类：一类是一般环境，其中包括自然环境和社会环境；另一类是特殊环境，主要指组织内部环境，或称工作环境。组织的生存和发展永远离不开环境，环境既是开放

---

① 马克思，恩格斯.马克思恩格斯全集：第23卷[M].北京：人民出版社，1972：367.

② 马克思，恩格斯.马克思恩格斯全集：第23卷[M].北京：人民出版社，1972：362.

的又是动态的，所以，任何一个管理者永远都找不到一个理想的环境。他们只能不断地分析变化的环境，采取措施来适应环境。美国著名管理学家卡斯特（F.E.Kast）认为，世界上从来就没有适用于一切环境和条件下的标准管理模式，也没有万能的管理方法。许多成功的管理者创造的经验都具有时代性，他们是敢于向环境挑战的人。随着环境和条件的变化，他们经验的有效性也将随着改变。① 而对特殊环境的改变，也是管理者设计、实施而成的，体现了管理者的价值观念和经营思想。管理者需要不断适应环境的变化，这是对其创造力的极大挑战。

7. 管理的核心是处理好人际关系，激发和调动组织成员工作的积极性

管理是在一定的组织中实施的，组织中的成员处在不同的岗位，有着不同的工作分工。组织成员之间构成各种人际关系，如上下级关系、平级关系、群体关系等，群体有正式团体和非正式团体之分。管理者需要在其职责范围内，协调组织成员的行为，处理好人际关系，提高工作效率，共同完成组织的目标。

（三）管理具有二重性

管理的二重性是马克思主义对管理本质的揭示。管理具有二重性，是指管理的自然属性和社会属性。

1. 管理的自然属性

管理的自然属性反映了人与自然的关系，它与生产力相联系，是为了组织共同劳动而产生的，体现了生产协作过程本身的要求。如生产过程集约化、专业化、社会化，必然要求管理过程的科学化、合理化、系统化，必然讲究管理方式的及时性、协调性、强化性，必然强调时间的节约、资源的节省、质量的提高、成果的增加等。这是一切社会化生产所共有的，不会随生产关系的变化而变化，是一系列科学方法的总结，具有共同性和永恒性。管理就其自然属性来讲，只有现代管理与传统管理、先进管理与落后管理之分。因此，各种社会化生产的先进管理方式和方法，虽然是在一定的生产关系下产生的，但并不为某种生产方式所独有，它是人类的共同财富，相互间完全可以借鉴、吸收、继承与移植。

管理的自然属性，表现为管理具有合理组织生产力（指挥劳动、协作劳动）的职能。管理的这一职能或属性是任何社会制度下都存在的。这种合理有效的"指挥劳动"，可以使有限资源最大限度地发挥作用，具有"放大倍率"的作用。

2. 管理的社会属性

管理的社会属性反映人与人之间的关系，是一定生产关系的体现。因此，管理的社会属性是会随生产关系的变化而变化的，管理总是同生产关系、社会制度相联系的。管理的社会属性主要表现为维护和发展生产关系与上层建筑的管理职能。管理的目的、范围、内容等均取决于社会形态的性质，取决于一定社会形态中占统治地位的社会关系。在人类漫长的历史中，管理从来就是为统治阶级，为生产资料的占有者服务的。

管理的社会属性还表现在它受历史文化传统的影响与制约。人类社会的各种组织总是处在一定的社会背景中，不同国家，因其地理环境、历史、文化、宗教传统、思维方式等有着深刻的差异，管理也就有着不同的特点，表现出不同的性质、模式与风格。

---

① 陈孝彬. 教育管理学[M]. 北京：北京师范大学出版社，1999：32.

第二节　幼儿园管理的含义及特点

一、幼儿园及其管理

（一）幼儿园管理在整个教育管理体系中的位置

教育管理行为都是在一个国家或地区的政治、经济与文化环境的制约下，在教育管理部门领导者的教育价值观的支配下，采用科学的方法，对所管辖的各级各类教育组织进行预测与规划、组织与指导、监督与协调、激励与控制，使有限的教育资源得到开发和合理配置，以实现提高教育质量、增进办学效益、稳定教学秩序、改善办学条件、促进教育事业发展的目的。

黄志成和程晋宽编著的《现代教育管理论》简明扼要地指出："现代的教育管理是指国家或地方政府对教育系统进行的计划、组织、协调等一系列活动。"

学前教育管理是整个教育管理的一个组成部分，它具有教育管理的共性，同时具有其特性，这是由学前教育行政管理与学前教育机构性质的特殊性所决定的。

学前教育管理是指有关幼教行政人员和托幼机构管理者按照教养工作的客观规律，根据一定的指导原则，采用科学的工作方式，将人、财、物等资源组织起来，调动各方面积极性，从而获得良好的学前教育质量的过程。学前教育管理涉及宏观与微观两个方面，前者指国家或地方政府对学前教育事业的管理，即学前教育行政；后者则指各类具体学前教育机构的管理，如幼儿园、托儿所、早教中心及学前班的管理。如图 1-1 所示。

一般意义上的幼儿园，是指对 3~6 岁幼儿进行保育和教育的公共幼儿教育机构。由于我国目前的许多幼儿园也同时受托 3 岁以下的婴幼儿（托小班），或开设早教班（包括亲子班）等，因此我们主要以幼儿园管理为探讨对象。

- 教育管理
  - 高等教育管理
  - 中等职业教育管理
  - ……
  - 学前教育管理
    - 学前教育行政
    - 学前教育机构管理（幼儿园、托儿所、早教中心）

图 1-1　学前教育管理

幼儿园管理既是学前教育管理不可缺少的组成部分，也是学前教育管理的重要基础，幼儿园管理的成效会直接影响学前教育管理的大局。

（二）幼儿园管理的含义

幼儿园管理，是指幼儿园管理人员和有关教育行政人员遵循一定的教育方针和保教工作的客观规律，采用科学的工作方式和管理手段，将人、财、物等各因素合理组织起来，调动各方面的积极性，优质高效地实现国家所规定的培养目标和幼儿园工作任务所进行的各种一般职能活动。

对幼儿园管理的认识不能仅仅停留在幼儿园内部的组织管理上，还应该注重考察相关的外部条件对幼儿园组织机构的影响。因为幼儿教育并不是孤立的社会现象，幼儿园也不是封闭的组织，而是处于一定的社会系统或社会环境中，受社会各方面因素的影响，如国家的教育方针政策、教育行政体制、制度法规、教育规划；社会需要与家长需求；幼儿园所处社会环境，包括自然地理条件、人口状况、经济发展水平、社区文化、民风民俗等，以及幼儿园与有关部门的关系等。幼儿园要提高管理效益，就要注重与外界的联系沟通，主动积极地与外部环境协调适应，争取广泛的社会支持。

二、幼儿园管理要素及管理内容

（一）幼儿园管理要素

学前教育事业发展以及托幼机构的设置及其管理活动的开展，必须要有一定的条件和资源，如师资、设备、资金等。这里我们结合幼儿园管理实际，从管理资源的角度，明确幼儿园管理工作的内容，探讨各要素间的关系。

人、财、物是举办幼儿教育事业的物质资源，这些是管理的基本要素，是有形的管理对象。其中，人是具有能动性的物质资源，财、物等非能动性的物质资源只有由人来掌握、支配和使用，才能够发挥作用。在人、财、物这三项基本要素中，人的因素是最重要的。管理特别要注重做好人的工作。

幼儿园管理的资源性要素除了人、财、物，还包括时间和信息。“时间是最稀有的资源”，组织的管理总是在一定的时间进程中进行的。将时间这种无形的管理资源作为幼儿园管理的内容，是现代管理观念的体现。幼儿园管理需要在有限的时间内，最大限度地做好工作。有效的幼儿园管理活动还离不开信息。信息也是一种客观存在，是指一切可传递和交换的知识内容，是重要的管理资源。有效的管理行为必须通过某种反馈过程来获取信息，了解组织的目的是否达到，并协调组织与外界的联系。

（二）幼儿园管理的主要内容

幼儿园管理是以育人为中心的目的来展开的。幼儿园管理不仅需要研究和实施对上述有形或无形要素的管理活动，更重要的是要发挥管理职能，对管理要素加以综合和合理组织。要素的综合就构成了各项相互联系的育人之事，要将育人之事全面管理起来，才能实现组织的目标。幼儿园管理涉及四方面的内容。

（1）幼儿园行政管理：这是为保育和教育创造条件的工作，涉及幼儿园管理的基本状态和实务工作，即制定幼儿园的行政组织与管理制度、工作目标与和行政计划等管理职能活动，以及幼儿园的环境创设、卫生保健、经费运转等有关总务后勤工作。

（2）幼儿园的保教工作管理：这是幼儿园工作的中心，是直接作用于儿童的工作。从管理层次来看，它包括幼教机构的保教工作管理和班级管理。

（3）人员管理：涉及管理者与教职工的相互关系，一方面是作为工作主体的教师队伍建设，包括教师个体的专业成长与幼儿园组织的发展，另一方面是作为管理者的园长及其领导工作。

（4）幼教机构与家庭、社区的关系：主要指园所的家长工作，以及幼儿教育机构与社会、社区环境的协调融合，双向互动与服务，并涉及托幼机构与教育行政等方面的关系。

三、幼儿园的性质和功能及其管理的特点

幼儿园教育是近现代社会发展与进步的产物，是现代幼儿教育的重要形式，也是幼儿社

会教育的主要组成部分。这里主要对社会公共托幼机构的性质与功能进行初步探讨与分析。

（一）幼儿园性质和功能的探讨

1. 幼儿园兼具教育性和保育性

保育和教育幼儿是幼儿园的主要功能，也是幼儿园的首要任务。我国第一所公共幼儿教育机构1903年在湖北诞生，当时的清政府颁发的《奏定蒙养院章程及家庭教育法章程》中，就明确了教育的目的。到1932年10月由当时的民国政府教育部公布了全国统一的《幼稚园课程标准》，在幼稚教育的总目标中就阐述了保教合一的观点，即：增进幼稚儿童身心的健康……培养人生基本的优良习惯（包括身体、行为等各方面的习惯）……老解放区的学前教育工作者也把"看护小儿的教育，注意小儿听觉、视觉及器官的充分发展"与"注意儿童的记忆力、模仿力和联想力等智慧的发展"作为学前教育的重要目标。新中国成立后我国颁布的幼儿教育法规中，都明确了幼儿园教育要坚持保教并重的原则，促进幼儿在体、智、德、美诸方面全面发展的目标。① 2010年发布的《国家中长期教育改革和发展规划纲要（2010—2020年）》（以下简称《教育规划纲要》）中提出"遵循幼儿身心发展规律，坚持科学保教方法，保障幼儿快乐健康成长"。《国务院关于当前发展学前教育的若干意见》（以下简称"国十条"）也明确指出："必须坚持科学育儿，遵循幼儿身心发展规律，促进幼儿健康快乐成长。"

2. 幼儿教育具有福利性

幼儿园将服务家长，为家长参加社会劳动和生产建设、学习活动提供便利作为重要任务，这体现了幼儿教育的福利性。在西方，伴随着工业革命的兴起，妇女为了维持生计，不得不走出家庭进入工厂，寻找工作机会，孩子的看护就成了一个社会问题，于是就促进了托幼机构的产生。欧文在自己工厂内开办的"幼儿学校"，正是为了给那些无人照料、流浪街头的工人阶级子女提供教育。我国老解放区早在1934年2月，由中央人民内务委员部颁布的《托儿所组织条例》中就规定："组织托儿所的目的是为着要改善家庭的生活，使托儿所来代替妇女担负婴儿的一部分教养的责任，使每个劳动妇女可以尽可能的来参加生产及苏维埃的各方面工作……"当时在老解放区的幼教工作者还根据革命和生产的需要，灵活地组织多种类型和服务形式的托幼机构，如日托、寄宿、寄养等。新中国成立后，一些企事业部门或公司也把解决职工子女入托入学，作为给予职工的一项福利。联合国《儿童权利宣言》（1959年）指出，"凡是以促进儿童身心健全发展与正常生活为目的的各种努力、事业及制度等均称之为儿童福利。"1996年6月起实施的《幼儿园工作规程》中明确了幼儿园的双重任务之一是"为家长参加工作、学习提供便利条件"。显而易见，幼儿教育是儿童福利事业中的重要一环。

改革开放特别是21世纪以来，我国学前教育取得长足发展，普及程度逐步提高。但总体上看，学前教育仍是各级各类教育中的薄弱环节，主要表现为教育资源短缺、投入不足，师资队伍不健全，体制机制不完善，城乡区域发展不平衡，一些地方"入园难"问题突出。办好学前教育，关系亿万儿童的健康成长，关系千家万户的切身利益，关系国家和民族的未来。

---

① 邢利娅. 幼儿园管理[M]. 北京：高等教育出版社，2010：12.

3. 幼儿教育的公益性与服务性

公益指不特定的多数人的利益①。这意味着幼儿教育是涉及每一个儿童及其家庭的事业,而不应仅仅为少数人享有和受益,幼儿教育还要能够促进家庭模式的转型并为家庭提供育儿支援。20 世纪 60 年代以来,随着妇女社会地位的提高和妇女运动的不断兴起,参加工作的妇女数量越来越多。1982 年儿童基金会的统计数据表明,在美国,有学龄儿童的妇女参加工作的占 60%,有 6 岁以下幼儿的妇女参加工作的也达到 40%。这种现象直接影响家庭的规模、结构、收入等,美国传统式的家庭(父亲工作,母亲在家照顾孩子)仅占 13%。同时,未婚家长的增多、离婚率的居高不下,使得托幼机构必须为不同需求的家长提供各种类型的服务。在中国,计划生育国策的推行,使得独生子女的受教育问题得到家长的空前关注,因此,很多幼儿园或者商业机构纷纷推出多样的服务,为家长提供科学育儿方面的指导和培训。在当代,幼儿教育机构的设置及其服务不仅减轻了家庭的育儿压力,也使父母有可能提高受教育程度和培训水平,促进终身学习的发展。因此,发展学前教育,必须坚持公益性和普惠性,努力构建覆盖城乡、布局合理的学前教育公共服务体系,保障适龄儿童接受基本的、有质量的学前教育。

资料链接 1-1

2015 年山东淄博率先普及学前三年教育

来源:淄博晚报　作者:殷少梅

2014 年 8 月 14 日

据了解,截至 2013 年底,全市第一期学前教育三年行动计划各项任务指标均提前或超额完成。全市新建、改扩建幼儿园 340 处,完成率 186%;75 处镇中心幼儿园通过省级认定,完成率全省领先;公办和公办性质幼儿园 517 处,比 2011 年提高 26 个百分点;学前三年毛入园率 98%,学前一年毛入园率 100%,居全省前列。根据国家、省有关文件精神,结合我市实际,制定了"二期行动计划",明确提出了近三年学前教育发展的总体目标:到 2015 年,在全省率先全面普及学前三年教育,学前三年毛入园率 99%以上。到 2016 年,全面建立起覆盖城乡、布局合理、资源充足、公益普惠、优质高效的学前教育公共服务体系。同时,提出了四个分项目标,一是全面扩大普惠性学前教育资源。初步构建定点划片、方便就近入园的普惠性幼儿园布局导向。全市普惠性幼儿园和入园幼儿达到总数的 80%以上。二是逐步加大学前教育经费投入。基本建立学前教育成本分担和运行保障机制,努力做到保工资、保安全、保运转、保发展。三是全面推进幼儿园标准化建设。新建幼儿园 37 处,改扩建普惠性幼儿园 164 处,全市 75%以上的幼儿园达到省定办园标准。四是全面提高学前教育队伍素质。镇中心幼儿园公办教师比例达到 50%以上,公办园长专科及以上学历达到 100%,幼儿教师专科及以上学历比例达到 70%以上。

4. 幼儿教育的补偿性

当代社会强调幼儿教育有益于维护社会公正和公平。幼儿教育是面向每一个适龄儿童的教育,也是消除贫困、保障儿童学习和发展机会均等的重要手段。近年来,随着社会经济、

① 袁方.社会学百科辞典[M].北京:中国广播电视出版社,1990:354.

政治的发展，保障处境不利儿童的学习与发展机会和权利，已经成为各国关注的问题。如美国的“提前开端”计划，主要针对学龄前（3~5岁）来自低收入家庭的儿童，向其提供免费而广泛的健康、教育、营养和其他特定的服务，保证这些儿童身心能得到健康发展，为入学做好准备，为经济困难家庭的幼儿提供免费补偿教育。近年来，我国贯彻《教育规划纲要》、“学前教育国十条”等政策和法规，在实施的“学前教育三年行动计划”过程中，财政性学前教育投入最大限度地向农村、边远、贫困和民族地区倾斜，加大对家庭经济困难儿童、孤儿和残疾儿童接受学前教育的资助力度。各地普遍建立了学前教育资助制度。第一期三年行动计划以来已投入36亿元，资助家庭经济困难幼儿超过400万人次。陕西、青海等省还全面实行学前一年免费教育。这在一定程度上体现了学前教育的补偿性。

资料链接 1-2

湖北：流动花朵也可申请政府学前教育资助

来源：楚天都市报　作者：郭会桥

2014年8月25日

记者昨悉，从今年秋季开学起，武汉市学前教育政府资助将取消户籍限制。这意味着，没有武汉市户籍的“流动花朵”，只要符合资助标准，一样可享受每年1 000元的政府资助。

去年2月武汉出台政策：从去年秋季开学起，武汉市家庭经济困难幼儿就读幼儿园，经申报批准后将获得政府资助。这一政策的资助对象要求为“本市户籍”。今年，该市调整了资助对象：要求受助学生具有武汉户籍或者虽无武汉户籍，但其父母或其他法定监护人在武汉已取得暂住证（居住证），在公办园或者普惠性幼儿园就读的3~6岁家庭经济困难的儿童。

申请资助时，须符合其中条件之一：城乡低保家庭儿童；孤儿、烈士子女、残疾儿童及残疾人家庭儿童；遭受天灾人祸，造成重大经济损失的贫困家庭儿童；家庭直系成员中有重大疾病且无固定经济来源的贫困家庭儿童；无稳定收入的单亲贫困家庭儿童；驻守海岛、艰苦边疆地区的基层官兵，以及长期驻守在高风险、高危害岗位工作和有特殊贡献军人的子女。

武汉市学生资助管理中心主任李彪说，去年全市有2 286名在幼儿园就读的儿童，享受了每人每年1 000元的政府资助。

5. 幼儿教育具有社会参与性

从世界范围看，各国幼儿教育受国家特定的政治、经济、文化及教育政策、管理手段等的影响呈现出不同的特点，然而办园主体多元化，办学资源多渠道化，办园品质特色化是幼儿园教育发展的重要趋势。幼儿教育具有社会参与性。只有社会力量广泛参与，才能真正推动幼儿教育的普及与提高。《民办教育促进法》中规定，“社会参与”是指：国家机构以外的社会组织或者个人，利用非国家财政性经费，面向社会举办学校及其他教育机构的活动。实际上这也是界定公办教育与民办教育的法定标准。

新中国成立之初就确立了依靠人民大众办幼儿教育的方针，但民间举办幼儿园的渠道一直不通畅。从20世纪90年代开始，由于幼儿教育进入市场化潮流，公办幼儿园基本停滞发展，企业和事业单位幼儿园萎缩，民办幼儿园迅速发展。据统计，2009 年，全国幼儿园的总数为 13.8 万，其中公办幼儿园 2.7 万所，占总数的 19.5%；民办幼儿园 8.9 万所，占总数的 64.6%；集体办和其他部门办的幼儿园 2.1 万所，占总数的 16%。全国在园幼儿 2 657.8 万人，其中民办在园幼儿达到 1 134.1 万人，占在园幼儿总人数的 42.7%。

在我国，不同地域之间的幼儿教育也呈现出不同的特点，如在幼儿园体制改革过程中，青岛市摸索出了以“承办制”为主要模式的改革道路，而温州市经过探索则逐步形成了“温州幼教模式”，其特点是，投资主体多元，广泛利用民间资金，尝试建立了教育股份合作制的投资机制；近些年，集团化连锁办园模式发展很迅速，一些机构的办学质量也得到社会和家长的认可与称赞。民办幼儿教育在推动我国幼儿教育普及中做出了重要贡献。

在实施“学前教育三年行动计划”中，政府一方面加大公办园的建设，同时提出扶持办学质量较高的普惠性民办幼儿园。在“第二期学前教育三年行动计划”实施中，明确提出积极扶持普惠性民办幼儿园。落实用地、减免税费等优惠政策，采用多种方式吸引社会力量办园。各地根据普惠性资源布局和幼儿入园需求，认定一批普惠性民办园，通过政府购买服务、减免租金、派驻公办教师、培训教师等方式，支持民办园提供普惠性服务，有条件的地区可参照公办园生均公用经费标准，对普惠性民办园给予适当补贴。鼓励民办园提供多形式、多层次的学前教育服务，满足家长的不同需求。我国幼儿教育发展的实践证明，公办园与民办园既不排斥、也不对立，二者相互补充、相互促进，发挥各自优势。坚持公办园、民办园并举的办园方针符合中国国情，既体现了国家对学前教育发展的高度重视，又充分发挥了市场在资源配置中的重要作用，可有效地推动我国学前教育的普及与提高。

6. 幼儿教育的衔接性

《教育规划纲要》的最大亮点之一，是将学前教育从基础教育中分离出来，独立纳入了现代国民教育体系。学前教育是终身教育的起始阶段，也是国民教育体系的第一环，具有基础性和启蒙性；同时它又与小学教育相联系，具有衔接性和准备性。由于学前儿童身心发展既有阶段性也有连续性，如果 0~3 岁的早期教育、3~6 岁的幼儿园教育、6 岁后的小学教育衔接顺利，就能有效地促进儿童健康成长，反之，将会影响儿童身心健康发展，甚至造成伤害。各国都非常重视解决幼小衔接问题，并且进行这方面的科学研究，有的国家或地区将早期教育扩展到小学三年级，有的国家则把 5~6 岁儿童的教育纳入义务教育的范畴等，保证幼儿入学后的顺利适应。我国学者在 20 世纪八九十年代，也对幼小衔接进行了较大规模和系统的研究，取得了丰硕的研究成果。但在教育实践中，很多园长和教师，甚至教育行政官员，认为幼小衔接就是幼儿园向小学靠拢，家长更是信奉“不能让孩子输在起跑线上”，要求幼儿园多教孩子知识和技能，造成小学教学内容下放到幼儿园，使幼儿园教育“小学化”的倾向较为严重，城乡幼儿园到处可见“拔苗助长”的做法，事实上这对儿童身心的健康成长是不利的。“国十条”明确指出，要防止和纠正幼儿园教育“小学化”的倾向。为了科学地对幼儿实施保育和教育，促进幼儿身心健康和谐发展，教育部于 2012 年办颁发了《3—6 岁儿童学习与发展指南》（以下简称《指南》），并组织修订了《幼儿园工作规程》《幼儿园玩教具配备标准》等文件。突出强调“遵循幼儿身心发展规律，面向全体幼儿，关注个体差异，坚持以游戏为基本活动，保教结合，寓教于乐，促进幼儿健康成长，”“要把幼儿园教育和家庭教育紧密结合，共同为幼儿的健康成长创造良好环境”。

《指南》要求幼儿园与家庭从健康、语言、社会、科学和艺术五个领域，对 3~6 岁儿童实施科学保教,促进幼儿身心健康全面和谐发展。对幼儿进行入学准备教育,不仅是单纯的知识与技能的准备,而是通过开展丰富的教育活动和游戏活动,引导幼儿积累社会经验,从情感、态度、知识、技能、行为习惯等方面全方位地为幼儿进入小学做好充分准备,全面提升幼儿心理素质和学习品质,以更好地适应未来学校生活。

由此可见,幼儿教育具有多重功能,正是幼儿教育这些不同于其他阶段教育的独特性质与功能决定了其管理的特殊性。

(二)幼儿园管理的特殊性

1. 保教儿童与服务家长兼顾

教养儿童与服务家长兼顾是幼儿教育不同于其他阶段教育的特点,也是幼儿园管理与其他管理活动的最大区别。

一方面,幼儿园是我国国民教育体系的一部分,但它又明显地不同于小学、中学,幼儿身心发展的特殊性决定了幼儿教育的特殊性,幼儿园的孩子不是严格意义上的学生,对他们需要保育与教育并行,以游戏为基本活动。另一方面,幼儿教育的福利性决定了幼儿园要为家长提供育儿服务。因此,幼儿园管理要依据幼儿园教育的特殊性,实施和探索相应的管理方式和方法,以提高保教质量和为家长服务的水平,办人民满意的幼儿园。

首先,要坚持保教合一,全面提高保教质量。各类型托幼园所要研究国家的相关政策和法规,依法办园。在管理上要以先进的教育思想和教育理念为指导,坚持保教并重的原则,为幼儿身心健康成长创设适宜的物质环境与精神环境,建设一支师高水专业化的保教队伍,全面贯彻和实施《指南》的要求,遵循幼儿身心发展的规律与特点,不断深化幼儿园课程改革,加强幼儿一日生活指导与管理,开展多种有益的活动,寓教于乐,全面提高幼儿园的保教质量,把园所真正办成幼儿健康幸福成长的乐园。

其次,幼儿园要为家长参加工作、学习提供便利条件。幼儿园应努力做到减轻家长在教育、保育幼儿方面的负担,使他们安心工作,为社会主义现代化建设多做贡献。通过完成这一任务,幼儿园显示出与其他教育机构的不同功能,充分体现出幼儿园的特殊价值。而要真正达到解除家长后顾之忧的目的,幼儿园只有不断提高保育和教育质量,切实保证幼儿在体、智、德、美各方面生动活泼、健康和谐地发展,满足家长对优质幼儿教育的需求。随着我国社会进步、经济体制改革的不断深化,人们的生活方式、价值观念等日益多样化,生活节奏加快,时间意识增强,人员流动量增大,在社会快速变化的形势下,近年来我国幼儿教育机构不断创新,探索出一些在新形势下更好地为家长服务的新方式、新方法和新手段。

再次,管理的特殊性不仅表现在管理的任务目标上,也体现在管理内容的特殊性上。学前教育管理的内容涉及家长工作、社区资源的利用、办园经费的筹措与园所条件的改善、教育活动质量的提高等诸多方面,还需要考虑园所所在的社区环境条件与发展状况,从学前教育的非义务性出发,从家长的特定需要出发,不可能采用绝对统一的管理。

2. 注重综合协调,强调管理的社会化

从宏观角度讲,幼儿教育是全社会的事业,涉及广泛的领域,如卫生、福利、文化、人力资源与社会保障、财政等多方面,因此必须得到全社会的支持和参与。幼儿园的管理不可能仅仅靠教育行政部门,需要将行业化管理与社会化管理相结合,纵向管理和横向联系相结合。

长期以来,我国幼教事业管理实行“地方负责,分级管理,有关部门分工负责”的原则,但因幼儿教育属非义务教育，没有纳入地方经济社会发展的规划中，缺乏财政支持，在相当长的一段时间内，幼儿园的发展依靠市场化来运作。2010 年颁布的《教育规划纲要》和“国十条”突出强调了“地方各级政府是发展学前教育的责任主体”，解决了教育行政部门的权限问题。经过第一期“学前教育三年行动计划”的实施，以及正在实施的第二期“学前教育三年行动计划”的实践证明，各级政府作为发展学前教育的责任主体，可有效地推动当地学前教育的发展。

资料链接 1-3

《国务院关于当前发展学前教育的若干意见》　国发〔2010〕41 号

（摘选）

完善工作机制，加强组织领导。各级政府要加强对学前教育的统筹协调，健全教育部门主管、有关部门分工负责的工作机制，形成推动学前教育发展的合力。教育部门要完善政策，制定标准，充实管理、教研力量，加强学前教育的监督管理和科学指导。机构编制部门要结合实际合理确定公办幼儿园教职工编制。发展改革部门要把学前教育纳入当地经济社会发展规划，支持幼儿园建设发展。财政部门要加大投入，制定支持学前教育的优惠政策。城乡建设和国土资源部门要落实城镇小区和新农村配套幼儿园的规划、用地。人力资源和社会保障部门要制定幼儿园教职工的人事（劳动）、工资待遇、社会保障和技术职称（职务）评聘政策。价格、财政、教育部门要根据职责分工，加强幼儿园收费管理。综治、公安部门要加强对幼儿园安全保卫工作的监督指导，整治、净化周边环境。卫生部门要监督指导幼儿园卫生保健工作。民政、工商、质检、安全生产监管、食品药品监管等部门要根据职能分工，加强对幼儿园的指导和管理。妇联、残联等单位要积极开展对家庭教育、残疾儿童早期教育的宣传指导。充分发挥城市社区居委会和农村村民自治组织的作用，建立社区和家长参与幼儿园管理和监督的机制。

从微观层面看，托幼机构在管理过程中也要积极与社区、家庭等相关部门相联系，为家长提供良好的服务和科学育儿指导，与社区建立良好的合作共建关系，为幼儿园的发展构建良好的平台和外部环境，只有这样才能真正实现学前教育的价值。

3. 充分挖掘并合理利用、协调多方教育资源，发挥管理效能

从宏观角度来说，当前主要是大力发展公办园，支持和扶持民办幼儿园，建立起“广覆盖、保基本”的学前教育公共服务体系，积极推进学前教育普及化。

从微观角度来说，幼儿园管理要充分挖掘并合理利用、协调多方教育资源，发挥管理效能，求得社会效益和经济效益的统一。幼儿园管理的任务是通过组织、指挥、协调、控制等管理职能，有效地利用幼儿园建设与幼教事业发展的各种教育资源，确保保教质量的提高，较好地实现促进幼儿身心发展和服务家长的双重任务。幼儿园管理活动本身不是目的，而是一种手段，是要保障幼儿园的发展和适龄儿童的受教育权利的实现。幼儿园管理质量直接决定着幼儿园的发展，有效的管理能把幼儿园有限的人、财、物等资源合理加以组织利用，保证教育质量的提升和办园水平的提高。

第三节　学习和研究幼儿园管理的意义和方法

一、学习和研究幼儿园管理的意义

（一）学习和研究幼儿园管理是幼教事业发展的客观需要

我国公共幼教机构出现在清末民初，由于国家处于半殖民半封建社会，因此幼儿教育发展极为缓慢，有限的幼教机构只为少数剥削阶级服务。据统计，1946 年全国各类幼儿园仅有 1 301 所。新中国成立后，随着社会主义建设进程的推进，特别是近 30 余年来，国家实行改革开放政策，经济发展水平不断提高，幼教事业得到了较好发展，出现了多种形式的托幼机构，幼儿教育的规模、受益范围在不断扩大。特别是《教育规划纲要》、"国十条"颁布实施以来，为了实现在 2020 年普及学前教育的目标和保障学前教育的基本质量，国家从 2011 年启动了第一期发展"学前教育三年行动计划"，于 2014 年开始实施第二期"学前教育三年行动计划"，加大政府对学前教育的投资，2011—2013 年中央财政学前教育项目经费投入 500 亿元，带动地方各级财政投入 1 600 多亿元。据统计 2013 年全国共有幼儿园 19.86 万所，比 2010 年增加 4.82 万所，增长了 32%；在园幼儿达到 3 895 万人，比 2010 年增加 918 万人，增长了 31%；全国学前三年毛入园率达到 67.5%，比 2010 年增加了 10.9 个百分点。

从 2010 年至 2020 年，我国学前教育将是一个快速发展的黄金期，《教育规划纲要》中提出，到 2020 年，在园幼儿要从 2009 年的 2 600 多万人达到 4 000 万人，学前三年毛入学率要从 2009 年的 50.9% 达到 75%。依据全国现有幼儿园的数量，推算到 2020 年，幼儿园总数为 21 万所，新增 7 万所幼儿园，扩招 1 400 万名幼儿，总数达到 4 000 万。幼儿园数量的急剧扩张，新建幼儿园的比例扩大，在园幼儿的人数和保教队伍人数的猛增，新园长和新教师迅速增多等，将会给幼儿园的管理带来一系列新问题和新挑战。怎样解决在幼教事业快速发展过程中的新问题、新矛盾，这就需要我们加强对幼教管理理论的学习和研究，不断总结经验汲取教训，努力探索幼儿教育规律和管理规律，更好地指导和推动幼儿教育实践，最终促进儿童的健康发展。

（二）学习和研究幼儿园管理是改革幼儿教育、全面提高保教质量的需要

在我国社会主义现代化建设中，教育被确定为战略重点，科教兴国成为我国的基本国策。当前我国将把发展学前教育摆在社会发展中更加重要的位置。我国学前教育的发展趋势必然是普及与提高并重，在逐渐满足社会对学前教育量的增长的过程中，学前教育质的提升是未来发展的必然趋势，也是家长和社会的必然需求。提高学前教育的质量，深化学前教育改革是重要途径之一。学前教育改革是一个系统工程，不仅涉及培养目标、教育内容与方法的改革，而且涉及学前教育结构和管理体制以及深层次的儿童观和教育观念等方面的全面改革。

深化学前教育改革，提高学前教育的质量，受多种因素制约。管理者就要从宏观到微观认真研究学前教育改革的目标、改革的内容与途径和方法，寻求改革的突破口与创新点，认真研究影响幼教质量的各方面因素，使改革真正为推动学前教育普及和提高学前教育质量提供保障。同时还要正确认识并处理好内外环境的相互关系，要通过科学管理，推动幼教事业的健康和可持续发展。

（三）学习和研究幼儿园管理是探索规律、发展学前教育管理理论的需要

新中国成立以来，幼教事业有了长足发展，幼儿园管理实践也积累了丰富的经验，但是其系统化、学科化仍处于初级阶段。因此我们有必要以我国幼儿园管理实践为出发点和中心，深入总结经验与教训，继承优秀的文化传统，做到古为今用；同时对国外有关管理的理论方法与经验有选择地借鉴、吸收和消化，做到洋为中用。在此基础上，注重在新的历史条件下对我国的幼儿园管理进行理论创新和实践创新，逐步丰富和完善具有中国特色的学前教育管理学科体系。

（四）学习和研究幼儿园管理是提高人才素质和管理水平的需要

教育设施、设备等硬件条件是举办幼儿园的重要物质基础和前提，师资、管理水平等软件条件则直接关系幼儿园的质量和效益，如组织机构的设置是否合理高效；管理队伍的自我建设及教师队伍的培养措施是否适宜；社区工作是否有效等。

据教育部2013年统计，全国有幼儿园园长和教师共188.51万人，其中园长20余万人，随着幼儿教育的普及化推进，园长和保教人员还将大幅度增加，可以说我国幼儿教育事业有一支庞大的园长队伍和教师队伍，两支队伍的建设是幼儿园管理的核心任务。当前，有一大批有知识、有理想的青年教师或教学骨干正在走向园所的管理和领导岗位，这些人都应注重通过学习和研究幼儿园管理问题，深刻认识我国幼儿教育的性质和特点，了解掌握有关管理的理论和方法，全面提高素质和能力，真正成为园所管理的内行。

同时，在新的历史条件下，要求提高学前教育行政人员的管理水平。只有管理人员的素质和管理水平提高了，才可能使国家的教育方针政策得到全面贯彻实施，发挥国家和政府对幼教的管理职能，科学地进行办学体制改革，推动园所内部管理，不断提高保教质量和管理效益，使幼儿教育能够在促进儿童发展的同时，更好地适合社会经济发展的需要。

二、学习和研究幼儿园管理的方法

学习和研究幼儿教育管理问题和现象，具体到学习“幼儿园组织与管理”这门课程，一方面需要有正确的学习态度，另一方面也要掌握必要的学习方法。

（一）充分发挥学习者的积极性和能动性

要学好一门课程，首先必须发挥学习者的积极性和能动性。学习者是学习活动的主体，特别是参加自学考试的考生，只有充分发挥自身的能动性，积极参与学习过程，系统钻研教材，理论联系实际，才能深入领会课程内容，把握课程体系，做到融会贯通，顺利通过课程考试。

其次，注意各章节之间的联系与关系，全面领会教材内容，掌握学科知识体系。当学习了“幼儿园管理概述”这章后，在学习后面的几章，如“幼儿园人力资源管理”“幼儿园保教工作及教科研管理”“幼儿园财务与设备设施管理”等时，应理解和思考第一章与后面各章之间是什么关系，各章之间又是什么关系。同时也要注意每章内各节内容之间的关系，如学习“幼儿园组织文化建设”这章时，在理解幼儿园组织文化的含义、内容与特征的基础上，应把握组织文化构成的四个层面，从而能够掌握幼儿园组织文化建设的途径和策略。

再次，学用结合、理论联系实际是重要的学习方法。大部分学习这门课程的自考考生是幼儿园一线教师，这为考生提供了一个很好的理论联系实践的平台，大家在学习过程中要有意识地将课程内容与我国幼儿教育改革的实际联系起来，结合幼儿园管理实践中的现象或

问题,运用所学的知识加以分析,做出解释和说明,并尝试依据有关理论原则,提出解决问题的思路与对策,以更深刻地理解和掌握所学内容,增强分析思考与解决问题的能力。

(二)初步掌握研究幼儿园管理的基本方法

1. 调查法

调查法是指在幼儿教育理论的指导下,运用观察、列表、问卷、个案研究及测验等科学方式,收集幼儿园管理问题的资料,从而对幼儿园管理的现状作出科学的分析,并提出具体工作建议的一整套实践活动。调查法以幼儿园管理中的问题为研究对象,是为了认识某种管理现象、管理过程或解决某个实际问题而进行的有目的、有计划的实地考察活动。一般以调查报告为研究成果的表现形式。

根据调查对象的范围不同,有全面调查和抽样调查之分。前者是对符合调查目的要求的全部对象作调查;后者是从全部对象中抽取一定代表作样本,通过对样本的调查,揭示总体的状况。研究幼儿园管理问题常常需要做个案研究或典型调查。研究者深入现场,对具有明显特点或典型的事例做调查。调查研究要明确调查目的,确定调查计划与提纲,认真进行调查记录,对收集来的资料及时加以整理分析,注重事物之间的内在联系,探索有关教育与管理的规律。

2. 文献法

文献法是通过研究已有的文献资料,来解决和研究有关幼儿园管理问题的一种方法。这是一种间接研究的方法。通过收集有关的文献资料并加以归纳、分析和比较,发现幼儿园管理中的一些规律。文献法包括纵向历史文献研究和横向的(国际间、地区间、校际间)不同地域的文献研究,前者易于发现幼儿园管理中某方面的发展规律和趋势;后者则可通过分析对比,发现不同研究对同一研究对象研究成果的共性与差异,并得出结论。运用文献法时要注意收集足够的材料,通过对材料的客观分析形成观点。

3. 行动研究法

行动研究是通过实践者自身的实践进行的一种研究方式。这是库尔特·勒温于1944年提出的概念,20世纪50年代被用于教育研究。① 这种研究也是"在社会情境中进行的旨在改善行动质量的研究"。②就幼儿园管理而言,行动研究是指幼儿教育的理论工作者、幼儿园管理的研究人员或实践人员(通常是指园长),立足幼儿教育的现场,直面幼儿园管理中的现实问题,进行研究探索,实现实践行动与研究的相互反馈和相互促进,谋求管理实践的改进。

4. 案例法

案例法是研究管理现象的一种独特方法,一般认为是美国哈佛大学工商管理学院首创。案例法是将管理中出现的一些常见问题、矛盾或典型经验编写成案例,供研究者进行分析和讨论,主要目的在于理论联系实际,增强研究者分析问题和解决问题的能力。案例法的案例都来自于实际,因此对这些问题的研究和教学具有较强的现实针对性,对研究者的理论综合运用能力的要求也较高。研究者通过案例分析归纳观点和结论,既加深了对理论的理解,也有利于将理论运用于实际。实践证明,案例法是学习和研究幼儿园管理问题的有效方法。

---

① 陈桂生.到中小学去研究教育——"教育行动研究"的尝试[M].修订版.上海:华东师范大学出版社,2003:9.

② 刘良华.校本行动研究[M].成都:四川教育出版社,2005:12.

综上所述，对幼儿园管理现象和问题的研究与探索要注意根据不同的目的、对象，来选择运用适宜的方法。很多情况下，对一些较复杂的问题需要多种方法的协调配合和综合运用。总之，幼教工作者要坚持以实事求是、理论联系实际的原则开展研究，才能不断提高研究水平，获得科学的结论，提高幼儿园管理的理论和实践水平。

第四节　幼儿园管理的基本原则

管理原则是指导管理工作的行动准则。幼儿园管理原则是指为实现幼儿园的工作目标，正确处理管理过程中一系列矛盾、关系或问题的指导原则，是对幼儿园管理系统提出的基本要求，是幼儿园管理活动必须遵循的原则。幼儿园管理原则在总体上全面指导园所管理过程各环节、各种管理方式的运用、各项组织制度的建立，以及各项具体管理工作等。

幼儿园管理原则是幼教管理实践的总结与概括，反映了幼教管理的客观规律，是管理理论的条理化、具体化。同时，在幼儿园管理实践中，管理原则以工作准则的方式出现，对整个园所管理系统的工作起统摄和指导作用，使幼儿园各项工作得以正常开展。[①]

依据教育与管理规律，我们提出幼儿园管理的五条基本原则：办园方向性原则、保教为主的整体性原则、激发积极性的民主管理原则、有效性原则与内外协调的社会性原则。这五条基本原则相互间紧密联系，共同作用于幼儿园管理活动，在总体上对园所工作起指导作用。

一、方向性原则

（一）方向性原则及其意义

管理是一种有目的的活动，它总是指向一定的目的和目标。幼儿园管理活动也必然朝向某种目标进行，具有特定的方向。幼儿园以符合保教宗旨、实现保教目标为根本，这就是幼儿园管理的首要原则，也称方向性原则。[②]

方向性原则指举办幼儿园要以社会效益为根本，以满足社会需要为出发点。我国正在构建和逐步完善具有中国特色的社会主义，要求幼儿教育要与社会主义性质相适应，在幼儿园的性质、任务上，要体现这一点，在培养人才的规格和各项工作的要求、标准等方面也要反映社会主义性质。在我国，各层次教育的办学方向是一致的，根本任务是立德树人，促进教育对象体、智、德、美全面发展。

《幼儿园工作规程》指出，幼儿园担负着保育教育幼儿和为家长服务的双重任务，这是对幼儿园性质和任务的规定，是幼教机构的工作方向。可以认为，教育好幼儿是为了未来，服务家长则是有益于当前，二者均服从和服务于社会主义现代化建设的总目标。

（二）贯彻方向性原则要注意的问题

1. 明确培养目标，树立正确的办园指导思想

幼儿园管理者要深刻理解并引导教职工明确幼儿园的培养目标，在此基础上，提出正确的办园目标和指导思想。要认真思考为谁服务，培养什么样的人，办什么样的幼儿园这样的

---

① 邢利娅.幼儿园管理[M].北京：高等教育出版社，2010：20.

② 张燕.幼儿园管理[M].北京：人民教育出版社，2008.21.

问题。兴办幼儿园一定要以教育效益、社会效益为根本，要从有利于儿童的健康和发展，即从教育目标的实现和满足人民群众的需要出发，搞好幼儿园的工作。对一些幼教机构在完成双重任务和培养目标方面存在的偏差，如重教轻保、重智轻德、重智轻体，教育教学“小学化”以及加重儿童负担等倾向都应该有一个清醒的认识，而不应盲目跟风。要自觉抵制和消除经济体制转型期出现的一些负面效应，坚持正确的办园指导思想。

2. 注意办园宗旨和优良园风建设

幼儿园作为教育机构是培养人的场所，是建设社会主义精神文明的阵地。完成双重任务，教育好孩子，服务好家长，直接体现出幼儿园的办园宗旨和精神风貌。幼儿园管理者要引导全园教职工明确教育培养目标，以正确而富有感召力的办园目标统一全体教职工的意志与步调，同时要通过强化师德教育，建设优良园风，提高教职工素质，激发全园教职工为实现全面育人目标、完成双重任务而同心同德、奋发努力。

二、保教为主的整体性原则

（一）整体性原则及其意义

幼儿园是社会系统的一个组成部分。幼儿园本身也是一个整体，园所是由各个部门、各项工作、各方面人员所组成的。幼儿园管理工作就是要把这些部分合理加以组合。

保教为主的整体性原则指的是，幼教机构是一个系统、一个整体，是由相互作用、相互依赖的各个部分结合而成的具有特定功能的有机整体。而保教工作处于整个系统的中心，管理上要从实现整体目标出发，全面规划，统一指挥，合理组合幼儿园各个部门、各种因素、各个层次的力量，充分发挥整体效能，以达到最佳的管理效果。

幼儿园保教为主的整体性原则可以指导我们正确处理园所管理工作中整体与局部利益、主要矛盾与次要矛盾、中心工作与其他工作、教育与管理等多种错综复杂的关系。

（二）贯彻整体性原则要注意的问题

1. 树立全局观念，强化整体意识

幼儿园是一个相对独立的整体，有着自己的整体目标和利益，因而幼儿园各部门、各项工作等都要服从和服务于这一整体目标和利益。幼儿园一切工作要从全局出发，要明确总体目标，要正确认识整体与局部的辩证统一关系，强化整体意识。管理上要处理好分工合作与统一指挥的关系，要实行明确分工并加强联系配合，从整体着眼做好各部门的各项工作；同时又要实行集中统一指挥，统筹兼顾协调行动，及时发现和解决问题，使园所整体运转正常。

2. 保教为主，全面安排

幼儿园要依据教育对象即幼儿身心发展的特点，通过保教结合的工作实现育人目的。因此，幼儿园管理工作必须明确以保教为主，统筹安排园所的各项工作。保教为主，意味着园所的主要管理人员、保教人员要把大部分时间和精力用于保教工作。幼儿园的其他各项工作各个部门是为保证保教工作而设置的，要配合并服务于保教工作，要有利于而不是有碍于这一中心工作。领导者、管理者要经常深入教养一线，了解并指导保教工作，认真研究分析问题，推动和改进保教工作，不断提高质量。当然，“保教为主”并非保教唯一，管理上要在坚持保教为主的同时统筹安排，要在总体目标规划前提下，将长远目标与近期任务结合，将各时期主要工作或阶段性重点与其他工作或日常常规工作协调，围绕中心，带动全面，使各部门各项工作协调配合，实现幼儿园整体工作的正常运转，较好地完成保教任务。

三、民主管理原则

（一）民主管理原则及其意义

民主管理原则是指在幼儿园管理中，要处理好完成工作任务和关心人的关系，同时要处理好管理者、领导者与管理对象即广大教职工的关系，调动全园各类人员的积极性，发挥管理的激励机制，以较好地实现幼儿园的任务目标。

人是管理的核心。在管理要素中，人兼为管理手段与内容，人是目的与手段的统一。现代管理强调“以人为本”的思想，实现组织的任务目标关键是调动各类人员的积极性。不仅要发挥领导者和管理者的积极性，还要全力调动和发挥广大群众的积极性，要尊重教职工的民主权利，确保他们能够参与幼儿园的管理工作。贯彻这一原则，需要正确处理领导与群众、集中与民主、组织与个人之间的关系。

（二）贯彻民主管理原则要注意的问题

1. 树立群众观点，坚持群众路线

管理工作中一定要相信、依靠群众，密切联系群众，要注意处理好管理者与管理对象的关系。应当认识到，广大教职工既是管理的客体，又是管理的主体，是实施教育等各项工作的主体；同时，管理的主体与客体又是相互依存并在一定条件下相互转化的。当前幼儿园实行园长负责制，园长要对幼儿园行政与业务工作全面负责，园长是代表教职工的利益和组织的利益行使权力。

搞好幼儿园管理并不仅仅是领导者、管理者的事。广大教职工是幼儿园工作的实践主体，因此，管理工作必须依靠全体教职工，实行民主管理，调动教职工关心参与事业的积极性。管理者要深入群众，注重倾听他们的意见，集中群众智慧和力量；要增强服务意识，为教职工的发展创造条件，使教职工能够结合工作实践参加教研培训，不断改进工作效果，实现个体与整个队伍素质的提升。

2. 在组织上为群众参与管理创造条件

民主管理需要有一定的组织和制度作为保证。要在组织上为群众参与管理创造条件，使“以人为本”“职工是企业事业的主人”从口号或观念转变为具体现实。

实行民主管理首先应当建立群众监督咨询的组织和制度。如定期召开教职员工代表大会、园务会、党政工团联席会等，讨论幼儿园的工作和问题，密切管理者与群众的关系。使教职员工对园所重大决策有审议权，有机会参与讨论和做出决定；对行政干部和领导管理人员有评议监督权；能维护自身正当的权益。另外，幼儿园在制度上要保证代表教职工意志的人选进入各级领导班子。

幼儿园各项工作的开展要走群众路线，坚持广泛听取群众意见、建议，做到从群众中来，到群众中去。在发扬民主的基础上，集中正确意见，科学决策。幼儿园应实行园务公开制度，保障教职工对幼儿园工作的知情权。要通过多种形式鼓励教职工出主意、提建议，如设意见箱、开展合理化建议活动、召开小型会议及个别访谈等。要重视工会在园所民主管理中的作用，工会是教职工自己的组织，代表教职工的利益，可以配合幼儿园做行政工作，发挥其管理者与教职工间的桥梁作用。

实行民主管理要注意在实践中不断探索，积累经验，创造出更多新而有效的形式。

四、有效性原则

（一）有效性原则及其意义

管理的目的在于提高效率，要以最小的投入创造出更多的经济效益和社会效益，为社会做出贡献。

幼儿园管理的有效性原则是指，幼儿园管理要在正确的目标指导下，通过科学管理，合理组织幼儿园的人力、物力、财力等资源，充分挖掘潜力，讲究经营，高质量、高效益地实现培养目标，完成幼儿园的双重任务。

要提升管理工作效益，就要注意研究人力、物力、财力等资源的投入或耗费带来了多大的效用和功能，管理工作是否完成了目标，工作的效率如何。搞教育、举办幼儿园无疑也有效益问题，要计算投入与产出的关系，要遵循教育和管理规律，以科学的态度和方法来研究和处理园所经营运转中的问题，有效利用各种管理资源。

（二）贯彻有效性原则要注意的问题

1. 树立正确的教育质量观、效益观

幼儿园以育人为目的，管理者一定要树立正确的人才观、教育质量观，要关注社会发展的需要，明确社会对未来人才规格的要求。衡量幼儿园管理工作效益的关键是，幼儿园培养的人才是否为社会所认可、接受，人才数量与规格是否符合社会的需求。

效率通常指的是单位时间内完成的工作量；效益与目标、方向密切联系，与价值有关。良好的效益是在正确目标指导下的高效率，符合社会的根本利益和发展方向，同时也是有利于幼儿园整体发展的高效率。①幼儿园要通过合理组织有效运用有限的教育资源，提高管理的功能效益，较好地实现组织的目标，提高保教质量。管理中要注意将投入配置、使用与教育目的、办园效果结合，突出其使用的意义与价值，实现社会效益与经济效益的统一。要把凡事讲效率、讲效益作为幼儿园管理工作的重要理念。

2. 建立合理的组织与制度，使幼儿园工作规范化、程序化

首先，建立和完善组织机构。管理是对组织而言的，幼儿园要有合理的组织机构，并不断完善。要明确园所的任务目标，建章立制，形成管理层次清楚、职责分明、既统一领导又分工协作的科学管理系统。要做到机构简、人员精，提高组织的功能和效益。

其次，要建立健全以岗位责任制为核心的各项规章制度。应做到定岗定员，责任到人，并将各类人员的职责权利统一起来，通过对其行使职权、承担责任的结果进行考核评价，奖优罚劣，使制度起到规范组织中各类人员行为和活动的作用。

再次，强化幼儿园工作的计划性和程序性。实现有效管理必须加强幼儿园工作的计划性，避免盲目随意性。可以通过计划将各部门各方面工作有机联系并组织起来，使其前后连贯、环环相扣，使幼儿园管理活动顺利展开。从计划的制订，到组织实施、检查和总结的整个管理活动，依程序科学运转，将幼儿园工作不断推向前进。

3. 有效组织和利用资源，实现经济效益优化

任何组织的资源都是有限的。让有限的人力、物力、财力最大限度地发挥其作用，以最小的代价获得最佳的效果，是管理的意义所在。效率和效益是管理所要追求的目标。幼儿

---

① 张燕.幼儿园管理[M].北京：人民教育出版社，2008：26.

园管理要进行成本核算，讲究经营，注意计算经费投入或人力物力等资源的耗费与培养人才、办事效果之间的关系，要考虑如何发挥教育投资的经济效益问题。

幼儿园管理要注意分析所拥有的人力、物力、财力等资源，做到合理配置，有效利用。

（1）人力资源的有效利用。管理要素中，人是最具有能动性的最关键的要素，是组织中最宝贵的资源。幼儿园管理要合理安排人力资源，提高用人的效率。可以通过定岗定责、定员定编，确定适宜的工作量，把合适的人安排在合适的岗位上，实现人尽其用，克服和消除人浮于事等人才浪费现象。在对人员的管理中，要做到知人善任、用人之长，合理组合和运用激励机制，发挥组织成员的聪明才智和潜能。

（2）勤俭办园，提高物力与资金的利用率。幼儿园管理要做到合理利用物质资源和资金，科学经营，节支增收，提高经费和物资利用的有效率。幼儿园一定要坚持艰苦奋斗、勤俭办园。我国幼教事业正是在这种精神的指引下，逐步发展和壮大的。在当前学前教育发展的新形势下，仍然需要继续提倡和发扬这一优良的办园传统，把有限的经费用在最急需、最必要的地方，尽可能减少非教育性开支，财尽其效。管理中要正确认识节支与增收的辩证关系，注意节流，挖掘潜力，降低成本，提高效益。

要加强物资和设备的管理，如对教育设备器材等要注意保管、维修，延长其使用寿命；要杜绝浪费和防范不应有的损坏，实现物尽其用，更好地为保教工作服务。

（3）合理有效地利用时间和信息。管理者和领导者要善于合理安排工作，分清主次轻重，考虑工作的优先次序，提高时间利用率。要研究对会议的管理，尽可能少开会、开小会，要能解决问题，提高开会效率。要引导全园各类人员和保教工作者避免浪费时间，提高工作和教育效益。信息作为一种特殊资源，对于管理者正确指挥决策具有重要意义。管理者要注意建立畅通的信息渠道，以便及时传递与反馈准确的信息，要加强沟通，为有关部门与教师提供信息服务，提高信息的利用率。

总之，实施有效性原则，要注意人的因素，因地制宜发掘各种可能利用的资源，坚决反对和杜绝任何浪费办学资源的“败家子”行为，全面提高办园的整体效益。

五、社会协调性原则

（一）社会协调性原则及其意义

随着时代的发展，园所与社会的联系日益密切，其生存与发展受到社会外界各方面因素的制约。幼儿园管理活动是在同社会各个方面的交往中进行的，如果幼儿园管理工作囿于封闭体系，孤立进行，必然没有出路。

幼儿园管理的社会协调性原则是指，幼儿园是社会的一个组成部分，其机构管理要注重与社会的联系，通过协调与沟通，充分利用有利条件，尽力排除不利因素，在内外各方面因素相互作用与影响下，不断提高保教工作质量和管理水平，面向社会，开拓发展。

（二）实施社会协调性原则要注意的问题

1. 正确认识组织与环境的关系，树立面向社会办园思想

现代管理学注重把管理置于一定环境和社会文化背景之中，考察其间的相互制约、相互联系与影响，强调组织的效率取决于组织与环境的适应性。因此，管理者就要注意分析幼儿园内外的动态关系，主动了解社会环境的变化，有意识地自我调控，与环境保持平衡。

2. 增强联系，搞好协调，实现双向互动

幼儿园要充分认识并处理好园所内部与外部的各种关系。对内要处理好各部门各类人员及各项工作之间的关系，使教育管理有秩序地开展，搞好育人工作，不断提高保教质量。同时，要注重对外联系，搞好社会协调，处理好幼教机构与其他社会组织、与所在社区等的关系，在相互交往中协调发展。

（1）注意幼儿园与主办部门和上级教育行政部门的沟通协调。例如，对国家和政府部门的方针政策，特别是教育方针政策和有关法令、管理条例、规章等要及时准确地了解，认真学习理解并结合幼儿园实际加以贯彻执行。主动向上级行政部门提供信息和反映情况，并争取支持。

（2）和其他幼教机构的同行及相关研究单位要多交流、研讨，相互学习、支持。

（3）注意幼儿园与家长的沟通与协调。要注重家长工作，密切家长与园所的联系，为家长提供帮助指导，更好地发挥家长和家庭教育的作用，实现家园共育。

（4）注意幼儿园与所在社区的沟通与融合。幼儿园要考虑所在社区自然地理环境、文化经济条件、社会风俗、生活方式等特点，发挥地方优势和组织有利因素，避免消极因素，为幼儿园发展争取较好的社会环境。

幼儿园要注意依靠社会力量办好园所，搞好教育，同时还要发挥教育机构的优势面向社会做好宣传教育上作，自觉参加社会服务活动，以发挥社会功能，实现双向互动和服务。

以上五条基本的管理原则相互之间是紧密联系、相互制约的，是不可分割的整体，共同作用于幼儿园管理过程。幼儿园管理者要在管理实践中，加深对这五条原则基本精神的理解，并将这几方面原则作为完整的体系，综合运用。

表 1-1 可以帮助读者理解幼儿园管理的原则及其作用。

表 1-1　幼儿园管理原则及其作用

原则	作　　用
方向性原则	指导管理者端正办园的思想和方向
保教为主整体性原则	指导管理者处理好园内各项工作的关系
民主管理原则	指导对人的管理，处理好管理者和管理对象的关系
有效性原则	指导制度建设，指导处理幼儿园投入与产出的关系，即工作效益与服务社会的关系
社会协调性原则	主要处理幼儿园内部与外部环境之间的关系

本章小结

本章是全书的基础，共四节。首先，从不同的理论视角看管理，阐释了管理的概念及其含义，分析了管理的二重性。其次，明确了幼儿园管理的概念，分析了幼儿园管理要素和管理内容；从幼儿园教育功能的角度分析了幼儿教育具有保育性、教育性、公益性、社会性、补偿性等特点，这些特点也决定了幼儿园管理的特殊性：幼儿园管理的特殊任务是保教儿童，服务家长；在管理过程中需要综合协调各个社会领域，动员并利用社会各方资源等。再次，介绍了学习和研究幼儿园管理的意义和方法。最后，阐述了幼儿园管理的基本原则，即办园方向性原则、保教为主的整体性原则、民主管理原则、有效性原则与社会协调性原则；分别介绍了每项原则及其意义，并指出贯彻此项原则应注意的问题。

思考与练习题型例举

一、单项选择题

1. 管理要素中最具有能动性的因素是（　　）。

A. 人　　B. 财　　C. 物　　D. 信息

2. 现代教育管理是指国家或地方政府对教育系统进行的计划、组织及（　　）等一系列活动。

A. 管理　　B. 协调　　C. 投入　　D. 制定政策

二、多项选择题

1. 管理的二重性是指（　　）。

A. 自然属性　　B. 科学性　　C. 社会属性　　D. 系统性　　E. 规范性

2. 学习和研究幼儿园管理的主要方法有（　　）。

A. 文献法　　B. 调查法　　C. 行动研究法　　D. 体验法　　E. 案例研究法

3. 幼儿园的功能具有的特点是（　　）。

A. 教育性　　B. 公益性　　C. 反馈性　　D. 补偿性　　E. 社会性

三、名词解释

1. 幼儿园管理

2. 幼儿园管理要素

3. 幼儿园管理原则

四、简答题

1. 幼儿园管理的主要内容有哪些？

2. 学习和研究幼儿园管理有哪些意义？

3. 简述幼儿园管理的基本原则有哪些？

五、论述题

1. 试分析幼儿园管理的特殊性。

2. 结合实际谈谈幼儿园应怎样坚持和贯彻方向性原则？

六、做中学（应用题）

1. 设计一份学习本门课程的详细计划。

2. 试运用案例法收集 2~3 例幼儿园管理案例。

参考答案

一、单项选择题

1. A　　2. B

二、多项选择题

1. AC　　2. ABCE　　3. ABDE

三、名词解释

1. 幼儿园管理:是指幼儿园管理人员和有关教育行政人员遵循一定的教育方针和保教工作的客观规律,采用科学的工作方式和管理手段,将人、财、物等各因素合理组织起来,调动各方面的积极性,优质高效地实现国家所规定的培养目标和幼儿园工作任务所进行的各种一般职能活动。

2. 幼儿园管理要素:人、财、物是举办幼儿教育事业的物质资源,这是管理的基本要素,是有形的管理对象。其中,人是具有能动性的物质资源,财、物等非能动性的物质资源要由人来掌握、支配和使用,才能够发挥作用。在人、财、物这三项基本要素中,人的因素是最重要的。

3. 幼儿园管理原则:是指为实现幼儿园的工作目标,正确处理管理过程中一系列矛盾、关系或问题的指导原则,这是对幼儿园管理系统提出的基本要求,也是幼儿园管理活动必须遵循的原则。

四、简述题

1. 答:

(1) 幼儿园行政管理;

(2) 幼儿园的保教工作管理;

(3) 人员管理;

(4) 幼教机构与家庭、社区的关系。

2. 答:

(1) 是幼教事业发展的客观需要;

(2) 是改革幼儿教育、全面提高保教质量的需要;

(3) 是探索规律、发展学前教育管理理论的需要;

(4) 是提高人才素质和管理水平的需要。

3. 答:

(1) 方向性原则;

(2) 保教为主的整体性原则;

(3) 民主管理原则;

(4) 有效性原则;

(5) 社会协调性原则。

五、论述题

1. 答:

(1) 保教儿童与服务家长兼顾是幼儿教育不同于其他阶段教育的特点,也是幼儿园管理与其他管理活动的最大区别。

① 要坚持保教合一,全面提高保教质量。

② 幼儿园要为家长参加工作、学习提供便利条件。

③ 管理的特殊性不仅表现在管理的任务目标上,也体现在管理内容的特殊性上。

(2) 注重综合协调,强调管理的社会化。

从宏观角度讲,幼儿教育是全社会的事业,涉及广泛的领域,如卫生、福利、文化、人力资源与社会保障、财政等多方面,因此必须得到全社会的支持和参与。

从微观层面看，托幼机构在管理过程中也要积极与社区、家庭联系，为家长提供良好的服务和科学育儿指导，与社区建立良好的合作共建关系，为幼儿园的发展构建良好的平台和外部环境。

（3）充分挖掘并合理利用、协调多方教育资源，发挥管理效能。

从宏观角度来说，多种形式扩大学前教育资源。

从微观角度来说，幼儿园管理要充分挖掘并合理利用、协调多方教育资源，发挥管理效能，求得社会效益和经济效益的统一。

2. 答：

（1）方向性原则及其要求：

方向性原则指举办幼儿园要以社会效益为根本，以满足社会需要为出发点。我国要求幼儿教育要与社会主义性质相适应，在幼儿园的性质、任务上，要体现这一点，在培养人才的规格和各项工作的要求、标准等方面也要反映社会主义性质。

（2）幼儿园现实中存在的问题：

办学思想有问题，价值取向有所扭曲。

① 市场化色彩浓厚，幼儿园过分追求经济效益，忽略了社会效益。

② 一些幼教机构在完成双重任务和培养目标方面存在着偏差，如重教轻保、重智轻德、重智轻体等。

③ 在教育教学中小学化倾向仍存在，基层和农村幼儿园更为严重。

（3）贯彻方向性原则要注意的问题：

① 明确培养目标，树立正确的办园指导思想。幼儿园管理者要深刻理解并引导教职工明确幼儿园的培养目标，在此基础上，提出正确的办园目标和指导思想。要认真思考为谁服务，培养什么样的人，办什么样的幼儿园这样的问题。兴办幼儿园一定要以教育效益、社会效益为根本，要从教育目标的实现和满足人民群众的需要出发，搞好幼儿园的工作。

② 注意办园宗旨和优良园风建设。幼儿园作为教育机构是培养人的场所，是建设社会主义精神文明的阵地。完成双重任务，教育好孩子，服务好家长，直接体现出幼儿园的办园宗旨和精神风貌。幼儿园管理者要引导全园教职工明确教育培养目标，以正确而富有感召力的办园目标统一全体教职工的意志与步调，同时要通过强化师德教育，建设优良园风，提高教职工素质，激发全园教职工为实现全面育人目标、完成双重任务而同心同德、奋发努力。

六、做中学

略

第二章 幼儿园管理过程

学习目标

通过本章的学习，理解幼儿园管理过程及其含义，明确管理过程的各个阶段及其特点；基本掌握幼儿园工作计划制订的依据与程序，掌握幼儿园计划实施过程中管理的基本环节和主要工作，能够运用所学理论分析幼儿园管理过程中存在的问题，并提出解决问题的对策。

建议学时

7 学时。

案例导读

幼儿园管理过程是由计划、实行、检查、总结四个环节组成，顺序不能颠倒，而且缺一不可，每个环节都有相应的工作要点。分析案例 1-1 中的辛园长在安排工作中存在哪些方面的问题。假如你是辛园长，会对原先的工作安排进行怎样的调整？为什么？

案例 2-1

谁能给我第三只手

“六一”儿童节就要到了，刚刚上任不久的辛园长正在带领幼儿园领导班子成员检查各班迎“六一”各项工作的准备情况。在巡查过程中，辛园长发现了很多问题，例如，有的班级活动区内的材料没有及时更换，有的班级墙面上张贴的幼儿作品参差不齐，还有些班级的幼儿作品被扔在地上，更有个别班级根本没有按要求进行与“六一”儿童节有关的布置；给幼儿排练文艺节目的工作进展缓慢，节目排练错误百出……辛园长原本以为，各个班级应该顺利完成好这些工作，而检查的实际结果却令她大失所望，她有些恼火。

辛园长很快就将所有老师都集中起来，召开了一次紧急会议。她将自己所看到的情况说了出来，并向在座的老师质问道：“一周前我已经将环境布置、开放日活动、‘六一’儿童节文艺表演的任务布置给你们了，可是，一周时间过去了，你们就把这些工作完成到这种程度吗？还有不到一周的时间就到‘六一’儿童节了，在儿童节前，你们还能不能把这些工作做完？”面对园长的质问，老师们一个个都低头不语，会议室内的气氛沉闷而压抑。看到各位老师都默不作声，辛园长只好又提出了一些工作要求，便宣布散会了。散会后，老师们迈着沉重的脚步回到了各自的班级。

心情同样抑郁的辛园长回到办公室。在她打开门的时候，门缝里突然掉下来一张小纸条，纸条上写有一行小字："谁能给我第三只手?"看到纸条的一瞬间，辛园长忽然有所领悟。这张小纸条令她不觉回想起刚刚开会时的一个细节，有几位老师曾抬起头，似乎有话说，但却欲言又止。于是，辛园长就从这几位老师中挑选出一位老师，把她单独请到园长办公室，向她询问："刚刚开会的时候大家情绪不高，是不是我安排的工作有些不妥？您是幼儿园的老教师了，能谈谈您的想法吗？我很想听听。"这位老师犹豫了一下，终于开口说道："辛园长，您也知道，幼儿园平时的要求是每月的月底要上交班级月工作总结、教育教学笔记、听课记录、读书笔记这些材料，而且上周您除了安排迎接'六一'的工作任务之外，还布置了提交科研论文的任务。平时，我们每个月的月底完成各种笔记和总结都已经是满负荷工作了，现在，除了那些常规性工作任务之外，还要重新布置活动室，带孩子排练节目，制作活动区的玩教具，写科研论文，等等。我们真是感觉分身乏术呀，谁给我们'第三只手'呢？其实，这一个星期以来我们一直都在加班加点工作，我们已经是超负荷运转了！而且幼儿园还有几位老师的孩子再有一个多星期就要参加高考了，现在也是挺着急的……"

听了这位老师的肺腑之言，辛园长陷入了沉思。她重新反思了自己的领导工作，发现存在的一些问题，并对工作做了新的调整。

选自陈迁主编《幼儿园管理的50个细节》，福建教育出版社，2013年版

第一节　幼儿园管理过程概述

现代管理科学都很重视对管理过程的研究。因为对管理过程的研究可以使管理者在多层次的、纷繁复杂的管理活动中，探索出管理过程的一些共同的或者是基本的管理环节及其运行程序，这对管理者把握管理过程的一般规律，有效实施过程管理有着十分重要的意义。

一、管理过程的含义及"戴明环"理论概述

（一）管理过程的含义

一切事物都处于不断的运动变化中，管理也不例外，也要随时间的延续而不断运转变化，表现为动态性和阶段性，呈现出一定的步骤环节，并形成相应的循环过程。因此，有许多管理学家在给管理下定义时，就把管理定义为"活动过程"。管理过程是指为实现预定的管理目标，管理者组织全员按计划、有步骤地进行共同活动的程序。

管理过程的概念来源于法约尔的一般管理理论，它揭示了任何一项管理活动的完整过程应包括计划、组织、指挥、协调和控制五个步骤。对管理过程认识的基础在于承认管理活动"有序"，即对每项工作的管理都是按照一定的逻辑展开，在这一点上，人们基本取得了共识。① 其中被大家普遍接受的是戴明的管理过程理论。

① 陈孝彬. 教育管理学[M]. 修订版. 北京：北京师范大学出版社，1999.337.

（二）“戴明环”管理过程理论

戴明（W·E·Deming）是美国管理学家、统计学家。戴明对纷繁复杂的管理过程进行透彻的分析和提炼，把管理活动的过程归结为计划（plan）、实行（do）、检查（check）、总结（action）四个基本环节，它们构成了管理的基本过程。并把这四个阶段有序地安排在圆环之中，随着圆环的不断循环，螺旋上升，管理活动也不断地向前发展。戴明把复杂的管理过程凝练地归结为“PDCA”，科学地揭示了管理过程的一般规律与特点，被称之为“戴明环”管理过程理论（见图2-1）

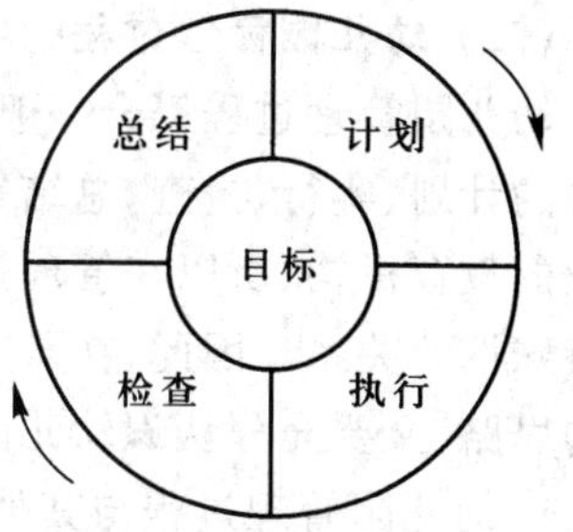

图2-1　管理过程各环节运行图

1. 计划阶段

计划阶段是管理过程的起始阶段，指确定目标和选择实施目标的方案、手段、方法、措施，是计划职能在管理过程中的体现。计划贯穿于管理活动的始终，计划中所确立的目标是管理过程的终极归宿。

2. 实行阶段

实行也称执行，简单地说，就是去做。实行阶段主要是按照计划的要求去执行工作，用计划去指导工作的开展，这是管理过程的实质性阶段。这一环节包括组织、指挥、协调、控制、激励等一系列活动。

3. 检查阶段

检查是指对照计划对执行阶段的活动和成果进行评价和诊断，肯定成绩，发现问题，纠正偏差。检查阶段主要是对所进行的工作，按照制订的计划，加以检查、监督、纠偏和指导，对执行的工作予以有效的控制。一般来说，检查是伴随执行的过程随时进行的。

4. 总结阶段

这一阶段是回顾整个计划的实施过程，针对某一阶段、某一周期的工作进行总的分析和评价，提出下一周期的努力方向和改进内容，不断地调整管理方式，形成更为完善的工作系统，为下一个阶段的工作奠定良好的基础。

二、幼儿园管理过程的分析

（一）幼儿园管理过程的含义

幼儿园管理过程是指幼儿园管理者根据教育原理以及管理规律，组织全园教职工，为实现幼儿发展，以保教工作为中心，按计划有步骤地进行共同活动的过程。这个过程的运行也可视为由计划、实行、检查和总结四个基本阶段组成。这四个阶段既是管理工作的基本程序，又是管理工作的基本方法。作为幼儿园管理者，应该自觉地运用上述科学方法，对幼儿园的工作进行过程化管理，努力摒弃非过程化的管理习惯和管理思维，以确保幼儿园管理过程整体运行的成效性。

需要指出的是，不能把管理过程仅仅理解为是若干工作环节的简单连接。因为，对于管理过程的研究，无论是在实践层面还是在理论层面，都会涉及观念的选择与支配、行为的调整与规范、资源的开发与利用、组织的调整与协调、环境的适应与利用、管理者的能力与人格等管理的基本要素的研究。① 所以,幼儿园管理者,绝对不能把管理过程看作是一个简单的程序操作过程。

(二) 幼儿园管理过程的特点

幼儿园管理过程符合一般管理过程的特点,即幼儿园管理运行过程也涵盖一般管理过程中的计划、实行、检查、总结等基本环节,带有管理过程所共有的一些特性;因幼教机构是专业的教育机构,所以在管理过程中又有其个性。管理与幼儿园管理是共性与个性、普遍性与特殊性的关系。因此,在研究幼教机构管理过程的问题时,既要把握一般意义上的管理过程的思路,又要充分认识幼儿园管理过程的特点,这将有助于揭示幼儿园管理过程的本质。

1. 幼儿园管理过程与其他管理的共性

(1) 目的性、程序性和整体性

幼儿园管理过程的各环节,围绕着预定目标形成一定的程序,总是遵循着计划、实行、检查、总结这四个环节循序进行,不能颠倒,且各环节缺一不可。计划目标统帅着整个过程,它是整个过程的出发点和归宿;实行是使计划付诸实践和实现的过程;检查是对实行环节的监督和反馈,是对计划落实情况的检验;总结是对计划、实行、检查的总评价,也是制订下一个周期管理计划的依据。四个环节的有序运作构成了一个完整的管理循环和管理周期。

幼儿园各级管理人员要依据管理过程运行的规律,以目标为中心统筹安排工作,抓住四个基本环节,使之有机结合,有序运行,从而提高幼儿园管理的整体效益。

(2) 相关性、渗透性和反馈性

幼儿园管理过程的诸环节是相互联系、相互渗透的,同时上一个环节是下一个环节的基础,下一个环节是上一个环节的深入。在实际的管理工作中,各环节之间都存在着反馈回路。如当管理由计划进入实行阶段时,往往就会对前一阶段的工作进行反馈,前一个环节可根据后面环节的信息反馈进行改进。如图 2-2 所示。

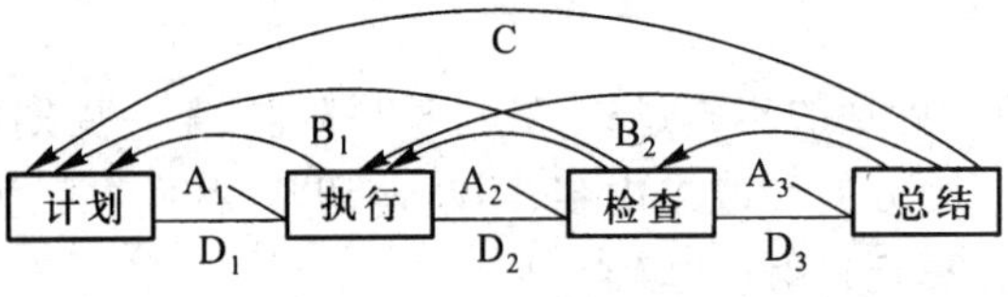

图 2-2　管理过程各环节相互联系、渗透、促进

幼儿园管理工作有围绕总目标运行的计划—实行—检查—总结(PDCA)的“大环”,各项专门工作也有自身的 PDCA“小环”,因此就形成了“大环”套“小环”,环与环构成一个完整的管理过程,如图 2-3 所示。这就要求管理者在管理过程中,要不断协调各项工作的关系,保证每项工作管理过程运行正常。同时,不断获得反馈信息,采取相应的控制措施,及时纠正偏差,使管理过程能够按照一定的程序,由前一环节推向后一环节,推动管理过程运转,最终实现幼儿园的目标。

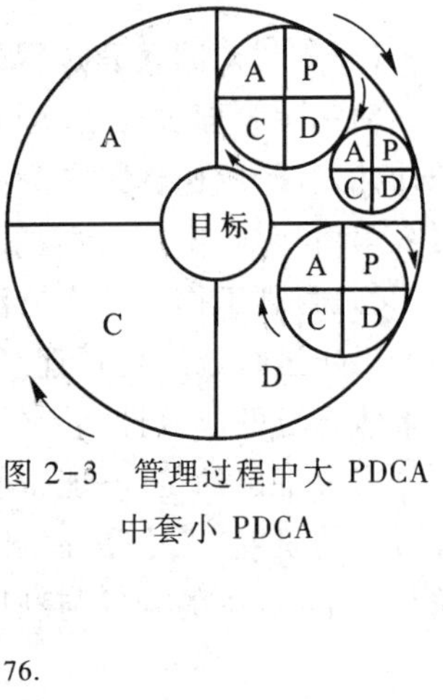

图 2-3　管理过程中大 PDCA 中套小 PDCA

(3) 递进性和周期性

① 阎水金,张燕. 学前教育行政与管理[M]. 长春:东北师范大学出版社,2003:76.

幼儿园管理活动总是按照“计划—实行—检查—总结”这样的顺序推进，完成一个周期之后，又继续开始下一个周期的活动，如此不断地实现这四个基本环节的运转。但这种运转不是原地打转或机械重复，而是螺旋式拾级而上。有效管理工作的各个基本环节每一次循环都能提高一个层次，每循环一圈，管理活动就提升一些。幼儿园管理者要力图使每一项工作的管理都一次比一次有所进步，要在前一个管理周期已达成目标的基础上有所发展与创新，使管理水平不断提高，管理业绩不断积累，呈现出一种螺旋式上升的状态。如图 2-4 所示。

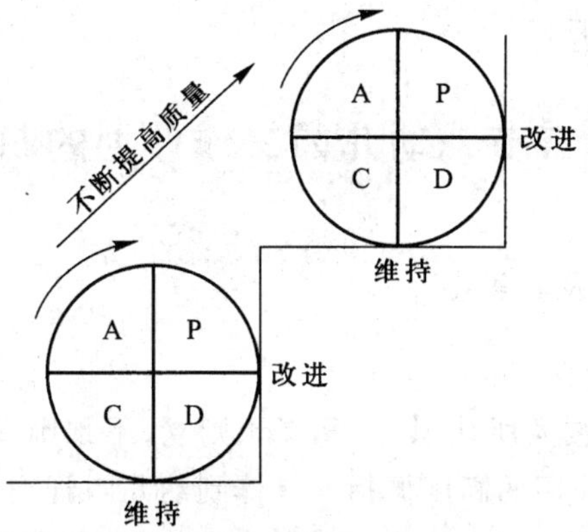

图 2-4　管理过程不断循环上升

2. 幼儿园管理过程的个性——育人的目的性

幼儿园管理过程的个性是由幼儿园自身的性质和任务所决定的。幼儿园的组织活动中并存着两种过程，即教育过程与管理过程，两者的目的是共同的和一致的，那就是促进儿童身心全面、健康发展，为其终身发展奠定良好的素质基础。

整个幼儿园的工作目标即总目标既包括教育目标，又包括幼儿园管理目标，因此二者之间必然存在密切关系。教育目标是园所全部工作的核心，是确定管理目标的依据；管理目标是实现教育目标的保证和前提。教育目标的实现又体现出全部管理工作的结果，二者统一在教育目标的实现上，如图 2-5 所示。

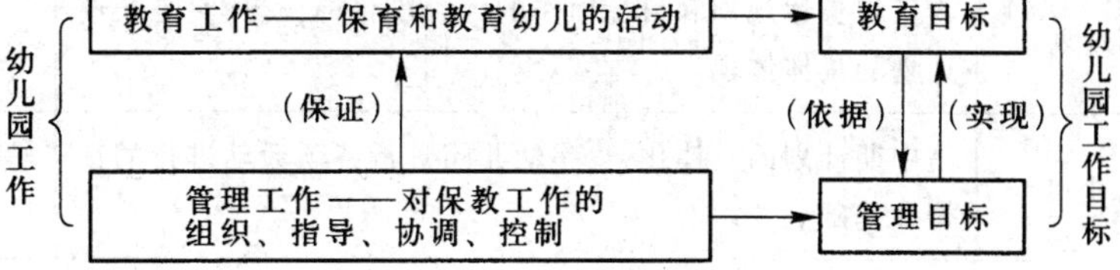

图 2-5　幼儿园工作目标的构成

作为教育机构，其管理过程的目的性与其他管理过程不同，具有其自身的特点，即以育人为主要宗旨。表现在：

(1) 幼儿园是育儿的场所，必须坚持管理育儿、教书育儿、服务育儿，并且应该贯穿教育和幼儿园管理活动的始终。从本质上来讲，幼儿园管理过程就是一种对育儿工作进行管理的过程，有着极其鲜明的教育性。

(2) 幼儿园管理过程是在幼儿园总目标的引导下,由幼儿园全体成员的观念与行为所构成的动态活动的程序。对于幼儿园管理者来说,管理过程实际上就是为实现一定目的而对人和组织的行为进行控制的过程。幼儿园各类工作人员因这一目标而相互联系,结成一定的关系。

(3)"育人"目的还具有双向互动性。园领导与教职工之间、教师与幼儿之间,相互促进相互影响,管理者和被管理者双方在管理过程中逐步成长。幼儿的成长离不开专业化的幼儿教师,从这一角度看,园长对教师管理的目的之一就是要促进教师专业的提升,从而最终实现培养幼儿的根本目的。

第二节　幼儿园工作计划的制订

一、幼儿园工作计划及其类型

(一) 幼儿园计划的含义

计划的重要性很早就被人所认识。"凡事预则立,不预则废""人无远虑,必有近忧"。"预""远虑",就是对计划作用的高度概括。具体到幼儿园管理,计划就是为实现幼儿园工作的任务和目标而对幼儿园工作的内容、规划、步骤、方式方法以及资源配置等的通盘预先安排和谋划。计划也是一个做出决策的过程,决策科学是保障组织目标实现的重要基础。因此,计划既要确认未来要解决的问题,也要分析当前的现有条件,可以说计划就是在现状与所要达到的未来目标之间架设桥梁。

(二) 幼儿园工作计划的分类

依照不同的维度,可以将幼儿园工作计划划分为不同的类别,见表 2-1。

表 2-1　幼儿园计划分类

划分维度	计划类型	主要任务	备注
按时间划分	长期计划	对幼儿园工作的长远设想,指向幼儿园发展的长期目标。	3~5 年发展规划
	中期计划	为实现长远规划和目标而作的分阶段目标设想,它是长期计划的具体体现。	学年计划
	短期计划	是中期计划的具体化,也是幼儿园日常各项活动进行的依据和基础。	学期—月—周—日计划
按覆盖范围划分	全园计划	规定全园在计划期间要达到目标和任务,并对各项工作提出基本要求和工作重点,对各部门、各班级工作具有指导作用。	园务计划、措施手段、资源配置
	部门计划	依据全园工作计划制订出本部门及本班级的工作计划,并做出比较详细的安排。	各部门主管负责
	个人计划	为更好地实现全园计划和部门、班级计划而制订的教职工个人的非常详细的安排。	与个人职业发展规划结合

续表

划分维度	计划类型	主要任务	备注
按工作性质划分	常规性工作计划	这类工作带有常规性。如卫生保健工作、教育教学工作、保教人员教育与培训工作、总务工作、招生工作等。	周而复始，重复性强
	临时性工作计划	根据园所工作进程中出现的特殊重要问题或情况所作的新安排。	传染病、自然灾害

（三）计划实例

以下是文字形式的幼儿园工作计划。

例：

北京市昌平区滨河幼儿园五年发展规划

（2011—2016）

2011年8月至10月，在区委、区政府以及各职能部门的关心与支持下，经过2个月的改造装修以及设备设施的购置，北京市昌平区滨河幼儿园正式开园了。幼儿园占地面积4 400平方米，建筑面积3 606平方米，户外场地约2 000平方米。有教职工38人，其中：管理人员4人，保健医1人，财务人员2人，保教人员25人，后勤6人；招收幼儿54名，小班36人，中班18人。作为昌平区第一所公办的小区配套幼儿园，我园被区委、区政府列为2011年为民办实事项目之一，市区政府给予了充足的资金保证，社会各界也在观望着幼儿园的发展，为了加快我园发展步伐，提高办园质量，向社会交一份满意的答卷，依据《昌平区“十二五”教育发展规划》，结合我园实际，现制定我园五年发展规划。

一、现状分析

（一）优势

1. 硬件条件较优越

园所按照《北京市托幼园所分级分类验收标准及细则》的要求，对原有主体建筑北楼进行了改造装修，班级活动室、盥洗室、睡眠室环境整洁、安全、温馨，配有教育教学使用的各种玩教具、图书以及电子设施。

2. 人员素质较高

管理人员4人来自不同的教育部门，平均年龄40岁，中学高级教师1名，小学高级教师3名，昌平区学科带头人2名，昌平区骨干教师1名，有着丰富的教学管理和一线实践经验。

保教队伍人员年轻化、专业化。保教人员均为近年来面向社会公开招聘的，平均年龄23.8岁，100%为大专以上学历，整体素质较高，有较强的理解能力和接受能力，对待工作有热情、有活力，且对待园所今后的发展充满信心，集体意识较强，他们视野开阔，教育理念先进，有利于创造性地开展保教工作。

3. 家长的信任与资源

我园接收的幼儿大部分都是嘉禾园小区业主的子女，从筹备到幼儿园正常运转，我们非常注重家长工作。召开家长会介绍幼儿园整体情况，介绍幼儿园办园理念和教育理念，达成家园一致教育的共识；组织亲子快乐来园活动，让家长清楚了解幼儿园各项工作，减轻幼儿入园时的分离焦虑；教育全体教职工对待家长热情，及时解决家长的后顾之忧，指导教师站在家长的角度考虑问题。建园一个月时，我们对全园家长进行了幼儿园工作的调查问卷，非常满意及满意的问卷达到了86%，家长的认可是我们做好今后各项工作的一个有力保障。

4. 周边环境优美

我园地处昌平区滨河森林公园内，幼儿园正对面为畅春园公园，东侧为园林绿化，使我园形成了一个天然氧吧，也为孩子们走进大自然提供了得天独厚的条件。同时，幼儿园周边有军队、超市、邮局、居民区等社会功能场所，能为幼儿园今后的教育教学工作提供便利条件。

（二）劣势

1. 硬件条件不够完善

幼儿园后期装修改造工作尚未启动，预计于2012年3月动工，9月前完工，二期工程的启动将会影响整个园所的正常工作，需要幼儿园统筹考虑各部门的协调工作。

2. 管理中困难很多

建园初期，各项工作都在起步阶段，没有形成完善且系统的规章制度，管理工作处在相互了解、磨合的探索阶段，要形成程序化、规范化和科学化的管理系统需要一个过程。

3. 人员方面

管理人员业务管理与实践经验丰富，但缺乏整体管理经验，特别是缺乏食堂管理、卫生保健管理以及全园各部门统筹协调管理的经验。

保教人员87.5 %的教师没有幼儿园工作的经历，缺乏带班经验。理论联系实践的能力偏低，有些新教师对幼儿园教师的职业特点、工作性质及职业价值认识不到位，特别是缺少实践经验。

其他各岗位人员（保健医、食堂炊事人员以及网络管理人员等）虽然符合本岗位工作的任职资格，但全部没有幼儿园工作经验。

二、指导思想

以邓小平理论、三个代表、科学发展观为指导，以《幼儿园工作规程》《幼儿园教育指导纲要（试行）》以及昌平区“十二五”教育发展规划以及现代教育理论为依据，以扎实工作、稳步推进、求真务实、开拓创新为办园思路；将规范管理，稳步发展，提高质量作为核心任务，把培养队伍作为重点工作，全面实施素质教育，促进幼儿身心健康、全面和谐发展。

三、发展总目标

以规范管理，提高质量，打造特色，争创市级示范园为发展目标，以幼儿发展为中心，以教师成长为根本，以提高保教质量为核心，办人民满意的幼儿园为最终目标，力争在两至三年内成为北京市一级一类幼儿园，并成为区级示范幼儿园，五年内争创“北京市示范幼儿园”。

（一）管理目标

树立“以人为本、和谐发展、以德浸润、成就未来”的办园宗旨，逐步形成科学的层级管理体系，以两支队伍建设为突破口，建设管理科学、特色初显、环境优美、质量一流、社会认可的幼儿园。

（二）两支队伍建设目标

把“我爱滨河，我与滨河同起航共发展”作为教职员工的成长信念，形成理解、沟通、责任、合作的良好园风，树立教职工爱岗敬业、求真务实、勇于创新的工作意识，创建一支身心健康、做事有序、善于思考、乐于合作、肯于奉献的教职工队伍。

管理队伍建设目标：形成科学的层次管理系统，将管理队伍培养成为高素质、爱学习、勤思考、会干事的管理人员。

教职工队伍建设目标：身心健康、做事有序、善于思考、乐于合作、肯于奉献的教职工队伍。

（三）教育目标

幼儿园教育是基础教育的重要组成部分，是学校教育以及终身教育的奠基阶段。遵循幼儿身心发展规律，保教并重，确定"习德养成，润物无声"的教育理念，以"养成教育"为重点，将幼儿培养成为"情绪愉快，积极主动，身心和谐发展"的健康儿童。

（四）家园共育与社区早教工作目标

与家长建立和谐的合作关系，与家长共同探讨幼儿园发展过程中问题，与家长达成共识，达到家园共育的理想效果，家长满意度达到85%以上。

多种形式开展社区早教工作，扩大社区散居0~3岁幼儿的受教育率，3年内争创"北京市早期教育示范基地"。

（五）卫生保健工作目标

严格按照区妇幼保健院以及卫生防疫部门的相关要求规范工作，日常工作抓实，与教学形成合力，使卫生保健工作2年达到北京市一级一类幼儿园标准。

（六）后勤工作目标

树立安全第一的意识，强化服务，创新工作，高标准、高质量地完成各项基建项目，有计划地推进园所绿化、美化工程。建立网络平台，宣传、推进幼儿园可持续发展。科学膳食，两年内使食堂工作达到"A级"单位水平。

四、具体任务与措施

（一）依法办园，加强管理，促进幼儿园科学发展

（1）认真学习、贯彻国家以及北京市的有关法律、法规，增强依法办园的意识，提高教职工的法律观念。

（2）建立健全和完善各项规章制度和评价体系，形成制度化管理模式。工作中采取多种形式奖优促差，提高教职员工的工作积极性，促全园教职工整体工作水平的提高。

（3）完善管理体系。形成规范、系统、民主、科学的管理层级关系，使幼儿园各项工作有序、高效运行，在管理方面加大改革创新的力度，不断提升幼儿园管理和办园水平。

（二）加大投入，完善办园条件，建设符合市级示范幼儿园标准的园所环境

（1）在各级政府的关怀和支持下，汲取现有装修、改造工程的经验，对教学二楼进行改造装修，为后期幼儿入园做好充分的准备。

（2）对幼儿园整体环境进行文化设计，突出儿童化、情趣化、教育化、艺术化的特点。

（3）积极与上级领导和相关部门的联系，解决幼儿园不能形成"回"字消防通道的问题，拓宽疏散通道，避免消防安全隐患以及幼儿园满员后幼儿及家长早上入园以及晚上离园时的疏散通道狭窄的问题。

（4）根据《北京市托幼园所分级分类验收标准及细则》的要求，进一步补充完善园所设备设施以及玩教具，充实幼儿生活、学习的物质基础。

(5) 建立幼儿园网站,利用信息化建立家园互通平台。

(6) 多渠道、多形式的进行幼儿园美化、绿化工作,为幼儿创设安全、卫生、优美的生活和学习环境。

(7) 不断优化和完善教职工工作环境。

(8) 树立安全第一的意识,做到无责任事故,杜绝重大意外事故发生。

(三) 加强队伍建设,提高幼儿园整体水平

1. 干部队伍建设

(1) 增强现有领导干部管理与统筹能力,不断提高自身素质,指导各岗位工作有实效。

(2) 建立幼儿园后备干部选拔机制。

2. 教职工队伍建设

(1) 增强全园教职工的凝聚力与主人翁意识,塑造教职员工的整体形象,通过多种形式的活动构建和谐发展的工作氛围。

(2) 通过"走出去、请进来以及园本培训"等多种方式,加强各岗位人员的专业知识与技能培训,使其能够根据自身专业特点以及本园实际创造性地开展各项工作。

(3) 制定《滨河幼儿园教职工行为规范"要"与"不要"》,规范日常的工作常规以及塑造个人良好的整体形象。

(4) 帮助教师树立终身学习的意识。

(5) 建立教职工个人成长档案。

(四) 加强保教工作管理,提高保教工作质量

1. 保教工作管理

(1) 建立健全保教工作各项规章制度与常规要求,形成系统的保教工作评价体系。

(2) 认真贯彻和落实《幼儿园教育指导纲要(试行)》精神,增强保教人员对保教工作六项原则的认识与理解,熟练并创新使用《快乐与发展》教材,促进幼儿园身心和谐发展。

2. 教科研工作

从积极参与上级部门的课题研究向园所承担课题转变,摸索从教研到科研的发展道路,以科研促教研,在解决幼儿园日常工作中出现问题的基础上,研究、探索"养成教育"的有效途径,提高幼儿园保教工作的质量。

申报园所自主承担的课题,研究、探索新任教师专业发展以及幼儿养成教育的有效途径,提高幼儿园保教工作的质量。

3. 保教工作实践

(1) 以幼儿发展为本,发挥环境在教育过程中的作用,为幼儿创设与教育目标相互融合的教育环境,促进幼儿的发展。

(2) 以"养成教育"为保教工作主线,培养幼儿良好的生活和学习习惯以及良好的意志品质。

(3) 根据《幼儿园教育指导纲要(试行)》以及幼儿的实际发展水平,制定符合幼儿身心发展规律且系统的保教工作体系,提高保教工作的实效性。

(4) 做好幼儿发展评价工作。关注全体幼儿,注重个体差异,开展多种形式的保教活动促进幼儿的全面发展。

(5) 积极开展"阳光体育活动",促进幼儿身体协调发展,增强幼儿的体质。

4. 家园共育与社区早教工作

(1) 家园共育工作：充分认识家长是孩子们的第一任教师，也是幼儿园做好保教工作的保障。通过家长委员会、信息网、家长会、家长助教、家长访谈、家长开放日以及各种大型活动等形式帮助家长了解幼儿园保教工作，汲取家长的合理建议，解决家长育儿中的困惑问题，努力为家长服务，争取达到家园同步教育的理想效果。

(2) 社区早教工作：根据《北京市学前教育条例》以及北京市教委《关于做好0—3岁社区早期教育工作通知》的要求，为达到以学前教育机构为中心，向家庭辐射的多样化启蒙教育和指导服务格局，幼儿监护人、看护人接受教育指导率达到95%以上的教育发展目标，利用幼儿园现有设施以及师资优势，开展社区早教工作，不断丰富形式，提高3岁前幼儿及家长的受教育率，3年内达到北京市社区早期教育示范基地的标准，争创"北京市社区早期教育示范基地"。

(五) 卫生保健工作

1. 认真贯彻、落实卫生保健部门的相关文件与要求，在逐步规范日常工作的基础上，创新性地开展园内卫生保健工作，2年内达到一级一类幼儿园卫生保健标准。

2. 注重在园幼儿以及教职员工的健康教育以及身体状况的跟踪调查与指导，建立幼儿以及教师的健康档案。

3. 加强体弱儿以及肥胖儿的管理以及幼儿成长过程的各种矫正管理，使各项指标达到《北京市托幼园所分级分类验收标准及细则》的一类标准，提高幼儿的身体整体素质。

4. 加强幼儿园体育活动组织与管理工作的监管力度，使全园体能测试率达到《北京市托幼园所分级分类验收标准及细则》的一类标准。

5. 加强幼儿膳食管理，研究合理使用膳食软件，不断提高幼儿膳食的质量，保持膳食水平达到《北京市托幼园所分级分类验收标准及细则》中的一类标准。

五、保障措施

……

以下是表格(表2-2，表2-3)形式的幼儿园工作计划的实例。

表2-2　××幼儿园办园规划

(　　年　月　日—　　年　月　日)

<table>
<tr><td colspan="2">总体目标</td><td colspan="6"></td></tr>
<tr><td colspan="2" rowspan="2">分类目标</td><td colspan="6"></td></tr>
<tr><td colspan="6">实施步骤</td></tr>
<tr><td>类别</td><td>目标</td><td colspan="2">第一阶段
(　　年　月—　　年　月)</td><td colspan="2">第二阶段
(　　年　月—　　年　月)</td><td colspan="2">第三阶段
(　　年　月—　　年　月)</td></tr>
<tr><td></td><td></td><td>目标</td><td></td><td>目标</td><td></td><td>目标</td><td></td></tr>
<tr><td></td><td></td><td>措施</td><td></td><td>措施</td><td></td><td>措施</td><td></td></tr>
</table>

续表

类别	目标	第一阶段 （ 年 月— 年 月）		第二阶段 （ 年 月— 年 月）		第三阶段 （ 年 月— 年 月）	
		目标		目标		目标	
		措施		措施		措施	
		目标		目标		目标	
		措施		措施		措施	

制定日期＿＿＿＿＿＿　执 笔 人＿＿＿＿＿＿

注：1. 可以按类别或工作项目依次下延；2. 此表也可横向排列并配文字说明。

表 2-3　××幼儿园工作计划

（　　学年，第　学期）

学期总目标	分类	各项工作分目标	措施	完成日期	负责人

制定日期＿＿＿＿＿＿　执 笔 人＿＿＿＿＿＿

注：1. 可以按工作项目依次下延；2. 此表也可横向排列。

二、制订幼儿园工作计划的依据及程序

（一）制订幼儿园工作计划的依据

幼儿园工作计划是指导幼儿园工作的基本文件，它是在一定的观念和政策的指导下，为实现幼儿园工作的目标和任务而对园所工作的内容、规划、步骤、资源分配以及方式方法的通盘预先安排。因此，制订科学合理的工作计划事关重大。实际上园领导制订计划的过程是主、客观条件统一的过程，即主观愿望与客观环境及条件的有机结合的过程。因此，在制订幼儿园工作计划时，要充分认识园内外环境，处理好上级指示、社会环境和本园实际三方面的相互关系，使计划既有前瞻性和挑战性，也有可行性，能够鼓舞和激励全园教职工努力奋斗。

1. 全面系统考虑社会因素

我们正处在一个社会大变革的时代，社会政治、经济、科技和文化以及教育的变革，都会对幼儿教育提出严峻的挑战，同时也为幼儿教育的大发展创造了机遇。这就要求幼儿园管理者必须头脑冷静、审时度势，把幼儿园放在社会发展的大环境中去思考其生存和发展之路，从幼儿园可持续发展的战略高度，去制订发展规划和工作计划以顺应时代发展和幼儿教育事业的发展趋势。切忌“闭门造车”，更不能做“井底之蛙”。

一是了解社会的政治、经济、文化、科学技术的发展对学前教育的影响和要求，了解社会特别是本地区发展对人才需求的状况，了解所在社区的人口结构及发展趋势，分析幼儿园未来发展规模和可能性。了解学前教育改革的发展趋势及其对幼儿园的影响等，即对幼儿园的未来发展预先做出估计与设想，进行科学预测，从而确立努力方向和目标，做出总体规划。

二是必须以上级的政策与法律法规为依据，主要包括党和国家的有关方针政策，尤其是教育方针、幼儿园法规，以及上级部门对某一时期、某项工作任务的要求或指示等。这是制订幼儿园工作计划方案的主要依据，特别是在社会和学前教育变革快速时期，它能确保园所管理及办园的正确方向。

2. 应以理论为指导

科学的理论是制订管理目标及计划方案的理论依据，主要有马克思主义基本原理、管理科学理论、教育理论、儿童发展心理学、幼教改革和研究动态等。理论依据强调目标、计划的制订必须反映事物内在的客观规律性及发展趋势。这是提升计划前瞻性、科学性和专业性的基础。

3. 从本园的实际情况出发

目标及方案的可行性和真实性在于有其实际的操作性。因而幼儿园的目标、方案的制订必须从本园所工作实际情况出发。这里所说的实际情况主要指园所实现目标的主客观条件，包括园所的人力、物力、财力等资源情况，园所已有的工作基础，已取得的成绩和存在的问题以及薄弱环节等；除这些客观因素外，还包括园所的主观因素，主要指园所人员整体素质，其中园所领导的知识水平、心理素质、领导能力等更为重要；此外，还包括园所的工作氛围、凝聚力等因素。

管理者要认真分析本园的实际情况，并结合对外部环境的分析，综合考虑社会环境的变革对幼儿园生存发展提出了什么样的挑战，提供了什么发展机会。面对“挑战”和“机遇”，弄清园所自身的优势有哪些，劣势有哪些，怎样才能迎接挑战和抓住机遇，使园所在面对社会环境的种种挑战时能积极应对并处于主动地位。

（二）幼儿园工作计划制订的程序

任何计划工作都要遵循一定的程序或步骤，虽然幼儿园工作计划属比较简单的计划，但在制订程序上，仍需按计划制订的基本步骤进行（如图 2-6）。

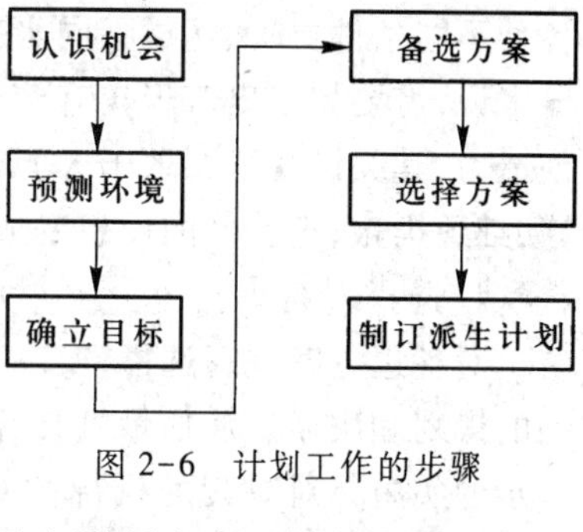

图 2-6　计划工作的步骤

1. 估量机会，预测环境

通过对园所内外环境及影响因素进行分析和预测，做到情况明了，心中有数。还应考虑不确定因素发生的可能性，充分认清自身的优劣势，了解利用机会的条件和能力，勾画出园所未来组织的图景。在此基础上建立工作的起点，也为幼儿园目标确定、计划制订的科学性和可行性奠定重要的基础。

2. 确立目标

在认识机会、预测环境的基础上，确立幼儿园整体目标，这个目标就是园所管理活动所要达到的结果。它不仅是计划工作的出发点和终点，也是所有管理活动及组织、指挥、协调和控制的出发点和终点。

目标，就其词义来说，指"目的，如为一个共同目标而奋斗"（见《辞海》"目标"条目）。在管理学中的目标通常是指一个组织、群体或个体在一定时期内进行各种活动所追求的最终目的和预期结果，所要达到的标准、规格或状态。目标既可以是外在的实体对象，如完成一定数量、质量、工作量指标或者获得奖金、奖品等物质奖励，也可以是精神的或理想的对象，如达到一定的思想水平、理论水平、技术水平或者得到荣誉、赏识等精神鼓励。

幼儿园管理者在确立目标时，应做到：

（1）坚持实事求是，一切从实际出发。只有主客观相统一的目标，在管理中才能取得良好的成效。这就要求幼儿园领导在确立管理目标时，必须坚持实事求是、一切从实际出发的原则，尊重历史和现实，按照客观事物的发展规律及趋势制订计划和目标，而不是仅仅从主观愿望和主观意志出发去指导工作。因此在确定计划目标时，要在立足事实的基础上，把理想与现实紧紧地结合在决策之中，为幼儿园的发展确立既具有先进性、挑战性，同时又有可能实现的目标。

（2）保证充分的信息量。信息是确定目标的重要依据，只有掌握了充分的信息，目标的确立才能保证其充分的信息量，从而使管理目标的制定具有客观性、整体性。

（3）体现办园特色。所谓特色，就是创新，就是与众不同，是幼儿园根据自身的特点去主动适应环境，寻求最佳的生存状态。办园特色对幼儿园的生存发展具有十分重要的意义。特色能使一所幼儿园在某一领域发生质的飞跃，甚至可以成为这一领域后来居上的佼佼者，并可能由于特色的迁移作用使整体工作更上一层楼。因此幼儿园在制定管理目标时，应该把上级的方针政策导向和本园的实际相结合，因地制宜，富于独创性地制定出新的、更适当的目标。面对"社会需求"的种种挑战中，根据主客观条件大胆灵活地进行探索，不断总结经验教训，寻求发展的突破口，进而找到适合于自己的发展方向和路径。

3. 拟定备选方案

方案即计划或行动方案，是用文字或图表表达出来的计划书，它是目标、策略、程序、措施、所用资源以及所需其他要素的综合体现。

为实现某一目标总是存在着多种合理的方案。没有选择就没有决策，只有对一批适合各种不同条件要求、达成不同水平结果的方案进行比较、权衡，才能合理决策。对幼儿园领导来说，需要拟定出若干较有希望、具有潜在实效的方案，这无疑需要发挥园领导的潜能和创造力，其关键在于要敢于大胆设想。在此基础上，要以冷静的头脑进行精心设计，反复估算，细致推敲，把美好的设想变成可行的方案。

4. 选择方案

对备选方案进行选择，实际上就是一个方案决策的过程。决策一般是指人们对未来行动的谋划和决断。从估量机会、测预环境到确立目标、拟定备选方案都是为决策打基础，下一步的实施是对决策的执行。检查与评估也是以决策在管理活动中的成效来进行的。因此，决策是管理活动中的一项重要活动，是计划工作的核心部分。著名管理学家西蒙认为，"管理就是决策"。决策是管理活动中最富于生命力的部分。

选择方案涉及选择方案的标准。从幼儿园管理来看,办园资源的有限性与提高办园质量与管理效益之间始终是一对矛盾。因此在对各个可行方案进行选择时,应该选择最有可能解决这一矛盾的方案,即使有限的办园资源发挥最好的效益。

5. 制订次级计划

次级计划是总体计划的分解细化,制订次级计划是为了支持和保证决策方案的全面落实。如在幼儿园改革与发展的整体方案之下,还需制订幼儿园师资队伍建设计划、幼儿园教育教学改革计划、幼儿园家长工作计划等。

第三节　幼儿园工作计划执行过程中的管理

执行是将计划变为行动,将设想转化为现实的管理活动。没有实施,再好的计划也不过是纸上谈兵。因此,现代管理强调执行到位,只有执行到位,科学的决策才能变成美好的现实。执行是贯穿管理周期全过程的中心环节,是实现目标的关键。幼儿园计划实施的整个过程中管理活动主要有组织、协调及控制,指导、激励和教育等。

一、组织、协调及控制

(一) 健全组织机构,发挥组织的作用

任何一项计划,只有组织机构合理、工作规范有效,才可能得到实现。组织就是为了实现幼儿园的既定计划(目标)而建立的组织机构和工作规范,它是联系园所内部所有人员的职、责、权关系的纽带,是园管理者履行和完成其职责的保证。管理者应按确定的职责分工、部署工作进程,并采取有力措施,使计划得以保质保量地落实到部门和具体的个人。同时在计划执行中,要求全体人员必须按照园所各种工作规范、行为准则去约束自己的行为,以保证计划切实地、顺利地付诸实施。

(二) 合理分配各种资源

分配的原则是使资源的使用与所完成的工作任务相匹配,即分配的资源既足以保证在规定的期限内完成任务,又不至于造成不必要的耗损和浪费。管理者主要依据计划提出的任务目标,将人、物、财及其他管理资源进行合理分配和妥善安排。现阶段在幼教发展中存在教育资源匮乏与教育资源浪费并存的现象。在偏远的农村幼儿园最突出的问题是幼儿教育资源匮乏,长期投入不足,很难保证基本的保教质量;而在大中城市的一些幼儿园则过分追求硬件建设,把大量的资金投入到硬件建设上,追求装修的"高大上",造成资源的大量浪费。

管理者在各种资源分配中,尤其应重视人力的使用安排,必须坚持任人唯贤的用人标准,做到选人得当、用人所长、人尽其才、才尽其用,形成一种良好的用人机制和人才成长环境。

(三) 协调各种关系

协调是为了完成计划和实现目标,对各项工作及人员的活动进行调节,使之步调一致、互相促进、互相配合。各个部门和各个工作人员的任务、利益、环境不同,每个人的能力、性格、认识水平等也不同,在计划实行中难免出现不和谐甚至矛盾冲突,因此可能导致效率下降乃至阻碍目标的实现。协调的目的就是要减少矛盾,把内耗降低到最低程度。

(四) 控制计划执行的有效性

在幼儿园计划执行过程中,由于多种因素的影响会使计划执行出现偏差。如,计划不能

按时完成，某项工作的完成质量达不到计划标准，在完成某项工作任务时造成人力物力的浪费等。因此，计划在执行过程中必须加强控制。

在幼儿园管理实践中，依据所制定的工作目标或指标体系，对多个部门各类人员的工作及其效果进行检查评定，判断是否符合要求，就是控制。控制是使幼儿园的各项工作围绕目标运转的基本管理活动。控制活动包括三个环节：① 确定控制目标，一般说，工作计划是基本的控制标准，但为了实施更为有效的控制，应当对各项工作和活动设置详尽的、可操作的标准；② 衡量执行效果；③ 采取措施纠偏。

二、指导、激励和教育

管理者在计划执行阶段应该对各类人员予以指导，使其进一步明确任务目标，不断改进工作方法，保证计划的顺利实行。例如，某园本学期的一项重要的工作任务是迎接市有关教育行政部门的分级分类验收。园长会对全园教职工进行迎接验收的动员工作，为教职工分析形势、任务，阐明意义，并组织大家学习讨论，求得共识，明确各部门及个人的任务等。管理者要注意深入实际了解情况，如掌握工作进度、物资准备与消耗、人员思想与情绪状况，及时帮助指导。

在执行计划阶段，还应注意将指导与教育激励相结合，及时发现好人好事，给予表扬鼓励，调动全体员工的积极性，增强组织成员的责任感，并加强思想沟通，促进人际关系和谐。

三、执行计划阶段应注意的问题

为更好地推进计划，执行阶段应注意以下几个方面的问题。

1. 确保执行计划的严肃性

防止形式化，即为制订计划或为应付上级检查而制订计划，且计划一经制订并公布于众，就必须坚决执行，确保计划的严肃性。

2. 考虑计划的科学安排

管理者应通过计划体系的建立，将全园各项工作全面组织起来。例如，计划的时间系列：学期计划—月计划—周计划及每日工作安排；计划的空间系列：全园计划—部门计划—班级计划及个人计划。管理者应加强自身工作的有效性，如制定每周全园工作日程表，对每日工作做园务日志记录等，保证每项工作落到实处。

3. 注意发挥各级组织的职能作用

管理者应充分调动各方面的积极性，发挥党团工会等非行政组织的作用，争取其支持配合，并注意发挥各部门、班组的作用，形成执行计划的合力，确保幼儿园任务目标的实现。

第四节　计划执行过程中的检查与总结

一、计划执行中的检查

（一）检查在管理过程中的意义

检查是管理全过程承前启后的环节，是计划执行阶段的必然发展，也是总结阶段的前提和依据。检查是为了促进工作计划的执行，可以掌握工作进展情况，及时发现问题，解决问题，总结推广经验，促进各方面的工作有效地进行。检查是控制的一种有效形式，同时也是评价的基础。对于管理者，检查具有检验决策、获取反馈信息从而调整部署、指导今后工作的作用。通过检查可以督促指导职工工作，评价其工作状况并增进其责任感，努力实现计划目标。

（二）检查的方式

检查的方式是多种多样的。按时间来划分，可以有定期检查和经常性检查。定期检查一般是指阶段性的集中检查，如期中工作检查和期末检查。幼儿园工作具有阶段性，通常每个学期都需要检查，由此较系统地对计划执行阶段的工作进程和质量水平做分析，为后期工作提供依据。经常性检查是指在计划实行阶段随时进行检查，具有即时、灵活的特点。这种检查可及时发现问题。

从检查的内容来划分，有全面检查与单项或专题性检查。前者往往是在学期结束前后进行，是一种常规性的检查方式，有益于全面掌握情况，后者是针对计划执行阶段工作中某个方面的问题进行检查，可以较深入细致地了解某些较突出的重点问题。

将检查按执行主体来划分，有领导检查、群众检查和自我检查。在目前幼儿园管理中，后两种检查方式越来越受到重视，将它们与自上而下的管理结合起来，可以起到自我控制和自我管理的作用。

管理者要注意根据幼儿园工作的实际需要，采取多种检查方式，多方面地了解情况，掌握全局。

（三）有效检查的基本要求

（1）应明确检查的目的。检查本身不是目的，而是一种管理手段，目的在于指导促进工作。通过检查，发现偏差，找出原因，采取措施予以纠正，以便保证计划和目标的实现。

（2）检查要以目标为依据，以计划规定的要求为标准和尺度，有目的、有计划、有步骤地进行。应特别注意检查依据或标准的系统性和可操作性。

（3）检查过程中能否获得准确、可靠、全面的信息，对控制管理过程有着重要的意义。对检查中获得信息的要求如下。

① 信息的及时性。信息必须反映当前的情况，信息只有及时才有价值，延迟的信息会贻误工作。

② 信息的可靠性。信息的可靠性与其准确性和全面性一般成正比关系，有效控制必须依靠可靠的信息。

③ 信息的有效性，是指信息的类型、范围、内容、详细程度和需要频率等，应符合控制的要求。

（4）检查的形式应多样化。管理者可以通过实地观察，听取汇报和召开会议，查阅工作记录、教案、笔记等资料的形式，获取足够的信息。通常检查需要多种方式结合使用，以便互相参照，获得较真实全面的资料。

（5）检查既要注意工作结果，又要注意工作过程，应将二者结合起来加以考察分析。只检查工作结果并不能了解问题形成的原因，因而还需要了解工作过程，及时分析问题。

（6）检查必须与指导相结合，以便推动工作顺利进行。常用的指导方式有三种。

① 面向全体的指导性报告。针对一些带有普遍性、共同性的问题，召开全体工作人员会议，对问题进行分析，提出改进的建议和指导性意见。

② 树立榜样，总结经验。例如，某幼儿园检查保育员工作时，发现一位保育员不仅对幼儿的生活护理和卫生工作做得好，而且注意在日常生活的细微环节中渗透教育要求，将保教融于一体，于是组织全体保育员观摩该保育员组织幼儿午餐这一生活环节。通过观摩，明确工作要求，学习保教结合的指导幼儿生活活动的方法。

③ 因人而异具体指导。管理者针对某个教职工的工作情况和实际问题，给予具体个别指导。

二、计划执行中的总结

（一）总结的意义

总结是管理活动的最后一个环节，总结是对工作的全面回顾，即对计划、实行和检查进行总结分析与评价。通过总结得出经验教训，探讨工作规律，为下一周期计划的制订提供依据。管理工作到总结阶段即完成了一个周期。总结起着承上启下、积累经验、增强工作的预见性与自觉性、促进管理水平提高的作用。

（二）总结的类型

总结从内容上划分，分为全面工作总结、单项或专题性总结，如幼儿园的全园工作总结即为全面工作总结。从部门上划分，分为全园总结、部门总结，如保育工作总结、总务工作总结、班组总结、个人总结。从时间上划分，即依照不同的计划管理周期进行总结，分为长期计划总结、短期计划总结，如 3 年工作总结，年度、学期总结、月度工作总结等。一般一个计划对应一个总结。幼儿园工作应通过适时进行周期性总结，推动管理的运转，促进幼儿园管理的科学化。

（三）总结阶段应注意的问题

1. 应以目标、计划为依据，对照工作结果，判定工作成绩与不足

总结经验和教训，总结应以检查阶段的工作为基础，在掌握充分的事实材料和数据的基础上进行全面系统的总结，这样才能做到客观公正。切忌在总结中浮夸、好大喜功，坚决杜绝弄虚作假的不正之风。

2. 总结要有群众参加，发挥总结的教育激励作用

总结并非园长的独角戏，而应动员全体教职工参加。总结是对工作过程的回顾，回顾过去时展望未来，增强信心，积极改进工作，确立新的奋斗目标。通过总结，使教职工了解计划执行的整个过程，清楚地看到取得的成绩和存在的问题。可以结合总结，适时开展评比活动，交流经验，树立榜样，从而鼓舞士气，进一步调动各方面的积极性，以利“再战”，创造新的成绩。

3. 总结要注意探索规律

幼儿园中任何工作都应是一次比一次有所发展，管理者应将总结工作为探索规律和提高自身管理水平的过程。从目前幼儿园管理实际来看，不少幼儿园在总结报告中仍是记流水账，单纯罗列现象，缺乏提炼与概括，这样的总结没有任何意义。因此，总结工作应注意研究工作中的经验和教训，分析查找原因，要将管理实践中获得的性感认识上升到理性认识。并将实践中证实的规律性经验充实完善到常规管理的工作中，使之制度化、规范化。

4. 总结应能为下一阶段工作提供依据并指明方向

总结是管理活动一个周期的最后环节，总结做得好不好，直接关系到能否推动下一周期

管理活动提高一个层次。园所管理者要将总结找出的问题或不足作为下一管理周期确定目标的重要参考依据，在原有工作基础上不断提升（见图 2-7）。

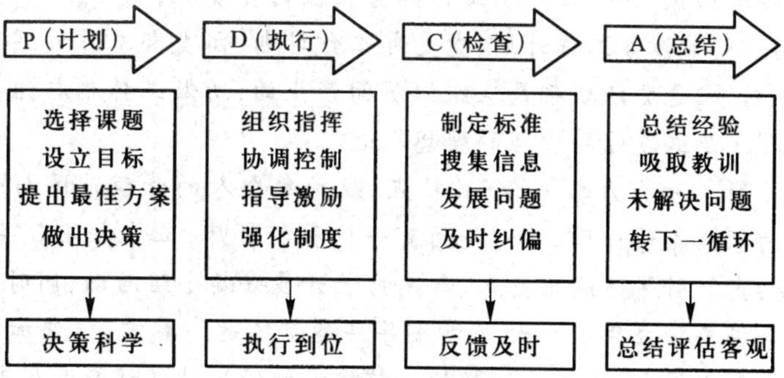

图 2-7　管理各环节要点

案例 2-2

从员工积极性的调动谈幼儿园管理过程中的激励机制

一、计划产生的民主性

在幼儿园管理过程中，计划的产生，很容易简单化地产生于园领导手中，广大员工通常是被拒之圈外的，这种计划即使十分完美，但是由于它缺乏代表性，又不易为员工所接受，因而大大地降低了员工对计划的认同感。所以，作为园领导应该将幼儿园计划的制订权下放到员工手中，组织全体员工共同参与计划的制订工作，通过计划的制订来调动员工的积极性，提高员工执行计划的自觉性，员工参与计划制订过程本身就是一个对计划接受与学习的过程。例如，幼儿园年工作计划的形成，通常分三个步骤完成。第一步：依据园三年发展规划确定本年度工作要点，以部门负责人会议形式形成决议；第二步：提合理化建议，以班务会形式提交文字材料，这一环节，员工可自由发表自己对园所未来发展远景的设想及对具体工作的理解和建议；第三步：研究制订本年度工作计划，以职工代表大会形式研究通过，如果出现分歧意见，则多采用员工差异性表决的方式进行，尽量形成合理计划，即全面完整、重点突出、切实可行、分工落实、要求明确、留有余地、便于检查。

二、执行过程中的效能管理

所谓管理效能，是指管理过程中某种潜在的管理能力，并由这种能力的运用所产生的积极效果。管理效能包括管理效率和管理效益两个方面，是管理效率与管理效益的乘积。在计划执行过程中实施效能管理，这也是对无序管理的一种挑战。

1. 加强计划管理，使所有计划都能产生相应的管理功效。由于幼儿园工作的特殊性，其工作计划的种类与数量都相当繁多，几乎每一项具体的工作都有相应的计划，尽管这些工作计划多如牛毛，杂乱无章，但是，我们对其进行梳理，主动按照三种类型计划的不同特点进行管理。一类是按时间序列纵向展开的，如学期计划、月计划、周计划、一日活动计划、半日活动计划，这类计划的上下之间存在着密切的联系，主要由业务园长和教研组长分工管理；二类是按不同的工作内容横向展开的，如教育科学研究计划、卫生保健工作计划、庆祝“六一”活动计划、安全工作计划、家长工作计划、园所改建工作计划等，这类计划具有相对的独立性，每一项工作都有相应的负责人；三类是不同的组织或部门所产生的工作计划，如园务工作计划、党支部工作计划、团支部工作计划、教研组工作计划、班级工作计划等，这类计划都是从组织层面产生的，所做工作都与组织特点相关，这类组织的负责人就是这类计划管理的理想人选。

2. 根据每个员工的能力水平、个性特点，赋予每个人的管理范围与管理职责，最大化地发挥员工的积极能动作用。如，我园有一位青年教师，工作责任心强，美术、舞蹈是她的特长，于是，我们引导她运用美术、舞蹈特长开展兴趣小组活动，同时，我们还把全园环境创设的指导任务和每年“六一”汇演编导任务交给她。尊重、信任加能力，使得她在工作计划管理中如鱼得水，她与其他教师一起编排的幼儿歌舞频频参加市、区文艺调演，她指导的幼儿绘画作品有一百多幅获全国、空军、省、市奖项。幼儿园的环境创设、“六一”汇演中的突出表现，使她成为园里的骨干教师，她不满足现状，考取了某教育学院专修音乐，获得北京舞蹈学院颁发的五级等级证书，是一位很有发展潜力的老师。这样的事例还很多。

3. 发挥团队管理作用，建立和谐人际关系，创造最佳工作效果。实行是将计划转化为现实的管理活动，是管理过程的核心阶段，为了提高工作效率和效益，我们一方面抓具体工作任务，一方面关心员工，满足她们的合理需求，即通过集体精神管理，实现组织和员工的共同利益。如，在2005年幼儿园晋升示范园的工作中，由于幼儿园园舍老旧，我们只有在其他方面工作成绩突出，才有可能实现这一目标。在园领导的组织指导下，全园上下达成共识：明知道困难大，我们也要一搏，只要靠大家的努力，没有攻克不了的难题。从那一刻起，共同目标把我们大家紧紧连在一起，每个人都在自觉地做好本职工作，在此基础上，积极向领导提合理化建议，使幼儿园场地规划、环境创设、档案资料等工作形成特色。这期间，虽然没有了双休日，但每次大家干完活，总会有可口、热乎的饭菜等着大家享用，都会领到适当的加班费，当员工生病带病工作时，园领导就会“命令”员工回家休息。

现在，教师工作环境改善了许多，幼儿园整体教育质量提高了，教师队伍综合素质提高了。幼儿园于2005年7月被评为空军示范园，如果园领导在管理中一味追求任务而忽略人的因素管理，幼儿园组织目标就得不到员工的认同，员工的积极性、创造性就难以激发出来，计划所规定的任务也就难以有效地完成。

三、检查中的平等交流

1. 树立员工是幼儿园生存之本的现代管理理念。员工在幼儿园管理中究竟处于何种地位，起什么作用，现代管理认为：幼儿园的生存是以员工的主动性与积极性为基础的，员工是管理的主体，是幼儿园的主人。园领导以发现问题、解决问题、推广经验为目的，运用多种检查方法，积极了解每一位员工任务完成情况，并进行实事求是的评价，而每位员工以接纳的心态对待检查，把检查看作必需的，看作获取信息、改进工作、完善自我的重要方法，在这种情况下，检查就可以顺利进行，就会产生工作实效。

2. 理解和满足员工被尊重、被信任的心理需求。经过实践我们认为：员工的积极性来源于她的主人翁意识——园兴我荣，园衰我耻；来源于被领导的尊重和信任。园领导在检查工作时，不武断、不搞一言堂，不排斥员工的意见，不忘记对员工的尊重。如园长查班时发现一名保育员没有在岗，而在寝室看书。她看见园长，主动承认了错误，园长没有直接批评她，而是关心地问她在看什么书，需不需要帮助。她看园长没生气，消除了戒心，告诉园长她想参加成人高考，将来也想应聘教师，园长及时鼓励了她，答应考上后，寒暑假给她学习时间，她很高兴，最后，对其未坚守岗位的行为提出批评并扣罚奖金，让她明白个人目标与组织目标没有矛盾，只要合理使用就能实现目标。总之，检查并不是目的，检查的目的在于沟通，形成管理共识。

3. 确立以工作结果检查为主，以工作过程检查为辅的检查形式。这样，更有利于调动每个员工的积极性，也更有利于工作的有效完成。如幼儿户外体育活动达标训练，学前一班、学前二班展示的都是跳绳，其中花样跳绳学前一班达标率 80%，学前二班达标率 30%。但在跟踪幼儿跳绳活动中，发现学前二班孩子绳跳得轻巧，个数跳得多，最难得的是矫越小朋友（动作协调性极差）也学会了双脚连续跳。表面上看，学前一班成绩高于学前二班，但学前二班孩子后天跳绳潜能大于学前一班，因为每个孩子跳绳要领掌握得好，因此，我们在讲评时，就突出了这一点，公正地评判了学前二班老师的工作的同时，提醒学前一班老师注意对孩子扎实基本功的传授。

四、总结要以研讨为特点，促使每位员工在总结中得到提高

在以往的管理工作中，通常把总结简单地看作吸取经验教训，我们认为这是远远不够的，如果总结只是停留在吸取经验教训，就像原地踏步走，谈何前进，所以，我们在每一项工作结束总结阶段，就会对检查已经出现的或可能出现的问题，组织员工进行分析和讨论，由他们通过自己的研究提出解决问题的方法。如推广幼儿新广播操，经过一个月的编排、推广、学习，幼儿新广播操在全园中普及。在检查中发现，这套新广播操中的韵律操节奏有些过快，动作变化幅度大，不太适应小中班孩子，孩子不会做或做得不好，就达不到锻炼身体的目的，于是在总结讨论会上，大家提出两套修改方案：一是利用幼儿园场地大，分散布局的特点，把小中班孩子与大班、学前班孩子划分为两个区，减去中小班韵律操腿部动作，简化手部动作；二是给中小班幼儿重新编排一套适合他们的韵律操，全园分年龄段进行早操锻炼。在实践中，教师们发现，第二个方案实施起来最好，因为它符合本次研讨的目的——锻炼幼儿身体。应该看到，加强研讨的力度，形成研究的氛围是总结工作的好办法，是调动员工积极性，使总结真正促进工作的有效方法。

空军大连蓝天幼儿园　张恩华 夏淑靖 金丽娟

对案例的分析与思考：

通过本案例的学习和研究以及结合后面章节的学习，谈谈幼儿园管理中调动教职工积极性的重要性，并分析本案例在管理过程中调动教职工积极性的主要策略有哪些？

本章小结

管理过程是指为实现预定的管理目标，管理者组织全员按计划、有步骤地进行的共同活

动的程序。本章首先明确了管理过程及其含义,介绍了“戴明环”理论,并分析了幼儿园管理过程的各环节及其特点;其次,重点阐述了制订幼儿园计划的依据及程序;再次,分析了幼儿园计划执行过程中管理的基本环节,强调了该环节中管理者的主要任务是组织、协调与控制、指导、激励和教育等;最后,对计划执行的过程中的检查和总结两个环节分别进行了论述,强调检查与总结的意义和执行中应注意的问题。

思考与练习题型例举

一、单项选择题

1. 幼儿园管理过程是由计划、实行、检查、(　　)四个环节组成。

A. 评比　　B. 反馈　　C. 总结　　D. 决策

2. 将检查按人员即执行主体来划分,可以有领导检查、群众检查和(　　)。

A. 自我检查　　B. 定期检查　　C. 专项检查　　D. 全面检查

二、多项选择题

1. 按时间划分计划可分为(　　)。

A. 长期计划　　B. 中期计划　　C. 发展规划

D. 短期计划　　E. 周计划

2. 按工作性质划分计划可分为(　　)。

A. 常规性工作计划　　B. 安全工作计划　　C. 卫生保健计划

D. 临时性工作计划　　E. 派生计划

3. 控制活动的三个环节包括(　　)。

A. 确定控制目标　　B. 反馈　　C. 衡量执行效果

D. 指导　　E. 纠正偏差

三、名词解释

1. 幼儿园管理过程

2. 计划

3. 执行

四、简述题

1. 简述制订幼儿园计划的依据。

2. 计划实行阶段应注意哪些问题?

3. 对检查中获得信息的有哪些要求?

4. 总结阶段应注意哪些问题?

五、论述题

1. 试述怎样确立幼儿园计划目标。

2. 试述有效检查的基本要求。

六、做中学

1. 按照所学理论制订一份班级工作计划和个人计划,并请老教师进行指导

2. 按所学要求,写一份班级保教工作总结,并请保教主任帮助分析与评议。

参考答案

一、单项选择题

1. C　2. A

二、多项选择题

1. ABD　2. AD　3. ACE

三、名词解释

1. 幼儿园管理过程:是指园所管理者根据教育原理以及管理规律,组织全园教职工,为实现幼儿发展,以保教工作为中心,按计划有步骤地进行的共同活动的程序。

2. 计划:就是为实现幼儿园工作的任务和目标而对园所工作的内容、规划、步骤、方式方法以及资源配置等的通盘预先安排和谋划。这也是一个做出决策的过程,决策科学是保障组织目标实现的重要基础。

3. 执行:是将计划变为行动,将设想转化为现实的管理活动。

四、简述题

1. 答:

(1) 全面系统考虑社会因素;

(2) 应以理论为指导;

(3) 从本园的实际情况出发。

2. 答:

(1) 执行计划的严肃性;

(2) 考虑计划的科学安排;

(3) 注意发挥各级组织的职能作用。

3. 答:

(1) 信息的及时性。

(2) 信息的可靠性。

(3) 信息的有效性。

4. 答:

(1) 应注意以目标、计划为依据,对照工作结果,判定工作成绩与不足;

(2) 总结要有群众参加,群众参加有教育激励作用;

(3) 总结要注意探索规律;

(4) 总结应能为下一阶段工作提供依据并指明方向。

五、论述题

1. 答:

(1) 在认识机会、预测环境的基础上,确立幼儿园整体目标。

这个目标就是园所管理活动所要达到的结果。它不仅是计划工作的出发点和终点,也是所有管理活动:组织、指挥、协调和控制的出发点和终点。

(2) 幼儿园管理者在确立目标时,应做到:

① 坚持实事求是,一切从实际出发。只有主客观相统一的目标,在管理中才能取得良

好的成效。这就要求幼儿园领导在确立管理目标时,必须坚持实事求是、一切从实际出发的原则。

② 保证充分的信息量。信息是确定目标的重要依据,只有掌握了充分的信息,目标的确立才能保证其充分的信息量,从而使管理目标的制定具有客观性、整体性。

③ 体现办园特色。所谓特色,就是创新,就是与众不同,是幼儿园根据自身的特点去主动适应环境,寻求最佳的生存状态。办园特色对幼儿园的生存发展具有十分重要的意义。特色能使一所幼儿园在某一领域发生质的飞跃。

在制定管理目标时,必须把上级的方针政策和导向同本园的实际相结合,因地制宜,确定新的、更适当的目标。

2. 答:

(1) 应明确检查的目的。检查本身不是目的,而是一种管理手段,目的在于指导促进工作。通过检查,发现偏差,找出原因,采取措施予以纠正,以便保证计划和目标的实现。

(2) 检查要以目标为依据,以计划规定的要求为标准和尺度,有目的、有计划、有步骤地进行。应特别注意检查依据或标准的系统性和可操作性。

(3) 检查过程中能否获得准确、可靠、全面的信息,对控制管理过程有着重要的意义。对检查中获得信息的要求如下。

① 信息的及时性;② 信息的可靠性;③ 信息的有效性。

(4) 检查的形式应多样化。管理者可以通过实地观察,听取汇报和召开会议,查阅工作记录、教案、笔记等资料的形式,获取足够的信息。通常检查需要多种方式结合使用,以便互相参照,获得较真实全面的资料。

(5) 检查既要注意工作结果,又要注意工作过程,应将二者结合起来加以考察分析。只检查工作结果并不能了解问题形成的原因,因而还需要了解工作过程,及时分析问题。

(6) 检查必须与指导相结合,以便推动工作顺利进行。常用的指导方式有三种。

① 面向全体的指导性报告。② 树立榜样,总结经验。③ 因人而异具体指导。管理者针对某个教职工的工作情况和实际问题,给予具体个别指导。

六、做中学

略

第三章 幼儿园组织与制度管理

学习目标

通过本章的学习，理解组织的含义及设置幼儿园组织机构的意义；掌握设置幼儿园组织机构的依据；明确幼儿园规章制度的制定原则、含义、类型，以及执行制度的过程中应注意的问题。

建议学时

5学时。

案例导读

一位公民计划在某县城开办一所幼儿园，拟写了一份企划书。企划书全面而详细地分析了开办幼儿园的可能性条件、预计了招生规模和相应的收支情况、分析了开办幼儿园面临的挑战和资金来源等。

下文选择该企划书中关于所处县城的人口数据、预计的招生数和拟定的教职工人数等部分，请参照本章末附录中的《幼儿园教职工配备标准（暂行）》，讨论：若依据该企划书的设计开办幼儿园，其幼儿园组织机构是怎样的形态？其师幼比、分班依据、工作人员设置等是否符合国家的要求？有何建议？

资料链接 3-1

某民办幼儿园企划书中的组织结构

某县地处某省东南部，全县人口约37万，幅员2 272平方公里，辖10镇1乡，县城约有13万人。目前，县城2~6学龄前儿童约有5 000人。县幼儿园现招生400多人，已经限制招生，其他小型幼儿园的规模从30到200名幼儿不等，但没有一家从规模到硬件可以和县幼儿园相比，这样一支强大的幼儿群体，县幼儿园又限制招生，为我们将要开办的幼儿园提供了市场。

幼儿园人员组织结构：

预计幼儿人数：前期按开设8个班计算（根据年龄和智力发展情况分班）：

小班（2~4岁）20人/班×2=40人

中班（4~5岁）25人/班×2=50人

大班（5~6岁）30人/班×2=60人

学前班(6~7岁)35人/班×2=70人

共计220人。

管理人员及工作人员：

园长:1人(负责全园的全方位管理工作。)

副园长:1人(协助园长做好全园的管理工作,人员不够时可兼课或进行其他管理。)

教务主任:1人(负责一个学科的教学工作及日常的教学管理工作。)

总务主任:1人(学校的总务管理及学生接送、食堂管理等,校车司机及食堂可承包个,也可本园内部人员负责。)

财务人员:1人(负责学校的财务收支及档案管理等,要精通计算机,会应用“师之伴侣”及一些常用的办公软件等。)

教师:2人/班×8=16人(含班长和保育员。班长负责语言教学及班级的管理,保育员负责其他学科教学、打扫卫生。就餐、午睡看管由2人共同完成,也可串休。其他学科包括音乐、美术、体育、英语、数学、拼音、自然常识主题教育等。)

第一节　幼儿园组织机构的设置

在管理理论的初创时期即古典管理理论时期,德国的著名学者韦伯就曾提出过理想的行政组织理论。组织是人类社会活动的一种基本表现形式,每一项社会活动几乎都要以某种组织为载体,并通过组织的形式表现出来。组织是社会成员的集合体,体现着该集合体内的人际关系、事务关系等,这样的组织中,自然会产生相应的管理活动。幼儿园也是一种组织,这种组织有自身的存在方式和规律。

一、幼儿园的组织机构

(一)幼儿园组织的含义

一般而言,组织是有意识调整了两个人或更多人的行为或各种力量的系统。实事上,在不同的历史时期或不同的场合对组织的含义有不同的理解。在我国古代,组织原指的是将丝线织成布帛。以后逐渐被人们理解为:将无序的东西通过有序排列而形成新的构件,产生新的作用。当今管理科学中的组织理论观点有:组织是指为了有效地实现共同目标和任务,合理配置人力、物力、财力资源及其与各项任务、活动之间的关系的过程。这些阐释的共同之处在于,从动态过程角度考察组织,使之体现出动词的性质,意即调兵遣将、构建等。

组织可从静态和动态两个角度理解。本章中,在组织后附上“机构”二字是强化组织的静态含义,表明组织是一定管理活动得以实施的载体,是一种相对稳定的系统。幼儿园组织机构可理解为:按幼儿教育目的和程序而组成的相互合作的层级、部门和个人所构成的系统。作为一种实体组织,它是为实现特定的教育目标,根据一定的原则而构建起来的体系与机构。

(二)幼儿园组织机构的要素

幼儿园的组织是按一定目的和程序而组成的较稳定的体系,在多种多样的幼儿园组织结构的表现形式中,有以下四个共同要素。

1. 组织的共同目标

设计一套关于人与事的组织系统，应严格围绕实现组织目标的需要，体现本组织的特色。幼儿园是对3至6岁幼儿实施保育和教育的机构，教育对象年幼，需要成人的悉心照料，在人员安排方面，保育员的职位较多，幼儿园的后勤、医务人员也有必要配备。而小学和中学在这方面的职位设计相对就少很多，其教学人员更充裕，因为中、小学是以教学为主的教育机构。总之，组织目标决定组织机构的设置，而合理高效的组织结构又是实现组织目标的重要保障。

2. 纵向的等级

幼儿园的组织结构中往往首先划分纵向的等级系统，确定幼儿园中指挥权、人事权、财权等的层级、职位，划分对应的责任。在有一定规模的幼儿园中，从园长、副园长、部门主任、班组长到每一个岗位的职工，通常会建立较严密的上下级关系，上级管理指导下级，下级接受上级的管理。

3. 横向的部门

组织机构在横向方面，显示出的是各平行部门的划分，幼儿园的组织中，常见的部门有教务组、各年级组、总务组、保健组，甚至有的幼儿园还设专门的教学研究组。各部门的工作各有侧重，但又彼此相关联，通过分工协作，共同完成幼儿园的保教任务。

4. 明确的活动规则

在幼儿园的组织结构中，层级、部门的关系纵横交错，为了保证各层级、各部门人员的高效互动，就必然要求有明确的活动规则，包括规章制度、权力的运用和监督、沟通网络与相关程序等内容。明确的组织活动规则是支撑幼儿园组织框架的核心部分，它决定幼儿园组织功能的发挥程度。

二、设置幼儿园组织机构的目的

设置幼儿园组织机构，要依据幼儿园组织机构的功能和目的而考虑。具体说，设置幼儿园组织机构有五个目的。

（一）促进幼儿园工作的正常开展和目标的实现

在幼儿园管理中，建立高效的管理组织，并使之正常运行，是实现幼儿园工作目标的前提条件。尤其是在现今，幼儿园行业内的竞争日趋剧烈，为了生存和发展，园长动态地调节管理策略，以最合理的资源配置求得最优的效益，成为幼儿园管理必须解决的一项课题，所以设置适宜的幼儿园组织机构十分有必要。适宜的幼儿园组织机构设置可以最大限度地发挥幼儿园组织的功能，从而较好地实现幼儿园的教育目标。

（二）有利幼儿园合理配置资源，发挥整体功能

幼儿园管理涉及的资源包括人、财、事、物、时空和信息等，其中最核心的资源是人。组织结构设置的突出任务是：根据幼儿园的实际需要和工作人员的状况、特点，尽量合理、科学地搭配人与人、人与任务的关系，将人与事匹配好，将各具特点的个体扬长避短地组合为一个整体。幼儿园内的工作人员同别的机构一样，由众多具有不同的专长、个性和需求的单个成员集合而成，管理者要整合好这些人员，以形成合力实现幼儿园工作的目标。与此同时，尽量配置好人力资源和其他的资源，集中和放大各种单个因素的力量，以取得良好的整体效益。

（三）方便家长和相关部门与幼儿园的沟通，提高工作效率

清晰明了的组织结构，能为家长快捷明确地咨询或反映问题提供便利，如家长日常的缴费、家长对幼儿膳食状况的了解、家长对教师工作的意见反映、对幼儿园管理的建议等，都有专门部门和相关人员接待和解答。教育行政部门、卫生保健部门、传媒通道与幼儿园之间，也常有工作沟通和互动，序列化的组织结构便于外界与幼儿园的联系，利于提高工作效率。

（四）推动教职工个体更好地生存和发展

组织结构一方面通过集合全体成员，为实现组织的总目标做出贡献，另一方面又要满足每个成员的物质和精神的合理需要，使他们在付出自己的才智和努力之后得到应有的回报，尽力让自己的员工感到满意，并逐渐实现自我价值。

从马斯洛的"需要层次论"角度思考，在生存需要和交往归属需要之上，还有更内在的尊重和自我实现的需要，后者是职业成熟度较高的员工的普遍追求。一个完善的幼儿园组织系统，一般是合理且较稳定的结构模式与适当的人力的最佳组合，这就需要管理者必须充分注意人尽其才，以利于每个个体在职业的发展中寻找到切合点，减少人才资源的浪费，并促进个体成员在职业上的成长，为职工自我价值的实现提供适宜的条件。

（五）塑造幼儿园的组织文化

幼儿园的组织设置及逐渐形成的幼儿园组织文化，对每一个员工都能产生潜移默化的塑造作用，如等级森严的垂直型组织、民主宽松的扁平式组织等不同类型，通过暗示、模仿、从众等方式，或多或少影响员工的价值观念和行为习惯，进而影响其人格发展和工作状态。

三、设置幼儿园组织机构的依据与原则

（一）设置幼儿园组织机构的依据

幼儿园设置组织机构不能随心所欲，必须考虑幼儿园内外的实际条件，依据下面三个方面进行合理设置。

1. 法规和政策依据

在我国，当前对于学前教育事业，国家教育行政部门从宏观方面出台了一系列管理文件，已经实施了较长时间的有《幼儿园管理条例》《幼儿园工作规程》《关于社会力量办学的若干条例》《全日制、寄宿制幼儿园编制标准》等，其中，不乏针对幼儿园机构设置的规定。如《全日制、寄宿制幼儿园编制标准》对于公立、私立幼儿园的机构设置进行了或具体或概括的规定。这些较硬性的规定是幼儿园设置组织机构时必须依循的，这是"依法治教"和守法的具体体现。当然，上述这些政策法规是相互呼应的关系。如国家教育委员会于 1990 年试行、1996 年正式实施的《幼儿园工作规程》的第六章，专门谈"幼儿园的工作人员"，其中第三十四条为："幼儿园按照编制标准设园长、副园长、教师、保育员、医务人员、事务人员、炊事员和其他工作人员。各省、自治区、直辖市教育行政部门可会同有关部门参照国家教育委员会和劳动人事部制定的《全日制、寄宿制幼儿园编制标准》，制定具体规定。"文中所提及的编制标准于 1987 年由劳动人事部会同国家教育委员会联合发布，此后，各省市相应制定了适合本地实际的，又与中央精神基本上保持一致的标准细则。武汉市于 1991 年由市编制委员会和市教育委员会联合发文规范全市全日制幼儿园编制标准，关于园长的具体规定为"1~9 个班的幼儿园按 1~2 人配备，10 个班以上的幼儿园按 2~3 人配备。"这体现了本地的实际情况和需要。各省、市基本上都有一套相对成熟的实施细则，这些细则是具体幼儿园

设置组织机构、配置人员时必须加以考虑的依据。

资料链接 3-2

> **20 年前我国的幼儿园编制标准**
>
> 劳动人事部和国家教育委员会 1987 年 3 月 9 日颁布的《全日制、寄宿制幼儿园编制标准》，规定教职工与幼儿的比例是，全日制幼儿园 1∶6~1∶7；寄宿制幼儿园 1∶4~1∶5。其中主要工作人员的配置比例如下：
>
> 园长：全日制幼儿园 3 个班以下设 1 人；4 个班以上设 2 人；10 个班以上的寄宿制幼儿园设 3 人。
>
> 专职教师：全日制和寄宿制幼儿园一律平均每班配 2~2.5 人。
>
> 保育员：全日制幼儿园平均每班 0.8~1 人，寄宿制幼儿园平均每班 2~2.2 人。
>
> 医务人员：全日制幼儿园一般配 1 人，幼儿超过 200 名的酌情增加；寄宿制幼儿园一般配 2 人，幼儿超过 200 名的酌情增加。财会人员：3 个班以上的幼儿园设专职会计 1 人；出纳视幼儿园规模大小，设专职或兼职 1 人。
>
> 炊事员：每日三餐一点的幼儿园，每 40~45 名幼儿配 1 人；少于三餐一点者酌减。
>
> 述专职教师、保育员和炮事员的配置比例幅度，在具体掌握时，一般以 6 个班 180 人为中间数，多于此数者向低比例方向浮动，少于此数者向高比例方向浮动。示范幼儿园和实验幼儿园的教职工编制由上级编制部门根据实际情况，参照上述标准具体掌握。一般可在总编制内调剂安排。

上述文件，曾经广泛地指导过我国幼儿园组织设置，对规范办园行为起到过重要作用。当前，学前教育的发展与上世纪 80 年代有很大的不同，因此为进一步规范各类幼儿园用人行为，教育部于 2013 年 1 月印发了《幼儿园教职工配备标准（暂行）》（下称《标准》），提出幼儿园应当按照服务类型、教职工与幼儿以及保教人员与幼儿的一定比例配备教职工，满足保教工作的基本需要。《标准》提出，幼儿园应根据当地学前教育发展的实际情况，增设教师岗位类别和数量，满足本园发展和保教工作的需要。

教育部要求，各地新设幼儿园教职工配备按照《标准》执行，已设幼儿园在 3 年内逐步达到《标准》要求。各地可根据当地经济社会发展水平和学前教育发展的实际情况，制定适合本地的具体实施方案。各地要高度重视幼儿园教师队伍建设，将《标准》作为办园的基本标准之一，补足配齐幼儿园教师，切实加强对各类幼儿园教职工配备情况的动态监督。具体内容见本章附件。

2. 事实依据

幼儿园组织机构还应在认真分析本单位自身实际情况的基础上结合政策的允许而设置。幼儿园的所有制性质、开设类型、人员的状况等因素，都有可能导致幼儿园组织设置的差异。如在某些中小型的民办幼儿园中，由于资金紧张或合格人员不足的缘故，一人多用的情况就常有出现，如园长兼某班教师，保健医生兼事务人员（如会计、事务长等）；在大多数公立幼儿园中，教学研究工作一般由教师等人在工作的同时进行，但少量幼儿园因人员较富裕，便集中三四位教龄长且经验丰富的老教师，以他们为中心成立研究组，集中力量研究问题，并负责对青年教师进行“传帮带”。尽管此类设置的科学性还有进一步探讨，但它说明了幼儿园组织机构必须切合本园的实际，盲目地照搬照套是行不通的。总的说来，在设置机构时，人浮于事不好；以经费短缺人员紧张为由，大幅减少岗位也不可取，易造成组织机构不完善，甚至影响幼儿园工作目标的实现。

3. 理论依据

组织理论依据是在分析了政策和事实依据的基础上，进一步权衡组织设置的合理性、科学性时，用以参照的指导思想。

依据一定的组织理论是必要的，政策性要求具有一定的时效性，具体幼儿园的实际情况也不是固定不变的，特定时期有特定的状态，具有个别性、动态性特点。因此在设计幼儿园组织结构形态时更应该寻找稳定的规律性的要求，以追求组织的设计具有生命力，从而能发挥组织的聚合放大功能。

管理学中有能级原则。所谓能级，是现代物理学中的重要概念，原是指原子核周围的电子按能量的大小排列，呈稳定的状态，这种状态犹如梯级，所以叫能级。能级概念对于现代管理理论的深刻启示在于，稳定的结构不是平均状态或一团混沌，而是具有不同层次、不同能级的复杂系统，在这样的系统中，每一个单元根据本身能量的大小而处于相应不同的地位，以此才能保证结构的稳定性和有效性。理论和实践都证明，稳定的管理结构是呈正立三角形状的，上面尖，下面宽，而倒三角形、菱形之类的结构是不稳定的，绝对平均主义的横卧方形，虽貌似稳定，实则没有能级，没有上下责任关系，产生不了管理运动，而表现为各自为政，那更是管理功能的丧失。

幼儿园机构设置的任务是建立一个合理的能级，即在幼儿园管理系统中根据个人能量的大小安排其地位和任务，做到才职相称，以发挥各层级的能量，保证整个幼儿园的稳定性和管理的有效性，确保幼儿园管理结构是呈正三角形状（见图 3-1）。

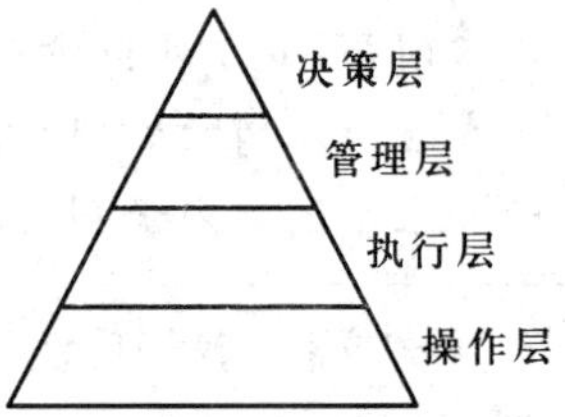

图 3-1　稳定合理的结构

（二）设置幼儿园组织机构的原则

依据正确的前提而设计的合理的幼儿园组织结构，无论是对实现幼儿园的工作目标，还是帮助幼儿园的成员获得更好的专业发展，都具有不可低估的作用。基于这一认识，在着手设置组织机构时，需要遵循下列原则，以达到设计的初衷。

1. 设岗要实，用人要精

幼儿园的保教工作任务，至少需要有优良的指挥层与高效踏实的执行层的协作才能完成，在此基础上再进一步分解出具体的工作类别。如保教活动中，需有比例合理的幼儿教师、班级保育员和负责幼儿身体保健的医务人员，以及有能力负责此项事务的指导者，即业务园长或业务助理。在设置岗位时一定要因工作的需要设岗，选择合适人才，反对和避免因人而设岗。如在设置有保管员的前提下，因个人的某些关系而设专职的教玩具制作员。总之，设岗要实，用人要精。

2. 分工协作，形成整体

幼儿园的教育、保健养护、总务、行政等各部门是在整体规划下的分工，分工是必要的，它可以确定事情有人做，不分工会导致吃大锅饭，如好像人人都在做事，但事情若没有做好，谁也无明确的责任，势必造成低效率。在进行分工时除了考虑工作内容还应注意管理跨度的有效性，在幼儿园管理中中层管理层的分工和设置尤其如此。管理跨度（或幅度范围）是指每个管理人员直接指挥和协调的下级人员数量，它应有一个适宜限度，若超过一定数量，远超出一个人精力所能及的范围，也可能会造成低效率。如果一个幼儿园有20个班级，其日常的业务管理仅由一位副园长负责，那么指导一定是粗放的、笼统的，难以准确和有实效。仅检查教师教育活动计划一项业务，20个班就有40位教师，每周集中于一天时间检查40多个有一周教育计划的记录本，能仔细吗？这种情况只会造成发现问题和指导时机的错失。这时就应增加岗位，如助理或副园长，缩小其管理跨度，提高其工作实效。

但是分工只是手段，并非目的，分工的目的还是在于更准确高效地完成幼儿园工作的任务。所以协作是必须强调的。幼儿园中的炊事班主要任务是为幼儿的身体发育提供必需的营养，炊事员的工作时间、食物的制作，提供餐点的具体时间等都必须适合儿童的特点，也必须严格遵守幼儿园的一日生活作息制度，不能与教师安排的教学活动、游戏活动相冲突。此外，由于炊事员也会与幼儿有所接触，故要求其言行举止应符合文明规范，体现出幼儿园教育者的要求。因此，一方面他们是后勤人员，另一方面他们也是能对儿童产生影响的教育者。他们与教师、保育员之间应良好协作。协作是幼儿园设置组织、配置人员，甚至制定制度时都应体现的。

只有在分工基础上进行了协作，有效整合，才能达成整体的工作目标。

3. 权责对等，相对稳定

委以责任、分权给各责任层级也是在设置组织结构时应加以考虑的。这是设计组织、确定岗位的必然要求。为了让每个岗位层次上的人都能各尽其责，管理者应赋予各部门、各岗位以相应的权限，使他们有条件对自己所做的事负责。操作的关键在于使责任与权力对等和谐，不超权，也不缺权，并且使这种关系相对稳定，不因人而异。如保健医生的主要职责在于抓防病、抓锻炼、抓营养，则就给予其在全园各班组检查、指导环境卫生工作的权力，所有的受检查者都要接受其正确的指导。这种权力还得保持相对稳定，不因前一任和后一任保健医生的个人性格、能力的不同而改变，无论是谁，只要到这个岗位，都既承担主要职责，也拥有相同的权力，享受同等的待遇。

4. 统一指挥，从容调度

无论幼儿园的组织设计如何细致详尽，上述三条要求体现得如何好，都应明确：分工是统一在全园领导范围内的，决策层有权统筹各个方面。一个组织应既做到分级负责，分层管理，又能集中一致，服从指挥和调度，协调步调，使组织整体的战斗力增强。我国当前幼儿园规模存在两极分化的局面，一些大型公立幼儿园管理层次多，管理队伍较大，分权明确，协同运转时反应慢；另一些小型幼儿园（尤其是私立幼儿园）管理者少，权力极度集中，几乎没有分工的中间层。这两种幼儿园都应注意改良组织设置，实现民主、高效的管理。

强调统一指挥和从容调度，实际上是出于组织活力的考虑，有效的组织总是能根据内因和外因的变化，及时地调整机构的设置或人事关系，保持自我调节的弹性和较强的适应能力，否则，该组织就易被竞争淘汰。

第二节　幼儿园的一般组织结构

一、幼儿园的正式组织与非正式组织

（一）幼儿园正式组织与非正式组织的概念

管理学中关于组织的分类有多种角度的划分，自古典组织理论以来，管理学界常将正式

组织与非正式组织区分开来，以说明组织的内在特性。

幼儿园正式组织是根据幼儿园的目标和章程而建立起来的系统，它是实现幼儿园保教目标的载体，是组织成员长时间置身其中、作用明显而直接的社会群体。其中，有明确的上下级关系，有严肃的公事往来，也有必需的协作关系。正式组织对成员具有强制性和权威性。在某些书籍中所说的幼儿园行政组织就属于典型的正式组织，在一些教育管理的著述中列举的非行政组织，如党支部、团支部、工会、研究小组等群众团体，本质上也是正式组织。只不过它们在幼儿园里，不承担具体的与工作任务密切相关的行政职能，而只是从不同侧面保证、配合、督促单位的各管理层开展活动，应该说它们是正式的，而非行政的。

幼儿园非正式组织是指在正式组织内部，由于部分成员的性格相投，爱好兴趣相近，在交往过程中结下比一般同志更密切的朋友关系，并形成特别的小团体。一般这样的小团体中有自然而然形成的核心人物，也有些约定俗成的共性行为方式。非正式组织没有强制性约束力，但却因感情、志趣等软性因素对人产生较大的吸引力，能在无形之中对其成员的思想和行为产生较大的影响。

显然幼儿园中也存在着这两类组织。但是有些园长往往忧心园内一些非正式组织的存在，因为有的小团体成员的价值观和工作风格与园长不太一致，易与园部的工作安排相左，以致逐渐产生矛盾，影响幼儿园的工作成效和风气。但是应客观地认识到，人的思想是颇为多样多变的，一个拥有几十上百人的团队，不可能人人的思想观念完全一样。一个正式的组织难免有非正式组织的存在，关键是如何去处理协调，只要引导得当，协调顺利，非正式组织的存在不仅不会对正式组织带来损害，相反能对正式组织开展工作形成助力。

（二）良好幼儿园组织的形成与培养

1. 确定幼儿园组织的发展目标

目标是组织发展的方向。幼儿园实行园长负责制，园长要精心设计幼儿园发展的目标，并依据目标来开展幼儿园的管理活动，最终推动幼儿园的发展。幼儿园发展目标一般分为近期、中期和远期三类；目标设定应该符合由易到难、由近及远的设计原则，循序渐进提高难度。在设定组织发展目标的过程中，园长应充分提供信息沟通和交流的平台，积极听取职工对组织发展目标的意见，调动教职员工参与管理的积极性，让教职员工对幼儿园的发展目标产生认同感，以便提高后续行动的自觉性和主动性。

2. 制定幼儿园组织的规章制度

要维持幼儿园正常高效运行，规章制度的建立是重要的保证。规章制度主要涉及幼儿园管理制度、人员管理制度、卫生制度和安全制度等。依据制度管理幼儿园，才可能使幼儿园的运行符合规范。幼儿园的规章制度要健全完备，要能针对幼儿园工作的方方面面提出规范性的要求，制度的设计要有合理科学的依据，要发动教职员工参与制度的讨论修订，让大家对制度能够形成共识，产生知行合一的效果。

3. 建立幼儿园的核心队伍

一个良好的组织总是由一群积极的组织成员做表率带领组织的发展。园长作为组织的核心人物，工作任务繁重，不可能也没必要做到每件事都亲力亲为，建立幼儿园的核心队伍就显得尤为重要。对此，首先园长要善于发现优秀的骨干员工。在日常教育教学活动管理中，园长要及时发现热心为组织服务、工作积极认真且具有一定管理能力的教职人员。其次，对骨干人员加以使用与培养。园长应善于引导骨干员工开展工作，努力做到及时反馈，奖惩适宜。当然园长在打造核心队伍，以期他们发挥积极作用的同时，要关心其他的组织成员。

4. 开展丰富多彩的集体活动

幼儿园集体活动有日常性的集体活动与阶段性的集体活动两部分，涉及幼儿园教育教学、日常管理、员工自身发展等多方面的内容。对于日常性的集体活动，以幼儿园的教育和保育工作为主体，往往是以班级、部门为单位，班组成员间相互交流、探讨。除日常工作以外，有必要丰富教职员工的业余生活，如开展书画等各类比赛，外出参观其他优秀的幼儿园，举行节日联欢庆祝活动，举办文娱体育郊游等有益于身心健康的活动等，能有效地增进幼儿园教职员工之间的了解和情感，愉悦大家的身心，增加幼儿园组织的凝聚力。

5. 引导正确的舆论方向

舆论是组织成员意愿的反映。正确的舆论是一种能发挥巨大作用的管理力量，对幼儿园每一个成员都有潜在的约束、激励作用。在幼儿园的工作中，难免会出现各种各样的问题和矛盾，不自不觉中形成一定的舆论方向。园长要在幼儿园中营造积极的舆论氛围和园风，形成正能量，从而影响更多的人。为此要求园长在处理矛盾时，要以公正的心态对待每个成员，做到奖惩有度，引导正确的舆论方向；另一方面每个教职工也应恪尽职守，努力工作，学会赏识同事的劳动成果，营造良好的舆论氛围。通过管理者和被管理者双边的共同努力，使幼儿园形成良好的风气，不断激发幼儿园教职人员形成积极的精神状态。

二、幼儿园的组织结构具有多样性

通常，组织中的各要素需要经过排列组合，以形成有序的稳定的结构，便于发挥各因素的效能。社会组织的功能不同，结构形态也会相异，这样便逐渐形成了某些较典型的组织结构形式。幼儿园的组织结构形态因幼儿园的类型、规模等因素而异。我国改革开放以来，开办幼儿园的形式丰富多样。有公立的，有民办私立的；有全日制的，有寄宿制的；有的幼儿园规模很大，而有的则较小。在文化交流中，我们了解到港、澳、台等地区和其他一些国家的幼儿教育机构形式更是多样化，因而各类幼儿园中的组织结构形态相应地无统一模式。

从我国幼儿园的实际情况来分析，组织结构的多样性的确存在。粗略地概括一下，可以简单地归纳为以下几点。

1. 公立幼儿园与民办私立幼儿园的组织结构有一定的差异

一般公立幼儿园人员编制较宽裕，自上而下的正式行政组织齐全完备，并设有党团支部、工会等非行政组织以督促行政工作的开展。而一般私立园不能严格按幼儿园的编制标准来配备各层工作和教育人员，人手较紧张，决策与管理灵便，反馈和群众监督不畅通，较少设立工会、党团支部。

2. 全日制与寄宿制的幼儿园的组织机构略有不同

同类开办性质的全日制与寄宿制幼儿园之间的组织层次大体相同（如公立全日制与公立寄宿制之间），一般都设置行政组织与非行政组织，只不过在后勤服务的人员编制方面有点不同，寄宿制往往多于全日制，如保健医生的配置数量会多于全日制，并且上班制度的安排也会与全日制不同，其他的涉及安全、服务的后勤人员也会相应增加。幼儿园设置一般依据因地制宜的原则，目前存在少量全日制和寄宿制一体的幼儿园。

以上分析存在交叉之处，如同为公立园，大、中、小型的组织设计会不完全一样，公立全日制与寄宿制也有区别等。

但是表现形式的复杂，并不说明人们在设计幼儿园组织结构时随心所欲，不守章法，相反，这是一种反映实际的正常现象。分析具有代表性的幼儿园组织设计形式，有利于人们掌握幼儿园组织设置的要领。

三、几种类型的幼儿园组织形态

以幼儿园的规模大小为分类标准，下面介绍公立与民办的不同规模与类型的幼儿园的组织形式设计。应明确的是：一方面，以规模大小为标准，通常将幼儿园划分为大型、中型、小型幼儿园；另一方面，大、中、小型幼儿园的划分是相对的，暂无绝对的标尺。首先在不同的历史时期有不同的标准，如 20 世纪 80 年代以 7 个班为界，7 个班以上为大型幼儿园，而现今以 10 个班为区分标准。其次，在不同办园渠道中也可有不同的标准，如公立幼儿园 12 个班以上才可称大型，而公民个人投资兴办的幼儿园若有 6 个班，在当前就可算得上私立幼儿园中的大型园了。再次，在不同的地区也会有不一样的标准，在北方大城市中的公立幼儿园班级一般较多，15 个班甚或 20 个班以上、千名幼儿在册才算大型幼儿园，中部地区的城市幼儿园拥有 10 个左右班级者居多，南方的大多城市，幼儿园一般规模较少，拥有 6 个或 8 个班左右者居多，而这在当地可能也称得上为大型幼儿园，但若与北方和中部城市相比，只能算得上是公立幼儿园中的小型园了。

综合各种情况，我们大致提出一套参考标准，供分析问题时使用。假定幼儿园的各班的班额以国家相关规定为依据，小班、中班、大班人数分别以 25、30、35 人为限，寄宿制酌减，具体班设置情况大致相同。在此共同前提下，若幼儿园班级在 5 个班以下者（含 5 个班）为小型幼儿园；班级在 6~11 个班者为中型幼儿园，班级在 12 个班以上者，即小、中、大各班平均有 4 个为大型幼儿园。当然这种区分也是相对的，如今，有些幼儿园已经发展成集团化的形式，这种集团化的幼儿园规模相对来说更大，旗下由若干个小幼儿园构成。以下还是以大、中、小型单个的幼儿园为例来描述其组织结构形式。

（一）大型幼儿园的组织结构形式

1. 大型公立幼儿园的组织形式

这类大型公立（含全日制和寄宿制）幼儿园的组织可分出行政组织与非行政组织两类，两者有一定的联系。组织系统如图 3-2 所示。

2. 大型私立幼儿园的组织形式

大型私立幼儿园的组织形式原则上应与公立幼儿园的行政与非行政系统形式相仿，在民办教育发展的初级阶段，受经营观念和条件限制，实际表现有所不同。如园长兼管业务或后勤，而减少副园长层的岗位。如图 3-3 所示。

在台湾，民办幼儿园（当地称“幼稚园”）的发展历史较长，私立园的组织设计与其他管理均较为成熟，并在岛内很有市场。在此介绍他们的较大型私立幼儿园的组织层次，以开阔视野。值得注意的是，他们的组织形式不一定适用于大陆的幼儿园。如图 3-4 所示，台湾较有普遍性的大型私立幼儿园的行政组织结构中的全体教师和园务会议的关系就不符合大陆幼儿园的惯例。

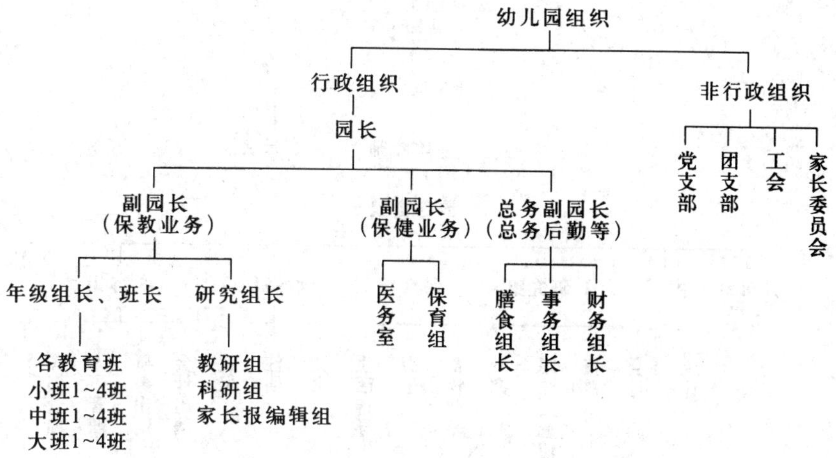

图 3-2 大型公立幼儿园的组织系统

(注:有些大型幼儿园业务副园长也设 2~3 名,但不按教育与保健进行业务分工,而是按班级来分工,分为专门负责小班的副园长,专门负责中班、大班的副园长等。)

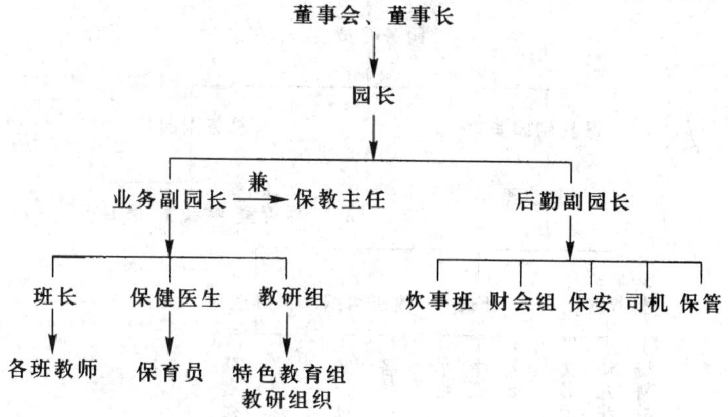

图 3-3 大型私立幼儿园组织系统图

(二) 中型幼儿园的组织形式

1. 中型公立幼儿园的组织系统

此类幼儿园一般也设行政组织与非行政组织。与大型园相比,三个层次相同,只是岗位要少一些,如副园长层人数减少(如图 3-5 所示)。

2. 中型私立园的一般组织系统(如图 3-6 所示)

(三) 小型幼儿园的组织形式

小型幼儿园多以 3 个班、5 个班、6 个班的规模而出现,这类幼儿园无论是由集体、街道等机构设立的,还是个人兴办的,目前在我国都大量存在,而且各级教育行政部门越来越重视对它们进行规范的管理。所以绝不能因其小就不精心设计园内的组织结构。恰恰相反,正因人力、物力、财力管理的有限,更应设好每一个岗位,用好每一个人,以提高管理效率。

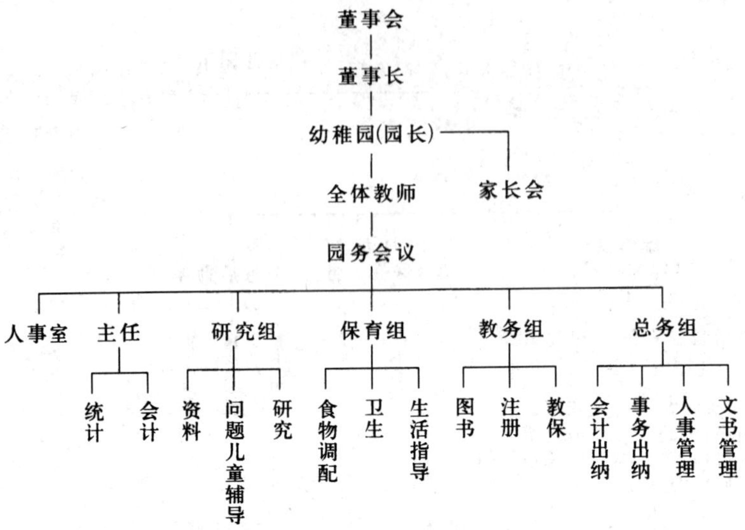

图 3-4　台湾大型私立幼儿园组织系统图①

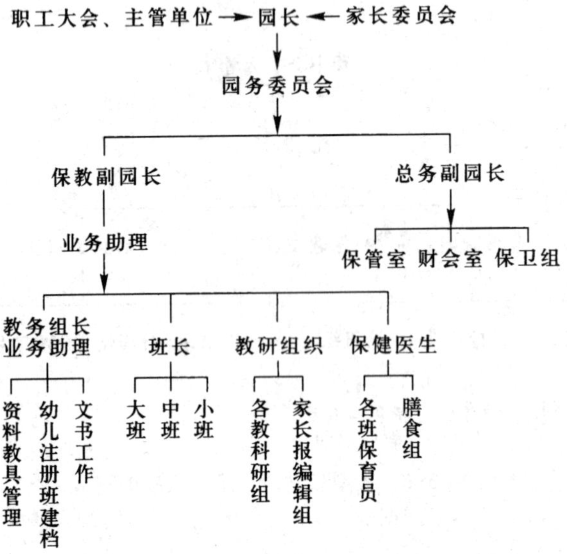

图 3-5　中型公立幼儿园组织系统图

小型幼儿园区别于大中型幼儿园的一个显著特点在于,往往一些岗位为兼职而不配置专职,如保健医生兼食堂管理员或兼保管员等。这种情况不仅在大陆如此,在台湾更突出。

1. 公立小型幼儿园的行政组织结构

公立小型幼儿园一般设园长一人,有条件和有必要的(5~6 个班)也可设副园长一人,也有少数小型公立幼儿园不设专职副园长,仅配置一名园长助理。这种结构形态的幼儿园往往由正园长兼管财务后勤工作,保教业务工作由副园长或园长助理负责(如图 3-7 所示)。现实中,甚至有的幼儿园仅设一名园长而不设置副园长岗位,业务和后勤统一归园长

① 蔡春美,张翠娥,敖韻玲.幼稚园与托儿所行政[M].台湾:台湾心理出版社,1996:99.

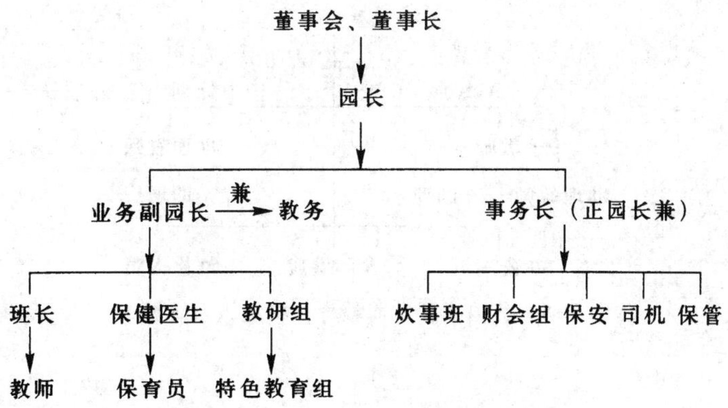

图 3-6　中型私立幼儿园组织系统图

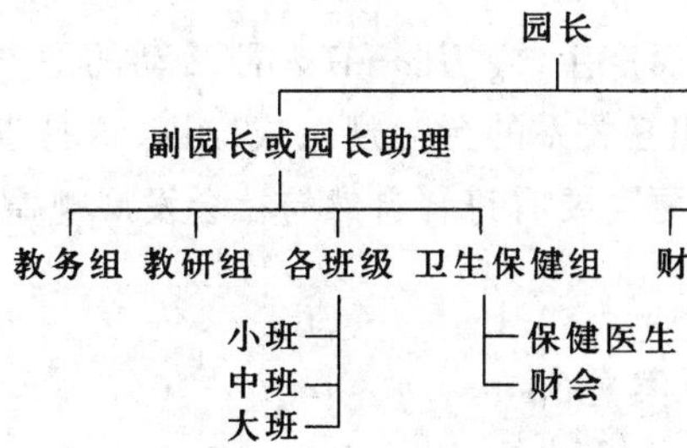

图 3-7　公立小型幼儿园组织系统图

一人管理。

2. 私立小型幼儿园的行政组织

一般来说，私立小型幼儿园的行政组织系统与公立幼儿园基本相似。它们的共同特点是机构设置简单化，人员兼职化和精简化，幼儿园由管理者和具体执行者所组成，非行政组织与行政组织均不太健全（见表 3-1、图 3-8）。

表 3-1　美国一小型学前教育机构的岗位分类方案

水平	食品服务	教师	办公室	维护
水平 7			中心管理者	
水平 6				
水平 5	营养学家	有经验的教师	会计	
水平 4		第二年的教师		
水平 3	厨师	第一年的教师	档案管理员	
水平 2				维护主管
水平 1	厨师助理	教师助理	文员/打字员	保洁人员

资料来源：改编自日常人员管理（亚特兰大：亚特兰大南部教育委员会，1979）①

① 帕特丽夏·荷尔瑞恩，弗娜·希尔德布兰德.幼儿园管理[M].严冷，赵东辉，高维华，李淑芳译.上海：华东师范大学出版社，2011：138.

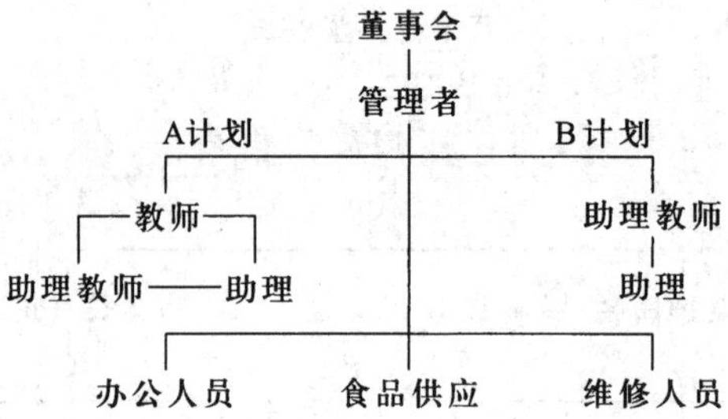

图 3-8　美国小型学前教育机构组织系统图①

第三节　幼儿园的规章制度

管理是伴随着人类社会的出现而产生的。凡是有人群活动的地方，为了有序地进行共同活动，就有必要建立起协调人们相互关系的行为规范或准则，这是管理职能的具体体现。现代社会大生产和各种社会化组织更需要有符合自然与社会发展规律的制度来约束人们的行为，协调相互关系。

一、幼儿园规章制度的含义及其意义

（一）幼儿园规章制度的含义

规章制度通常是指，一定的社会组织以条文的形式确定下来，用于规范组织的各项工作及组织成员行为的各种规则、章程和制度的总称。

幼儿园规章制度是为了实现幼儿园整体工作目标，要求全园职工甚至幼儿及其家长共同遵守的行为准则，也是幼儿园各部门按一定程序办事的规矩。幼儿园根据党和国家的有关方针、政策、法规，按照幼儿教育工作规律和幼儿园的实际情况来制定规章制度。幼儿园的规章制度对幼儿园工作的各个方面，具有约束力和一定的强制性，故而被称为幼儿园的“法”。制定和执行规章制度，对建立幼儿园的正常工作秩序，提高幼儿园管理的效率，保证幼儿园工作任务的完成，具有重要的意义。

（二）幼儿园规章制度的意义

幼儿园规章制度的建立，是一项常规性的管理工作，也是实现科学管理的手段，在强化管理、提高工作效能和形成良好园风方面都具有重要意义。

1. 规章制度具有指向作用

幼儿园规章制度有着明确的目的要求，它表明这个组织提倡什么、禁止什么，应该怎样、不该怎样，既是组织活动准则，也反映社会的道德规范和优良的文化传统，可以为全体组织成员指明行动方向。

2. 规章制度具有制约作用

规章制度是管理的一项基础性工作。它具有规范性、强制性，能促使组织成员按一定的

① 帕特丽夏·荷尔瑞恩，弗娜·希尔德布兰德.幼儿园管理[M].严冷，赵东辉，高维华，李淑芳译.上海：华东师范大学出版社，2011：139.

要求去行动。只有建立健全幼儿园工作制度、规范各类人员岗位职责，事事有章可循，人人明确职责，才能形成正常的工作秩序，使幼儿园工作正常运转，在此基础上才有可能改进工作，提高质量。

3. 规章制度具有协调作用

规章制度有利于规范人们的行为，协调相互关系，提高管理成效。规章制度起着协调各方面工作和各类人员行为的作用，既分工负责，各司其职、各得其所，又协调配合，使各方面力量有效地服务于共同的组织目标，提高工作效率和管理效能。

规章制度除了具有上述的约束组织成员的强硬性特征外，其实也有其保护全体成员的人性化的特性。

4. 通过健全的规章制度保护职工和幼儿的合法权益

职工的合法权益能否得到保证与制度内容的完善程度是相关的。如国家关于劳动方面的法规，为了保障广大女职工的基本权利，对于女职工的某些特殊情况是有规定的。因此，幼儿园内的相关制度应体现出国家法律法规的精神，并切实保证其在本单位得以贯彻落实。然而在某些不规范的幼儿园里，时有侵犯女职工合法权益的事件发生，比如，孕期失业、待产期哺乳期收入大减等。另外，保障幼儿合法权益的专门法有《母婴保护法》《中华人民共和国未成年人保护法》等，幼儿园内部也会制定许多直接或间接保障幼儿权益的规章制度。如，“膳食管理办法”是为了让幼儿吃得健康，“伙食费收支的公示制度”也是为了保证不损害幼儿的利益。

5. 调动和保持教职工的工作积极性

幼儿园内部规章制定有时会给人以管人、卡人的错觉，实则不然，它们往往是针对特定方面的指导意见，告诉制度的执行者应该如何去做，做得好当然就不存在处罚的可能，相反通常还会有奖励。因此，通过符合职工和幼儿园双重利益的合理的制度，可以在一定程度上调动员工的工作积极性。如，某幼儿园为了调动教师参与课题研究的积极性，在《科研工作管理制度》中明确提出：“参与区级以上课题研究的实验班和人员由教师自愿报名，经园长办公会议讨论确定。对经专家检验有突出价值的研究课题，可根据实际情况给予课题研究人员奖励。”这样，给每个教师提供了参与课题研究的机会，激励了教师参与课题研究和做好课题研究的热情。

二、幼儿园规章制度的内容

幼儿园规章制度的管理效能涉及园所工作的各个方面，主要涵盖以下内容。

1. 针对人，确定各类人员的岗位职责和职工的行为规范

每一所幼儿园都是一个由不同层次的多个部门组成的有机整体，有多种岗位，每一岗位上有各自适宜的工作人员，所以要制定出每一岗位上人员的工作职责，便于员工遵照执行。此外，在一定的幼儿园文化的基础上，全体员工应有共性的行为规范。幼儿园要根据教育目标和工作任务，结合教育工作特点与师德要求，提出全园教职工必须遵守的行为规范，以形成良好的行为习惯和工作作风。

新形势下，幼儿园的用人制度有不少新的变化，为此要及时研究，形成适应性强的用人制度。如，在我国南方的许多地方，幼儿园临时聘用的员工较多，为了保障这部分职工的合法权益，深圳市的一些幼儿园就制定了《临时聘用人员管理实施细则》。

2. 针对部门,制定各部门的工作要求

幼儿园中有多种部门,行政系列中就有园长办公室、教研室、保健室、财务室,有的大园甚至有总务室、党总支办公室等。除了占主体地位的小中大各年龄层的班级外,仅后勤部门就可分出好几个子部分,如食堂、门卫、园丁、车队等。

各部门要根据幼教工作规律,建立起稳定、有效的工作秩序,确定各部门的工作有序有效地运行,从而保证全园工作的正常进行。

3. 针对事务,制定各类活动行动准则和质量要求

幼儿园各部门应开展的业务虽说有很大的联系,然而,具体工作的侧重面是有所不同的,各部门的工作基本上有各自的专业要求,如:班级的教育教学之事与保健室的事有关,但侧重面不同,其他亦然。

4. 针对财物,制定严格的常规制度

幼儿园的财力和物力资源通常是有限的,而需要开支之处却很多,这就更需要良好的管理对策来合理利用和控制资金的收支。物品的采购和使用还涉及严格的财务纪律,所以一定要建立严密的理财用物的规章制度,以规范经办者、使用者的行为,保证幼儿园有限的资源最大限度地发挥其效用。对某些自创自支的幼儿园来说,职工的工资奖金的发放是财务管理的范围,一般会针对这方面制定适合幼儿园实际同时又符合国家政策的制度,此外财务的预算决算制度、审计制度在大型公立幼儿园中也是常见的,玩具、教具的领用制度是针对物品而制定的,也很常见。

5. 对各类活动协调管理的规定

幼儿园要规定出适当的规章制度对组织活动进行协调和控制,以保证全园各部门、各类人员在教育和管理活动中步伐一致、协调配合。例如,园内领导班子的分工管理职责制度、家长工作制度、园所各种会议制度、汇报制度等。

三、幼儿园规章制度的层次与类型

(一)幼儿园规章制度的层次

幼儿园规章制度可以分为不同的层次,按颁布和制定规章制度的部门划分,大致可分为宏观与微观两个层次。

一是国家立法机关即全国人民代表大会和各级政府及其教育行政部门等统一制定的教育法规和有关的规章制度。如《中华人民共和国教育法》《教师法》《幼儿园管理条例》《幼儿园工作规程》《国家中长期教育改革和发展规划纲要(2010—2020)》《国务院关于当前发展学前教育的若干意见》《3—6岁儿童学习与发展指南》等,以及地方制定的幼教行政法规和有关的规章制度。这是国家和各级政府宏观管理各级各类幼教机构的法令、法规,是举办幼儿园必须遵循和贯彻执行的。国家和各级政府的宏观政策是管理幼儿园的根本依据,对于建立幼儿园正常的秩序具有指导作用。幼儿园主办者和管理者要了解熟悉并认真学习国家关于幼儿教育的各项法规条例,掌握其精神和内容,并组织幼儿园教职工学习、执行,实现依法治教。

二是幼儿园依据国家法律和教育行政制度,结合本园实际自行制定的规章制度。这是幼儿园具体实施园所管理的工具,是使幼儿园工作有正常、稳定的秩序,协调各类人员的行动,提高组织活动效率的保证。建立健全的幼儿园内部规章制度,是办好幼儿园的一项基础

性工作。

（二）幼儿园规章制度的类型

幼儿园的规章制度的类型可谓多种多样，除了适用范围广的宏观层次的法律法规外，微观层面的各个幼儿园内部的制度更是五花八门。制度是为幼儿园的工作服务的，而每一家幼儿园的实际情况千差万别，因此所制定的规章制度也有一定的差异。

有的幼儿园内部的规章制度门类繁多，能多达两百多个；而有的又很简约，仅有十个，一般有安全制度、考勤制度、教研工作制度、家长工作制度、卫生保健制度、膳食管理制度、财产保管制度、财务制度、门卫制度、领导班子工作制度。这十个制度的具体条目，长则十余条，短则五六条，显得简洁明了。大部分幼儿园内部的规章制度有几十个，基本上都单独印制成一本小册子，供使用者翻阅。

在名目繁多的制度中，大概可以抽取归纳出几个大类来。我们暂且将制度要划分为四大类型：各类人员岗位责任制、全园性制度、部门性制度以及考核与奖惩制度。

1. 岗位责任制

岗位责任制是通过明确的规定，使每一个工作岗位的职责明晰化，并将它落实到具体负责人的一种制度。岗位责任制是在将幼儿园的全部工作定员、定编、定岗的基础上，对每一个岗位规定出完成工作的时间、工作质量与数量的制度。它是将一定的工作岗位上的人员，同这个岗位该做的事情之间建立有机联系的一种制度。岗位责任制起着明确职责，调整和处理各个岗位之间的职务、责任、权利和关系的作用，使组织的各类人员能在其位、行其事、尽其责。岗位责任制是幼儿园各项规章制度的核心。

2. 全园性制度

全园性规章制度可以起到指导、组织集体的共同活动，统一各类人员行为，建立工作常规和行为规范的作用。幼儿园应根据园所总目标和优良园风培养的要求，制定出一整套指导集体活动的规章制度，使各部门各类人员的工作、学习和生活有统一的规则或准则。另外，还应注意建立接送制度、安全制度、家长联系制度等，并使全园教职工广为周知且遵照执行。

3. 部门性规章制度

建立和完善幼儿园各部门的规章制度，可以起到明确各层次、各部门工作任务和职责，加强科学管理的作用。比如幼儿园行政管理的各种会议制度、卫生保健部门的制度、保教部门工作制度、总务部门的规章制度等。

资料链接 3-3

幼儿园卫生保健制度

一、必须严格执行卫生部颁布的“幼儿所、幼儿园保健制度”和省、市、区有关卫生保健制度。

二、制定合理的一日生活常规。注意饮食卫生，两餐间隔不少于 3 小时；每日体育活动不少于 1 小时；每日户外活动不少于 2 小时。

三、每学期全面体检一次，每 2 个月测量身高、体重一次，每学期测视力一次，对弱视幼儿每 2 个月测查一次；每学期验血色素一次；每 2 个月对幼儿身体健康发展状况进行分析；建立幼儿健康档案登记、统计制度。

四、坚持晨检、午检制度，发现疾病及时处理，并做好记录。

五、新生入园和新工作人员到岗均要先做体检，以后半年验血复查一次，发现肝炎和其他传染病立即离园隔离和治疗。

六、配合卫生部门做好预防接种工作。

七、为幼儿提供合理膳食，每周制定食谱，定期计算营养摄取量，每月召开膳食委员会。

八、每天保证供应充足的温度适中的开水，每天起床后、课间、运动后提醒幼儿饮水，培养幼儿自觉饮水的习惯。

九、培养幼儿良好的大小便习惯，提醒幼儿每天大便一次。

十、建立体弱幼儿档案，定期对体弱儿进行检查和分析，提出保健措施。

十一、夏季注意为幼儿抹汗、换衣、洗澡、洗头、洗脚；冬季注意为幼儿防寒。

十二、教师必须注意培养幼儿良好的卫生和生活习惯，对幼儿进行安全教育，增强自我保护意识，养成正确的坐、立、行、走姿势，为幼儿成长奠定良好基础。

4. 考核与奖惩制度

考核是对组织成员履行职责和完成工作任务的情况进行检查和评定。考核的方式有自评、群众互评及领导评价检查。在实施时应将三者结合起来，定期或不定期地进行，并形成制度。奖惩是在考核评定的基础上进行的，对考核结果给予肯定或否定的评价制度，保证岗位责任制和其他制度规章的贯彻执行。没有考核评价就可能造成有章不循，幼儿园各项规章制度就可能流于形式，各项工作就难以落实。

当然，以上划分只是相对的，它们也存在一定的交叉之处，比如考核奖惩制度，有时也会明确地写进部门性制度中。如，在教研工作制度中鼓励广大教师积极参与科研活动，发表优秀论文或课题在园外得奖励者，本园也给予奖励，至于具体的奖励方法，可能在此制度中明确列出，也可能放在专门的奖惩条例中明示。

四、幼儿园规章制度制定和执行的基本要求

（一）制定幼儿园规章制度的基本要求

幼儿园规章制度的制定，是一项细致而又十分严肃的工作，应遵循以下基本要求。

1. 目的明确

幼儿园要制定的规章制度较多，每项规章制度要解决什么问题，达到什么目的一定要明确，否则，规章制度就难发挥作用，弄不好就会变成一纸空文。

2. 有法必依

制定和实施幼儿园规章制度是一项政策性很强的工作。因此幼儿园制定的规章制度必须符合党和国家的政策法规，做到有法必依，如幼儿园女职工多，必然牵涉婚育问题，而国家对此都有明确的规定，幼儿园在制定相关劳动规章制度时一定要以国家相关法规为依据，不要与之相违背。

3. 科学可行

所谓科学可行是指，幼儿园制定的规章制度必须是科学的，能充分体现幼教工作的本质属性，符合教育与管理的客观规律；符合教师的劳动特点，符合幼儿身心发展规律，从本园实

际情况和工作需要出发，具有可行性。

4. 以人为本

幼儿园制定各项规章制度的根本目的，是有利于实现教育目标。因此，必须充分发挥规章制度作为教育手段的作用。制度的制定，要从人才培养、教育工作的实际需要出发，富有教育意义。制度的制定要让教职工参与，走群众路线，发扬民主精神，集思广益，坚持以人为本。这样，一方面可以使制度更切合实际，另一方面通过制度的制定激发教职工的积极性，明确制度制定的目的，认同制度规定的内容，从而提高制度执行的自觉性，实现自我管理与教育。

5. 完整简洁

幼儿园的各项规章制度要尽量做到完整简洁，各个部门工作所涉及的具体方面都应有相应的制度，以便每个人在工作时能有章可循。相关的制度之间要相互配套，相互呼应。每一项制度，内容要简明扼要，文字要准确精练，便于掌握和记忆。

6. 相对稳定

幼儿园的各项规章制度必须保持相对的稳定，以便在一定时间内充分发挥作用，规范各类人员的行为，进而帮助教职工形成良好的思想作风和行为习惯，为幼儿园全体成员创造良好的工作、学习、生活环境。当然，随着形势的变化和认识的深化，幼儿园管理制度也应有所调整，修改完善。

（二）贯彻执行幼儿园规章制度应注意的问题

幼儿园的各项规章制度只有在日常工作中供全体员工遵照执行，才能发挥作用。所以，每个幼儿园不仅要重视规章制度的制定，更应该重视制度的贯彻执行。在执行规章制度环节应注意以下几方面。

1. 注重宣传讲解，使职工熟悉制度

幼儿园的规章制度有时被称为幼儿园的“法”。首先，管理者必须让职工知晓这些“法”，这是执行制度的前提。新加入的员工对单位的制度不熟悉，有些修改过的制度老员工也不一定人人明了。所以，在制度制定之后，还必须以多种形式宣传解释，让制度广为人知。

2. 园长以身作则，做出表率

要使园所各项规章制度顺利实施，成为全体人员所认同和遵守的“法”，幼儿园管理者必须以身作则，严格遵守各项规章制度，给全园教职工做出表率，让全体职工都知道本园有“法”必依。尤其是管理者自己，因种种原因违反了相应制度的要求时，一定要认真对待，不可以滥用职权徇私枉“法”，这样幼儿园的正气才能弘扬。

3. 执“法”必严，违“法”必究

幼儿园各项规章制度要成为具有约束力和强制性的“法”，就要注意“法”的严肃性，要严格要求，认真督促检查，同时将检查与评价奖惩结合起来。领导者要注意深入各部门各班组，了解和检查制度的执行情况，并给予督促、指导，以便掌握有价值的反馈信息，为以后的修订完善做准备。可以定期或不定期地依据制度内容逐项检查，公布检查情况，及时肯定表彰执行好的，批评和处罚执行不良的或违反制度的。要坚持制度执行的一致性、一贯性，避免前紧后松、因人而异，使制度作为管理手段切实发挥其应有的作用。

4. 制度化管理与人文关怀相融合

通常而言规章制度是硬性的管理手段，它体现出的是强制、强硬的特点，上面所阐述的几条也正是这类特质的表现。然而，工作实际中的确也会出现某些不以当事人的主观意志为转移的事情，比如，自然界的变化导致的无法控制的突发事件、教师个人无法预知的其他社会性外因导致的事件。在极力倡导人文关怀的今天，出于保护教职员工工作积极性的需要，可以考虑特殊时期、特殊事件特殊处理，让制度的执行既成为约束教职员工行为的过程，也成为使教职员工思想境界得以升华的过程。

5. 将制度建设和组织文化建设相结合

组织文化是一所幼儿园在长期的办园过程中积淀下来的，并被其员工所认同和遵循的价值观念体系、行为规范和物化环境风貌的整合和结晶。组织文化对每一所幼儿园来说都是一种客观存在。优良的组织文化作为无形的、能动的环境力量，对组织成员具有导向、教育、凝聚和规范作用。但组织文化需要一系列规章制度来约束和规范，这种强制力量是形成群体的重要条件。在组织文化由浅层向深层、由外化到内化的过程中，规章制度是一种基本的力量。科学完善的规章制度是办好一所幼儿园，形成幼儿园独特组织文化的基础。因此，在规章制度的制定和执行过程中，必须将制度建设与组织文化建设结合起来。

总之，在幼儿园的管理中，应通过规章制度的贯彻执行，引导教职工将外部的规范内化为主体的自觉意识，从而强化职工的责任感，培养其良好的工作习惯和作风，在全园逐渐形成健康向上的风尚和成熟的组织文化。

资料链接 3-4

怎样保护和调动教师继续学习的积极性①

近十年来，为了更好地适应幼儿教育改革和自身发展的需要，许多幼儿园的教师纷纷在业余参加多种形式的提高学历段的系统学习，如研究生课程班、函授教育、高等教育自学考试、网络学院的远程学历培训等。这些基本上都是不脱产的在职学习。尽管许多高校针对在职者而开设的班尽量安排在节假日，但由于种种缘故学习和上班时间难免冲突，如周末安排了毕业答辩，可是那些路途远的幼儿园老师就需要提前请假；高校放假安排课程了，但是少数幼儿园还没有放假，等等。这样一些进修的幼儿园老师有时会处于两难的选择，如规定的考试、答辩日期需要请假，幼儿园内的工作也需要人手。于是针对这类事，许多幼儿园制定了相应的规章制度。如某幼儿园制定有“教师进修制度”，其中重要的内容有：“为提高学历而参加专业系统学习的教师，全部学习过程必须全部利用业余时间。目前在读教职工，考试期间，经园长同意，每学期将享有 3 个半天假，以保证考试。”一位参加了业余自修的教师，在学习过程中结识了其他幼儿园的教师，了解到有些幼儿园对待教师的学习政策更优厚，不仅在保证考试时间方面条件宽松，而且还规定，教师读完书拿到毕业证以后，单位可以报销一定比例的学费。而自己所在的幼儿园却没有这些优待条件，平时给的考试时间很少，于是心有不平，但又不敢提意见，工作积极性受到很大影响。

---

① 王雯.学前教育管理学[M].北京：北京大学出版社，2014：113.

思考：

1. 上述“教师进修制度”反映出该园领导怎样的管理理念？如果你是正在参加进修培训的该园的教师，你希望有怎样的学习进修制度？

2. 你认为上述制度合理性、可行性程度怎样？分析这一制度制定研制过程可能出现存在的缺陷和应当注意的问题。

本章小结

本章由三小节构成。第一节从组织的概念入手，分析了幼儿园组织设置的意义、依据、原则等理论性较明显的问题；第二节以图文并茂的形式，揭示和呈现了当前我国和美国多元化的幼儿园组织结构形态，为有需要的学习者提供设置幼儿园组织结构的参考。设置组织机构好比是为幼儿园管理搭建最初的框架结构，将幼儿园分出了必要的层级和部门，然而，这些层级和部门各自履行什么职责？彼此间怎样形成协作的整体？为了解答上述疑问，就还需进一步探讨幼儿园的规章制度。组织结构可谓幼儿园开展管理的载体和硬件，而规章制度则是将幼儿园的各成员和各部门连接为一个整体的纽带和软件。所以，本章第三节较系统地探讨了幼儿园的规章制度，分别就规章制度的作用、类型、制定和执行的基本要求等进行了系统的阐述。

本章附录：

幼儿园教职工配备标准（暂行）

幼儿园教职工配备标准是幼儿园办园标准的重要内容，是促进幼儿园教师队伍建设的重要手段。为规范幼儿园办园行为，促进幼儿园教师队伍建设，满足幼儿在园生活、游戏和学习的需要，确保幼儿接受基本的、有质量的学前教育，促进幼儿健康成长，特制定本标准。

一、教职工与幼儿的比例

幼儿园教职工包括专任教师、保育员、卫生保健人员、行政人员、教辅人员、工勤人员。幼儿园保教人员包括专任教师和保育员。幼儿园应当按照服务类型、教职工与幼儿以及保教人员与幼儿的一定比例配备教职工，满足保教工作的基本需要。不同服务类型幼儿园教职工与幼儿的配备比例见表 1。

表 1　不同服务类型幼儿园教职工与幼儿的配备比例

服务类型	全园教职工与幼儿比	全园保教人员与幼儿比
全日制	1 : 5~1 : 7	1 : 7~1 : 9
半日制	1 : 8~1 : 10	1 : 11~1 : 13

二、专任教师和保育员配备

幼儿园应根据服务类型、幼儿年龄和班级规模配备数量适宜的专任教师和保育员，使每位幼儿在一日生活、游戏和学习中都能得到成人适当的照顾、帮助和指导。

全日制幼儿园每班配备 2 名专任教师和 1 名保育员，或配备 3 名专任教师；半日制幼儿园每班配备 2 名专任教师，有条件的可配备 1 名保育员。

寄宿制幼儿园至少应在全日制幼儿园基础上每班增配1名专任教师和1名保育员。

单班学前教育机构，如村学前教育教学点、幼儿班等，一般应配备2名专任教师，有条件的可配备1名保育员。

对所辖社区或村级幼儿园（班）负有管理和指导职责的中心幼儿园，应根据实际工作任务和需要增配巡回指导教师。

招收特殊需要儿童的幼儿园应根据特殊需要儿童的数量、类型及残疾程度，配备相应的特殊教育教师，并增加保教人员的配备数量。

幼儿园应根据当地学前教育发展的实际情况，增设教师岗位类别和数量，满足本园发展和保教工作的需要，并确保在教师进修、支教、病产假等情况下有可供临时顶岗的保教人员。

不同服务类型幼儿园各年龄班和混龄班班级规模、专任教师和保育员的配备标准见表2。寄宿制幼儿园每班幼儿人数酌减。

表2 幼儿园班级规模及专任教师和保育员配备标准

年龄班	班级规模（人）	全日制		半日制	
		专任教师	保育员	专任教师	保育员
小班（3~4岁）	20~25	2	1	2	有条件的应配备1名保育员
中班（4~5岁）	25~30	2	1	2	
大班（5~6岁）	30~35	2	1	2	
混龄班	< 30	2	1	2~3	

三、其他人员配备

园长：6个班以下的幼儿园设1名，6~9个班的幼儿园不超过2名，10个班及以上的幼儿园可设3名。

卫生保健人员：根据《托儿所幼儿园卫生保健工作规范》配备。

炊事人员：幼儿园应根据餐点提供的实际需要和就餐幼儿人数配备适宜的炊事人员。每日三餐一点的幼儿园每40~45名幼儿配1名；少于三餐一点的幼儿园酌减；在园幼儿人数少于40名的供餐幼儿园（班）应配备1名专职炊事员。

财会人员：根据国家和地方有关财会工作规定配备。

安保人员：根据国家和地方有关安保工作规定配备。

幼儿园应根据实际需要配备数量适宜的教职工，积极实行一岗多责，提高用人效益。

四、本标准为各级各类幼儿园的合格标准。各地可根据当地经济社会发展水平和学前教育发展的实际情况，制定适合本地的具体实施方案。

五、本标准自发布之日起实行。

中华人民共和国教育部

2013年1月24日

思考与练习题型例举

一、单项选择题

1. 幼儿园规章制度有着明确的目的要求，它表明这个组织提倡什么、禁止什么，应该怎样、不该怎样，这体现了规章制度的（　　）作用。

A. 协调作用　　B. 制约作用　　C. 指向作用　　D. 调动作用

2. 幼儿园各项规章制度的核心制度是（　　）。

A. 考核与奖惩制度　　B. 岗位责任制　　C. 全园性制度　　D. 部门性制度

3. 幼儿园管理涉及的资源包括人、财、事、物、时空和信息等，其中最核心的资源是（　　）。

A. 财　　B. 物　　C. 人　　D. 时空

4. 对幼儿园工作的各个方面，具有约束力和一定的强制性，被称为幼儿园的"法"的是幼儿园的（　　）。

A. 组织设置　　B. 管理方式　　C. 类型类别　　D. 规章制度

5. 幼儿园制定的规章制度要符合教育与管理的客观规律，符合教师的劳动特点，符合幼儿身心发展规律，还应从本园实际情况和工作需要出发加以制定。这就要求在制定规章制度时要做到（　　）

A. 以人为本　　B. 科学可行　　C. 有法可依　　D. 完整简洁

二、多项选择题

1. 幼儿园组织机构的共同要素有（　　）。

A. 组织的共同目标　　B. 纵向的等级　　C. 横向的部门

D. 明确的活动规则　　E. 岗位职责

2. 一般的组织理论将组织分为两种形式，即（　　）。

A. 正式组织　　B. 党团组织　　C. 工会组织

D. 妇联组织　　E. 非正式组织

3. 幼儿园机构的设置需要发挥各层级的能量，包括（　　）。

A. 决策层　　B. 管理层　　C. 执行层

D. 领导层　　E. 操作层

4. 制定幼儿园规章制度的基本要求包括（　　）。

A. 目的明确　　B. 科学可行　　C. 有法必依

D. 相对稳定　　E. 完整简洁

5. 在设定组织发展目标的过程中，园长应做到（　　）。

A. 提供信息沟通和交流的平台

B. 提供园长信箱

C. 调动教职员工参与管理的积极性

D. 让教职员工对园所的发展目标产生认同感

E. 积极听取职工对组织发展目标的意见

三、名词解释

1. 幼儿园组织机构

2. 规章制度

3. 岗位责任制

四、简述题

1. 设置幼儿园组织机构有什么意义？

2. 幼儿园健全的规章制度能发挥哪些作用?

3. 执行幼儿园规章制度应注意哪些问题?

五、论述题

1. 试析设置幼儿园组织机构的依据和原则有哪些?

2. 试析幼儿园规章制度的层次。

六、做中学

1. 请调查一所幼儿园的规章制度体系,并分析该组织结构和规章制度的优势和可能存在的弊端,提出改进的建议。

2. 调查你所在地区几所民办幼儿园和公办幼儿园在组织结构方面有什么异同,并进行分析。

参考答案

一、单项选择题

1. C　2. B　3. C　4. D　5. B

二、多项选择题

1. ABCD　2. AE　3. ABCE　4. ABCDE　5. ACDE

三、名词解释

1. 幼儿园组织机构:是指按幼儿教育目的和程序而组成的相互合作的层级、部门和个人所构成的系统。作为一种实体组织,它是为实现特定的教育目标,根据一定的原则而构建起来的体系与机构。

2. 规章制度:通常是指一定的社会组织以条文的形式确定下来,用于规范组织的各项工作及组织成员行为的各种规则、章程和制度的总称。

3. 岗位责任制:是通过明确的规定,使每一个工作岗位的职责明晰化,并将它落实到具体负责人的一种制度。

四、简述题

1. 答:

(1) 促进幼儿园工作的正常开展和目标的实现;

(2) 有利幼儿园合理配置资源,发挥整体功能;

(3) 方便家长和相关部门与幼儿园的沟通,提高工作效率;

(4) 推动教职工个体更好地生存和发展;

(5) 塑造幼儿园的组织文化。

2. 答:

(1) 规章制度具有指向作用;

(2) 规章制度具有制约作用;

(3) 规章制度具有协调作用;

(4) 通过健全的规章制度保护职工和幼儿的合法权益;

(5) 调动和保持教职工的工作积极性。

3. 答:

（1）注重宣传讲解，使职工熟悉制度；
（2）园长以身作则，做出表率；
（3）执“法”必严，违“法”必究；
（4）制度化管理与人文关怀相融合；
（5）将制度建设和组织文化建设相结合。

五、论述题

1. 答：

（1）设置幼儿园组织机构的依据：

① 法规和政策依据；

② 事实依据，即幼儿园组织机构还应在认真分析本单位自身实际情况的基础上结合政策的允许而设置；

③ 理论依据，即在分析了政策和事实依据的基础上，进一步权衡组织设置的合理性、科学性时，用以参照的指导思想。

（2）设置幼儿园组织机构的原则：

① 设岗要实，用人要精；

② 分工协作，形成整体；

③ 权责对等，相对稳定；

④ 统一指挥，从容调度

2. 答：

幼儿园规章制度可以分为不同的层次，按颁布和制定规章制度的部门划分，大致可分为宏观与微观两个层次。

（1）国家立法机关即全国人民代表大会和各级政府及其教育行政部门等统一制定的教育法规和有关的规章制度。如《中华人民共和国教育法》《教师法》《幼儿园管理条例》《幼儿园工作规程》《国家中长期教育改革和发展规划纲要（2010—2020）》《国务院关于当前发展学前教育的若干意见》《3—6岁儿童学习与发展指南》等，以及地方制定的幼教行政法规和有关的规章制度。这是国家和各级政府宏观管理各级各类幼教机构的法令、法规，是举办幼儿园必须遵循和贯彻执行的。

（2）是幼儿园依据国家法律和教育行政制度，结合本园实际自行制定的规章制度。这是幼儿园具体实施园所管理的工具，是使幼儿园工作有正常、稳定的秩序，协调各类人员的行动，提高组织活动效率的保证。

六、做中学

略

第四章 幼儿园人力资源管理

学习目标

通过本章学习,掌握幼儿园人力资源管理的含义,理解和领会人力资源管理的意义和原则,掌握人力资源管理的内容和过程,能够运用幼儿园人力资源管理的策略。

建议学时

7学时。

案例导读

幼儿园人力资源管理的水平,在很大程度上反映了幼儿园管理的水平与效能。以下案例表明,管理者与被管理者的关系直接决定了教师的工作热情和效率。幼儿园的管理工作本身就是做人的工作,只有做好人的工作,园长才能发挥领导职能,调动教职工工作的积极性。

案例

她为什么变了?

我们幼儿园的某老师是一位为人正直,活泼大方,热爱幼教,业务精通,深得家长和小朋友的喜爱的优秀老师,她敢于向领导转达群众意见,为幼儿园工作献计献策,深得教职工的喜爱,年年被评为优秀教师。

可是,最近不知道她为了什么,对工作无精打采,除了做好本班的教学管理工作外,沉默不语,不接受领导安排的任何额外工作,工作积极性与以前完全不同。

原来是因为开职称评审会,评审成员不同意园长方案,该老师正要说出理由,被园长强行制止了,怕她的话有导向作用。她生气了,与园长吵了起来。她认为园长霸道、专横、工作没有人情味,不讲民主,开始对抗园长的指令,此事在本园教职工中影响较大。

选自《幼儿园园长管理案例》,百度文库

第一节　幼儿园人力资源管理概述

人力资源是幼儿园发展过程中不可缺少的重要资源。幼儿园人力资源管理的水平,在很大程度上反映了幼儿园管理的水平与效能。因此,幼儿园发展与幼儿园人力资源管理与开发有着密切的联系,建设现代幼儿园需要提升幼儿园人力资源开发与管理能力,幼儿园人力资源管理是现代幼儿园发展的保障。

一、幼儿园人力资源管理的含义及其意义

(一) 幼儿园人力资源管理的含义

人力资源是指能够创造价值、推动经济和社会发展的劳动人力的总和。人力资源管理是20世纪70年代兴起的学科,最初在企业中广泛应用。21世纪以来,我国在学校和幼儿园管理中引进了人力资源管理理论,有效促进了学校和幼儿园管理的科学化进程,提高了教育质量。所谓人力资源管理,是指对人力资源的取得、开发、保持和利用等方面所进行的计划、组织、指挥和控制的活动。同时,人力资源管理还必须解决人力资源方面的深层次的问题,调节组织中人与人的关系,人与事的配合,以及充分调动人的积极性,充分开发人的潜能,提高工作效率,改进工作质量等。①

在幼儿园管理的各种资源中,人力资源是使幼儿园更具竞争力的资源,也是幼儿园人力资源开发与管理的核心。幼儿园竞争优势的体现、办园质量的提高、可持续发展的保障,其关键在于幼儿园中的人,在于人力资源管理的程度和水平。

幼儿园人力资源管理,就是指运用现代化的科学方法,对与一定物力相结合的进行人力合理的培训、组织和调配,使人力、物力经常保持最佳比例,同时对人的思想、心理和行为进行恰当的引导、控制和协调,充分发挥人的主观能动性,使人尽其才,事得其人,人事相宜,以实现组织目标。②

科学的人力资源管理,有利于开发幼儿园教职员工的智能,充分调动其积极性和创造性,有利于资源的合理配置,是现代幼儿园发展的重要战略。人力资源管理的目的,不是简单地把理想的人招进来、把不理想的人调出去,而是注重人的发展与价值的体现,追求组织与教职工发展的一致性的过程。

(二) 幼儿园人力资源管理的意义

在人类所拥有的一切资源中,人力资源是第一宝贵的,也是现代管理的核心。不断提高人力资源开发与管理的水平,不仅是当前发展经济、提高市场竞争力的需要,也是一个国家、一个民族、一个地区、一个单位长期兴旺发达的重要保证,更是一个现代人充分开发自身潜能、适应社会、改造社会的重要措施。

1. 幼儿园人力资源管理是提高幼教质量的重要保证

一流的幼儿教师才能培养出一流的幼儿。幼儿教师作为幼儿教育实践的主体,其综合素质的提高是制约幼儿健康发展的关键。

随着社会经济的不断发展和人口结构的不断变化,势必会出现各种类型幼儿园在生源、办学质量、管理水平以及教师素质等方面的竞争。任何一所幼儿园若想在当今和未来社会立足并可持续发展,就必须做好人力资源管理工作。通过人力资源管理和开发,不断提高幼儿教师的知识水平、道德规范、业务能力、科研能力、创新能力等,以适应社会不同时期的需要,从而增强幼儿园的变革能力和创新能力,保证幼儿园在未来社会竞争中立于不败之地。

2. 幼儿园人力资源管理有利于提升幼儿教师的综合素质

随着学前教育的发展,社会和家长对幼儿教师的要求越来越高,而具有开放意识、服务

---

① 赖俊明.现代学校人力资源管理分析研究——基于中小学校的视角[D].北京:北京师范大学,2008:15.

② 邢利娅.幼儿园管理[M].北京:高等教育出版社,2010:97.

精神、较高素质的教师及幼儿园管理人员队伍是提高保教质量、满足社会与家长需求的最重要保证。

幼儿教师不仅是一个对世界观、人生观、价值观思考比较多的群体，也是一个强烈追求精神文化生活的群体。他们对个人声誉和自身价值均有较强欲望，把尊严、信任、关怀看得很重，对工作环境和文化生活标准也有较高的要求。

在幼儿园人力资源管理过程中，管理者应为教师创设提高自身素质的发展空间，让教师的积极性有充分的表现机会，并使幼儿教师从中体会到自己从事的幼教工作的伟大意义与自身的人生价值，促使教师的认识水平进入更高层次，主动地把教育教学工作当成发挥自己创造力和施展自己才华、实现人生价值的机会。

总而言之，开发人力资源是现代幼儿园发展的重要战略。教师工作状态的激活、教师服务质量的提高、教师专业水平的提升，是建设优质幼儿园的最重要的资源保障。

二、幼儿园人力资源管理的原则

人力资源是一切资源中最主要的资源，人力资源管理就是将人看作一种关键的资源和稀缺的资源来进行管理，强调以人为中心、人和事的统一协调发展，努力发掘人所具备的潜在能力。人力资源管理要做到人尽其才，才尽其用，人事相宜，最大限度地发挥人力资源的作用。为此，应遵循以下原则。

（一）发展性原则

1. 发展性原则的含义

幼儿园是教育机构，其宗旨是培养人、发展人。[①] 幼儿园人力资源管理的根本任务，就是将教师的个人需要与幼儿园的发展需要巧妙地融为一体，以实现个人与组织的共同发展。

人力资源的管理实质是对人力资源的开发与利用，由此使管理过程中的用人与培养人融为一体。现代管理凸显了培养人对组织发展的重要意义，并将培养人专门引入管理过程，作为管理的核心任务贯穿于管理的全过程。管理不是改造人，而是唤醒人，促进人的发展。

2. 贯彻发展性原则应注意的问题

（1）为教师专业发展搭建平台

在促进幼儿园发展的各种资源中，教师是幼儿园中最重要最活跃的人力资源。教师是教育事业发展的能动因素。教书育人的过程是一个不断追求进步的过程，因此，教师在专业发展方面期望有推动发展和自我实现的氛围、空间。所以，现代幼儿园不仅仅是教师工作的场所，也是教师发展的空间。教师在工作中希望在专业上得到发展，在生活上自由、充实、愉快，能体验到积极的生存意义与较高的生命质量。所以管理者应该满足教师的合理需要，挖掘他们的潜力，真正调动教师发展的内在动力，充分调动他们的积极性和主动性。

（2）促使园所发展需要与个体发展需要达成默契

幼儿园的总体发展需要与教师个体发展需要的统一和默契，是教育改革与发展成败的关键因素之一。教师自身不断发展和完善的过程，是自身价值不断展现的过程，也是与事业共同发展的过程。管理者应将立足点放在教师的未来发展方面，而不是放在选择续解聘、升降级、加减薪等奖惩性制度的执行方面。

---

① 邢利娅.幼儿园管理[M].北京：高等教育出版社，2010：99.

在园所管理中，管理者应该不断强化对教职员工的培养意识，加强对员工培养的内容、方法和途径的研究，逐步形成本园所的系统的员工培养原则。

（二）人本原则

1.人本原则的含义

人本原则要求根据个人的能力和特点把其安排在合适的工作岗位，使之充分发挥聪明才智。任何管理归根结底都是对人的管理，人是管理的核心。要实施科学的管理，管理者必须树立"以人为本"的管理理念，以做好人的工作、充分调动人的积极性为根本，进而提高管理功效，实现预期目标。

2. 贯彻人本原则应注意的问题

（1）教师角色的转变

现代教育管理理论认为，教师不是单纯的任务执行者和角色扮演者，而是教育的思想者、研究者、实践者和需要不断学习的专业工作者。管理的目的就是不断地提高教师队伍的素质，发挥教师队伍的综合实力和竞争力，实现教师发展与幼儿园发展的双赢。

（2）员工的发展与人生价值的体现

教师的管理应坚持以人为本，注重人的发展与价值体现，通过树立"依靠人、信任人、关心人、爱护人、培养人"的思想，做到知人善用，"用、育"兼顾，积极搭建平台让教师施展才华，努力营造"轻松、愉快、和谐"的工作和学习环境，充分调动教职工的内驱力，从而达到管理的最优化。

（三）激励性原则

1. 激励性原则的含义

激励性原则就是激发人的动机，诱导人的行为，使其发挥内在潜力，为实现所追求的目标而努力。其实质是调动人的积极性、主动性和创造性。

幼儿园人力资源管理的一个重要任务，就是最大限度地调动员工的工作积极性，通过激发其工作动机，唤起教职员工对工作的高度责任感，激起教师对工作的主动性和创造性，提高保教的质量和工作效率。

2. 贯彻激励性原则应注意的问题

（1）明确激励性原则的目的

幼儿园实行激励原则的目的是正确诱导教职员工的工作动机，使他们在实现组织目标的同时实现自身的需要，增加其满意度，从而使他们的积极性和创造性保持和发扬下去。

（2）制定适宜的激励策略

在幼儿园管理中，制定符合本园实际的激励策略，并将其充分合理地运用，是提高幼儿园管理水平的有效手段之一。要实施这一原则，就要深入了解教师的需求，深入分析影响教师积极性发挥的因素，找出现行激励策略存在的问题，加以妥善解决，使幼儿园教师能在本职工作中最大限度地发挥自身的能力。

（四）人事相宜原则

1. 人事相宜原则的含义

所谓人事相宜就是"人适其事、事宜其人"，根据个体间不同的素质和要求，将其安排在各自最合适的岗位上，保持个体素质与工作岗位要求的一致性，从而实现"因事择人，以人治事，人知其事，事得其人，人事两立"这样一种人事配合关系。人事相宜原则，是人力资源管理应该遵循的最基本的原则。

影响幼儿园发展的各种因素中，人是“活”的要素，是最具主动性、积极性和创造性的一种特殊的资源，他们具有内在的无限的建设性潜力。所以幼儿园只有通过科学有效的管理手段，将合适的人放在比较适合其能力、特长的岗位上，做到人适其事，才能充分发挥其作用，最大限度地调动其工作热情和积极性，为幼教事业发展做出更大的贡献。

人力资源管理的目的和任务就是实现组织中资源的有效配置。为了实现这一任务，就必须将最合适的人放在最能发挥其作用的岗位上，使其充分发挥聪明才智，应用所掌握的知识和技能，最大限度促进组织的发展。为此，必须加强人力资源管理的科学性，最大限度地实现人事相宜。

2. 贯彻人事相宜原则应注意的问题

知事，就是对人事关系中的事做到全面准确地掌握。人事关系中的“事”是一个比较大的概念，它包括人事关系中除了人以外的所有部分。

知人，就是选拔符合岗位要求的员工来承担相应的工作，并且对岗位上的员工赋予相应的权利和义务。

掌握一定的用人方法和艺术。为了实现人事相宜，必须掌握人力资源管理中的科学规律。如选拔任用、考核、激励、奖惩、保障等规律，并将其灵活地应用到具体的管理实践中，从而实现准确识人，实现人与事的准确对接。

第二节　幼儿园人力资源管理的内容与过程

一、幼儿园人力资源管理的内容

幼儿园工作人员包括教师、保育员、管理人员（园长、副园长、保教主任）、医务人员、炊事员、事务人员及其他工作人员。幼儿园人力资源管理的内容，包括两方面，即对幼儿园全体工作人员从聘用、培养到使用的全过程的管理，以及从思想素质到业务素质的全面管理。

从广义上说，幼儿园所有的工作人员，都是教育工作者，都承担着直接或间接的保教工作。因此，所有人员都应该遵守《幼儿园工作规程》第三十五条的要求：幼儿园工作人员应拥护党的基本路线，热爱幼儿教育事业，爱护幼儿，努力学习专业知识和技能，提高文化和专业水平，品德良好、为人师表，忠于职责。身体健康。

幼儿园园长、教师、保育人员、医务人员属于专业人员，还应该有专业资格证和上岗证等。

（一）幼儿园管理岗位人才招聘与录用

幼儿园管理岗位是指幼儿园园长、副园长、事务人员及其他工作人员。幼儿园应根据工作需要和空缺岗位的要求和招聘程序，编制管理岗位人才招聘计划，应根据岗位的性质、特点选择合适的招聘方式。幼儿园管理岗位招聘方式分为面向社会公开招聘、在幼儿园内部竞聘、按内部晋升制度进行晋升和公开选拔等形式。但无论哪种形式，都需进行人才招聘考试与考核。

幼儿园高层管理干部的招聘一般可通过面谈及答辩的考核方式进行，具体见图 4-1。

面谈

1. 岗位经验：是否具有相关经验，是否有足够的经验胜任工作。
2. 岗位能力：从经验等方面判断其领导能力、沟通协调能力、分析判断能力、决策能力等。
3. 综合素质：从仪容仪表言谈举止、以往的政治表现等判断其综合素质是否符合岗位要求。

答辩

1. 竞聘报告：如果是竞聘方式，则要陈述竞聘报告。
2. 一般问题：
(1) 幼儿园所在行业中的法律法规，相关政策等；
(2) 前沿争议性问题或幼儿园具体实务问题。
3. 其他内容。

图 4-1　对应聘高层管理干部岗位人员的考核

面试评估表作为招聘面试管理的工具之一，用于记录并评价应聘人员的表现，如表4-1。

表 4-1　幼儿园一般岗位面试评估表

姓　名		应聘岗位		应聘部门	
政治面貌		性　别		年　龄	
评价项目	评价等级				
	5(优秀)	4(良好)	3(一般)	2(较差)	1(差)
仪表仪态					
教育知识技能的掌握情况					
相关资质、资格					
工作经验与应聘岗位的关联程度					
语言表达能力					
分析判断能力					
沟通协调能力					
评　分					
备注：					

(二) 幼儿园教师的选聘

幼儿园教师是提高保教质量、提升办园水平的主体力量。幼儿园师资队伍质量不高，则会影响幼儿园的发展。所以幼儿园人力资源管理的核心内容是师资队伍的建设与管理。

目前，为提高学前教育普及率，幼儿园数量迅速增加，幼儿园教师需求量很大。但由于工作条件、待遇等方面的原因，幼儿园教师队伍不稳定，流动性很大。教师的选聘已成为大多数幼儿园的常态化工作。由于幼儿教师职业具有特殊性，所以，在人员选聘上应严格把关，做到持教师资格证上岗，防止不合格人员进入教师队伍。

一是扩展招聘范围，例如，不只限于本地区。只有选择的范围更广，才有可能达到优中选优的目的。

二是招聘工作程序化。在教师招聘上要形成自己的一套流程，克服随意性、无序性。招聘要经过资格审查、笔试、初试、面试、试教五关，并设计专门的应聘人员简历表、试题库等。招聘工作要科学严谨，公平公正。

三是考核标准要严格。要强调德才兼备，在招聘时不仅要看教师的外部形象，更要看内在素质，尤其将职业道德、亲和力和职业认识作为教师的三个必备条件。

幼儿园的管理者切忌在挑选教师时，只注重外在的、技能技巧方面的因素，而对学习能力、个性特点、人格因素以及内在的发展潜力等方面的考察不够。主观上，幼儿园管理者都想挑选较为理想的员工。但是，由于挑选方法的简单化与非科学化，往往导致挑选的失误。幼儿园可以结合实际需要，采用技术手段与非技术手段、口试与笔试结合的方法，对员工进行全面的、细致的考察。这种考察不仅仅是为了挑选员工，也是为了对所挑选的员工今后的使用提供依据。

资料链接 4-1

幼儿园聘用制度

1. 指导思想

深化教育人事制度改革，依法保护幼儿园和教职工合法利益，增强教职工主人翁意识和工作责任感，进一步调动全体教职工的工作积极性，促进教职工队伍整体素质的提高，适应教育改革发展的需要。

2. 聘用原则

(1) 园长负责原则。园长全面负责幼儿园教职工的聘用工作，制定聘用方案并具体组织实施。

(2) 部门协作的原则。幼儿园党组织在聘任工作中充分发挥政治核心作用和保证监督作用。幼儿园工会在聘任工作中协助园长做好教职工思想工作，同时通过教代会对聘任工作实行民主监督。

(3) 按编聘用的原则。幼儿园根据核定的编制数额、教师职务结构比例并结合实际工作任务设置工作岗位。

(4) 资格准入原则。被聘用人员必须具备同聘任岗位相适应的文化程度和任职资格。

(5) 竞争择优原则。坚持尊重劳动、尊重知识、尊重人才、尊重创造的方针，坚持幼儿园自主聘任、个人自主择业和公开平等、竞争择优、合理流动的原则。幼儿园将从工作实际出发，全面考察受聘人的政治思想、道德修养、业务水平、工作能力以及心理和身体健康状况，坚持择优聘用。

3. 聘用对象

(1) 纳入事业编制管理的学校教职工。

(2) 具有教师资格的合格教师。

4. 聘用条件

(1) 热爱党，热爱祖国，热爱社会主义，政治素质高，忠诚党的教育事业，坚持邓小平理论和三个代表的重要思想。

(2) 身体健康，适应学校工作要求。爱岗敬业，爱生爱校，尽职尽责，务本求实，严谨治学，辛勤育人，认真履行岗位职责。

(3) 作风朴实，有良好的职业道德，身正为范，堪为师表。

(4) 要能胜任提供的岗位；同时按照工作量和工作要求，可以兼任其他一些岗位。

(5) 具有专科以上学历，具有专业知识素质和业务能力水平，有理论和实践能力。

有下列情形之一的，不予聘用上岗：

(1) 严重违反工作纪律和学校规章制度，造成重大责任事故的。

(2) 不完成规定的教育教学任务或职责范围内其他工作任务，给学校工作造成重大损失的。

(3) 体罚或变相体罚学生，造成严重后果的，影响恶劣的。

(4) 有严重的违纪违规行为，受党内严重警告或行政记过以上处分的。

5. 聘任程序

(1) 幼儿园发出招聘公告。

(2) 应聘者自愿填写学校下发的资料。

(3) 领导班子进行实际考核，资格审查，择优录用。

(4) 由幼儿园办理招聘手续，聘用期为一年，聘任期满后，根据考核情况进行续聘和解聘。

(5) 园长签发聘任合同，发放聘任书。

6. 受聘人员待遇：

(1) 工资标准按照国家规定。

(2) 受聘人员工作时间按照上级有关部门规定执行。

7. 解聘

下列情况之一者，幼儿园与聘任人员解除聘任：

(1) 聘任期满，工作调整。

(2) 经考核，不胜任原工作岗位或不适应做原工作者。

(3) 在任职期间，因受聘人员责任造成重大事故损失。

(4) 触犯法律、法规，受处理人员。

内蒙古包头市某幼儿园提供

（三）幼儿园教师任用与培养

1. 建立合理的教职工群体结构

幼儿园的人力组合，不是一种单纯的劳动力组合，而是一种以工作关系为背景的人际关系组合。这种组合既包含了管理者的管理意志与工作要求，又包含了组合对象的意愿。管理者应该根据管理工作的需要采取多种组合方法，建立合理的教职工群体结构。所谓“群体结构”，是指一个单位或部门为了发挥某种特定功能，而把不同的人才按一定的层次、序列和比例有机组合而构成的状态。

幼儿园设置了组织机构，还必须在人员配备上建立最佳的群体结构，即教职工在年龄、学历、素质、能级、职称、性别等方面的比例、层次构成都合理,形成整体优化的群体系统。

在教师的配置上,应强调合理的队伍结构。首先是专业结构要合理,不能仅限于单一的幼师专业,可让多专业人员参加幼儿教育(前提是持有教师资格证);第二,应保障年龄结构合理,使老中青教师形成梯队;第三,讲求教师学历比例合理,不是学历越高越好,而是要合理搭配;第四,性别结构要合理,大多数幼儿园女性教师过多,不利于幼儿健全个性的形成。

在教师队伍结构配备上应让不同教育背景、不同知识结构、不同专业特长、不同实践经验的教师,以及不同地域、年龄、性别、文化背景的教师在一起相互学习、相互碰撞、相互激励、共同合作。

2. 合理用人是幼儿园人力资源管理的基本任务

作为幼儿园的管理者,在用人方面除了坚持知人善任,任人唯贤,人尽其才等策略外,还应该做到:

(1) 提高用人的互补度。用人的互补度就是利用个人的优势,去弥补组织以及他人的不足。这种弥补作用越大,其用人的互补度就越高。如采用年龄互补的组合,老教师带年轻教师,既弥补了年轻教师经验的不足,又以年轻教师学习和工作的热情影响和推动老教师的发展;采用性格互补的组合,避免因个人性格问题而引发的某些矛盾,同时也有利于幼儿情感的培养;采用优势互补的组合,能够保证各班级幼儿的均衡发展。

(2) 提高用人的认可度。所谓认可度,既包括管理者的认可,也包括被管理者的认可。作为管理者,应随时关心、了解员工对管理者的评价及其认可情况,不断提升教职工对管理者的认可度。①

(3) 提高用人的透明度。作为管理者,在用人上要反映大多数成员的意志,所以用人应该透明,这是一种公开、公平与公正的用人策略,它具体表现在竞聘的公开性、任用的公平性、监督的公正性、还表现在员工对任用者的权力范围、职责范围进行监督与评价。

3. 教师培养

人力资源的管理实质是对人力资源的开发与利用,由此使管理过程中的用人与培养人融为一体。现代管理凸显了培养人对组织发展的重要意义,并将培养人专门引入管理过程,作为管理的核心任务贯穿于管理的全过程。

在幼儿园管理中,管理者应该不断强化对员工的培养意识,加强对员工培养的内容、方法和途径的研究,逐步形成本园所的系统的员工培养原则。

管理者对教师的培养途径有两个方面:一是外部培训,包括学历培训、上岗培训、专题培训、专题观摩和专题研讨会等由外部机构组织的培训;二是内部培训,包括在岗培训、工作主题培训、案例分析培训、教育科研培训等由园所直接根据工作需要与员工发展的需要而组织的培训。这种内部培训与外部培训的结合,为员工提供了广阔的学习环境。园所管理者应该尽量创造条件,支持和鼓励员工选择不同的培训途径以加强自我学习。管理者还应该把员工的培训纳入其业务档案加以记录、存档,并进行考核与奖惩,建立培训工作的激励机制,以提高员工学习的自觉性。

(四) 幼儿园教师激励

管理心理学的双因素理论认为,引起人行为动机的因素主要有两种:一种叫保健因素,

---

① 刘梅.幼儿园人力资源管理应以人为本 充分挖掘教师的潜能[J].山东教育(幼教刊),2006(11):17.

如工作条件、人事关系、工资待遇等；另一种叫激励因素，如工作责任的大小、个人成就的高低、工作成绩的认可等。保健因素的改善，虽未必能使员工非常满意，却能解除员工的不满。研究表明，如果保健因素不能得到满足，往往会使员工产生不满情绪、消极怠工，甚至引起罢工等对抗行为。而激励因素的满足，能够极大地激发员工的热情，对于员工的行为动机具有积极的促进作用，它常常是一个管理者调动员工积极性，提高劳动生产效率的好办法。研究表明这类因素解决不好，也会引起员工的不满，它虽无关大局，却会严重影响工作效率。

对人的管理实质在于激励人的积极性。从管理激励角度看，激励的起点是满足教职工的需要，但教职工的需要存在着个体差异和动态性，因人而异，因时而异。并且，只有满足最迫切需要的激励方式，其效力才高，其激励强度才大。因此，在教职工激励上，不存在一劳永逸的激励方式，更没有放之四海而皆灵的法宝。

幼儿园教师激励的方式有如下几种。

1. 绩效考评和薪酬激励

教师的考核评价制度和聘用管理制度、进修培训制度、奖惩制度等共同构成了教师管理制度的基石。教师的考核是教师管理中日常化、基础性的工作，考核制度是教师管理规范化、民主化、科学化的重要表现，更是激励工作积极性的有效制度保证。

幼儿园教师的绩效考评应包括业绩考评、能力考评和态度考评。业绩考评是对教师承担岗位工作的成果所进行的评定和估价；能力考评是依据岗位说明书规定的岗位要求，考评在岗位工作过程中显示和发挥出来的能力；态度考评的重点是考核工作的认真度、责任度，工作的努力程度，是否有干劲、有热情，是否忠于职守，是否服从命令等。

绩效管理是一种连续性的管理过程，既是对能力、工作绩效、工作态度的评价，也是对潜质的考察，是对教师未来行为表现的一种预测。因此只有程序化、制度化地进行绩效管理，才能真正了解教师的潜能，才能发现园所中的问题，从而有利于园所的有效管理。教师的绩效优劣具有多因素性，受教师的技能、环境和机会等主客观因素影响，需要从多个维度去分析和考评。

同时，绩效还具有动态性，即绩效随着时间的推移会发生变化。管理者切不可凭一时印象，以僵化的观点看待教师的绩效，应该全面、发展、多角度地考察教师的绩效，力戒片面和僵化，保证绩效考核的准确性与公正性。每个教师都希望自己的业绩得到公正、公平的评价，使自己的贡献得到认可，绩效考评的公开、公平、公正性直接影响到考评的效果和教师的认可度，园所应实现教师评价的公开化，进行上下级直接对话，面对面地沟通，借此取得教师们的认同，使科学的绩效评价管理得以进行。

2. 参与激励

有效授权是一项重要的管理技巧。不管多能干的领导，也不可能把工作全部承揽过来，这样做只能使管理效率降低，下属成长过慢。通过授权，管理者可以提升自己及下属的工作能力，更可以极大地激发起下属的积极性和主人翁精神。所以，管理者应保障教师参与管理的权利，培养教师的主人翁精神，使员工将幼儿园的发展与自身发展有机结合，增强为幼儿园和自己未来良好发展努力奋斗的使命感和责任感。实践表明，职工参与民主管理的程度越高，其积极性就越高。因此，园长应为教职工民主管理提供更多的机会。教职员工参与管理有多种形式：让教师出席重要会议，并鼓励他们在会上发言；鼓励教师和园长在一起讨论目标与计划，允许他们表达意见、提出报告，或者将他们的名字列在报告或备忘录上，等等。

管理者应该做到：该放权的时候放权，该放手的放手，该放心的放心，大胆让教师去发挥，去创新。这样给予教师充分的自主权，提供表现与发展的机会，努力地激发教师的主观能动性和创造性。

3. 赏识、尊重激励

美国哲学家威廉·詹姆斯曾说过："人性最深层的需求就是渴望别人的欣赏。"随着教师工作阅历的增加，这种需求会变得更加强烈。赏识是一种非常有效且不可思议的推动力量，它能赋予人一种积极向上的力量，能够极大地激发人对事物的热情。

尊重是一种最人性化、最有效的激励手段之一。以尊重、重视员工的方式来激励他们，其效果远比物质上的激励要来得更持久、更有效。可以说，尊重是激励员工的法宝，其成本之低，成效之卓，是其他激励手段难以企及的。

管理者一个信任的微笑、一个鼓励的眼光、一句赞美的话语都可驱散教师一身的疲惫，经常用这些"法宝"去激励教师，放大每位教师身上的闪光点，多看他们的长处，使他们愉悦、舒心地工作。

幼儿园可以开展阳光教师评比活动，通过全体教职工投票选举产生：奉献之星、关爱之星、微笑之星、才艺之星、创新之星、好学之星、进取之星、服务之星等，让阳光教师成为其他教师行为标杆的同时，充分地激发他们的内在驱动力，让每个岗位上的员工找到自己的发展坐标。另外，还可以为各种荣誉获得者、各种教学比赛获奖者开表彰会，激发教师不断前进的欲望。

4. 榜样激励

心理学研究表明，人类的大部分行为是通过观察学习，借鉴模仿他人的行为反应来完成的。榜样则是借鉴模仿行为发生的关键。榜样的力量是无穷的。榜样可以使人受到鼓舞，催人奋进。首先，管理者应以身作则，率先垂范。教职工在判断园领导的意图时，所凭借的不仅仅是其言论，更重要的是其行为。所以，管理者的"身教"往往重于"言传"。管理者的行为示范常常起到意想不到的作用。所以，园领导要热爱幼教事业，勤于学习，乐于钻研，关心职工，平易近人，实事求是，廉洁公正，为教职员工树立良好的榜样。

同时，管理者还应该积极营造创先争优的氛围，树立工作榜样和典范，在团队里挑选成绩突出、品德高尚、作风正派的员工作为榜样，让其他员工"学有榜样，比有标杆"，从而激发每个员工内心深处的主动性和内在潜力。

5. 情感激励

情感是激励教师工作积极性的基本元素，而情感来自沟通。园长要多了解、理解和关心教师，主动走到员工中去，经常与教师交流、谈心，与教师进行心灵层面的真诚沟通。可以说，没有沟通就不可能有激励。例如，为教师争取好的福利待遇，对其进行物质激励；对生病、生孩子的教师，园长要亲临问候，使教师得到精神慰藉；在安排工作时注意用人之长，为教师提供展示自己优势的机会；对在工作中付出努力，有明显进步或特殊成绩的教师，要给予及时的鼓励或奖励，使他们获得成就感。如，管理者每天早上坚持到全园转转，问候老师，发现各班有什么问题及时解决，不定期地与教师交心，倾听他们的喜怒哀乐，特别要有意多接触弱势群体、重点人物，为他们排忧解难，把自己高兴的事与大家分享。通过与教师的沟通，拉近距离，增进感情，使教师了解管理者——信任管理者——喜欢管理者，从而愿意与园长在一起，同舟共济。

此外，激励教师的具体方法还有责任激励、学习进修激励、带薪休假激励、提拔晋升激励、项目负责人激励（幼儿园每学期都有一些重大活动，如教学优质课比赛、备课、说课、“六一”活动、运动会等重大活动，激励老师们承担项目，给予一定的物质和精神奖励）、命名激励（幼儿园的教科研项目或某个老师的重大理论突破，均可用老师的名字命名，以示激励），等等。

（五）幼儿园教师考核

教师的考核是教师管理中日常化、基础性的工作，是教师管理规范化、民主化、科学化的重要表现，更是激励教师的有效保证。① 幼儿园教师考核是一项非常细致的工作，必须注意以下问题。

1. 科学地确定考核标准

依据教师岗位工作要求，确定工作要项；将考评要项逐一分解，以完成工作所达到的、可接受的条件形成绩效考核标准，原则上标准要客观化、定量化，不宜定得过高。

2. 实施考核

将教师工作的实际情况与考核标准逐一对照，评判绩效的等级。

3. 考评面谈

明确面谈的主题，拟定面谈计划，预先告知教师面谈的时间、地点，收集各种与绩效相关的信息资料，尤其应准备好各种原始记录和资料（园所管理者与教师双方都应准备）。采取“一对一”的面谈方式，促进园所管理者和教师之间的相互沟通和了解，使双方开诚布公地交换意见，求同存异，以提高面谈的质量，提高绩效考评的针对性和有效性。

4. 制订改进计划

改进绩效计划应当切实可行、由易到难，要有明确的时间性，计划要具体，要得到教师的认同。

5. 工作改进的指导

切实保证教师工作的有效性，园所管理者要对教师工作的改进做出正确的指导，并在精神上、物质上予以必要的支持。

总之，在幼儿园人力资源管理过程中，应变传统的对教师工作绩效的静态结果考评为关注教师的发展性评价。考评的重点是教师的工作过程及行为进步，并在考评过程中加强与教师的沟通。

二、幼儿园人力资源管理的过程

现代人力资源管理就是一个人力资源的规划、获取、整合、保持激励、控制调整及开发的过程。可大致分为三个阶段：人力资源规划阶段、人力资源管理实施阶段、人力资源管理的总结评价阶段。②

（一）制定幼儿园人力资源规划及制度建设

1. 制定幼儿园人力资源规划

（1）人力资源规划的含义

---

① 张媛.激励策略在幼儿园教师管理中的运用[J].内蒙古师范大学学报，2011(4)：29-30.

② 邢利娅. 幼儿园管理[M]. 北京：高等教育出版社，2010：99.

人力资源规划是组织的发展战略和经营计划,评估组织的人力资源现状及发展趋势,收集和分析人力资源供给与需求方面的信息和资料,预测人力资源供给和需求的发展趋势,制订人力资源招聘、调配、培训、开发及发展计划等。

(2) 人力资源规划的内容

人力资源规划就是围绕幼儿园发展目标,分析教师队伍现状,明确岗位需求,进行人力资源数量和质量方面的流动、保持、提高的相关预测,并制订方案的过程。内容包括:教师引进、测评、选拔、职业发展、培训开发、薪酬系统、教职工问题处理等。

人力资源规划规定了招聘和挑选人才的目的、要求及原则;人员的培训和发展、人员的岗位调整都需依据人力资源规划进行;员工的报酬、福利等也是依据人力资源规划来确定的。

(3) 人力资源规划的功能

人力资源规划主要功能和目的在于预测人力资源需求和可能的供给,确保幼儿园在合适的时间获得所需的合格人员。

人力资源规划是整个人力资源管理的基础,甚至在一定程度上决定了幼儿园的长远健康发展。一所幼儿园在人力资源政策上如果出现了较严重的问题,往往是因为没有制定一个科学细致的人力资源规划。例如许多幼儿园面临着人员流动性大的问题,表面上看这是因为园所无法给员工提供优厚的待遇或者晋升渠道,其实显示了人力资源规划的空白或不足。

并不是每个幼儿园都能提供有诱惑力的薪金和福利来吸引人才,许多缺乏资金、处于发展初期的中小型幼儿园照样可以吸引优秀人才并迅速成长。他们的成功之处无外乎立足幼儿园自身情况,营造与员工共同成长的组织氛围,充分发挥团队精神,规划幼儿园的宏伟前景,让员工对未来充满信心和希望,同幼儿园共同发展,为有远大志向的优秀人才提供其施展才华、实现自我超越的广阔空间。

(4) 制定人力资源规划的措施

人力资源规划是一项系统的工程,它以幼儿园发展战略为指导,以全面核查现有人力资源状况、分析幼儿园内外部条件为基础,以预测组织对人员的未来供需为切入点,基本涵盖了人力资源的各项管理工作。人力资源规划还通过人事政策的制定对人力资源管理活动产生持续和重要的影响。

人力资源规划的制定应结合幼儿园人力资源成本和幼儿园岗位分析等来进行。人力资源会计工作可以开展幼儿园人力资源投入成本和产出效益的预算,还可以为决策部门提供准确的信息和量化管理的依据。对幼儿园中的各个工作岗位进行分析,以确定每一个岗位对教职工的具体要求,形成工作岗位职责说明书,用以进行人才招聘、培训、调配、晋升等。

2. 人力资源管理制度建设

科学、完善的人力资源管理制度是人力资源管理的基本保障。人力资源管理制度的制定应因地制宜,具有可操作性。幼儿园人力资源管理制度一般包括:幼儿园人力资源责任人工作职责和幼儿园人力资源管理制度。一般规模的幼儿园里人力资源责任人为园长,大规模幼儿园有专门的人力资源部。

人力资源管理制度具体包括:幼儿园教职工聘任制度、劳动合同管理制度、教职工考勤制度、人力资源档案管理制度、幼儿园人力资源考核制度、幼儿园人力资源培养激励制度等。

资料链接 4-2

<table>
<tr><td colspan="5">工作岗位职责说明书</td></tr>
<tr><td colspan="5">后勤园长
×× 幼儿园　　编写日期____年____月____日</td></tr>
<tr><td colspan="2">岗位名称</td><td>园长</td><td>工作部门</td><td></td></tr>
<tr><td colspan="2">岗位类别</td><td></td><td>岗位等级</td><td></td></tr>
<tr><td colspan="5">工 作 描 述</td></tr>
<tr><td>工作概述</td><td colspan="4">在总园长领导下，全面负责幼儿园后勤人员、卫生保健、设施设备等方面的管理、服务和保障工作，为幼儿园师生正常工作、学习、生活提供优质保障。</td></tr>
<tr><td>岗位职责</td><td colspan="4">1. 负责建立“幼儿园后勤保障体系”，负责制定并修订后勤各岗位相关人员的岗位职责、工作细则及评估标准。
2. 负责幼儿园设施设备的购置和管理、安全保卫工作。
3. 负责幼儿园大型运动器材的维修、保养及安全检查工作。
4. 负责幼儿园水、电、冷暖气的正常供应及环境安全工作。
5. 负责幼儿园环境清洁、卫生、安全。
6. 负责幼儿园玩教具、办公用品、食品等的采购、供应管理工作。
7. 负责后勤工作人员的管理与协调工作。</td></tr>
<tr><td>工作标准</td><td colspan="4">1. 建立后勤人员的师德规范和师德考评制度，做好相关培训、检查评估工作。
2. 建立“幼儿园后勤保障体系”，负责制定并修订后勤各岗位相关人员职责表、工作细则及评估标准。
3. 建立后勤人员的培训管理体系，提供及时有效的服务。
4. 规范保健计划制订的操作要求，对幼儿园保健工作的实施情况进行评估与指导。
5. 协调并充分利用幼儿园硬件资源，确保保教工作的有效开展。
6. 负责幼儿园安全保卫管理工作的评估和指导工作。
7. 负责汇总幼儿园财产的需求量，组织购买分发及保管工作。
8. 负责管理并编制每月财务收支报表，报总园长审核。
9. 积极主动与各班级各部门协调、配合。</td></tr>
<tr><td colspan="5">资 格 要 求</td></tr>
<tr><td>任职条件</td><td colspan="4">1. 熟悉幼儿园基本情况，具有一定的组织管理能力和协调能力。
2. 具有大专以上学历，中级以上职称。
3. 熟悉相关方面的法律法规。</td></tr>
</table>

（二）幼儿园人力资源管理实施

本阶段是人力资源管理的中心环节，包括人员的选聘、使用、培训及发展等。具体包括：人与事的匹配（对人员工作的安排）；人的需求与工作报酬的匹配（人员工资待遇）；人与人的协调合作（幼儿园内部的人际关系）；工作与工作的协调合作（班子关系与制度建立）。

1. 幼儿园教职员工的招聘管理

教职员工的招聘是幼儿园落实人力资源计划中非常重要的一环。幼儿园通过宣传介绍吸引园内外的应聘者，并从中择优选拔、甄别录用幼儿园所需人才。其程序为：制订招聘计划、开通招聘渠道、组织落实招聘工作、初试、复试、录用与配置、总结与评价。

幼儿园在人才招聘过程中，应根据幼儿园的岗位需要和工作岗位职责说明书，利用多种方法和手段，如接受推荐、刊登广告、参加人才交流会、职业介绍所登记等从组织内部或外部吸引人才前来应聘。经过资格（受教育程度、工作经历、年龄、健康状况等）审查，从应聘人员中初选出一定数量的候选人，经过严格而规范的筛选，确定最后录用人选。

（1）专业技术岗位

幼儿园专业技术岗位分为两个系列，见图 4-2。

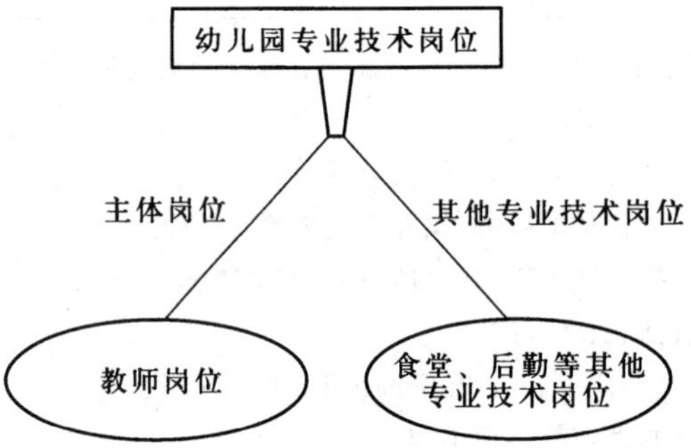

图 4-2　幼儿园专业技术岗位系列

（2）教师的招聘与录用

幼儿园教师招聘和录用标准内容丰富，但应参考 2012 年教育部颁布的《幼儿园教师专业标准》，重点突出以下内容（图 4-3）。

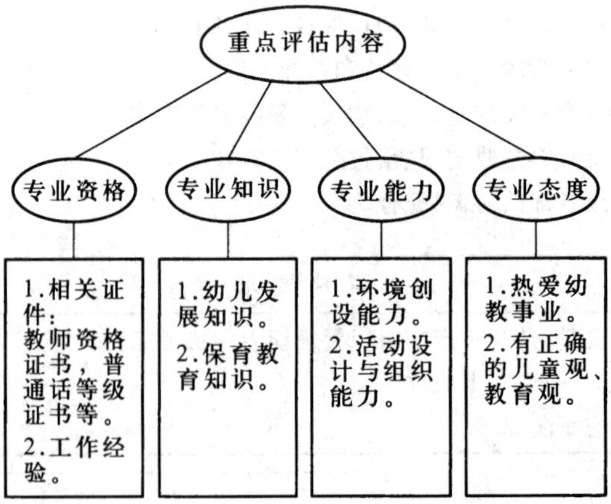

图 4-3　对教师岗位应聘人员的评估内容

2. 劳资关系的管理

幼儿园的劳资关系主要包括职工的聘用与辞退、劳动合同的签订与履行、职业培训、工作时间与劳动保护、劳动纪律与奖惩、劳动报酬与福利等。劳动管理依据的主要法律是《劳动法》以及与之相配套的相关法规。

被幼儿园聘用的人员，与幼儿园形成了一种雇佣与被雇佣的劳资关系，为了保护双方的合法权益，应遵照《中华人民共和国劳动合同法》，就教职工的工资、福利、工作条件和环境等事宜达成一定协议，签订劳动合同。幼儿园人力资源管理者应认识到，劳动合同能够保护劳动合同双方的权利和义务，保护劳动者的合法权益，发展和谐稳定的劳动关系。对幼儿园来说，及时与教职员工签订劳动合同，有利于保障教职员工队伍的稳定，提高幼儿园教师的整体素质，增强幼儿园的竞争力。同时，遵守《劳动法》，依法办事，也将进一步推动我国幼儿园人力资源管理的法制化和规范化建设。幼儿园的管理者，应当正确认识《劳动合同法》，依法协调劳资关系，将社会责任与法律责任结合起来，以促进幼儿教育事业的发展。①

3. 全员劳动合同管理

教职工聘任上岗以后，通过签订“劳动合同”，进一步明确各自的权利和责任，使教职工工作有动力，也有压力。幼儿园按照《劳动法》规定，严格履行劳务合同，在同一种用工制度下，教职工享受同等权利和待遇，公平竞争。这样可以促进教职工不断自我调整、升华其职业需要，以适应幼教事业的变化和发展。

4. 人力资源的开发管理

人力资源开发是通过向教职员工提供各种学习和发展机会，使员工的知识、能力和业绩水平不断提高的一种有计划的持续性的工作。幼儿园人力资源开发对幼儿园和教职员工的发展至关重要，是促进幼儿园可持续发展和具有长期竞争力的有力保证。

（1）教职员工的生涯规划和培训管理

职业生涯规划管理是人力资源管理中的新概念、新领域，是人力资源开发的一项重要工作。其作用在于帮助员工认识自身的兴趣、价值、优势和不足，帮助员工制定切实可行的职业发展目标，并提供机会使员工实现目标。

幼儿园应对教职员工的生涯进行指导，即指导教职员工规划个人的职业生涯发展，并为其专业化及职业生涯发展提供条件，做到用事业留人、情感留人，稳定幼儿园的师资队伍。每一位应聘进入幼儿园的教职员工，都必须接受入职教育，以尽快了解和适应幼儿园的工作要求和环境。入职教育的内容包括本幼儿园发展的历史和未来发展规划、职业道德和组织纪律教育、幼儿园保教工作知识和要求、岗位职责、教职工权益与义务等。

优秀的员工是靠组织系统自身的育人环境与培养机制造就的。特别是近些年来，我国幼教事业发展迅速，幼教新理念、新思想不断涌现，对于员工来说，处在当今这个激烈竞争的社会，他们需要不停地学习，才能跟上时代，适应时代发展的需要，以增强自身的竞争力。

为提高教职员工的专业水平和工作能力，幼儿园应科学地组织和实施全员性培训和专题性培训。而对幼儿园来说，培训的另一个重要目标是向员工传达组织的价值观、组织的工作作风等。

在现代社会，培训已经被很多人视为提供给员工的最大福利。通过组织进行的培训，员

① 刘冬梅，王洪涛.《劳动合同法》视野下的幼儿园人力资源管理[J].幼儿教育，2008(5)：16-17.

工的素质、能力得到提高，员工在工作中的表现更突出，更有竞争力，就更有可能受到组织的重用，从而增强了员工队伍的稳定性。

（2）实施科学的绩效考核

绩效考核是人力资源管理工作重要且不可缺少的一环，它保证了组织目标的实现和任务的完成，为人力资源管理决策提供信息和依据。绩效一般包括两方面的含义：一方面指员工的工作结果，另一方面指影响员工工作结果的行为、表现及素质等。所谓绩效考核，就是根据人力资源管理的需要，考核员工的工作结果及影响其工作结果的行为、表现和素质特征的活动。

绩效考评是对教职员工的工作业绩、能力、岗位适应度等进行全面观察、记录、分析、考核和评价。考评结果是园所实施绩效改进、教师培训、人事调整、薪酬调整的依据。这里主要介绍对幼儿园教师的绩效考核。

幼儿园教职员工的绩效考核包括业绩考评、能力考评和态度考评。业绩考评是对教师承担岗位工作的成果所进行的评定；能力考评是依据岗位说明书规定的岗位要求，考评教职员工在岗位工作过程中显示和发挥出来的能力；态度考评的重点是考核教职员工工作的认真度、责任度，工作的努力程度，是否有干劲、有热情，是否忠于职守，是否服从命令等。

绩效考核是一种连续性的管理过程，既是对教职员工能力、工作绩效、工作态度的评价，也是对教师潜质的考察，是对教职员工未来行为表现的一种预测。因此只有程序化、制度化地进行绩效考核，才能真正了解教职员工的潜能，才能发现园所中的问题，从而有利于园所的有效管理。影响教职员工绩效优劣的因素很多，如激励、技能、环境和机会等主客观因素，故管理者需要沿多个纬度去分析和考评。

同时，教职员工的绩效还具有动态性，即绩效随着时间的推移会发生变化。管理者切不可凭一时印象，以僵化的观点看待教师的绩效，应该全面、发展、多角度地考察教师的绩效，力戒片面和僵化，保证绩效考核的准确性与公正性。每个教职员工都希望自己的业绩得到公正、公平的评价，使自己的贡献得到认可，绩效考评的公开、公平、公正直接影响考评的效果和教师的认可度。

进行绩效考核时应多角度、多渠道地收集信息，对教师工作进行客观、公正、准确的判断。

① 上级考评。被考评者的上级主管，对被考评者承担着直接的领导、管理与监督责任，对下属人员比较熟悉了解，而且在思想上也没有太多的顾忌，能较客观地进行考评，所以在绩效管理中，一般以上级主管的考评为主，可占60%。

② 同事考评。同事与被考评者共同处事，密切联系，相互协作，相互配合，比被考评者的上级主管更能清楚地了解被考评者，对其潜质、工作能力、工作态度和工作业绩了如指掌，但他们在参与考评时，常受人际关系状况的影响，所以在绩效管理中，同事考评一般控制在10%左右，不宜过大。

③ 家长考评。家长对被考评教职员工的工作作风、行为方式、工作态度有比较深入的了解，且有独特的观察视角，但他们对被考评者容易心存顾虑，致使考评的结果缺乏客观公正性，所以家长的评定结果在总体评价中，一般控制在10%左右。

④ 自我考评。被考评者对自己的绩效进行自我考评，能充分调动被考评者的积极性，特别是对那些以“实现自我”为目标的教职员工更为重要。但由于自我考评容易受到个人

的多种因素的影响，有一定的局限性，所以其在总体评价中，一般控制在10%左右。

⑤ 幼儿考评。幼儿和教师朝夕相处，对教师的一言一行有亲身的感受，但由于幼儿易把现实与想象混淆等，使其考评结果的准确性和可靠性大打折扣。在实际考评中，采用幼儿考评要慎重，一般不超过10%。

幼儿园应在工作分析、岗位评价的基础上，做好认真细致的薪酬市场调查，依照国家法律法规，将短、中、长期经济利益结合，制定园所的薪酬制度，促进园所与教职员工结成利益共同体关系，保障教职员工基本生活的同时，充分激励、发挥教师的能力。

现在越来越多的企业为了更好地激励管理人员和企业骨干人员，建立了将短期激励和长期激励相结合的薪酬结构，即在薪酬结构中，除了有固定薪酬和效益工资、业绩工资、奖金等短期激励薪酬外，还有股票期权、股票增值权、虚拟股票等长期激励薪酬部分。一般情况是，高级管理人员的薪酬结构中长期激励部分比重较大，而中级管理人员的薪酬结构中长期激励部分比重较小。

（三）人力资源管理的总结阶段

该阶段是对人力资源管理的整个过程进行分析和评价，肯定成绩，找出问题，总结经验和教训，为幼儿园下一步人力资源管理工作提供信息和依据。

第三节　幼儿园教师管理策略

一、有进有出、能上能下，建立人员流动机制

长期固定不变的岗位制度，容易造成教师的懈怠心理，缺乏危机意识。所以应建立人员流动机制，真正实现“有进有出”“能上能下”，以充分调动教职员工的工作热情。

目前幼儿园在教师队伍建设上，存在三种方式：园内长期聘用职工（较稳定，为主体）；外聘教师（特色课程教师，能者上弱者下）；向园外输出教师（如调出人才、分园骨干、辞退等）。实施有进有出的人员流动机制，对幼儿园劳动用工制度的改革以及合理有效地配置人力资源具有积极影响。

幼儿园应实施“干部聘用制度”，明确规定幼儿园干部聘用标准。面向社会和幼儿园内部招聘优秀人才。实践证明，实行“有进有出”“能上能下”的人才流动机制和干部聘用制度，能够极大地调动教师的工作热情和进取心。

二、建立和谐的人际关系，营造宽松的组织氛围

人的发展，自始至终都是在群体的影响下进行的。群体对个人的影响是以共识和情感为基础的，建立和谐的人际关系，营造一个宽松的组织氛围，有利于调动教师工作和学习的积极性，有利于促进教育质量的提高。

园长和教师的角色，决定了彼此间的上下级关系，但管理者与教师只是分工不同，人格上彼此平等，作为管理者——园长要时刻尊重教师，尊重不同性格的教师，要善于寻找教师身上的闪光点。

幼儿园人力资源管理的核心任务就是知人善任、量才录用。安排工作时特别要注重两个环节：第一是注重征求教师个人的意见，尽可能把教师的个人意愿同工作需要统一起来，

使教师心情愉快地投入工作，发挥其最大潜能。第二是注重创设和谐的工作环境。在教研组、备课组的构成上针对教师的不同个性、年龄以及知识结构，培育以老带新，以新促老的生气勃勃的教育软环境，注重人才特长的搭配、性格的搭配，既避免人际摩擦引起的内耗，又形成超强的集体合力。

三、尊重理解、关心爱护，创设良好的心理环境

一个关系融洽、善于沟通、乐于合作的人际环境是增强教师积极性、提高工作效益的重要因素。所以，为员工创设良好的心理环境，是人力资源管理的关键条件。作为幼儿园的管理者，就要为教职员工建立一个良好的、宽松的、和谐的工作环境，使教职员工每天都能保持良好的情绪、饱满的热情。

幼儿园教师普遍有做事认真、情感丰富、心灵手巧、竞争意识强、好学、开朗、心细的特征，但同时也多有妒忌心强、斤斤计较、多话、疑心等不良表现。人力资源管理者应根据这些特点，有针对性地进行管理。

针对幼儿教师敏感细腻的特点，管理者在日常工作中要注意工作方式、方法，实行柔性管理，切忌粗枝大叶，武断臆想。注重从改善教师的心理环境入手，以心换心，营造开放、和谐的职业氛围。

幼儿园的工作复杂、琐碎，教师难免会遇到这样那样的挫折，焦虑、沮丧、职业厌倦情绪极易产生，园所应经常开展心理健康咨询、心理健康讲座、塑造阳光心态培训，让教师多了解社会，使其以积极的心态、坚定不移的信念，与人为善，关心集体；同时组织郊游、卡拉 OK、体育比赛等活动，增进同事之间的情谊，缓解教师精神压力，使教师能在良好的精神状态下工作。

管理活动是人与人之间的活动，管理需要有效的沟通渠道。形式多样的沟通渠道也是各种信息能及时、准确上传下达的保证。这不仅是工作的需要、增进情感的途径，也可以避免众多由于信息传达不畅造成的误会和矛盾。当员工在工作上出现问题时，管理者要有宽阔的胸襟、容人的气度，动之以情、晓之以理，耐心做好说服工作。

四、形成独特的幼儿园文化，提升教师的团队精神

幼儿园文化是一所幼儿园在长期的教育实践过程中积淀并为其成员所认同和遵循的价值观念体系、行为规范和物化环境风貌的整合和结晶。幼儿园文化是幼儿园精神面貌的集中体现，它不仅是培养和教育幼儿的重要资源，同时也是影响教师思想、态度和行为的重要力量。幼儿园的管理者应有文化意识，通过文化建设，把教职工团结成一个精神振奋、全心全意为幼儿园总目标努力服务的团队，形成具有特色的团队精神。

所谓的团队精神，简单地说就是大局意识、协作精神和服务精神的集中体现。团队精神是组织文化的一部分。幼儿园的团队精神更多地体现在班组内的合作和分享上，任何有突出表现的班组团队，也都是以共享远景与价值做后盾的。幼儿园可以开展形式多样的合作交流活动，来达到远景共享和价值认同。如全园性的节日娱乐活动、教职工亲子活动、教师们自主结成的学习小组、合作伙伴活动、班组合作活动等。

资料链接 4-3

幼儿园教师管理活动方案①

"幼儿园,快乐的大家庭"
——"教师阳光心灵工程"创意管理活动策划

活动目标

1. 通过一系列活动,达成共同愿景,凝聚员工向心力,体验一体感,打造和谐教工团队。

2. 加强沟通机制,促进相互理解。畅通幼儿园信息沟通渠道,使信息传送及时、准确,并能随时反馈和调适。

3. 通过各种活动,进一步体验生活乐趣,舒缓压力,形成积极向上的生活态度。

4. 在小事和细节中渗透人文关怀,逐步深化员工的同情心,互助心,提升员工人文素养和思想境界;加强团队凝聚力并形成融洽、和谐的人际关系。

活动方案

1. 午后时光

利用午休时间,成立教师沙龙定期活动。选择静谧舒适的场地,提供咖啡、茶水、饮料以及小甜点等,职工成为畅谈主角,交流分享经验;园长成为倾听者、平等对话者、信息收集者、服务保障者、思想引导者;让员工沉浸在家一般氛围中畅所欲言,做到沟通无极限。

2. 娱乐休闲

每个月组织至少一次园外休闲活动,内容灵活,形式多样,如聚餐、卡拉 OK、登山、游玩、品茶、舞会等。活动中,教职工可畅所欲言,谈论服装、健身、美容等,在轻松愉悦的气氛中增进情感,加强团队凝聚力。

3. 家庭行动计划

逢教职工生日、员工子女升学、结婚、乔迁等生活中的大事情,幼儿园送去祝福,并赠送贺卡、蛋糕、鲜花或其他礼品等。

如果教职工碰到生病住院、家中有人过世等不幸,幼儿园则给予物质、人员和精神上的援助,帮助其渡过难关,使其体验"家"的温情。

4. 网上飞鸿

借助高科技手段搭建沟通平台,增加有效沟通。利用互联网,创设网站、论坛、QQ群等,幼儿园定时发布管理、教育教学信息,还可以发些奇闻轶事、笑话、幽默故事。每逢节假日,及时送上美好祝愿。教职工也可通过论坛、QQ、微信等实名或匿名发帖畅所欲言,让参与者从中受益和感受愉悦。

5. "秀出你的风采"

根据幼师多才多艺的特点,结合本园职工特长设计一系列娱乐性竞赛和表演活动。如"想唱就唱"歌咏赛、"我行我秀"新幼师形象风采表演、"五项技能"展示赛、"说出你的故事来"教学经验分享会、包饺子比赛等。以展示自我、了解他人,也使职工在活动中

① 吴婕.幼儿园女性群体管理策略[J].学前教育(幼教版),2008(6).

学习他人长处，发现自我不足。在愉快友好的气氛中相互欣赏，增进彼此的了解和友谊，共同提高。

6. "小家"连"大家"

定期举办教工家属联谊会。女性天性重情感和家庭，取得家庭成员理解和支持事关教师是否能够全身心投入工作。幼儿园利用节假日举办亲子趣味运动会，邀请家庭成员参加联欢，举办舞会等，获得职工家属对幼儿园的好感，增强职工家庭间的情感纽带。

7. "七色花"俱乐部

成立教职工俱乐部。根据职工兴趣和特长，组建不同的小组，幼儿园提供场地、经费和管理支持。内容可是专业内的，如：舞蹈、音乐、美工、声乐等，也可是提高自身素养的爱好，如戏曲、集邮、书法、钓鱼等。通过业余爱好陶冶职工情操，提升素养。

本章小结

人力资源是幼儿园发展过程中不可缺少的重要资源。幼儿园人力资源管理的水平，在很大程度上反映幼儿园管理的水平与效能。本章主要内容包括：幼儿园人力资源管理的含义及其意义，幼儿园人力资源管理的原则，幼儿园人力资源管理的内容与过程，幼儿园人力资源管理的过程，幼儿园教师管理的策略。

思考与练习题型例举

一、单项选择题

1. 被称为现代管理的核心的是(　　)。

A. 自然资源　　B. 资金　　C. 人力资源　　D. 知识

2. 下列选项中不属于幼儿园管理岗位人才的是(　　)。

A. 园长　　B. 教师　　C. 事务人员　　D. 副园长

二、多项选择题

1. 幼儿园人力资源管理原则的是(　　　)。

A. 人事相宜原则　　B. 激励性原则　　C. 贯彻性原则

D. 一致性原则　　E. 连续性原则

2. 幼儿园聘用原则的是(　　　)。

A. 园长负责原则　　B. 按编聘用的原则　　C. 竞争择优原则

D. 资格准入原则　　E. 部门协作的原则

3. 属于幼儿园教师外部培训的是(　　　)。

A. 学历培训　　B. 在岗培训　　C. 上岗培训

D. 工作主题培训　　E. 案例分析培训

三、名词解释

1. 幼儿园人力资源管理

2. 人事相宜原则

3. 幼儿园教师绩效管理

4. 人力资源规划

四、简答题

1. 简述幼儿园人力资源管理的意义。

2. 简述幼儿园教师考核应注意哪些问题。

3. 简述幼儿园教师激励的方式有哪些。

五、论述题

1. 试述幼儿园人力资源管理的原则。

2. 试述幼儿园教师管理策略。

六、做中学

1. 拟一份幼儿园教师招聘计划。

2. 拟一份幼儿园教职工演讲活动方案,主题自拟。要求有活动题目、目标具体措施等。

参考答案

一、单项选择题

1. C　　2. B

二、多项选择题

1. AB　　2. ABCDE　　3. AC

三、名词解释

1. 幼儿园人力资源管理:就是指运用现代化的科学方法,对与一定物力相结合的进行人力合理的培训、组织和调配,使人力、物力经常保持最佳比例,同时对人的思想、心理和行为进行恰当的引导、控制和协调,充分发挥人的主观能动性,使人尽其才,事得其人,人事相宜,以实现组织目标。

2. 人事相宜原则:人事相宜就是"人适其事、事宜其人",根据个体间不同的素质和要求,将其安排在各自最合适的岗位上,保持个体素质与工作岗位要求的一致性,从而实现"因事择人,以人治事,人知其事,事得其人,人事两立"这样一种人事配合关系。

3. 幼儿园教师绩效管理:是一种连续性的管理过程,既是对能力、工作绩效、工作态度的评价,也是对潜质的考察,是对教师未来行为表现的一种预测。

四、简答题

1. 答:

(1) 幼儿园人力资源管理是提高幼教质量的重要保证。

(2) 幼儿园人力资源管理有利于提升幼儿教师的综合素质。

2. 答:

(1) 科学地确定考核标准;

(2) 实施考核;

(3) 考评面谈;

(4) 制订改进计划;

(5) 工作改进的指导。

3. 答：

（1）绩效考评和薪酬激励；

（2）参与激励；

（3）赏识、尊重激励；

（4）榜样激励；

（5）情感激励；

（6）此外，激励教师的具体方法还有责任激励、学习进修激励、带薪休假激励、提拔晋升激励、项目负责人激励，等等。

五、论述题

1. 答：

（1）发展性原则。

幼儿园人力资源管理的根本任务，就是将教师的个人需要与幼儿园的发展需要巧妙地融为一体，以实现个人与组织的共同发展。幼儿园是教育机构，其宗旨是培养人、发展人。

贯彻发展性原则应注意：为教师专业发展搭建平台；促使园所发展需要与个体发展需要达成默契。

（2）人本原则。

人本原则要求根据个人的能力和特点把其安排在合适的工作岗位，使之充分发挥聪明才智。任何管理归根结底都是对人的管理，人是管理的核心。要实施科学的管理，管理者必须树立“以人为本”的管理理念，以做好人的工作、充分调动人的积极性为根本，进而提高管理功效，实现预期目标。

（3）激励性原则。

激励性原则就是激发人的动机，诱导人的行为，使其发挥内在潜力，为实现所追求的目标而努力。其实质是调动人的积极性、主动性和创造性。

（4）人事相宜原则。

所谓人事相宜就是“人适其事、事宜其人”，根据个体间不同的素质和要求，将其安排在各自最合适的岗位上，保持个体素质与工作岗位要求的一致性，从而实现“因事择人，以人治事，人知其事，事得其人，人事两立”这样一种人事配合关系。人事相宜原则，是人力资源管理应该遵循的最基本的原则。

2. 答：

（1）有进有出、能上能下，建立人员流动机制。

应建立人员流动机制，真正实现“有进有出”“能上能下”，以充分调动教职员工的工作热情。

实践证明，实行“有进有出”“能上能下”的人才流动机制和干部聘用制度，能够极大地调动教师的工作热情和进取心。

（2）建立和谐的人际关系，营造宽松的组织氛围 。

建立和谐的人际关系，营造一个宽松的组织氛围，有利于调动教师工作和学习的积极性，有利于促进教育质量的提高。

幼儿园人力资源管理的核心任务就是知人善任、量才录用。安排工作时特别要注重两个环节：第一是注重征求教师个人的意见，尽可能把教师的个人意愿同工作需要统一起来，使教师心情愉快地投入工作，发挥其最大潜能。第二是注重创设和谐的工作环境。

(3) 尊重理解、关心爱护，创设良好的心理环境。

一个关系融洽、善于沟通、乐于合作的人际环境是增强教师积极性、提高工作效益的重要因素。

(4) 形成独特的幼儿园文化，提升教师的团队精神。

幼儿园文化是幼儿园精神面貌的集中体现，它不仅是培养和教育幼儿的重要资源，同时也是影响教师思想、态度和行为的重要力量。

团队精神就是大局意识、协作精神和服务精神的集中体现。幼儿园的团队精神更多地体现在班组内的合作和分享上，幼儿园可以开展形式多样的合作交流活动，来达到远景共享和价值认同。

六、做中学

略

第五章 幼儿园保教工作及教科研管理

学习目标

通过本章学习，理解幼儿园保教工作的重要性，掌握保教工作管理的内容、过程及措施；掌握幼儿园保教工作常规管理的内容和要求；理解和领会幼儿园教科研工作管理的意义、幼儿园教科研管理的任务，掌握幼儿园教科研工作管理的内容、过程及管理措施。

建议学时

8 学时。

案例导读

在幼儿园各项工作中，都要始终坚持保教结合的原则，既要注意在教育工作中加强对幼儿健康的维护，又要充分发挥日常生活的教育作用。以下案例反映了保育员对保教结合的认识和做法，可结合本章内容对以下案例进行分析。

案例 5-1

一位保育员的工作总结

当好一位保育员老师，并不像有些人说的那么简单，就是“打扫卫生，扫地抹凳”之类的工作。其实保育员所承担的任务绝不仅仅是“卫生消毒”之类的单纯的劳动任务，还要承担起对教师教学活动的支持与配合的任务，以及辅助老师进行幼儿保健、养育和家长工作。

1. 密切配合老师的教学活动

在老师上课前，我会和老师交流，看上课时需要什么，我就提前给孩子们准备好，如教具、用具。我每天都提前做完分内工作后，再积极主动去帮助老师。老师上课时，我会随时注意孩子的听课情况，看看有哪些孩子在走神或做小动作，就去悄悄提醒一下他们。我一方面照顾孩子，帮助孩子们纠正坐姿，维持课堂纪律，另一方面认真熟悉老师的教学的内容，或帮老师示范，或给能力稍弱的孩子以个别辅导，自己也投入课堂中。

2. 认真组织幼儿生活活动

孩子喝水的问题，看起来是一个微不足道的小问题，但是却牵动着许多家长的心。我在一日活动中，经常提醒孩子们去喝水，培养孩子喝水的好习惯。

在卫生保健方面，我以培养幼儿各项生活习惯为主，帮助幼儿认识自己的杯子、毛巾，学习男、女分厕的习惯。培养幼儿饭前便后洗手，饭后漱口、擦嘴的良好习惯，督促幼儿多喝白开水。我每天认真做好消毒和打扫卫生工作，做好幼儿的保健卫生。做好预防幼儿常见病的工作，常晒被子、枕头，减少细菌滋生。在小班开学初期，我班幼儿进餐习惯很差。我主动引导幼儿，甚至一个个地喂他们吃，给他们讲多吃蔬菜，对身体健康有益。

3. 精心创造整洁卫生的环境

为了给孩子们创造一个舒适整洁的好环境，使孩子们健康成长，我每天来到园里的第一件事，就是把窗户打开，让活动室透透气。时刻保证地面干净，保证班中环境的整洁，保证开窗通风的次数和时间，保证室内空气的新鲜。每天对口杯与毛巾进行消毒，把教室内外打扫得干干净净，厕所冲洗得无一点异味。

总之，在幼儿的一日生活中，一定要牢记保教结合的原则，使幼儿身心健康。

某幼儿园提供

第一节 幼儿园保教工作管理

一、幼儿园保教工作管理概述

保教工作是幼儿园全部工作的中心，它直接关系幼儿的发展和幼儿园的教育质量，保教工作管理是幼儿园管理工作的中心，在管理工作中占有十分重要的地位，幼儿园的其他工作都是围绕着保教工作而开展的，都是为实现育人目标而服务的。

幼儿园保教工作即对幼儿的保育和教育。“保育”就是精心照料幼儿生活，保护幼儿健康，包括建立健全科学合理的饮食、睡眠等生活制度；注意个人和环境卫生，预防疾病，保证安全；科学开展体育锻炼，增强幼儿体质，培养良好的生活习惯，以及维护幼儿心理健康等。“教育”就是积极贯彻国家的教育方针，坚持保育与教育相结合的原则，对幼儿实施体、智、德、美诸方面全面发展的教育，包括促进幼儿身体正常发育和机能的协调发展，发展幼儿智力，培养正确运用感官、运用语言交往的基本能力，培养良好的品德行为和习惯等。幼儿的年龄特点决定了幼儿园教育的特殊性，主要体现在保育与教育相结合上，二者是相互融合、同步进行的，它们相互渗透，构成不可分割的统一体，即保中有教，教中有保。

《幼儿园工作规程》指出“幼儿园的任务是实行保育与教育相结合的原则，对幼儿实施体、智、德、美诸方面全面发展的教育，促进其身心和谐发展。”保教结合不仅是我国教育方针在幼儿园教育工作实践活动中的具体体现，也是我国幼教工作者长期工作经验的总结，是促进幼儿身心全面和谐健康发展的基本原则。在幼儿园各项工作中，都要始终坚持保教结合的原则，既要注意在教育工作中加强对幼儿健康的维护，又要充分发挥日常生活的教育作用。

幼儿园保教工作管理是提高幼儿园办园质量和幼儿全面发展的根本保障。幼儿园保教管理要实现既定目标，就要建立有效的管理策略，使管理人员、教师、保育员能够在工作中深入思考和实践先进的保教理念，在宽松的人文管理环境中，创造性地开展保教结合工作，为幼儿的全面发展服务。

二、幼儿园保教工作管理的内容和过程

（一）幼儿园保教工作管理的内容

1. 建立和完善幼儿园保教工作组织系统

幼儿园保教管理可分为高层管理、中层管理和基层管理三个层次，可建立保教管理的高层、中层和基层三级管理机构并配置相应管理人员，不同层次管理人员具有不同的管理权限，承担不同的管理责任。

（1）保教工作的高层管理人员由园长、业务副园长组成。其主要职责为：① 确定保教战略目标，制订工作计划；② 建立有效的保教组织机构和规章制度；③ 做好选人、用人工作；④ 科学决策；⑤ 深入联系群众，深入调查；⑥ 学习提高。

（2）保教工作的中层管理人员由保教主任或班长组成。其主要责任为：① 做好保教高层领导的参谋助手；② 深入实际，了解信息；③ 贯彻决策；④ 检查基层组织和人员执行上级指令的情况，并及时反馈。

（3）保教工作的基层组织为班级，人员组成有班主任、教师、保育员。班级保教工作职责为：① 保教结合，全面安排幼儿的生活和活动；② 在观察了解幼儿的基础上，制订教育目标和计划，开展多种形式的活动；③ 创设良好的、适合并促进幼儿发展的环境；④班级卫生安全工作；⑤ 家园合作，共同促进幼儿全面发展。

资料链接 5-1

班主任主要职责

1. 带领本班教师和保育员认真钻研业务，搞好环境布置，共同努力完成好各项教育计划和任务，争取良好的教育效果。

2. 带头遵守园内各项规章制度，督促本班保教人员遵守园内规章，做恪守职业道德的模范，做好“热爱孩子、精心育人、为人师表”的表率。

3. 协助园领导做好本班教师的思想政治工作，开展思想互助，团结全班教师搞好本班工作，充分发挥每个教师的特长。定期召开班务会，交流沟通情况，研究工作。有问题协商解决，避免发生因不团结而影响工作的情况。

4. 带领本班教师共同讨论、按时制订本班教育工作的学期计划、月计划和周重点，认真备课。

5. 认真执行卫生保健制度，研究幼儿生活管理情况。

6. 坚守岗位，搞好幼儿安全工作，教育活动应将孩子安排在自己的视野之内。严守交接班制度，及时记录幼儿出勤人数、进餐人数以及幼儿健康和服药情况，发现并及时消除安全隐患，避免发生安全问题。同时检查督促班上其他保教人员的工作情况。

7. 做好家长工作，平时加强与家长的联系，定期召开家长会，指导家庭教育。

8. 做好班内财产物品和玩教具的保管工作，对班内桌椅玩教具等物品的损坏及时登记，做到心中有数。

某幼儿园提供

2. 建立健全幼儿园保教管理制度

科学而严格的保教管理制度是保教工作顺利进行的关键。幼儿园保教管理的一项重要任务就是科学制定和严格执行各项保教工作管理制度，[①]同时形成人人遵守制度，以制度促管理的良好风气。幼儿园保教管理制度有"幼儿园保教工作常规管理制度""幼儿生活作息制度""听课备课制度""幼儿园一日生活常规细则"等。

资料链接 5-2

幼儿园听课、备课制度

1. 教师必须认真学习《幼儿园工作规程》（下称《规程》）和《幼儿园教育纲要（试行）》（下称《纲要》），以《规程》和《纲要》为依据，研究制订好各类教育教学计划。

2. 认真学习教育理论知识，不断吸收新的信息，准时将下周计划和笔记交园领导审阅。

3. 备课时间除写教案以外，还必须制作教育活动所需的各种教具、学具，准备各种玩具、材料。

4. 坚持集体与个人备课相结合。主班教师每天下午准时备课。

5. 备课时不得外出或闲谈，不做与备课无关的事情。需要外出时向领导请假，经同意后，方可外出。

6. 鼓励改革、创新，每学期进行一次评比，对设计新颖、富有创造性的计划、笔记、教案、教育活动设计等予以奖励。

7. 组织相互听课、相互学习，取长补短，每学期组织相互听课不少于20次，并认真做好记录和评议工作。

8. 园长每学期必须有针对性地下班听课30次以上，业务园长下班听课60次以上，助理下班听课80次以上，做好听课记录，及时进行评议，肯定成绩，找出差距，提出建议和希望。

本文来自：中国成长网

（二）幼儿园保教工作管理的过程

幼儿园保教工作管理的过程就是制订和执行保教工作计划以及检查和总结保教工作的过程。

1. 保教工作计划的制订

保教工作计划是确定在计划期内，为了实现幼儿园保教工作目标和任务，对保教工作的内容、措施等问题进行合理安排，进而设计达到目标的具体行动方案。保教计划具有指导保教工作的作用。

幼儿园保教工作的任务是全面贯彻《规程》《纲要》，促进幼儿、教师发展，开展教科研工作、家长和社区工作等。保教工作计划是完成上述工作的核心点。计划的制订要注意三点要求：首先是可操作性——措施是为了完成保教工作目标和重点任务提出的，所以必须要具有可操作性，否则目标就无法实现。其次是联系性——各项任务要相互联系，保教工作、师

① 邢利娅.幼儿园管理.北京：高等教育出版社，2010：143.

资队伍建设、教科研、家长、社区等各方面的工作都很重要，任务的提出要以完成上述诸项目标为出发点，以促进幼儿园整体保教工作质量的提高。各项保教工作的重点任务都不是一次活动或一项措施就能完成的，所以要注重联系性，各项具体措施之间要紧密联系，共同为完成目标服务。再次是针对性——针对要解决的具体问题提出具体的措施才是最具有实际意义的。

幼儿园学期保教工作计划从其内容构成来说主要包括：对上学期保教工作状况的分析，本学期保教工作的目标、重点任务、完成任务所采取的具体措施和方法、逐月工作安排等几项内容。

保教工作计划分为学年计划、学期计划和班级计划。班级计划又包括学期计划、月计划和周计划、日计划等。

2. 保教计划的执行与检查总结

幼儿园保教工作计划的执行及检查总结是幼儿园提高保教质量的保证。幼儿园各级保教工作管理人员应认真抓好保教工作计划的执行和检查监督工作。

保教工作管理者应检查督促保教人员认真履行工作职责，遵守幼儿园各项规章制度和教职员工行为规范，尊重幼儿的人格和权利，尊重幼儿身心发展的规律和学习特点，为幼儿创设良好的心理环境和物质环境；督促保教人员本着尊重、平等、合作的原则，取得家长对幼儿园工作的理解、支持和主动参与，把家长作为幼儿教育的重要合作伙伴，正确引导家庭教育。

保教工作管理者应及时检查评价保教工作效果，采取教师自查和领导检查的方式，调动基层保教人员的积极性和主动性。

三、幼儿园保教工作管理的措施

（一）更新保教管理观念，加强幼儿园管理制度建设

幼儿园管理者对保教结合的重要性要有足够的认识，纠正在教育理念和管理思想上的偏差，将保教结合提到应有的高度，加强领导，加大投入，配备必需的保育人员，关心他们的生活和工作，维护他们的合法权益，为其成长和发展创造良好的条件。同时，要建立相关的教育督导和评估体系，用完善的制度确保幼儿的健康发展。

（二）强化培训，提高幼儿园保教人员的综合素质

保教人员的素质直接影响着保教质量，加强保教人员的职业道德、教育观念和专业技能的学习培训，建设一支高素质的保教队伍势在必行。这就需要给教师提供充分的学习和研究机会，以形成科学的“保教观”“研究观”“学习观”。尤其是我国目前保教队伍整体学历偏低、待遇偏低、流动性大，在职培训工作显得尤为重要。保教人员的学习培训，可以在园内通过教科研活动进行，也可以拓宽渠道，加强与院校、学前教育师资培训机构的联系，或与儿童医院、妇幼保健院进行合作，通过请进来、走出去，采取定期的专题学习、不定期的短期培训等灵活多变的形式和现场指导、观摩、答疑等培训方式，使保教人员素质和保育质量同步提高。

（三）规范管理，切实提高幼儿园保教质量

管理的对象是人，幼儿园管理者的理念和管理水平直接决定幼儿园保教结合的工作质量。幼儿园保教管理要实现既定目标，就要建立有效的管理策略，使管理人员和教师、保育

员能够在实践中深入思考和实践先进的保教理念，在宽松的人文管理环境中，创造性地开展保教结合工作，争取保教结合的最佳成效，为幼儿的全面健康发展服务。幼儿园要促进保教队伍健康、持续、快速发展，并将其作为一项长期的工作来抓，必须建立一套符合幼儿园实际的保教人员工作及发展的长效机制、激励机制和考核评价机制。

幼儿园保教工作的主体是教师和保育员。目前，我国幼儿园保育员队伍素质偏低，为提高保教工作质量，幼儿园应把提高保育员素质列为工作重点。具体管理措施如下。

1. 建立保育员工作及发展的长效机制

将保育员的发展纳入幼儿园发展规划。例如北京市教育局制订的《幼儿园保育员技术等级标准》，将保育员分为初、中、高三个级别，并有针对性地组织培训，做到持证上岗，按级取酬。可借鉴和推广这种做法，建立保育员准入制度，严把保育员的入口关，不符合条件的坚决拒之门外。

2. 建立保育员工作激励机制

通过签订合同、提高待遇、引进竞争机制、实行月考核或学期考核等措施，优化保育员队伍，使之年轻化、知识化、专业化、稳定化。

在承担课题项目研究、保育实践探索中成绩突出者，应享有评聘、推优等方面的优先权。制定详细的保育工作要求和具体操作细则，建立明确的目标体系，形成一套科学完善的考核制度，及时对保育工作进行检查监督，奖优惩劣，客观公正地评价保育员的工作，充分调动保育人员的积极性。

3. 建立保育员工作评价机制

对保育员的评价要以《纲要》的“教育评价”为指导，应以促进幼儿身心的发展和保育员的专业成长为目的，通过评价使保育员真正感受到自身的价值和人格尊严，从而调动其工作的主动性、积极性和创造性。

（四）调整管理思路，推进保教结合工作的具体落实

保教管理是幼儿园管理的重中之重，保与教形成有机的联系，促进教师、保育员专业成长是一个系统工程，需要多方面努力。

（1）政府和教育行政部门应在政策支持和制度保障上加大力度，不断提高幼儿教师的社会地位，提高幼儿教师起始学历的要求，引导、吸引更多优秀人才加入幼师队伍。同时加强对教师内部管理的力度，首先要制定统一、规范的幼儿教师职业标准，为培养、培训、任用和管理教师提供依据；在内容上应当包括教师的道德标准、专业技能标准、学术水平标准、自我发展能力标准等几个方面。同时建立与之相配套的制度，包括职业准入制度、从业教师的基本管理制度等。

（2）调整管理思路，实行保教轮岗制度。在幼儿园实行保育员与教师轮岗制度，能激活幼儿园管理，促进保教人员积极、主动地发展。①

通过岗位流动制可以发挥每个人的优势，从而积累优势，使管理工作越来越完善。岗位流动制能使保育员具有紧迫感，促进保育员不断学习，快速成长。使其潜力尽可能得到挖掘，达到自我实现的目的，同时推动幼儿园的保教工作顺利进行。同时，实行保教轮岗制度也可以使教师克服惰性。

---

① 李丽.新城区幼儿园保教结合及其管理的问题及对策研究[D].呼和浩特：内蒙古师范大学，2009：28.

岗位流动一旦形成制度后，就会给每个有潜力的人带来进取的希望，促使他们自觉地思考幼儿园的保育和教育问题，而不只是满足于现状或局限于自己所从事的工作范围，这样能够体现保育员和教师的平等地位，有利于激发保教人员的主人翁意识和工作热情。

第二节 幼儿园保教工作常规管理

一、幼儿园教育活动常规管理

教育活动常规是规范教师教育教学行为的规章制度，是教师专业成长的起点和基本要求，更是提高教育活动效益的保障。为了全面推进素质教育，深化课程改革，幼儿园需要重新审视教育活动常规，通过抓教育活动常规的落实，在每位教师心中建立规则，通过教育活动过程的管理，不断优化幼儿园管理，使教育活动常规进一步规范，促进保教质量的提高。

建立正常的教育活动秩序，加强幼儿园的教育活动常规管理，是为了确保幼儿园工作正常、高效运行，有效促进幼儿的全面发展和健康成长。

园长应是幼儿园教学常规管理工作的第一负责人，各个幼儿园都应建立组织实施常规工作的组织机构，并接受教育行政部门和教科研部门的监督指导。

教育活动常规管理的主要内容包含教育活动计划管理、教育活动组织管理、教育活动过程管理、家庭社区管理、教育资源管理等。

（一）教育活动计划管理

幼儿园教育活动计划主要包括：教育教学工作计划、教科研工作计划、班级保教工作计划，以及月计划、周计划、日计划等。

幼儿园教育教学计划主要由分管教学的副园长制订，它应根据幼儿园整体工作计划，围绕教育教学的中心任务，从提高教师的专业水平和保教质量的角度来制订。主要包括教师培训工作（园本培训、外出培训），常规教学工作（一日生活的组织、幼儿一日生活常规的培养、环境创设等），教师的专业发展（教学基本功训练、优质课评比等），幼儿的发展（德育工作、养成教育、发展评估等），制定具体可行的工作目标和措施（一般按月份安排）。

幼儿园教科研计划主要由教科研组长制订。计划应根据教师和幼儿发展的实际情况确定指导思想，提出教科研课题，确定教科研活动的时间、地点、内容、完成形式等。完成后要及时组织教师一起反思教科研活动的效果和改进意见，并提出下次的活动主题。

班级保教工作计划：由班长组织班级全体教师和保育员共同协商，结合本班幼儿情况（包括幼儿人数，上学期情况分析，生活、学习态度习惯等），制订本学年（学期）的工作重点和具体的工作措施、月份安排，包括养成教育、保教工作、家长工作、安全工作等方面。计划应符合实际，具体安排应具有操作性，对实际工作起到指导作用。

月计划：应在总结上月工作目标执行情况以及幼儿发展情况的基础上，提出本月工作目标。月目标与学期目标之间要体现层次分解性，本月目标与上月目标之间应体现渐进发展性；围绕月目标选择的教育内容应体现整体性、季节性，并制订与之相应的措施。主题活动计划应包含在月计划的整体框架下，与月计划融为一体。

周计划：要突出各类活动的安排，注意新旧内容量，五大领域及三大游戏安排要平衡，保证游戏活动和自由活动的时间。

日计划：一日活动计划应注重整体设计，应目标明确、安排合理。集体教学活动前应把教材分析通透，依据幼儿年龄特点，精心设计方案，有重点与难点，生活活动、游戏活动、区域活动计划（见表5-1）应目标明确，有指导重点。

表5-1　幼儿园区域活动计划

大三　班　　　　（2010年10月11日—10月15日）第七周

区域名称	活动内容及投放材料	活动目标
操作区	内容：智力拼图 材料：智力拼图若干	引导幼儿根据图形特征进行拼图。
表演区	娃娃播新闻 材料：演播室	引导幼儿大胆进行新闻播报。
美工区	内容：装饰画 材料：皱纹纸、手工纸等	重点指导幼儿学习用皱纹纸进行立体装饰。
语言区	内容：讲述——背着蛋壳的小鸡 材料：幼儿用书	在教师的引导下与同伴互相讲述故事的大概内容。
体育区	★内容：学习跳绳 材料：幼儿人手一根跳绳	帮助幼儿了解跳绳的正确玩法。
活动反思	跳绳是大班幼儿十分喜欢的一种体育活动，通过学习跳绳使幼儿掌握多样的跳绳方法。跳绳主要掌握的是先摇绳，绳落地，双脚落地。只有这样，才能使幼儿学会并且通过练习迅速掌握跳绳技巧。所以在本学期教会幼儿跳绳并且连续跳30个以上是我们的目标。	

（某幼儿园提供）

（二）教育活动组织管理

幼儿园的教育活动管理要体现科学性、人文性。活动时应提前做好准备工作。提前一周确定下一周教学目标、半日活动设计、家园联系专栏内容。提前一天做好第二天教学、游戏材料的准备。带班时做到人到心到，不擅自离开岗位，科学合理、灵活地执行一日作息制度，要根据幼儿年龄特点和季节特点科学、合理地安排和组织一日活动，做到动静结合、室内外结合（保证每天两小时的户外活动）、教师组织与幼儿自主活动结合等，保证幼儿在园一日生活愉快。

各班教师要形成合力，互相合作。做好每天交接班工作，沟通思想，交流情况。根据教育活动计划，开展教育教学活动。统一教育方法，保证教育上的一致性，使之有利于形成相对稳定的教学秩序。

做好家园联系工作。教师在实施教育教学计划中，要热情接待家长，了解全班幼儿家长的基本情况及家庭教育情况，有计划地进行家访并做记录。通过各种方式和途径做好家园共育工作，定时向家长汇报幼儿在园情况。

构建符合本园实际的园本教科研制度，探索多元的园本教科研方式。营造开放互动的园本教科研氛围，激活教科研活动，推动教师教育观念切实转变。在教科研组的活动中，采用参与式、开放式的学习机制，促使教师主动学习、互动学习、创造性地学习，挖掘教师的潜力，提高教师的教育教学能力。

（三）教育活动过程管理

教育活动管理包括课程设置、课程内容选择、课程表的制定及课程进度安排等。

幼儿园课程设置应根据幼儿的身心发展规律，以《幼儿园教育指导纲要（试行）》为依据，坚持“幼儿为本”的教育理念，树立“一日生活即课程”的课程观。即按照课程规定的教学内容组织教学，重视幼儿从入园到离园的每一个生活、学习环节，将幼儿每日的入园、离园、盥洗、进餐、就寝、早操、游戏等活动均纳入幼儿园的课程范畴，培养幼儿良好的生活学习习惯、良好个性品质和基本能力。

理想的课程管理应对幼儿园的课程实施做出细致的安排，然后由各年段、各班级、教科研组根据实际情况适当调整，使保教工作形成稳定有序的良性发展态势，使课程目标更好地落实到一日生活的各个环节。

（四）家园与社区工作管理

1. 建立家长委员会和家长学校

每学期工作计划中有明确的家庭教育指导的具体内容，采取多种有效形式开展教育指导工作。进一步加强和改进家长委员会、家长学校的工作，形成家庭、幼儿园和社会三位一体的教育网络，改善育人环境，提高教育教学质量。按时向家长公布各个班级月、周教育计划及每日活动安排，定期向家长开放机构全日生活、学习活动，便于家长理解与监督。

2. 采用多种有效方式指导家长工作

有目的、有计划地向家长传授育儿知识，指导家长创设良好的家庭教育环境；每学期举办一次以上家长开放日（周）活动，吸纳家长的意见和建议，及时改进教育工作；每学期召开两次以上家长会，每学期全面家访一次以上。

（五）教育资源管理

1. 规范管理档案资料

幼儿园要建立健全教学档案、教师业务档案、园本教科研与园本培训档案、幼儿学籍档案等册籍。做到资料齐全，管理规范，使用效率高。

2. 加强保教设备建设

充分发挥设备使用效益，各类教学设备、图书报刊、玩具器材等，均由专（兼）职人员规范管理。

总之，幼儿园应在《纲要》《规程》的指导下，根据自己的实际，建立适合自己的幼儿园教育活动常规，扎扎实实地抓好每一项工作，促进幼儿园保教质量的提高。

二、幼儿园一日生活常规管理

幼儿园一日生活是幼儿园工作的重心，是促进幼儿全面和谐发展的基本途径。《纲要》在第三部分“组织与实施”中提出，要“科学、合理地安排和组织一日生活”。这主要是因为幼儿园一日生活中蕴含着丰富的教育价值。为深入贯彻《纲要》，幼儿园应科学合理地安排幼儿一日活动，创设与教育相适应的良好环境，全面提高幼儿园一日活动质量，促使幼儿体、智、德、美和谐发展。

幼儿园一日活动是指幼儿园班级每天进行的所有教育活动。幼儿园一日生活各环节蕴含的教育价值要得到充分、有效地发挥，离不开对一日生活的合理安排。一个好的课程方案要得到充分落实，需要幼儿园班级有高水平的一日活动；一个幼儿在园（班）的生活质量取决于班级教师一日活动中的保教水平。总之,幼儿的一日活动质量直接影响课程的实施和幼儿的快乐成长及终身发展。

幼儿园一日常规就是幼教工作者和幼儿每天在幼儿园一日生活中应该遵守的基本行为规范。具体包括三方面:遵守各种活动和休息的时间及顺序的规定;遵守一日生活各环节具体制度的规定;遵守幼儿的一般行为规范的规定。

(一)幼儿园教师与保育员一日工作流程

幼儿园一日生活流程就是幼儿在幼儿园中所有活动的内容及顺序,包括以下方面:入园、早餐、集体教育活动、游戏、盥洗、午餐、如厕、午睡、午餐、户外活动、离园等(见本章末附录)。幼儿在园的每一项活动及活动的转换环节,都包含着的保育和教育原则的贯彻与渗透。在一日活动的每一个环节,教师和保育员应该怎么做,要关注幼儿的哪些行为,怎样体现各项活动的教育价值,是每一位教师和保育员应该明确并努力做到的。

(二)幼儿园一日活动常规的特点

幼儿园一日活动常规即日常规范是幼儿园日常工作顺利进行的关键,也是培养幼儿良好生活习惯、促进幼儿健康发展的重要保证。《纲要》明确要求,幼儿园应科学合理地安排和组织一日生活。其中包括:

(1)时间安排应有相对的稳定性与灵活性,既有利于形成秩序,又能满足幼儿的合理需要,照顾到个别差异。

(2)教师直接指导的活动和间接指导的活动相结合,保证幼儿每天有适当的自主选择和自由活动时间。教师直接指导的集体活动要能保证幼儿的积极参与,避免时间的隐性浪费。

(3)尽量减少不必要的集体行为和过渡环节,减少和消除消极等待现象。

(4)建立良好的常规,避免不必要的管理行为,逐步引导幼儿学习自我管理。

幼儿园一日活动的基本特点:一是一日活动保教合一;二是一日活动以游戏为基本活动;三是一日活动的多样性(这个多样性既是内容上的多样性:如一日活动中有教学活动、游戏活动等,同时也指组织形式上的多样性,有集体的形式,也有分组、两两合作、个体活动等形式),不同的活动内容和活动形式在幼儿发展中有不同的价值;四是一日活动的整体性。各类型的活动是不断转换的。例如从晨间锻炼过渡到晨间谈话再过渡到集体教学、游戏活动,要将一日活动的目标、内容、手段融为一体,在整体性方面要注意体现"动静结合、室内户外结合、集体自由结合、游戏学习结合"等原则,才能使幼儿一日活动达到"愉快、充实、自主、有序"的标准。

总之,一日活动常规要既符合《纲要》要求,又适合幼儿身心发展的特点和能力,强调幼儿的自主管理。一日活动中幼儿所呈现的活动状态是检验班级教师工作质量的标尺,只有将幼儿的一日活动常规与保教人员的工作职责做到有机的结合,才能实现一日活动的规范化、细致化。

(三)幼儿园一日活动流程优化管理的措施

幼儿园一日活动中各环节的合理组织和实施对于提升幼儿园工作效率,促进幼儿良好习惯的养成,有重要意义。

1. 在环节管理中,精心设计,确保高效顺畅

(1)优化活动设置,实现一日活动流程的有效平衡。一日活动设置是否合理科学,直接

关系到幼儿身心的健康发展。幼儿园应依据不同年龄班(小、中、大)、不同季节(春、夏、秋、冬)、幼儿发展需要进行不同的活动作息安排。每日活动作息安排中关注以下方面的平衡：集体活动与个体活动的平衡、室内活动与户外活动的平衡、静态活动与动态活动的平衡、自己选择的活动与教师安排的活动的平衡,生活活动与游戏、运动、学习等四种类型活动的平衡。

在一日作息时间分配上以“大块面式”为主,打破一次完成一件事情的严格的时间表,给教师操作的弹性,给教师和幼儿较大的自主权。教师可以依据幼儿的特点和需求、场地的安排,将各类活动在不同的时间段交叉使用,自行安排活动的秩序和时间的长度,真正从幼儿的角度灵活组织教育教学活动。

(2) 合理安排工作时间,实现一日活动中保教人员的有效配合。教师和保育员明确分工,密切合作,注意保持教育的一致性和一贯性,共同实现保教任务,保证班级保教质量。

(3) 关注操作细节,实现一日活动的有益开展。用教师和保育员工作流程规范保教人员的保教行为,让教师和保育员明确、预设好每个环节的内容,关注各环节中的操作细则,让幼儿在潜移默化中明确在每个环节中做什么、怎么做,自主地按要求正确操作、有序活动,确保幼儿在幼儿园一日活动进程中持续、健康成长。

(4) 融合过渡环节,实现一日活动环节的有机衔接。要改变教师在过渡环节整齐划一、消极控制、单一的紧凑化的处理方式,关注和研究过渡环节,将其作为幼儿一日生活中的重要一环,弱化过渡的痕迹,融合教育与保育的功能,既满足教学活动组织与安排的需求,又满足幼儿身心发展的需要。同时,注意把握好过渡环节中幼儿的生活护理,如早晨来园的物品安放、如厕后的仪表、运动后的整理、离园前的准备等,让幼儿形成宽松、自主、有序的生活习惯,实现幼儿自我管理,提高幼儿在园的生活品质。

2. 人员管理中,明确责任,确保教师、保育员密切合作

在保教过程中,带班教师、配班教师及保育员需密切配合。首先要强化教师保育意识,让教师了解保育员的工作职责;其次,要提高保育员的参教意识,让保育员明确教师的教育要求。

3. 环境管理中,用心营造环境,为一日活动的开展创设适宜的空间氛围

要充分调动幼儿在一日活动中的积极性和主动性,必须创设与此相应的环境。而环境的构成,主要有两个因素:一个是人,一个是物。所谓人,主要在于教师,在于他对一日活动如何组织,如何摆正自己的位置,并善于调动孩子的主动性、积极性。所谓物,主要是指适应幼儿园一日活动中各类活动需要的形式多样的玩教具。要特别注意玩教具与游戏内容相配套,与各年龄班幼儿身心发展相适应,做到系列化、科学化。要根据每个班的实际情况,鼓励教师从环境入手进行相关的实践探索。

总之,幼儿园一日活动流程优化管理,就是要做到:一是环节过渡要自然合理,衔接紧凑;二是彼此兼容,灵活安排。一方面,幼儿一日活动间的衔接过渡需考虑多方面因素,运用的各种过渡方式要彼此兼容,可以一种为主,兼用他法。另外一方面,幼儿园的教师和保育人员之间,人文环境和物质环境之间都要实现有机整合和灵活搭配,不可偏于一隅,厚此薄彼。

综上所述,幼儿园的办园水平是通过保教结合工作及其管理的质量来具体体现的,科学合理的保教管理是幼儿园良好教育效果的保证。我们应该通过转变保教管理观念,加强幼

儿园管理制度建设;调整管理思路,推进保教结合工作及管理的具体落实,促进幼儿全面和谐发展。

案例 5-2

> **小　管　家**
>
> 新班级的孩子缺乏自控力,常把玩具材料到处乱扔。针对这一情况,我采用物品管理责任到人的做法。把活动区分成几个区,并设计了标志,每周一上午评选“小管家”。具体方法落实为“建筑区”小管家负责带领该区幼儿整理积木;“毛巾区”小管家负责检查毛巾收挂情况,如发现毛巾没挂好,及时提醒;“图书区”小管家负责检查图书损伤取放情况,及时制止撕书行为并要求修补破书等。面对一双双热情的小手,我共选出了七个小管家。孩子们都很喜欢教师分配的工作,并把它看作是一种荣誉。到了周五,再和幼儿共同评出优秀的小管家,奖励大红花。然后重新评选七个新管家。这么一来由于小管家常清扫整理,本班在任何时候都很整洁,物品也有了明确、标准的位置。所以无论幼儿还是老师存取东西都成了一件轻松简单的事,而且由于物品摆放合理,使班上的事故也明显减少了。
>
> 分析:
>
> 幼儿的年龄特点和身心发展需要,决定了幼儿园教育目标和内容的广泛性,也决定了保教合一原则贯彻的必要性。对于幼儿来讲,除了认识周围世界、启迪其心智的学习内容以外,一些基本的生活和“做人”所需要的基本态度和能力,如卫生习惯、生活自理能力、交往能力等,都需要学习。但是这样广泛的学习内容不可能仅仅依靠教师设计、组织的教育教学活动来完成,也不可能通过口耳相传的方式来实现,儿童只能在生活中学习生活,在交往中学习交往。即使是认知方面的学习,也要紧密结合幼儿的生活经验,才能被幼儿理解和接受。该教师善于发现生活中的教育契机,引导孩子在生活中学会自理,学会遵守秩序,学会负责任。
>
> 资料来源:山东学前教育网

第三节　幼儿园教科研工作管理

幼儿园的教育科学研究是一种源于教育实践,又为教育实践服务的创新性活动。它的“创新性”在于我们是通过研究来解决过去没有解决的或还没有完全解决的教育实践中的各种现实问题,也在于广大的幼儿教育工作者在参与幼儿园教育科学研究的过程中,自身素质的不断提高和完善。

一、幼儿园教科研工作管理的意义与任务

教育科研是幼儿园可持续发展的生命线。随着教育改革的不断深入,教育科研的重要性越来越被幼儿园所重视。通过教育科研提高教师素质、形成办园特色已经成为大多数幼儿园的办园策略,教科研的管理也成了幼儿园管理工作的重要组成部分。

(一)幼儿园教科研工作管理的意义

1. 教科研活动有利于提高教育质量

幼儿园教科研工作是以保教人员为主体，以保教实践为基础，有目的、有计划地运用教育规律与教育原则，用科学的方法，解决保教工作中的实际问题，提高保教工作质量的研究活动。① 教科研活动针对性强，主要是解决教育实践中存在的问题和难题。通过研究可以改进工作效果，促进教育与教学活动质量的提高。实践证明：提高办园水平、提高教育质量，要靠科学，要有科学的精神、科学的态度、科学的方法和科学的实践。教师将保教实践与研究结合起来，既解决了现实存在的问题，也推动了保教质量的提高。

2. 教科研活动有利于促进教师业务水平的提高

教师的业务水平直接影响着幼儿园的教育质量。教科研活动是提高教师业务水平的重要途径。教科研活动大体可分为五个阶段：发现问题、提出解决方案、实施方案、得出结论、将结论运用到实践活动中。发现问题需要教师平时注意观察，了解各方面的情况，这是业务水平提高的前提，因为没有观察，就没有了解；没有了解，就谈不上提高，发现问题是解决问题的第一步。结合实践中存在的问题，提出解决方案，这是理论在教育实践中的综合运用，是理论联系实践的过程。通过分析研究，提出解决措施，教师在这个过程中加深了对理论的理解，提高了运用理论的能力。方案在实施中还会遇到各种问题，需要灵活处理和解决，这样教师既积累了工作经验，也提高了业务能力。总之，教科研活动增强了教育工作的目的性、指向性，教师的理论水平和实践能力也得到了提高。

3. 教科研活动可以激发教师的敬业精神

兴趣是最好的老师。研究工作虽然很苦，但也很有趣味。研究总是围绕一定的问题展开，问题常常会引起人们的关注，激发人们的兴趣，人们会不断地寻求解决问题的办法。当问题解决后，会给人们带来极大的乐趣，这种乐趣会变成新的动力，促使人们进一步去研究。正如苏联教育家苏霍姆林斯基所说，"如果你想让教师的劳动能够给教师带来乐趣，使天天上课不至于变成一种单调乏味的义务，那你就应当引导每一位教师走上从事研究这条幸福的道路上来。"

另外，由于教科研活动目的性很强，为了实现目标，教师会更加积极地投入，甚至会达到忘我的境界。有了目标，人就有了明确的奋斗方向，目标将成为极大的动力，人们会精神百倍地去实现预定的目标。

（二）幼儿园教科研管理的任务

1. 组织教师进行业务学习

教师是教科研工作的主体，只有充分发挥教师的主动性、积极性，教科研活动才能产生效果。教科研组应组织教师学习国家的教育政策和有关的法律，把握国家教育的大政方针，提高教师的政策水平和运用政策的能力。认真学习幼教方面的政策、理论及发展动态，及时了解幼教发展的热点问题。通过学习最新的幼教理论，树立正确的教育观、儿童观，提高专业能力。

2. 组织交流活动

为了提高教师的业务水平，应该让他们经常交流，相互学习，相互促进。交流可采取多种形式，如观摩课、信息交流会、专题讨论、竞赛等。幼儿园每学期都要有计划、有组织地安排一些交流活动，为教师相互学习提供机会、创造条件。通过交流活动将教师的精力和注意

---

① 邢利娅.幼儿园管理[M].高等教育出版社，2010：155.

力吸引到学习业务、钻研业务上。交流的面要广，不要仅局限在几个人身上，在交流中增加教职工之间的相互了解。交流活动也可以跨国、跨地区，既可走出去，也可请进来。每次交流活动要有一定的目的和结果。交流的目的是为了提高教师的业务水平，因此既不要搞花架子，也不要搞形式主义。交流要有丰富的内容，可组织读书报告会、外出学习信息交流、教育技能展示交流、经验交流活动、学习共同体研讨活动等。交流要重视效果，追求交流的质量。

3. 集体备课

平行班的教师可以一起备课。俗话说：三个臭皮匠，赛过诸葛亮。大家在一起共同探讨可以加深对教学内容的理解。老教师可带动年轻教师，起到传、帮、带的作用。通过集体备课，大家可以认真钻研教材，研究教育对象，对教学中的重点、难点进行共同研究，为教学做好充分准备。这种方式对能力较弱的教师可起到帮助作用，达到共同提高的目的。

4. 研究教育实践中遇到的热点、难点问题

热点问题往往也是难点问题，是还没有定论、需要进一步探讨的问题。由于没有定论，大家会感到很迷茫，不知如何是好，因此有必要讨论、研究。园长或保教主任要多留心幼教发展的动态，及时掌握热点问题，编出热点问题纲目发给教职工，请他们展开讨论。幼儿园教科研活动还应特别注意本园保教等工作面临的问题或薄弱环节，通过研究加以解决。

5. 编写教材，设计教学活动

由于各地各园物质条件、师资力量等存在很大差别，任何一本教材都难以完全符合本园或本班幼儿的特点，因此有必要组织教师自己编写一些补充教材。这样既提高了教师的教科研能力，又丰富了教学内容。随着幼教改革的不断深入，幼儿园课程内容有了很大的变化，原来的教材比较陈旧，难以适应幼儿园教育教学的发展，因此教师应发挥主观能动性，结合本园实际，创作或设计一些新的教学活动。

6. 开展课题研究

课题研究是幼儿园教科研活动的主要内容之一，对教师、幼儿的发展及幼儿园保教质量的提高都具有积极的作用。对课题研究的有效管理，应贯穿于课题研究的整个过程。首先，重视课题研究前对教师的引导，如引导教师正确地选题，引导教师选择合适的研究方法等。其次，加强课题研究过程的监督、支持，完善课题研究成果的评价方式，以及加强课题结题的后续管理等。

二、幼儿园教科研工作管理的内容及过程

（一）幼儿园教科研工作管理的内容

1. 加强教科研组的建设

教科研活动组织是教科研工作开展的基本条件。因为教科研活动总是依附于一定的组织来实现的。一般幼儿园的教科研活动组织有三个层次：园长层、教科研组层、教师层。

园长层是决策层，要对教科研活动有整体规划和设想，它决定着教科研活动的方向与水平，这一层次的职责就是制定开展教科研活动的总的思路方针。

教科研组层是教科研活动的实施与展开层，教科研活动主要是通过教科研组得以落实的。教科研组是为教科研活动服务的，因此它的规模与类型可多种多样，幼儿园可根据教科研活动的需要及本园的实际情况而定，如上午班、下午班、专题组、学科组。目前许多幼儿园

都采取年级组的方式，教科研组与年级组合二为一。其好处是研究起来方便，随时都可进行，不需要重新组织人，但缺点是交流面过窄，不易跳出备课的圈子。所以教科研组的类型应根据教科研活动的需要随时调整。教科研组可由5~10人组成，可有1~2名小组长。小组长的产生可由本组教师或保教主任提名，报园务会和园长批准。教科研组长要由业务骨干教师担任，要有较高的业务素养和一定的工作能力，有较强的责任心，在群众中享有一定的威望。

教师是教科研活动的执行层，教科研活动最终要靠所有教师的共同参与来完成。教师应该自觉地参加教科研活动，积极为教科研活动献计献策。教师的积极参与是教科研活动开展的重要保证。

2. 健全教科研学习制度

教科研活动除了要加强教师的主动意识外，还应建立相应的制度加以保证。一般而言，教科研制度比较具体，如教科研活动的形式、时间的规定、对教科研成果的要求等，各园可根据实际情况给予规定。应根据教科研制度定时组织学习研讨，组织教师听课、观摩研讨课、经验总结，让教师在研究中互相切磋，共同提高。

3. 规范日常教科研活动

教科研活动做到定时、定点、定内容，形式多样、提高实效；做好每次活动考勤记载，并注重观摩与研讨、学习与实践、培训与提高相结合；注重对教科研资料的收集、整理和检查，具体包括教科研活动的计划方案、研讨记录、教科研总结及形成专题论文等；定期进行教科研活动质量的检查、评估与指导。

教科研活动要与教学实践相结合，不能脱离教学实践，教科研活动要有较强的针对性，注意理论与实践的统一；教科研活动必须紧紧围绕教育教学展开，不能与教育教学活动冲突；教科研活动时间的安排要根据幼儿园教学的实际情况而定、教师还要自己挤时间，在保教工作之外，从事教育研究。

4. 加大管理力度

幼儿园管理者要对教科研活动有整体规划和设想，制定开展教科研活动的总的目标、方针。园长、副园长除了完成平时的工作外，还要深入教学第一线，指导教师的教育教学研究工作，并做好记录与分析，及时与教师切磋、探讨，帮助教师解决教育教学中的问题。

5. 实施课题研究

各幼儿园要根据本园实际情况，制订课题研究方案，成立课题研究指导组，组织课题研究的阶段汇报，督查课题研究计划的实施情况，落实阶段目标。要做好研究资料的积累和管理工作，实现课题资源、研究成果共享。

6. 完善教科研管理制度

幼儿园教科研工作是一项长期艰巨的任务，需要教师坚持不懈地探索研究，才能使幼儿园科研工作经常化、制度化。因此。管理者应高度重视教师的科研工作，及时肯定教师的劳动价值，建立多种奖惩机制，全方位地促使教师积极地参与到幼儿园的教科研活动之中，有效调动教师参与教科研工作的积极性和主动性，促使每位教师在不同程度上得到发展和提高，为今后幼儿园教科研工作的顺利开展奠定良好的基础。

例如，建立“教育科研管理条例”“教科研组、课题组评比细则”“教科研优秀教师奖励制度”等。这些制度的建立和完善，能使教科研管理更加科学化、规范化，从而促进教育科研工作井然有序地开展。

再如,幼儿园月例会制度:可以是教科研计划交流,可以是教学研讨,可以是阶段性成果汇报,可以是专家讲座,可以是共享互助等;月报制度:定期发布教科研信息,发放咨询调查表等。

先进评选制度:先进项目组评选,优秀论文、教案评比,教科研成果评比与推广等。

优秀课例精品库制度:通过文本、电子文档、多媒体制作等手段建立优秀课程档案,实现资源共享。

教科研奖励制度:通过这一制度的建立鼓励教师发现问题、解决问题,为幼儿园教科研工作出谋划策。

(二) 幼儿园教科研工作管理的过程与措施

1. 构建幼儿园教科研工作的管理体系

没有科学的管理,就无法保证工作的方向性和持久性。因此必须把开展教科研的思想广泛渗透于各项工作之中,并形成从上到下、从内到外的管理体系。

有效的教科研往往与有力的课题管理机构有密切关联。应由园长牵头,业务副园长、教务处主任具体负责管理和指导本园教科研工作,各年级推荐年级组长和学科带头人,定期商讨教科研活动,交流教科研经验,带领全体教师开展各项教育教学实践。

构建教科研工作管理网络,合理配备教科研团队。由园长统帅,教科室主任担任教科研小组组长,主要负责教科研方案的制订、修改,协调课题组内外事务,沟通教育行政部门和各幼儿园之间的信息;组织培训与学习,承担对外研究活动与安排。课题组的成员必须具备较高理论水平,有相关的实践基础和创新能力,他们是教科研的主体。

教科研组是幼儿园提升教师专业能力的一个平台,更是教师展示教学理念、交流教学经验的互动平台。教科研组长是幼儿园开展教科研活动的带头人,提高组长的素质,是提高幼儿园教科研水平的关键。团队内部教师教龄、年龄应有梯度,教师的业务能力、学科专长应互补。

2. 重视教科研工作的管理与指导

幼儿园的教科研工作开始后,教师们进入实质性的研究阶段,此时的具体工作很多,教师们也会碰到更多的疑难问题,如果只重立项,而疏于过程管理,将会使课题研究夭折或流于形式,因此,做好幼儿园教科研工作的管理与指导,是教科研取得成效的重要保障,更是教科研管理的重中之重。教科研工作要有计划、有实施、有监督检查、有总结。

(三) 教科研活动的规范化管理

1. 教科研活动过程的规范化

教科研活动的过程是实现教科研活动目标的桥梁,教科研活动过程的规范化直接影响教科研活动的质量效果。每次活动前,主管园长和教科研组长要一起确定活动的目的、内容和重点,并由教科研组长拟出活动的计划。这样不仅使教科研组长组织活动时目的明确,把握住活动的方向,而且有利于教师围绕一定的主题进行研究、探讨。

2. 教科研活动材料管理的规范化

教科研活动材料记录了教科研活动开展的全过程,是宝贵的材料。为了加强教科室资料系统化、规范化、科学化的管理,可以利用计算机进行教科研资料的存档,如对课题立项书、各类论文、多媒体课件、科研文集、科研统计资料、计划总结等存档,使教科研管理做到管理有序、资料齐全、查找快速、方便。

(四)园本教研

幼儿园园本教研是以幼儿园为本位,以幼儿教师为研究主体,从幼儿园的实情出发,立足教学实践,以行动研究为主要方式,致力于提高教师解决教育教学中的实际问题能力,服务于幼儿园发展需要,服务于幼儿发展需要,服务于教师专业发展需要的教育教学研究。①

园本教研是幼儿园开展教研活动的基本形式。其立足于幼儿园的实际状况,既强调幼儿园教师要合作参与教学研究,直面教学过程中的具体问题,又强调理论研究者要积极深入幼儿园,利用自身的理论优势为园本教研提供专业性指导和引领,以促进理论与实践的结合。

园本教研以幼儿教师的专业发展为重要目标,强调教师教研主体地位的发挥,始终把教师自我反思、同伴互助和专业引领作为园本教研的基本策略,是幼儿教师专业成长的有效途径。

园本教研的过程是一个动态、开放的过程,教研类型多样,教研参与面广泛,重视发挥教师群体互助的力量,重视发挥专业引领的作用。无论是教研管理者、幼儿教师还是专业研究人员,都应是园本教研的组成部分。"理想的教师专业发展不应是教师孤立地进行反思的过程,而应该是群体合作共同成长的过程。"②幼儿园园本教研是群体合作性研究,它需要各方面的合力才可能顺利高效开展。这种合力既来自各级教研行政部门的管理者和教研员,又来自幼儿园内部的管理者和一线教师,也来自园外专门研究机构或大学里的专业研究者。只有各方面的力量凝聚在一起,为共同的目标去努力,形成研究共同体才能有效促进园本教研的开展。这样的共同体还需要园际之间的合作,充分利用各地区、各幼儿园的教育教学资源,形成优势互补,充分发挥各个幼儿园的优势与作用。根据各地区的实际情况,开展区域性、园际交流性的教研活动,对幼儿园共同存在或共同关心的教育教学问题进行协作研究,使园本教研的成果更富针对性、典型性、现实性、实效性。目前,有些地区建构了"地方联盟,资源统和"的园本教研模式。该模式立足于幼儿园实际,整合教育行政部门、高等师范院校、教研机构等多方优质资源,形成研究共同体,倡导理论引领实践,实践解释理论的理念,力求高起点、高品质地针对幼儿教育教学中的实际问题进行深度对话、广泛合作,探寻有效的解决路径,同时,通过资源的开放共享,进一步丰富、拓展优质教育资源,实现幼儿教育整体水平的提高。

案例 5-3

以"小班幼儿生活行为习惯培养"为主题的互动式研讨

教研活动时间:2011 年 11 月 13 日

教研活动地点:幼儿园办公室

教研活动主持人:周莉红

参加人员:小班组全体成员

活动实录:

---

① 潘红红.幼儿园园本教研共同体建构研究[D].重庆:西南大学,2013:15.

② 张婕、朱家雄.研究共同体的构建是园本教研的关键[J].幼儿教育,2005(9):32.

主持人：

我给大家呈现了一个“老师，请你帮帮我？”的教育案例，这也是我们在实际工作中每个老师都遇到的实际问题，为什么现在孩子越来越活跃了，而生活独立能力却越来越“疲软”了，今天我们就以孩子的生活行为习惯这个话题为例开展互动研讨，希望大家能各抒己见，将自己的想法和做法与大家进行交流和沟通。

教师互动研讨：

温老师：

首先我觉得，对于小班的孩子，生活行为习惯的培养不是靠一次两次就能达到教师预期效果的，孩子很容易忘记，例如：让孩子排队这个环节，为了让幼儿养成有序排队的习惯，我就在一日活动中进行练习，上厕所练习、户外活动练习、吃饭练习，每一次老师都要不断重复排队的要求，幼儿才能一个跟着一个排队。

许老师：

确实，对小班孩子的生活行为习惯的培养是件难事。有的时候，在我们成人看来是很简单的一个要求，然而要在孩子身上达成的话，老师要付出很多的努力。就如刚才温老师提到的幼儿排队练习，我也在班上训练了很多次，但是效果总是不明显，我让孩子排一条直线，也就是纵向排队，孩子要么这里断开了，要么那里挤在一起了，要么这里弯曲了，要么那里又几个孩子挤在一起了，真的很费时间，很费精力。

主持人：

刚才两位老师结合了自己工作的实践，谈到了自己的困惑——孩子的排队练习，老师要让孩子排成一个直线的队形，我就在想，孩子理解什么是直线吗？如果孩子还没有直线的概念，那么我们老师是否首先要让孩子接受直线的概念呢？有了概念的内化，孩子才可能在行动上得以体现。

彭老师：

这倒是个问题的关键所在，孩子还没有直线和曲线的概念之分，所以往往在排队的时候，排不整齐。

主持人：

对于小班的孩子，他们离开家庭，来到幼儿园，要适应集体生活，是需要一个过程的。刚才张老师讲到了利用孩子的一日活动的各个环节进行练习，这是一个不错的策略，虽然排队这是个简单的规则，但是，我们也要让孩子在有兴趣的情感氛围下自然形成规则意识，让孩子主动获得这种意识，而不是靠教师的灌输。老师们还有其他的策略吗？

项老师：

我觉得，孩子来到幼儿园，首先一定要让孩子有规则意识：这是孩子适应集体生活，开始有序活动的第一步。记得以前我总觉得孩子刚上幼儿园还小，情绪还不稳定，所以不大在意孩子行为习惯的习得，也觉得只要孩子不哭不闹，慢慢来吧，不着急的，但后来我觉得自己的这法不可取。因为我发现，在我组织孩子集体活动时，总有孩子进进出出，一会儿要小便，一会儿要喝水，一会儿要我抱，这个时候，我就发现问题的严重性了，班级常规有问题了。这是我工作第一年的感受，所以工作第二年开始，我就在班级常规方面做了很大的改变，比如我要让孩子养成举手的习惯，那我就某个星期专抓孩子的举手问题，一个星期不行，那就两个星期，坚持了一段时间后，我发现，效果还是蛮好的。

张老师：

刚才项老师说的方法我感觉也很有一番道理，班级常规一定要抓好，不抓好，老师的活动多半是无效的。有一些不听指挥的孩子，或者有的孩子不太遵守常规，就会影响其他孩子。我觉得教师在培养孩子课堂常规时，采用恰当的引导方式是很重要的，我一般以正面引导为主，我以班上上课认真的孩子为榜样，挖掘孩子身上的闪光点，比如有的孩子坐得稳稳的，我会及时表扬他；有的孩子上课举手积极，我也会让其他孩子给予响亮的掌声……孩子是喜欢听好话的，也很想被老师表扬，所以这些方法还是可行的。

武夷山市教师进修学校　http://www.wysjx.com/xbjy/2726.html

本章小结

保教工作管理是幼儿园管理工作的中心，是提高幼儿园办园质量和幼儿全面发展的根本保障。本章主要内容包括：幼儿园保教工作管理和幼儿园教科研工作管理两大部分。保教工作管理包括幼儿园保教工作管理的内容和过程、幼儿园保教工作管理的措施、幼儿园保教工作常规管理——幼儿园教育活动常规管理、幼儿园一日生活常规管理；幼儿园教科研工作管理包括幼儿园教科研工作管理的意义与任务、幼儿园教科研工作管理的内容及过程与措施。

本章附录：

幼儿园教师一日工作流程及内容

工作环节	工作内容	教育内容
晨检接待	教师做到： 1. 新的一天开始，全体人员精神饱满，坚守岗位，保证幼儿安全，无事故。 2. 组织晨间活动：准备好玩具、区域活动材料和体育活动器具，让幼儿参加各种不同内容的活动，带领幼儿观察，与幼儿交谈等。 3. 晨接教师在园门口以热情、亲切的态度接待幼儿，面带微笑向幼儿家长问好，蹲下来和孩子亲密接触，稳定情绪。做好一摸：有否发烧；二看：喉部、皮肤和精神；三问：饮食、睡眠、大小便情况；四查：仔细观察幼儿有无携带不安全物品，发现问题及时处理。并向家长简单询问幼儿在家的情况，听取家长的意见和要求。 4. 提醒幼儿如厕：照顾幼儿解便，一般情况下，要求幼儿大小便自理，在出现异常情况时及时报告老师，对个别自理有困难的，保教人员应加以协助。指导幼儿便后用流水洗手。	教师指导幼儿做到： 1. 衣着整洁，愉快入园，接受晨检，有礼貌地和老师、小朋友打招呼。 2. 有礼貌地和家长告别。 3. 进班后将脱下的衣帽等放在指定的位置，双手轻拿轻放小椅子到相应位置。 4. 积极投入晨间活动，能根据兴趣选择晨间活动材料，遵守活动规则。

续表

工作环节	工作内容	教育内容
盥洗	1. 做好盥洗前的各项准备工作。 2. 组织幼儿分组进行盥洗。教给幼儿或提醒幼儿洗手的顺序和正确方法；指导幼儿学习自我服务技能，培养基本的生活自理能力。 3. 提醒幼儿遵守盥洗规则，节约用水，认真地洗手，放下衣袖，依次离开盥洗室。	教师指导幼儿应做到： 盥洗时不拥挤。学习掌握洗手的顺序和正确方法。
早餐	1. 饭前不训斥幼儿，组织好餐前活动，向幼儿介绍每餐菜肴，激发食欲。使幼儿初步了解合理搭配、营养用餐的方法。 2. 进餐前十五分钟提醒幼儿收拾玩具，指导幼儿做好盥洗和幼儿桌面消毒工作。 3. 分发食物。创造愉快、安静的进餐气氛，不处理幼儿的问题，不引起哭泣，使幼儿情绪安定，积极进餐。 4. 进餐时，保教人员要精力集中，注意观察，精心照顾幼儿，轻声、和蔼地指导和帮助幼儿掌握进餐的技能，培养文明行为习惯，吃完自己的一份饭菜。不催促幼儿进餐。 5. 及时收拾碗筷、餐桌，清扫地面，指导幼儿擦嘴。	1. 愉快、安静地进餐，逐步掌握独立进餐的技能。 2. 进餐时不随便说话，不随便说笑打闹。 3. 正确使用餐具。 4. 干点与稀饭（汤）应搭配着吃。 5. 逐渐养成进餐的文明行为习惯。 （1）进餐时要细嚼慢咽，不慌不忙，不咂嘴。 （2）不挑食，不用手抓食物，不剩饭菜，不弄脏桌面、地面和衣服，不东张西望。 （3）咽下最后一口饭再站起来，轻放椅子，离开饭桌，送回餐具。 （4）饭后擦嘴。
餐后分区活动	教师（保教人员）应做到： 1. 准备足够的幼儿活动材料，为幼儿活动提供支持。 2. 指导个别幼儿活动，解决突发问题。	教师指导幼儿应做到： 愉快地参加自己喜爱的区域活动。
教育活动（小班15~20分钟，中班20~25分钟，大班30~35分钟，学前班35~40分钟）	教师（保教人员）应做到： 1. 做好教学活动前的准备工作。 （1）选择符合幼儿可持续发展的教学内容，以游戏的方式开展丰富多彩的教学活动，严禁小学化倾向。 （2）做好充分的教学准备。包括计划安排、场地选择、材料准备等，应于前一天准备好，幼儿用品数量要多于幼儿数。活动前提醒幼儿收拾玩具、如厕。做好教育活动的身心准备。创设和教学相适应的物质和人文环境，促使幼儿在操作材料和环境的互动中获得认知和经验。	教师指导幼儿应做到： 1. 喜欢参加集体教育活动。使幼儿逐渐转入安静状态。 2. 在老师的指导启发下，能积极思考，大胆想象，乐意表达自己的愿望，逐渐养成动脑、动手和手脑并用的习惯。中

续表

工作环节	工作内容	教育内容
教育活动(小班15~20分钟,中班20~25分钟,大班30~35分钟,学前班35~40分钟)	(3) 教学形式宜集体、小组、个别活动相结合,关注幼儿个体差异,充分体现教学的层次性和学习梯度。及时反馈、调适教学行为,使之适宜有效,努力使每个幼儿都有获得满足和成功的机会。 (4) 注重活动过程中幼儿的情感体验,注重习惯养成。充分肯定幼儿的自主活动,鼓励幼儿大胆探索、自主表现。使幼儿在支持性的学习氛围中,自信地参加学习活动。 2. 保证教育质量。 (1) 要根据各年龄班幼儿的特点安排活动时间和内容。 (2) 教育计划:根据各年龄班培养目标,选择教育内容,定出切实可行的学期教育计划,计划要体现系统性及纵横联系。 (3) 教育内容:具有科学性、教育性广泛性和启蒙性,教给幼儿的知识概念准确无误,能与有关学科有机结合、互相渗透,注重发展幼儿的知识、技能、能力、情感与习惯的培养。 (4) 教育目的:教育目的明确、具体、符合教育任务和本班幼儿的实际水平,以循序渐进为原则,既有知识传授,又要重视兴趣培养、智能发展和思想品德教育;既要统一要求又要注意幼儿个体差异,为每一个幼儿提供发挥潜能、在已有水平上得到进一步发展的机会和条件。研究有效的活动形式和方法,不强求一致。 (5) 教育方法:能正确、全面地贯彻教育工作原则,灵活运用多种教育形式和方法,重点突出,解决难点,有创造性。能以幼儿为主体面向全体幼儿,让幼儿充分运用感官,动脑、动口、动手,启发幼儿学习积极性、主动性和创造性。 (6) 要注重教育过程中的启发性指导和随机教育、个别教育。 (7) 教态和语言:教态亲切、自然、情感真挚。语言清晰、简练、准确、规范、生动形象。 (8) 作品的保存:绘画、手工等作品要注明幼儿姓名、班次、日期、主题。 (9) 教育活动后效果检查:活动结束后有记录,分析幼儿学习情况和成功失败的原因,以总结经验、积累资料,不断地改进教育方法,提高教育水平。 3. 注意培养幼儿正确的坐、立、行姿势和握笔姿势,保护幼儿的视力和嗓子。	大班幼儿逐渐形成在日常生活和游戏中能够运用已获得的简单知识与技能的能力。大班幼儿能对自己完成的作品进行评价。 3. 养成良好的学习习惯,学会倾听、等待,遵守活动规则,坚持完成活动任务。看书握笔姿势正确,坐姿自然端正。 4. 逐步树立合作意识,愿意和同伴一起,商量解决活动中遇到的问题,共同完成学习任务。
早操	教师要以身示范,与幼儿共同参加锻炼。 1. 做好操前准备工作:场地布置,器械准备,提醒幼儿如厕、喝水,督促幼儿排好队。 (1) 提醒幼儿如厕。	教师指导幼儿应做到: 1. 情绪愉快、精神饱满、依次进入活动场地参加早操锻炼。

续表

工作环节	工作内容	教育内容
早操	(2) 整理服装。 2. 操前清点幼儿人数、检查衣着、鞋带,组织幼儿有序地到户外做操。注意随机进行安全提示。 3. 教师精神饱满,口令、示范动作准确熟练。 4. 活动中注意观察幼儿,处理异常情况。 5. 小班以模仿操为主,中、大、学前班徒手操加轻器械操。 6. 根据气候及时为幼儿增减衣物,用干毛巾为幼儿擦汗,垫隔已湿衣服。注意做操安全。	2. 听口令迅速排队,做操不喧哗,注意力集中,不推挤,动作协调整齐,努力达到锻炼目的。 3. 早操结束后将器械放回原处,爱护器械。 4. 遵守规则,在体能活动中注意安全,学会自我保护。
喝水	教师(保教人员)应做到: 1. 口杯每次喝水后消毒。 2. 幼儿需要喝水时,应随时给水喝。应保证班上随时有温开水,并及时提醒幼儿喝水。	教师指导幼儿应做到: 1. 接好水后走回自己的座位喝水,不打闹,不喧哗。 2. 不浪费开水,口杯用后放回盆子。
游戏与体育活动	教师(保教人员)应做到: 1. 保证不占用幼儿户外活动时间,开展形式多样的户外活动,保证幼儿参加活动的兴趣,每天户外活动时间不少于两小时(户外活动中,体育活动不少于一小时)。大中型活动器械有保教人员看护,幼儿应在老师视线范围之内,注意安全。 2. 为幼儿创设良好的环境,提供必要的场地、玩具、材料,特别要注意开辟区域活动角,尽可能多地为幼儿投放足够的材料,保证游戏与活动的顺利开展。 3. 各项活动要求与安排如下。 (1) 体育活动:早晨、教育活动后、午点后均可安排。 内容包括体育游戏、球类活动、各种体育器械活动、体操及单项基本动作练习。可以全班、小组或个别的形式,开展幼儿喜爱的活动。 (2) 游戏活动:早晨、教育活动后、午点后均可安排。 内容包括创造性游戏(角色游戏、结构游戏、表演游戏),规则游戏(智力游戏、音乐游戏、体育游戏),玩沙、玩水,民间游戏等。 (3) 散步:教育活动后,饭后均可安排。 内容包括教师利用散步,引导幼儿观察社会,接触自然环境,使之感受自然界的美与奥妙,激发幼儿的好奇心和认识兴趣。 4. 对幼儿游戏和活动的组织指导。 (1) 各种游戏与活动安排在逐日计划中,注意动静和室内外活动交替,面向全体,注意个别差异。	教师指导幼儿应做到: 1. 活泼愉快地和老师共同做好活动前的准备工作。 2. 在老师指定的场地内游戏,游戏时不乱跑,不喊叫;在室内说话、动作要轻;使用场地要协商,互相照顾;选择一种游戏后要认真地玩,可以变换游戏,但不能妨碍他人,不经同意不得插手他人的游戏。 3. 会正确使用玩具,爱护玩具,会收拾玩具。玩具橱整齐清洁,按游戏需要自由摆放。 (1) 按每一种玩具的玩法去玩,想玩别人的玩具要跟人家商量,经允许才能玩。 (2) 谁拿的玩具,玩后由谁收拾放回原处,再取其他玩具。 (3) 取放玩具要轻,要小心,不损坏,玩后放回原处。

续表

工作环节	工作内容	教育内容
游戏与体育活动	(2) 在游戏与活动中,认真仔细地观察幼儿的活动和表现,深入了解幼儿,便于有针对性地进行教育和训练,但不能干扰幼儿的游戏活动。 (3) 在游戏与活动中要体现全面发展教育的任务与要求,促进幼儿身心和谐发展。 (4) 教育幼儿爱护玩具和其他物品,用完收拾好。 (5) 注意安全。 5. 认真分析活动效果,不断积累资料。	4. 在游戏中对同伴友爱、谦让,能合作,互相帮助。 5. 遵守游戏规则,在游戏中遇到问题,开动脑筋,想出解决问题的方法并着手解决。充分发挥自主性、积极性、创造性。 6. 在体育活动中,注意力集中,遵守规则,巩固和提高动作的技能,能积极主动地参加体育活动。 7. 活动结束能主动收拾玩具、材料。轻松地过渡至下一个环节。
午餐及餐前准备活动	教师(保教人员)应做到: 1. 饭前不训斥幼儿,进餐前二十分钟安排幼儿安静地活动,以讲故事、音乐欣赏及各类安静的桌面游戏为宜。向幼儿介绍每餐菜肴,激发食欲。使幼儿初步了解合理搭配、营养用餐的方法。 2. 组织幼儿盥洗(方法同上),指导保育员做好消毒工作。 3. 分发食物。创造愉快、安静的进餐气氛,不处理幼儿的问题,不引起哭泣,使幼儿情绪安定,积极进餐。 4. 进餐时,保教人员要精力集中,注意观察,精心照顾幼儿,轻声、和蔼地指导和帮助幼儿掌握进餐的技能,培养文明行为习惯,吃完自己的一份饭菜。进餐时不扫地、不拖地,不催促幼儿进餐。 5. 及时收拾碗筷、餐桌,清扫地面,指导幼儿擦嘴。 6. 午餐后组织幼儿进行10~15分钟的自由散步。	教师指导幼儿应做到: 1. 愉快、安静地进餐,逐步掌握独立进餐的技能。 2. 进餐时不随便说话,不随便说笑打闹。 3. 正确使用餐具。 4. 干点与稀饭(汤)应搭配着吃,不吃汤泡饭。 5. 逐渐养成进餐的文明行为习惯。
午睡	教师(保教人员)应做到: 1. 幼儿就寝前半小时开窗通气。在冬季,幼儿入室就寝时应关闭窗户。 2. 午饭后组织幼儿进行安静散步及如厕,创造安静气氛。 3. 及时细致地为每一位幼儿盖好被(毯),纠正不良睡姿,培养幼儿右侧卧或仰卧、不蒙头睡觉的好习惯。 4. 不断巡视,发现幼儿神色异常应及时报告处理。 5. 看睡要坚守岗位,不能以任何借口离开寝室或做私活、打瞌睡等。 6. 随时保持室内空气新鲜,无风时可打开窗户,拉上窗帘,但应避免对流风吹在幼儿身上。	教师指导幼儿应做到: 1. 午餐后散步、如厕,保持安静情绪,不高声讲话或嬉笑喧闹,脚步轻放,进入寝室。 2. 学前班、大班幼儿自己摆好枕头,拉开被子,按顺序脱去外衣裤,并折叠整齐放在固定地方,鞋按序摆放。 3. 不带小玩物上床,迅速盖好被(毯),不东张西望,闭上眼睛,安静入睡。 4. 早醒幼儿应安静躺在床上,不出声,不影响其他小朋友。

续表

工作环节	工作内容	教育内容
起床	教师(保教人员)应做到: 1. 按时请小朋友起床。认真询问幼儿的睡眠情况。 2. 指导与帮助幼儿掌握并执行起床、穿衣、整理床铺等一系列的常规和要求。 3. 注意观察幼儿外部表现:精神、皮肤、呼吸等,发现异常情况及时与医务人员联系。 4. 逐个检查幼儿服装、床铺是否整齐。提醒已收拾整齐的幼儿解便。	教师指导幼儿应做到: 1. 按时起床,掀开被(毯),按顺序穿衣服。 2.整理床铺,有序如厕。
如厕、盥洗、喝水、午点	教师(保教人员)应做到: 1. 如厕、盥洗、喝水同上。 2. 幼儿坐好后分发点心。 3. 给小朋友梳头。	
午操	同早操	同早操
教育活动	同上午	同上午
游戏与体育活动	同上午	同上午
晚餐及餐前准备	同午餐	同午餐
离园	教师(保教人员)应做到: 1. 离园前,老师与幼儿进行简短的谈话,同他们一起回顾一天的生活,表扬好人好事;对他们进行安全教育和礼貌教育,提醒他们回家的注意事项。 2. 离园前检查幼儿仪表,整理幼儿衣裤,提醒幼儿带好回家的用品。 3. 离园时,趁家长接孩子可进行与家长的联系工作,向家长介绍幼儿在园情况,对未及时接走的幼儿应组织适当活动等待家长来接。 4. 严格执行接送制度,要防止幼儿走失或被不认识的人带走。 5. 幼儿离园后,要做好活动室的清洁卫生、关好门窗。	教师指导幼儿应做到: 愉快地离园回家,带好回家用品,有礼貌地同老师、小朋友告别。

(某幼儿园提供)

幼儿园保育员一日工作流程及内容

工作时间	工作环节	保育内容	教育内容
7:00—8:00	来园准备	1. 餐前准备,消毒餐桌、取碗,分发餐具、餐巾、杯子。 2. 开窗通风,清洗保温桶,准备开水,保证幼儿一日饮水量。 3. 用消毒水擦拭杯格、玩具柜、水龙头等幼儿易接触到的地方。 4. 打扫室内卫生,擦灰尘、整理物品。 5. 帮助和指导幼儿正确洗手。 接待带药的家长,登记记录,将药品放在指定的地点。	1. 指导值日生工作。 2. 教幼儿正确洗手的方法,教育幼儿不玩水和肥皂,节约用水。

续表

工作时间	工作环节	保育内容	教育内容
8:00—8:30	早餐	分发早点,照顾幼儿愉快进餐。	1. 掌握幼儿进食量,及时添饭,引导体弱儿、肥胖儿合理进餐,培养幼儿良好的饮食习惯:细嚼慢咽、不挑食、不浪费、饭后主动清理桌面。 2. 向幼儿介绍食谱,营养成分,描述色香味,增进幼儿食欲。
8:30—9:00	活动区活动	1. 餐后打扫,保证桌面及地面清洁。 2. 消毒餐盘、餐巾及擦桌毛巾。 3. 消毒擦拭窗台、门把手,冲刷消毒洗手池、便池、墩布池。 4. 检查幼儿挂毛巾是否挂好。 5. 同幼儿一起进行区域活动。活动后同幼儿一起收拾整理活动区。 6. 提醒幼儿及时如厕、按需饮水。	1. 协助教师做好幼儿区域活动的配合工作,并在教师需要的情况下做好活动前的准备工作。 2. 观察幼儿活动情况,引导幼儿主动解决活动中出现的问题。 3. 引导幼儿对活动区物品简单分类,协助幼儿有序整理。 4. 鼓励幼儿在园大便,遵守如厕规则,懂得自我保护。
9:00—10:20	集体教育活动	1. 配合教师完成主题教育活动。 2.活动后喝水及如厕环节,要随时冲刷便池、擦拭盥洗室及厕所地面。	1. 在教师指导下,做好教育活动的配合工作。 2. 注意幼儿正确坐姿、用眼卫生、书写姿势等的培养。 3. 引导幼儿按需饮水、及时如厕,便后自觉冲水。
10:20—11:00	课间操、户外活动	1. 保育员参与幼儿做操,并协助管理幼儿。 2. 协助教师进行户外体育活动,密切观察幼儿的情绪变化、精神状态,关注体弱儿、肥胖儿和正在服药的幼儿的活动情况。 3. 活动前注意幼儿衣服、鞋子是否适宜运动,及时提供有效帮助。 4. 幼儿玩大型玩具时,应分工合作,保护指导幼儿进行活动。	1. 鼓励幼儿保持愉快情绪,调动幼儿参加运动的积极性。 2. 协助教师户外游戏指导、安全管理,注意掌握幼儿运动强度,随机对幼儿进行安全保健等自我保护知识的教育和指导。 3. 及时为出汗较多的幼儿擦汗、隔毛巾。
11:00—11:20	餐前准备	1. 午睡准备工作,备好床铺,拉好窗帘,营造安静睡眠环境。 2. 餐前准备(同早餐)。 3. 拿餐巾,并放到指定的位置。 4. 帮助和指导幼儿正确洗手。 5. 用消毒水擦拭桌面,晾晒消毒好的毛巾。	1. 指导值日生工作,为幼儿铺好被子,清洁餐桌,引导值日生体验为他人服务的快乐。 2. 教幼儿正确洗手的方法。

续表

工作时间	工作环节	保育内容	教育内容
11:20—11:50	中餐	1. 发放餐具(大班可指导值日生完成)。掌握幼儿的进餐情况,随时添加饭菜,不催促用餐,培养良好的饮食习惯。 2. 同教师一起组织幼儿餐后漱口、如厕、脱衣上床午睡。 3. 清洗消毒餐盘、餐巾、擦桌毛巾、餐具等物品。 4. 擦拭消毒水龙头,冲刷消毒洗手池、便池、墩布池 5. 收拾餐具,清理桌面、扫拖地面(包括厕所地面)。	1. 提醒幼儿做到“三净”(碗里净、桌面净、身上净),“三轻”(走路轻、说话轻、拿放东西轻)。 2. 提醒、帮助(小班)幼儿擦嘴、漱口。 3. 引导幼儿爱牙护齿,指导幼儿掌握正确漱口方法。 4. 指导帮助幼儿按顺序脱衣服,培养自我服务意识。
12:00—14:30	午间休息		
14:30—14:50	起床	1. 同教师一起组织幼儿起床、如厕、喝水。 2. 消毒桌面,准备温开水,备好午点。 3. 开窗通风,整理床铺,打扫卧室。 4. 帮助女孩梳头。 5. 幼儿吃午点。	1. 指导幼儿按顺序的穿衣方法,注意自我服务能力的培养。 2. 午点时注意营养均衡的教育,告诉幼儿水果对身体的益处。 3. 午点后提醒幼儿认真漱口,全面保护牙齿。
14:50—13:10	午间操		
15:10—15:50	下午游戏活动	1. 同幼儿一起进行室内游戏。 2. 手工作业后清理场地。 3. 提醒幼儿及时如厕,按需饮水。	1. 协助老师进行作业准备,分发、收放学具,整理教具。需要时配合教学活动,指导个别幼儿。 2. 观察幼儿活动情况,及时提供积极有效的指导帮助。
13:50—16:10	午点	1. 餐后整理,打扫卫生。 2. 督促和帮助幼儿擦净嘴、脸、手。 3. 注意幼儿饮水。	1. 帮助和指导幼儿正确洗手。 2. 分发午点。
16:10—16:50	户外体育活动(同上午)		
16:50—17:00	离园准备	1. 协助老师帮助幼儿整理着装。 2. 将水桶清理干净,倒掉垃圾。	1. 提醒帮助幼儿整理衣服,拿好自己的物品。 2. 教育幼儿离园时讲文明、有礼貌,与老师、同伴说再见。 3. 与教师交换一日工作意见,做好第二天工作准备。 4. 将乘车幼儿安全送到校车上。

备注:

1. 每天上午打扫包干区卫生(外走廊、栏杆、凉台)。清洗厕所、水池。
2. 每周四或周五消毒玩具一次,半月洗一次床单、枕套,每周末用洁厕精刷洗便池一次。
3.每周一下午 3:00—4:00 进行户外大型玩具的清洁卫生和消毒。

(某幼儿园提供)

思考与练习题型例举

一、单项选择题

1. 幼儿园教研工作开展的基本条件是(　　)。

A. 教研活动组织　B. 教研活动制度　C. 教研活动场地　D. 教研活动经费

2. 幼儿园教育的中心任务是(　　)。

A. 行政工作　B. 保教工作　C. 总务工作　D. 公关工作

二、多项选择题

1. 保教工作计划的制订需注意(　　　　)。

A. 可操作性　B. 联系性　C. 一致性

D. 针对性　E. 发展性

2. 幼儿园一日活动的基本特点包括(　　　　)。

A. 保教合一　B. 整体性　C. 游戏性

D. 单一性　E. 愉悦性

3. 属于幼儿园教科研工作管理的内容的是(　　　　)。

A. 加强教科研组的建设　B. 健全教科研学习制度

C. 规范日常教科研活动　D. 实施课题研究

E. 加大管理力度

三、名词解释

1. 保教工作计划

2. 幼儿园保教工作管理的过程

3. 幼儿园教科研工作

四、简答题

1. 简述幼儿园保教工作管理的内容。

2. 简述幼儿园保教工作管理的过程。

3. 简述幼儿园保教工作管理的措施。

五、论述题

1. 试述幼儿园一日活动流程优化管理的措施。

2. 试述幼儿园教科研工作管理的意义。

六、做中学

1. 观察幼儿园一日活动,写一份活动观察记录,并提出常规管理意见。

2. 观摩幼儿园教研活动,写出活动记录。

参考答案

一、单项选择题

1. A　2. B

二、多项选择题

1. ABD　　2. ABC　　3. ABCDE

三、名词解释

1. 保教工作计划:为了实现幼儿园保教工作目标和任务,确定在计划期内,对保教工作的内容、措施等问题进行合理安排,进而设计达到目标的具体行动方案。

2. 幼儿园保教工作管理的过程:就是制订和执行保教工作计划以及检查和总结保教工作的过程。

3. 幼儿园教科研工作:是以保教人员为主体,以保教实践为基础,有目的、有计划地运用教育规律与教育原则,用科学的方法,解决保教工作中的实际问题,提高保教工作质量的研究活动。

四、简答题

1. 答:

(1) 建立和完善幼儿园保教工作组织系统。

(2) 建立健全幼儿园保教管理制度。

2. 答:

(1) 保教工作计划的制订。

(2) 保教计划的执行与检查总结。

3. 答:

(1) 更新保教管理观念,加强幼儿园管理制度建设。

(2) 强化培训,提高幼儿园保教人员的综合素质。

(3) 规范管理,切实提高幼儿园保教质量。

(4) 调整管理思路,推进保教结合工作的具体落实。

五、论述题

1. 答:

(1) 在环节管理中,精心设计,确保高效顺畅。

① 优化活动设置,实现一日活动流程的有效平衡。幼儿园应依据不同年龄班、不同季节、幼儿发展需要进行不同的活动作息安排。

② 合理安排工作时间,实现一日活动中保教人员的有效配合。

③ 关注操作细节,实现一日活动的有益开展。

④ 融合过渡环节,实现一日活动环节的有机衔接。

(2) 人员管理中,明确责任,确保教师、保育员密切合作。

在保教过程中,带班教师、配班教师及保育员需密切配合。要做到真正的三位一体,首先要强化教师保育意识,让教师了解保育员的工作职责;其次,要提高保育员的参教意识,让保育员明确教师的教育要求。

(3) 环境管理中,用心营造环境,为一日活动的开展创设适宜的空间氛围。

2. 答:

(1) 教科研活动有利于提高教育质量。

幼儿园教科研工作是以保教人员为主体,以保教实践为基础,有目的、有计划地运用教育规律与教育原则,用科学的方法,解决保教工作中的实际问题,提高保教工作质量的研究活动。教科研活动针对性强,主要是解决教育实践中存在的问题和难题。通过研究可以改进工作效果,促进教育与教学活动质量的提高。

(2)教科研活动有利于促进教师业务水平的提高。

教师的业务水平直接影响着幼儿园的教育质量。教科研活动是提高教师业务水平的重要途径。教科研活动增强了教育工作的目的性、指向性,教师的理论水平和实践能力也得到了提高。

(3)教科研活动可以激发教师的敬业精神。

研究总是围绕一定的问题展开,问题常常会引起人们的关注,激发人们的兴趣,人们会不断地寻求解决问题的办法。当问题解决后,会给人们带来极大的乐趣,这种乐趣会变成新的动力,促使人们进一步去研究。

六、做中学

略

第六章 幼儿园健康和安全管理

学习目标

理解幼儿园健康工作管理的意义，掌握幼儿园健康工作管理的内容及措施；理解幼儿园安全管理的意义，掌握幼儿园安全管理的内容及安全管理的措施。

建议学时

6 学时。

案例导读

幼儿园的健康管理工作是贯彻幼儿园工作以预防为主的方针，实现培养目标和落实《幼儿园教育指导纲要(试行)》的重要保障。以下案例反映了教育行政部门对幼儿园食品安全工作的重视，可通过本章内容深入学习幼儿园健康管理与安全管理的理论与有关规定。

案例 6-1

幼儿园餐饮工作人员业务培训

为增强餐饮工作人员的食品卫生安全意识，提升食堂服务质量，使日常的工作更规范、更熟练，让幼儿生活在安全健康的环境里，某省举行“幼儿园餐饮服务专职人员食品安全工作培训”活动。通过学习培训，受训学员认识到，幼儿的食品卫生安全是幼儿园卫生保健工作的重中之重，一定要严格按照规范进行操作，卫生、消毒严格把关，充分保障孩子们的饮食安全。

分析：

“生活无小事，细节定成败。”“严把入口关”是幼儿园食堂工作人员坚守的原则，需要工作人员加强学习、提高认识、注重细节，深入贯彻落实卫生部门的管理规定，不断提升幼儿园食堂管理的质量，切实保障幼儿与教师的餐饮安全。

第一节 幼儿园健康工作管理

一、幼儿园健康工作管理的意义

幼儿园的健康工作管理是贯彻幼儿园工作以预防为主的方针，实现培养目标和落实

《幼儿园教育指导纲要(试行)》的重要保障。幼儿正处在生长发育的关键时期,此时他们生长发育迅速,但身体尚未发育完善,适应环境的能力和对疾病的抵抗力不足,因而,加强幼儿园健康管理工作,促进幼儿身心健康和谐发展,也就成为了幼儿园工作的重要组成部分。

健康工作管理是对个体或群体的健康进行全面监测、分析、评估、提供健康咨询和指导以及对健康危险因素进行干预的全过程,旨在调动个人及集体的积极性,有效地利用有限的资源以达到最佳的健康效果。

幼儿园健康工作管理是为保证幼儿和教职工身心健康发展而提供积极的健康服务和良好的健康教育,并对危害个人或人群健康的因素进行预防、干预的过程。

1. 幼儿园健康工作管理有利于幼儿身心健康成长

幼儿生长发育迅速,可塑性大,活动欲望强烈;身体各个组织器官尚未发育完善,娇嫩柔弱,身体形态结构没有定型;自我保护意识薄弱、保护能力差,心灵稚嫩脆弱。这就决定了幼儿园管理者一定要注重幼儿的合理饮食、充分睡眠和适当的体育锻炼,以促进他们身体健康发育和成长。除了幼儿身体保健外,还要注重幼儿的心理健康。大量实验案例表明,幼儿心理健康是实现个体和谐发展的基本条件,是提升其智能素质、品德素质和审美素质的基础。离开了心理健康,幼儿不可能专心学习,也不可能尽情游戏,更谈不上其他素质的充分发展。所以,抓好幼儿心理健康管理工作,有利于孩子养成活泼、开朗、乐群的健康心态,促进其社会适应性的提升;有利于呵护幼儿稚嫩的生命,促进他们身心健康发展。

2. 幼儿园健康工作管理有利于幼儿可持续发展

幼儿期是人的一生中身心发展尤其是大脑结构和机能发展最为旺盛的时期,更是良好生活习惯形成的关键期。在这个阶段,儿童极易接受外界刺激,而且形成的一切是非常牢固的。好的生活习惯不仅关系到幼儿的身体健康,而且关系到幼儿的自信心、意志品质、交往能力等方面的发展。这一时期一旦养成良好的生活习惯,能让孩子终生受益。

注重幼儿健康管理,旨在为孩子的一生发展和终身幸福奠定良好的基础。因为在孩子早期教育中形成的健康信念和生活方式将对他们日后的生活质量产生积极的、恒久的影响。只有注重幼儿健康管理,才能为孩子的一生发展和终身幸福奠定基础。

3. 幼儿园健康工作管理有利于提高幼儿园办园水平

《幼儿园教育指导纲要(试行)》(以下简称《纲要》)明确要求:“幼儿园应该把保护幼儿的生命和促进幼儿的健康放在教育工作的首要位置。身体的健康和心理的健康是密切相关的,要高度重视良好人际关系对幼儿身心健康的重要性。”幼儿园是集体保育和教育的机构,在集体中幼儿接触的人多,交叉感染的机会多,再加上幼儿对疾病的抵抗力低,各种传染病极易蔓延。为了保证全体幼儿的健康,幼儿园必须将卫生保健工作放到重中之重的位置,采取卫生保健及安全措施,给幼儿提供健康成长的环境。

抓好幼儿健康管理工作,可以有效转变教师的教育思想和教育行为;可以带动幼儿园物质环境的改善和人际环境的优化;可以推动和促进语言、社会、科学、艺术等领域的教育内容和活动方式的改革;可以构建起以幼儿园为主的新型家园合作关系。总之,优化幼儿园健康管理,能有效推动幼儿园全局工作的开展,提高管理质量,提升办园水平。

二、幼儿园健康工作管理的内容及措施

（一）环境管理

幼儿园环境是指幼儿园为了促进幼儿身心发展所必须具备的一切物质环境和精神环境的总和。幼儿的成长离不开环境，环境对幼儿发展的影响是极其深远的。《幼儿园工作规程》强调要“创设与教育相适应的良好环境，为幼儿提供活动和表现能力的机会与条件”，也就是要求良好的环境创设应紧紧围绕教育目标，实现物质环境和精神环境的有机统一。

物质环境是指园所建筑、布局等，如周边环境、建筑风格、花圃草坪、林荫斜径、教育设施、教玩具布置等。精神环境包括生活氛围、人际关系、精神风貌、规章制度等。

幼儿园环境管理应遵循以下原则。

1. 安全性原则

幼儿园建筑设计及使用应遵循安全卫生原则，建筑物要坚固，没有危房或潜在危险，设备装置应符合安全标准，如用电安全、防火安全、防盗等。环境设计应符合卫生保健要求，如房舍采光、通风良好，人均占地面积符合要求，器械玩具的材质和结构安全健康等。

2. 教育性原则

幼儿天性好动，精力充沛，对环境充满好奇且倾向于通过具体的经验来学习，而非经由抽象的经验。满意的建筑与设备对于儿童的发展具有挑战性，短缺设备、用具可能剥夺幼儿部分学习的机会。因此，幼儿园环境应能吸引儿童积极参与活动，通过发现、探索、创造、实验及观察的喜悦而获得经验。

3. 多样性原则

儿童的成长和发展需要是多方面的，所以要求幼儿园提供多种类型的用具及设备，如发展大肌肉的运动设备：秋千、滑梯、攀爬具、跷跷板、浪木、转椅、摇船、平衡板、吊环、直跑道等；发展各种感觉经验的沙水区和动植物区。

（二）健康管理

健康管理更多地是指对幼儿个体健康的保证，主要包括疾病预防、身体锻炼、心理健康与身体健康的检查与评估等方面。幼儿的健康与幼儿园对健康的管理关系密切，一般而言，重视健康管理的幼儿园，卫生保健工作做得比较好，幼儿健康的达标率也较高。可见严格健康管理是十分必要的。

1. 疾病预防

幼儿园要贯彻“预防为主”的卫生工作方针，建立预防接种、消毒隔离、体格检查、环境和个人卫生等制度，完善各种防病措施，降低发病率，提高幼儿的免疫力，保护幼儿的生命和健康。幼儿年龄小，抵抗力弱，容易感染传染病。幼儿园孩子过着集体生活，彼此接触频繁，一旦发生传染病，容易爆发和流行。因此，做好疾病预防工作是幼儿园健康管理的重要内容。

（1）控制传染源：及早发现病人和可疑者，管理控制好传染源，这是预防传染病的重要措施。这样做可以使传染病限于较小范围或个别幼儿身上，不致造成流行。幼儿及工作人员在进入幼儿园之前，都必须进行体格检查，调查其是否与传染病患者有过接触，接触传染病后是否已过隔离期等。每年应定期进行体格检查，同时，幼儿园要加强晨、午、晚间检查，发现病人或带菌者，应延缓入园或隔离治疗。

（2）切断传染途径：要注意室内通风换气，尽量减少空气中的尘埃；在平时的健康教育中，要培养幼儿用鼻呼吸的卫生习惯；处处注意个人卫生、饮食卫生和环境卫生，防止病从口入。

（3）提高幼儿对传染病的抵抗力：在幼儿园要加强执行生活制度，使幼儿生活有规律。保证幼儿膳食质量，增强幼儿体质；让幼儿尽量多地在户外活动，提高幼儿身体抵抗力；要有合理的室内通风换气制度和设备；要利用自然因素如日光、空气和水进行锻炼，提高幼儿机体的抵抗力；要根据传染病流行季节和各种疫苗的有效免疫期定期对幼儿实施预防接种，以提高幼儿对疾病的免疫能力，并建立预防接种卡片制度。

（4）加强对幼儿家长的卫生宣传教育：保育员要经常向家长进行卫生宣传教育。此举不仅可以使家长了解预防疾病的知识，还可以让家长重视幼儿集体预防的要求。此外，家长也有责任向幼儿园说明家庭中已有某种传染病患者，及时对幼儿进行隔离观察，以避免传染病在幼儿园中流行。

2. 身体锻炼

幼儿正处在生长发育阶段，各器官、组织发育都不完善，调节机能较差，对自然环境的适应能力也较差，容易因自然因素的变化而影响健康。因此，引导幼儿科学地锻炼身体成为卫生健康管理工作不可缺少的内容。

幼儿的体格锻炼要遵循循序渐进的原则，要有步骤、有计划地进行，注意掌握运动量，锻炼强度要由小到大，持续时间由短到长，要持之以恒，逐步形成良好的健康运动习惯；要注重采用多种方法，综合运用各种锻炼方式，将锻炼与生活相结合，动作训练与游戏活动并举；要注意提高锻炼的质量，运动量既不能太大，也不能过小，控制和调整好幼儿的运动量，逐步增进其活动水平和能力，达到增强体质的目的。

3. 心理健康维护

心理健康维护的任务是：了解幼儿心理特点，对幼儿心理健康与幼儿园的教育、生活环境的相互关系进行研究，找出影响幼儿心理健康的因素，提出相应的标准和卫生要求。幼儿园要将心理健康工作纳入幼儿园管理的议事日程，积极开展心理健康教育活动，使心理保健的思想深入人心；按照心理卫生的要求指导幼儿园的工作，创造和谐愉快的教育、生活环境，使幼儿的智力开发、人格完善、品格塑造互为补充，维护和增进幼儿的心理健康。

为了保证幼儿的心理健康，幼儿园应该有针对性地制订相应的计划，制定相关的制度，使幼儿的心理健康工作得以落实。

4. 健康检查和评估

健康检查是指对幼儿进行定期和不定期的体格检查。体格检查是对幼儿的健康发育状况进行全面的评价。通过全面、系统的检查，了解幼儿的生长发育和营养状况是否达到正常标准，以便尽早发现幼儿的疾病和生理上的缺陷，进行及时治疗和矫正。

一般而言，幼儿入园前要进行一次健康检查，了解幼儿生长发育及健康状况，以判断幼儿是否适合过集体生活。同时经过检查可以防止将传染病带入幼儿园。幼儿入园后要定期检查。定期检查的目的是：第一，全面了解幼儿生长发育情况，掌握幼儿的身体发育是否符合年龄标准，智力发展是否正常；第二，发现问题及时给予矫正。对那些营养不良、易生病的幼儿要进行精心的照顾和管理，并采取相应的防治措施；要建立管理卡片、专案资料；对于智力发育偏缓幼儿的身心健康发展要格外关注。另外，要做好晨、午、晚的检查，如发现幼儿身体不适，应量体温，发现可疑传染病者，应立即隔离观察。在做好晨、午、晚检查的同时，还要随时注意观察幼儿的神态、食欲、睡眠、大小便，在传染病流行期间，更要注意幼儿的健康情况，以便早发现、早隔离、早治疗。

（三）生活活动管理

幼儿生活管理的重要意义在于，使幼儿在每日的生活活动中得到细致的照顾和科学的健康教育，同时引导幼儿在生活中学习。① 幼儿生活活动是指幼儿在幼儿园进餐、午睡、盥洗、排泄、整理等。这几个生活环节是幼儿一日生活的重要组成部分。幼儿各种生活卫生习惯、劳动态度和自理能力、责任感及社会性行为规范的养成，很多是在生活活动中完成的。管理好幼儿的生活能够促进幼儿的健康。根据幼儿生理和心理的特点，合理地组织生活，防止神经细胞疲劳，使幼儿学习时精力集中，吃饭时全神贯注，游戏时精力充沛、愉快，睡眠时按时入睡。幼儿吃好、睡好、玩好、情绪愉快，就有利于身体健康。按时作息有利于培养幼儿良好的生活习惯，培养幼儿积极自学的习惯，促进幼儿的心理健康，②提高幼儿的生活质量。

幼儿的生活质量是指物质生活和精神生活的总体质量，是客观条件和幼儿对生活的主观感受的统一，包含着幼儿从生活中得到的满足程度以及对生活的感受和评价。提高幼儿的生活质量就是保障幼儿的健康，改善幼儿的生活，提高其身心发展水平，使幼儿享受到愉快的生活和幸福的童年。③ 幼儿园应关注幼儿的生活质量，树立正确的生活质量观。体现在教育实践上，关注幼儿的生活质量就是要关注幼儿当时当下的生活，承认幼儿期有其独特的价值，同时关注幼儿作为一个独立的个体的发展，让幼儿在接受教育的同时，享受快乐的童年。

为管理好幼儿生活，提高幼儿生活质量，应做好以下工作。

1.建立科学的生活制度

幼儿园应参照教育行政部门和卫生部门制定的卫生保健制度，根据儿童年龄特点，考虑儿童在园时间的长短、季节等因素，制定适宜的生活作息制度，合理地安排幼儿一日生活中各项活动的顺序和时间。实践表明，正确的作息制度是组织好幼儿生活的基础。

（1）根据幼儿的年龄特点来规定进餐、睡眠、游戏、上课和户外活动的时间。对不同年龄的幼儿，各项活动的时间要求也不同。年龄越小，上课的时间越短，休息、户外活动和睡眠的时间则越长。因此，各年龄班应有自己的作息时间表。

（2）安排幼儿生活作息制度要动静结合，不同类型的活动要交替进行。活动量大的与活动量小的要配合进行，动静不同类型的活动可交错安排，这样可使身体各部分得到交替休息，以防止神经细胞和肌肉的疲劳。

（3）结合季节变化做适当调整。如夏季白天长，夜晚短，早晚天气凉爽，早晨可提前起床。晚上推迟上床，中午延长午睡时间；冬季白天短，夜间长，早晚气候寒冷，则可早上晚起床，晚上早上床，缩短午睡时间。进餐和其他活动时间，也需要随季节变化相应变动。

（4）做到一般与个别照顾相结合。对体弱多病、有生理缺陷的幼儿要给予个别照顾。如气候变化时要先给体弱幼儿增减衣帽，睡眠时先让年龄小、体质差的幼儿上床，活动时，注

---

① 张燕.学前教育管理学[M].北京：北京师范大学出版社，2009：169.

② 张燕，邢利娅.幼儿园组织与管理[M].北京：北京师范大学出版社，2000：178.

③ 邢利娅.幼儿园管理[M].北京：高等教育出版社，2010：141.

意不要使他们过度疲劳。

资料链接 6-1

幼儿一日生活管理制度

1. 遵照“规程”的要求及各班幼儿的生理和年龄特点，科学合理地安排幼儿一日生活作息时间。

2. 全园工作人员必须严格遵守一日作息制度，按一日生活的各个环节、要求准时开展各项活动。

3. 保证幼儿每天有 2 小时户外活动，其中 1 小时为体育活动，并坚持游戏活动的开展，注意活动的密度、强度要适宜。

4. 保证幼儿各项活动的时间，不要拖长某项活动时间而影响其他活动的进行。

5. 严格执行幼儿园规定的午睡、起床时间，不得提前上床、延迟起床。

6. 保证幼儿按时进餐，开饭不提前，不错后，培养幼儿良好的进餐习惯，不催饭，不拖长时间。

7. 保证幼儿的饮水、排便次数，除每天上、下午各安排三次饮水外，允许幼儿根据需要随时喝水和排便。

8. 园领导对幼儿作息制度执行情况及时督促检查，违反者按奖惩制度处理。

某幼儿园提供

2. 平衡营养膳食

合理的营养膳食是促进幼儿生长发育的物质基础。幼儿的生长发育较快，新陈代谢旺盛，生长发育和生活活动所需要的营养物质和能量较多。营养主要来自食物，食物能供给人体生长发育所必需的营养，以维持人体的正常活动，合成和修补机体的组织，调节生理机能，保证各器官的正常活动。但是幼儿消化机能较弱，所以必须给幼儿容易消化的、体积小而营养丰富的食物，才能充分满足幼儿生长发育的需要。

(1) 制定合理的膳食制度：规定进餐的次数、时间以及各餐的热量分配。只有膳食制度合理，才能保证进餐和消化过程协调一致，促进各种营养素的吸收。膳食制度的制定，要考虑各年龄阶段幼儿消化系统发育的特点，考虑胃容量和胃排空时间，同时还要考虑幼儿实际活动情况和当时当地的膳食习惯。膳食制度一经确立，就应严格遵守，不得随意更改。

(2) 计划膳食：就是将食物按营养需求有计划地调配，从而保证合理营养的实现。计划膳食应根据用餐对象的特点选择食物，并使食物在数量上、质量上符合营养要求；还要根据伙食费的多少，结合当地市场的供应和价格等情况，合理调整每月的收支，力争做到收支平衡；应尽量安排含各种营养素而又易消化吸收的食物，食物的烹调花样要多，营养搭配，尽量减少营养素的损失。

(3) 定期计算：即定期计算幼儿进食量和营养摄取量，进行烹调指导和监督。首先计算每人每日从膳食中所摄取的各种营养素量（根据有关的公式进行计算）；其次要进行膳食评价，包括对幼儿各种营养素一日摄入量的评价、对热能食物来源分布的评价、对蛋白质食物来源分布的评价等。

（四）健康教育指导

幼儿园健康管理还包括对教育者与幼儿健康教育的指导，从而增强健康工作的主动性和自觉性，使卫生保健工作更有效。

健康指导对象为教师与幼儿。

1. 幼儿健康教育管理

幼儿园健康教育不仅要提高幼儿健康知识水平，改善幼儿对待个人健康和公共卫生的态度，培养幼儿有益于个人、社会健康的行为和习惯，还要密切关注幼儿的心理健康，培养幼儿乐观、自信、坚强的品格，引导幼儿正确处理人与人之间的关系。总而言之，幼儿园健康教育是以实现幼儿的身心健康为目标，全面提高幼儿对健康的认识水平，培养幼儿的良好习惯所实施的教育，为幼儿未来的健康生活奠定坚实的基础。

（1）明确健康教育的目的和任务

幼儿园的“健康教育”要以实现幼儿的身心健康为目标，提高幼儿对健康的认识水平，帮助幼儿逐步形成有益于健康的行为和习惯，提高自我保健和自我保护的意识和能力，促进其身心和谐健康发展，帮助幼儿逐渐学会以健康的方式生活。

对幼儿进行健康教育首先是健康知识的传授，要让幼儿知道什么是健康，如何才会健康，懂得为什么要这么做，该怎么做；其次，对幼儿进行健康态度与健康意识的培养，让幼儿有健康意识才能，使行为有动力，促进身心和谐、健康发展；再次，进行健康行为和健康习惯的培养，帮助幼儿逐渐从学习到学会以健康的方式来生活。

（2）健康教育的基本内容

① 生活卫生教育。主要目的是帮助幼儿获得日常生活中必须的、基本的生活知识和卫生知识，培养幼儿良好的生活习惯、卫生习惯和初步的生活能力，逐步提高幼儿自我保健的意识和能力，使幼儿逐步学习以健康的方式来生活。如个人卫生习惯的培养；基本生活能力的培养；健康生活方式的教育；保持环境整洁的教育及预防保健的教育等。

② 安全教育。主要是帮助幼儿获得和掌握日常生活中最基本的安全知识和技能，使幼儿逐步懂得爱护自己和他人，不断增强幼儿的自我保护意识和能力。如生活活动的安全教育、交通安全的教育、自救自护的教育等。

③ 身体锻炼。利用体育器械或自然物（阳光、水、空气）进行身体锻炼，激发幼儿参加体育活动的兴趣，培养幼儿积极锻炼身体的良好习惯，增强幼儿体质，提高幼儿适应自然的能力；同时还可以通过体育活动让幼儿了解基本的体育卫生知识，培养幼儿勇敢、不怕困难等良好的心理品质。

④ 心理健康教育。培养幼儿良好的心理品质，增强幼儿的心理耐受力，提高幼儿对社会生活的适应能力。包括：情绪情感的教育、良好个性的培养、社会适应能力的培养、性教育等方面。

（3）选择适宜的教育方式和途径

幼儿健康教育的方法一般有观摩、共同讨论、自我学习、动作技能练习、感知体验等，《纲要》要求，“既要高度重视和满足幼儿受保护、受照顾的需要，又要尊重和满足他们不断增长的独立要求，避免过度保护和包办代替，鼓励并指导幼儿自理、自立的尝试。”孩子们都喜欢“寓教于乐”的教育方法，因此教师应根据幼儿的身心特点及健康教育的内容选择具有多样性、趣味性和针对性的教育方法和途径。

资料链接 6-2

健康教育制度

1. 保健医生和保教管理人员通过幼儿园各种会议、园本培训、发放资料和健康咨询，对幼儿园教职人员进行疾病防治、健康科普知识教育，培训护理幼儿和应急救护的技能。

2. 教师和保健医生通过游戏、教学活动、外出参观和观看科教电影等途径，向幼儿进行卫生保健宣传和健康教育，培养幼儿自我保护意识、自我保护能力、健康意识和良好的卫生习惯。

3. 幼儿园和保健医生通过家长宣传栏、幼儿园网站、家长学校讲座、家长座谈会、发放宣传资料、电话交流、面对面的咨询指导等途径，向家长进行预防幼儿常见病、传染病、培养幼儿良好卫生习惯的宣传教育，传授健康教育经验。

某幼儿园提供

2. 幼儿园教师健康管理

(1) 幼儿园教师健康管理的意义

由于幼儿特殊的年龄特征，他们对教师具有极强的依赖性，这就构成了幼儿园教师压力的主要来源。同时随着课程改革的深入和社会对幼儿园教育期望值的提高，幼儿园教师的精神压力不断增加，越来越多的幼儿教师身心健康受到威胁，这必须引起幼儿园管理者的高度关注。

幼儿园必须加强教职员工的健康管理，提高教职工的身心素质，使其精力充沛地投入到工作中。同时，通过关心教职工健康，使其获得归属感，提高工作热情。

(2) 幼儿园教职工健康管理的实施策略

① 提高认识是实施健康管理的前提①

首先，管理人员必须认识到健康管理的重要意义，制定的办法和策略行之有效。管理人员作为权力、资源的供给方，必须采取支持与鼓励的态度，使健康管理从理论转化为现实。

其次，操作层面上的负责人必须认识达成一致。健康管理是团队合作的结果，这就要求，作为健康管理者，要团体内在认识上达成一致。一般来说，健康管理的实际管理者是幼儿园的保健室人员。幼儿园的管理者必须同他们在认识上达成一致。

最后，要在健康管理对象层面上进行全面的宣传教育，消除不必要的疑虑。教职工健康管理，实际涉及了三个层面：资源供给层面（管理层）、实际操作者层面（保健人员）、被管理人群（受管理的全体教职工）。所以，必须要得到教职工的全面理解，才能使工作畅通无阻，也才能从根本上使教职工的健康得到重视，真正形成教职工与园方双赢的可持续发展局面。

② 教职工健康管理实施的流程

健康管理的具体流程包括档案建立及归档（原始资料的采集）、相关健康活动的开展（健康资讯宣传、普及、团队健康活动、心理筛查）、有益的个人与群体健康预防干预措施、制度形成、理论提升等。

---

① 卢悦明.幼儿园教职工健康管理的意义及其实施策略[J].教育导刊,2010(11):59

其中,资料收集分为两部分的内容,即个人健康档案表的填报与近期个人健康报告的备份。个人健康档案表,是一份由实际操作者设计,教职工亲笔填写的原始文字性资料。档案表的设立目的是使教职工具有自主参与健康管理的意识,并主观真实地回应相关健康问题,但应注意保护参与者的隐私权。近期个人健康报告的备份,就是从客观上证实教职工现阶段的个人健康状况。

在资料收集完毕后,根据资料显示的数据来确定健康管理的内容,一般来说,包括教职工职业病、家庭幸福感测试、团体心理咨询、团体辅导等健康活动。此为健康管理的初级阶段。

在初级阶段成熟以后,应将健康管理的重点转移到向教职员工渗透健康观念上,并在此基础上建立教职工个人健康"手册",最终形成年度单位教职工健康状况汇总,根据年度教职工的健康状况汇总,可以对幼儿园教职工健康变化进行分析,从而为健康管理提供依据

第二节　幼儿园安全工作管理

一、幼儿园安全工作管理概述

生命与健康是一个人获得生存与发展、快乐与幸福的第一条件。对于幼儿来说,身体的生长发育、智力的开启发展、未来的成人成才,都必须以生命的存在、身心的健全为首要条件。

与婴儿相比,3~6 岁的儿童逐渐脱离精心呵护的家人,走出家门迈入社会,他们的活动范围、自由时间、接触人员、自主意识、独立活动等方面不断扩大、增强。与此同时,他们的生命、身心受到各种潜在伤害的机会、可能性也在不断扩大、增加。脱离了成人的监护,缺少了成人的指导,幼儿的生命与健康都将面临危险。所以说,幼儿是社会成员中最脆弱、最易受到伤害的群体。所以,幼儿园安全问题是摆在每一位幼教工作者面前的头等大事。《幼儿园教育指导纲要(试行)》也明确指出:"幼儿园必须把保护幼儿的生命和促进幼儿的健康放在工作的首位。"幼儿的生命安全和健康成长,关系到千家万户的幸福和社会的安宁,关系到国家长远发展和民族的未来。

二、幼儿园安全工作管理的内容

(一)幼儿园安全事故的预防

所谓幼儿园事故,一般是指入园幼儿在幼儿园期间和园集体活动时,所发生的人身伤害事故。它主要是指幼儿在幼儿园中发生的人身伤害事故,也包括虽不在园内,但是在幼儿园组织的活动(如春游、秋游、节假日的庆祝活动等)中发生的人身伤害事故。幼儿园事故发生的范围、种类是极其复杂的,有的与设备、设施有关;有的与教职工的保育、教育有关。

幼儿园安全事故大致可以分为以下几类。

(1)幼儿游戏时受伤。这种情况一般都是意外事故引起的,即便教师在现场,幼儿的伤害也是不可避免的。幼儿在活动中很难对自己的行为进行有效的控制,活动时不小心绊倒、相互之间的碰撞以及其他的伤害都是不可避免的。但教师如没有尽到自己的义务,就很难证实自己是没有过错的。

案例 6-2

疏忽带来的结果

某幼儿园大班中午午睡前，教师在活动室督促幼儿收拾整理游戏材料，先去寝室的几名幼儿在过道玩，一幼儿不小心摔倒在地上，其他幼儿赶紧告诉当班老师，教师立即检查，发现其没有外伤，两只胳膊也能动，幼儿也没有异常反应，便安抚其入睡；交接班时，由于教师疏忽，未曾将情况告知下午班的教师，幼儿起床时，下午班的教师发现该幼儿穿衣服时抬不起胳膊，教师翻开衣服发现右肩处红肿，随即将幼儿送医务室，保健医生检查后，建议马上到附近医院拍片检查，经检查，该幼儿锁骨骨折。之后，通知其父母，父母将幼儿领回，于第二天向幼儿园提出幼儿住院的要求。

分析：

首先，该教师擅离岗位，没有尽到一个幼儿园教师的责任，所以才造成严重后果；其次，在伤害发生后，教师对幼儿的伤后处理方式太随意，缺乏基本的保育、保健知识，致使病情延误。

选自百度文库

（2）因教学设施引起的事故。如滑梯、攀登架、蹦蹦床、秋千、跷跷板等大型的玩具年久失修，存在着安全隐患，一旦发生事故，幼儿园必须承担相应的责任。幼儿园如未及时更换已经陈旧老化的器械，形成事故隐患，而教师又未尽职尽责，很容易发生事故。

（3）因接送和门卫制度不完善引起的事故。首先从值班老师的角度看，有很多因素会影响接送的安全，如老师生病，临时有事等。其次接送人也可能造成安全事故：如当幼儿的接送人比较多的情况下，会增加值班老师的确认难度。接送制度不完善还有可能造成幼儿走失。幼儿走失多属幼儿园管理的失误，门卫制度的不完善可能导致不法人员侵入，造成严重后果。

（4）幼儿园组织校外活动引发的事故。外出活动时，假如组织不严密，教师思想上麻痹大意，偶发事件将会不期而遇。

（5）幼儿自身原因所导致的事故。有关调查发现，在 3~6 岁幼儿中有近一半的孩子没有一定的安全意识，有一成的孩子安全意识极其薄弱，对生活中可能出现的危险缺少应有的防范，不知道躲避风险。

（二）幼儿园安全教育

幼儿园安全教育是家长和幼儿园的重要工作。

对幼儿进行安全教育，必须根据幼儿的身心发展水平和特点来进行。在教育方法上，教师可采取示范与讲解相结合的方式，注意正面引导和随机教育，把安全教育落到实处。对幼儿进行的安全教育，大致包括以下几个方面。

1. 交通安全教育

据有关部门统计，全国交通事故平均每 50 秒发生一起，平均每 2 分 40 秒就会有一个人丧生于车祸。更让人痛心的是，因交通事故死亡的少年儿童占全年交通事故死亡的 10%，且呈逐年上升的趋势。因此，对幼儿进行交通安全教育不容忽视。

2. 消防安全教育

对幼儿进行消防安全教育，主要包括：① 让幼儿懂得玩火的危险性。② 让幼儿掌握简单的自救技能。如教育幼儿一旦发现火情要马上逃离火灾现场，并及时告诉附近的成人。当发生火灾，自己被烟雾包围时，要用防烟口罩或干、湿毛巾捂住口鼻，并立即趴在地上，在烟雾下面匍匐前进。③ 带幼儿参观消防队，看消防队员的演习，请消防队员介绍火灾的形成原因、消防车的作用、灭火器的使用方法及使用时应注意的事项等。另外，可以进行火灾疏散演习，事先确定各班安全疏散的路线，让幼儿熟悉幼儿园的各个通道，以便在发生火灾时，幼儿能在教师的指挥下统一行动，安全疏散，迅速离开火灾现场。

3. 食品卫生安全教育

幼儿大多爱吃零食，也喜欢将各种东西放入口中，因而容易引发食物中毒。幼儿园除了要把好食品采购、储藏、烹饪关等，还必须教育幼儿不吃腐烂的、有异味的食物。幼儿在幼儿园误食有毒有害物质的情况多种多样，如园内投放的各种彩色包装的毒鼠药，因教职工工作失误而误放在饮料瓶中的消毒药水等，都可能被幼儿误食。因此，教职工在平时要教育幼儿不随便捡食和饮用不明物。饮食安全教育的另一方面是饮食习惯的培养。如教育孩子在进食热汤或喝开水前必须先吹一吹，以免烫伤；吃鱼时，要把鱼刺挑干净，以免鱼刺卡在喉咙里；进食时不嘻笑打闹，以免食物进入气管等。

4. 防触电、防溺水教育

触电是日常生活中比较常见的意外伤害，少年儿童因触电而死亡的人数占儿童意外死亡总人数的10.6%。对幼儿进行防触电教育，首先要告诉幼儿，不能随便玩电器，不拉电线，不用剪刀剪电线，不用小刀刻划电线，不将铁丝等插到电源插座里等。其次，要告诉幼儿，一旦发生触电事故，不能用手去拉触电的孩子，而应及时切断电源，或者用干燥的竹竿等不导电的东西挑开电线。

溺水，在少年儿童意外死亡原因中所占比例最大。对幼儿进行防溺水教育，一是要告诉幼儿不能私自到河边玩耍；二是不能将脸闷入水中；三是不能私自到河里游泳；四是当同伴失足落水时，要及时就近叫成人来抢救。

5. 玩具安全教育

幼儿在园的一日生活中，几乎有一半时间是在和玩具打交道。因此，对幼儿进行玩具安全教育十分重要。幼儿玩不同的玩具，应有不同的安全要求。如玩大型玩具滑梯时，要教育幼儿不拥挤，前面的幼儿还没离开时，后面的孩子不能往下滑；玩秋千时，要注意坐稳，双手拉紧两边的秋千绳；玩跷跷板时，除了要坐稳，还要双手抓紧扶手，等等；玩中型玩具游戏棍时，不得用棍去打其他幼儿，特别是头部；玩小型玩具玻璃球时，不能将它放入口、耳、鼻中，等等。

6. 生活安全教育

幼儿园要充分利用安全教育月和安全主题教育等契机，根据幼儿不同的年龄特点，开展丰富多彩、生动形象的安全教育活动。这一类的安全教育，必须家园配合，同步进行。为了孩子的安全，成人要教育孩子不随身携带锐利的器具，如小剪刀等。在运动和游戏时要有秩序，不拥挤推撞；在没有成人看护时，不能从高处往下跳或从低处往上蹦。要告诉幼儿不爬树、爬墙、爬窗台，不从楼梯扶手上往下滑。推门时要推门框，不推玻璃，手不能放在门缝里。乘车时不在车上来回走动，手和头不伸出窗外。上下楼梯要靠右边走，不推挤。不轻信陌生人的话，不跟陌生人走等。不随意开启家中电器，特别是电熨斗、电取暖器等；不玩弄电线与插座；不独自玩烟花爆竹；不逗弄蛇、蜈蚣、蝎子、黄蜂、毛毛虫、狗等；打雷闪电时不站在大树底下，等等。

幼儿园的安全教育形式多种多样，但不管采取哪种形式，都必须将安全教育渗透在幼儿一日生活的各个环节，只有这样，才能真正让幼儿树立起安全意识，达到安全教育的目的。

三、幼儿园安全工作管理的措施

（一）建立安全工作组织机构

1. 加强领导，成立机构

首先从加强领导，落实安全责任入手。成立以园长为组长、工会主席为副组长、幼儿园其他年级组长为成员的安全管理领导小组，强化幼儿园安全工作领导小组的职责，明确分工。

在管理上，由领导组下设的办公室具体负责日常工作；在制度上，坚持“谁主管、谁负责”的原则。围绕安全管理这一重点工作，建章立制，从根本上保证幼儿园工作的顺利进行。

其次，把幼儿园安全工作摆上重要议事日程，纳入年度工作计划，制订具体有效的安全工作计划，并认真执行。经常召开安全专题会议，分析安全工作存在的隐患与问题，研究制订具体方案和措施，促进幼儿园安全工作扎实推进。

2. 签订安全责任书

为确保安全工作责任的落实，建立健全安全工作责任制，每学期开学初，园长与各类人员签订安全目标责任书，使安全工作责任到人，实行层层负责的目标管理责任制，做到年初有计划、有部署，平时有督查、年终有总结。杜绝各类安全事故的发生。

（二）制订安全管理计划

“凡事预则立，不预则废”。幼儿园安全工作无小事，幼儿园管理者应根据预防为主的安全工作方针，按照岗位职责，严格制订安全工作计划，层层落实安全工作责任制，加强安全教育，强化监督检查，切实抓好幼儿园的安全工作，确保幼儿园教师和幼儿的安全，保证幼儿园教学秩序的正常开展。

资料链接 6-3

幼儿园安全工作计划

结合上级有关安全工作的会议精神并结合幼儿园的实际情况制订本学期的安全工作计划。

1. 领导重视，认识到位，是开展好幼儿园安全工作的有力保障。

幼儿园将继续建立健全由园长为第一责任人的幼儿园安全工作领导小组，把安全工作摆到幼儿园的主要工作议事日程中去。定期召开安全工作会议，落实安全责任和自查自纠责任，做到年初有计划、半年有小结、全年有总结。进一步完善幼儿园安全工作的网络机构。根据“谁主管，谁负责”的原则，使幼儿园的安全工作做到领导重视、组织完善、制度健全、职责明确，层层签订责任状，齐抓共管，为全园师生营造一个安全、安静、和谐、健康的学习和工作环境。

2. 加强幼儿园的内部管理，做好各项制度和措施的落实，把各项工作落到实处。

（1）“看好自己的门，管好自己的人”，本学年将进一步加强门卫的管理。监督好门卫人员执行门卫工作制度的情况，并经常检查门卫的来客登记盘问制度的落实情况，严禁社会闲杂人员进入幼儿园，以确保幼儿园正常的教学秩序。

(2) 坚持实行领导值班制。负责督促检查幼儿园的日常教学秩序、管理秩序和卫生、安全,以及幼儿的行为规范。以确保幼儿园的安全和正常秩序。

(3) 坚持以防为主,防治结合,"人防"和"技防"并举的原则,做好节假日值班安排和记录,确保幼儿园的财产安全。

(4) 重视幼儿园安全教育,采取讲座、参观、观看电影录像、演练、主题活动等多种形式,开展师生安全知识教育和培训,提高他们的安全意识,增强处理突发事件的能力。

(5) 消防安全是幼儿园安全工作中不可忽视的一个重要环节,幼儿园将严格遵照《消防安全管理制度》,根据上级有关部门的要求,对幼儿园重点部门的消防安全坚持"以防为主,以消为辅"的消防工作方针,做到技术规范、监督执行、经常检查、依法管理。对幼儿园化学药品、易燃易爆品做到专人专管,排除隐患,杜绝火灾、爆炸、中毒等重大事故的发生。

(6) 幼儿园安全教育工作领导小组成员要定期布置自查安全工作,实行安全工作自查制度,各部门、各人员要认真仔细地检查并做好记录,发现问题要及时报告、整改,排除安全隐患,防止事故发生,确保幼儿园师生人身安全和公共财产不受侵害。

(7) 幼儿园实施安全工作报告制度和重大事故报告制度,坚持每月月底向主管部门报告幼儿园安全工作情况。一旦发生重大事故,应在第一时间向上级主管部门报告,并积极争取时间,做到把损失降到最低。

(8) 幼儿园实施师生出游和园外集体活动申报制度,经主管部门审批同意后,由幼儿园领导对全园师生进行安全教育,并与各责任人签订安全责任书,确保出游和园外集体活动安全开展。

×年×月×日

××幼儿园

某幼儿园提供

(三) 完善安全工作管理制度

儿童的成长需要一个安全而舒适的环境,满足儿童的安全需要就是使儿童有足够的安全感。幼儿园应加强安全管理、检查和监督力度,严格执行安全管理制度,积极创造一个融洽、和谐、健康、安全舒适的良好环境,确保师生的生命安全。

安全管理制度是幼儿园开展安全工作的重要保障。幼儿园应加强幼儿园的安全管理,建立切实可行的幼儿园安全工作体系,落实分工负责制。幼儿园安全制度有"门卫制度""安全责任制度和检查制度""幼儿园保育员职责""幼儿园炊事员制度""幼儿园保健医生职责""幼儿园教师职责""幼儿园消防安全制度""幼儿园驾驶员教育制度""幼儿园车辆管理制度""用水用电用气等相关设施的安全管理制度""幼儿园接送制度"等。

1. 落实幼儿晨检制度

幼儿来园的第一个环节就是晨检,除检查身体状况外,还要检查幼儿是否携带危险物品,如小刀、小钉子、纽扣等,因为这些物品有时会对幼儿造成伤害,所以要消除这些安全隐患,要求保健医生(保健员)、教师要严格做好每日晨检工作,细致、认真地检查每一位幼儿的口袋、书包及手里是否有危险物品,发现问题及时处理。

2. 落实幼儿园安全保卫制度

建立安全工作领导机构,并设立保卫机构,配备专职保卫人员,建立幼儿园安全保卫工作的各项规章制度,建立门卫制度及职责,建立外来人员登记和验证制度。门卫由专职保安担任,明确幼儿园安全保卫职责,并具备保卫能力。

3. 落实幼儿园消防制度

认真落实幼儿园消防安全制度和消防工作职责,消防设施和器材要定期维护,保证有效使用,设置必要的消防安全标志。

4. 管理好幼儿园水、电、气、暖及有关设施

建立用水、用电、用气、采暖及户外大型体育器械等相关设备的安全管理制度,定期检查,及时维修和更换。

5. 加强食品卫生管理

认真执行《食品卫生法》等文件规定,严把食品原料采购关,幼儿园定点采购,从源头上把好食品卫生关;严把食堂仓库关,食堂仓库专人保管,双人双锁管理;按卫生保健要求做好每餐留样;炊事员定期进行身体检查;定期有效地进行预防投药和空气消毒,灭鼠除蟑,预防各类传染病的发生。

6. 加强对有害物品管理

对于有毒药品(如灭害灵、灭鼠药、消毒水等),应单独存放,妥善保管,专人负责,让幼儿远离危险,确保幼儿安全。加强对卫生药品的管理,保健室内药品、消毒物品等由专人负责,定期检查、及时更换过期的卫生用品。

7. 落实交接班制度

认真做好交接班工作,严格接送制度,家长需持接送卡接幼儿。

8. 落实安全工作登记及档案管理制度

建立安全工作档案,记录幼儿园日常安全工作、安全责任落实、安全检查、安全隐患消除情况,及时总结和改进安全工作。

资料链接 6-4

突发地震应急预案

1. 突发地震时,教职工要及时科学、正确地采取有效措施,进行引导、疏散、处理,实行以下应急求生方法。

(1) 如在上课时发生地震,不要惊慌失措,更不能在教室内乱跑或争抢着外出,靠近门的幼儿可以跑出门外,中间或后排的幼儿应尽快躲到课桌下。靠墙的幼儿要紧靠墙根,用物品或双手护住头部。

(2) 发生地震,如在寝室中,应及时躲到床下或桌下或房间内侧的墙角,用物品护住头部,千万不要去阳台和窗下躲避,等到地震停止再逃出室外。

(3) 如地震时已离开房间,千万不要地震一停就回房间取东西,以免造成伤害。

(4) 如在公共场所发生地震,不能惊慌乱跑,应随机应变,躲到附近的墙根、墙角、桌柜下等较安全的地方,注意保护头部。

(5) 如地震后被埋在建筑物中,应先设法清除压在腹部以上的物体,用毛巾、衣服捂住口鼻,防止窒息,注意保存体力,创造生存条件,等待救援。

2. 及时向县教育局和有关部门报告,迅速关闭、切断电源(应急照明系统除外)。

3. 组织人力协助消防部门搜救埋在建筑物中的师幼。

4. 对受伤师幼及时救治，必要时，及时送医院救治。

5. 了解受灾情况，及时上报县教育局和有关部门。

6. 采取切实有效措施，做好善后处置工作。

某幼儿园提供

（四）加强安全管理检查

检查工作是促进制度执行的一项保护性措施，管理者通过检查可以掌握工作的进展和质量情况，以及时发现问题、调整工作。

为强化安全意识，排除安全隐患，幼儿园可采用自查与督查相结合的方式做好安全检查工作。实现“防范安全无空人，管理安全无空当，安全教育无空地”。

（五）动员全社会的力量，确保幼儿园安全运行

幼儿园安全工作是个复杂的系统工程，需要全社会的参与。全社会必须树立为幼儿安全负责的意识，主动自觉地树立为所有孩子负责的意识，既要对自己的孩子负责，又要对全体幼儿负责。作为幼儿家长，当发现自己孩子生病、发烧时，应及时去医院诊治，需要隔离的要主动自觉地按医学隔离要求进行隔离；各类商贩应自觉自律，不向幼儿出售“三无”产品；成人在幼儿面前不吸烟、不说脏话，举止大方、文明，车辆驾驶员要注意规避幼儿，等等。

总之，有全社会的共同参与、共同关注、共同努力，有各级教育行政部门齐抓共管、措施得力、责任清楚，有幼儿园全体幼教工作者的尽职尽责，一定会营造出全社会共同关心和支持幼儿园安全工作的局面。为幼儿提供安全的生存空间，让孩子在获得知识的同时，拥有健康的体魄、坚强的意志，从而拥有快乐、成功的人生。

本章小结

幼儿园健康管理是为保证幼儿和教职工身心健康发展所提供的积极的健康服务和良好的健康教育以及对危害个人或人群健康的因素所进行的预防、干预的过程。本章内容分为幼儿园健康管理和安全管理两部分。幼儿园健康管理包括幼儿园健康管理的意义，幼儿园健康工作管理的内容及措施；幼儿园安全管理包括幼儿园安全管理的内容和安全管理的措施。

思考与练习题型例举

一、单项选择题

1. 幼儿生活质量提高的核心标准是（　　）。

A. 不生病　　B. 身体健康　　C. 心理健康　　D. 充分、和谐的发展

2. 对于幼儿来说，身体的生长发育、智力的开启发展、未来的成人成才的首要条件是（　　）。

A. 学习成绩优良　　B. 活泼开朗

C. 生命的存在、身心的健全　　D. 有礼貌

二、多项选择题

1. 幼儿园健康工作管理的内容有（　　　）。

A. 环境管理　　B. 健康管理　　C. 生活活动管理

D. 健康教育管理　　E. 人力资源管理

2. 属于幼儿园环境管理的原则的是(　　)。

A. 安全性原则　　B. 整体性原则　　C. 教育性原则

D. 多样性原则　　E. 和谐性原则

3. 下列选项属于幼儿园安全教育范畴的有(　　)。

A. 交通安全教育　　B. 食品卫生安全教育　　C. 防触电、防溺水教育

D. 幼儿园玩具安全教育　　E. 幼儿生活安全教育

三、名词解释

1. 幼儿园健康管理

2. 幼儿的生活质量

3. 幼儿园事故

四、简答题

1. 简述幼儿园环境管理的原则。

2. 简述健康教育的基本内容。

3. 简述健康管理的内容

五、论述题

1. 试述幼儿园安全管理的措施。

2. 试述如何提高幼儿生活质量。

六、做中学

1. 结合幼儿园安全教育的要求,从幼儿园安全教育的目标确定、内容选择以及安全教育的实施方法等方面进行分析。

2. 走访三所幼儿园,通过听汇报、看材料、实地观察等方式,了解幼儿园健康管理的内容与措施,写出调查报告。

参考答案

一、单项选择题

1. D　2. C

二、多项选择题

1. ABCD　2. ACD　3. ABCDE

三、名词解释

1. 幼儿园健康管理:是为保证幼儿和教职工身心健康发展而提供积极的健康服务和良好的健康教育,并对危害个人或人群健康的因素进行预防、干预的过程。

2. 幼儿的生活质量:是指物质生活和精神生活的总体质量,是客观条件和幼儿对生活的主观感受的统一,包含着幼儿从生活中得到的满足程度以及对生活的感受和评价。

3. 幼儿园事故:一般是指入园幼儿在幼儿园期间和园集体活动时,所发生的人身伤害事故。

四、简答题

1. 答:

(1) 安全性原则;
(2) 教育性原则;
(3) 多样性原则。
2. 答:
(1) 生活卫生教育;
(2) 安全教育;
(3) 身体锻炼;
(4) 心理健康教育。
3. 答:
(1) 疾病预防;
(2) 身体锻炼;
(3) 心理健康维护;
(4) 健康检查和评估;

五、论述题

1. 答:
(1) 建立安全工作组织机构。
① 加强领导,成立机构。
② 签订责任书。
(2) 制订安全管理计划。
(3) 完善安全工作管理制度。
① 落实幼儿晨检制度。
② 落实幼儿园安全保卫制度。
③ 落实幼儿园消防制度。
④ 管理好幼儿园水、电、气、暖及有关设施。
⑤ 加强食品卫生管理。
⑥ 加强对有害物品管理。
⑦ 落实交接班制度。
⑧ 落实安全工作登记及档案管理制度。
(4) 加强安全管理检查。
(5) 动员全社会的力量,确保幼儿园安全运行。
2. 答:
(1) 幼儿的生活质量是指物质生活和精神生活的总体质量,是客观条件和幼儿对生活的主观感受的统一,包含着幼儿从生活中得到的满足程度以及对生活的感受和评价。提高幼儿的生活质量就是保障幼儿的健康,改善幼儿的生活,提高其身心发展水平,使幼儿享受到愉快的生活和幸福的童年。
(2) 为管理好幼儿生活,提高幼儿生活质量,应做好以下工作:
建立科学的生活制度,平衡营养膳食,对幼儿进行全面发展教育。

六、做中学

略

第七章 幼儿园财务与设备设施管理

学习目标

通过本章的学习，了解幼儿园财务管理的含义及其意义，明确财务管理的目标和内容，掌握幼儿园财务管理的基本原则与基本要求，了解幼儿园设备设施管理的对象和要求。

建议学时

4 学时。

案例导读

幼儿园收费问题是一个政策性强、社会敏感度高的问题。多年来，尤其是公立幼儿园大量缩减，社会力量办园蓬勃发展以后，幼儿园收费方面出现了许多新情况新问题，值得认真研究。下面的案例，是一个小小缩影，请阅读并分析其中存在的问题，提出处理问题的建议，收集、学习和思考幼儿园收费的类别和相关政策。

案例

幼儿园经费：收须合法，用须合理

最近，某市教育局频繁地接到家长对辖区内幼儿园的投诉。××幼儿园被投诉园内教师截留、私分幼儿伙食费和变相强制收取“赞助费”。幼儿园能否收取赞助费？幼儿园经费应如何使用？

交赞助费本质上是一种捐资助学行为。幼儿园收取赞助费如能坚持交不交自愿、交多少自决的原则，那么法律并不禁止这一收费行为。反之若是以自愿交纳之名行强迫收取之实，则涉嫌违法违规。事实上，有些幼儿园收取赞助费是违规违法的。如果家长不按其幼儿园的要求交赞助费，自己的孩子就上不了该幼儿园。在幼教资源紧缺的社会条件下，家长只能被迫“自愿”交纳这笔费用。而这笔费用交到幼儿园之后，基本上没有任何监管机制。为此，不少地方政府开始明确禁止收取赞助费的行为，规定了“一费制”办法。但这种堵的方法根本不具有可操作性，实践中不少幼儿园都在钻制度的空子。如有的幼儿园改收“赞助赞”为收“赞助物”，即口头指定某家长为幼儿园购买某物。对此，目前可行的管理方法应是前期规范和后期监督双管齐下。

××幼儿园教师截留、私分幼儿伙食费一事若查证属实，则是一种严重的违法行为。因为伙食费应据实收取，多退少补。若有节余而不返还，则幼儿园涉嫌非法占有了家长的财产。对这种不当得利，幼儿园应积极主动返还。若拒不退还，则极有可能构成侵占罪。

摘自浙江学前教育网，《幼儿园收费：收需合法，用需合理》，有删减

第一节　幼儿园财务管理概述

教育财务管理是从财务管理派生出来的概念，教育财务管理的内涵、特点及其形成和发展，深受一般财务管理的内涵、特点以及形成和发展的影响，而幼儿园财务管理是教育财务管理的一种存在形式。

一、幼儿园财务管理的含义及其意义

（一）财务管理的含义

财务管理是“基于企业再生产过程中客观存在的财务活动和财务关系而产生的，是组织企业财务活动、处理财务关系的一项经济管理工作，是企业管理的重要组成部分”①。财务管理利用资金、成本、收入等价值指标，来组织企业中价值的形成、实现和分配，并处理这种价值运动的经济关系。所以财务管理区别于其他管理的特点，在于它是一种价值管理，是对企业再生产过程中的价值运动所进行的管理。

（二）教育财物管理的含义及其重要性

1. 教育财物管理的含义

教育财务管理“在理念上与一般经济管理中的财务管理是一致的。它是教育事业单位对财务活动进行组织、指导、控制、分析和监督的系统管理工作。它是教育事业单位管理工作的一个极为重要的方面，也是国家财政工作的重要组成部分。”②

2. 教育财物管理的重要性

在实践中，“经费”“人事”“组织”及“管理”均为教育行政工作运作的基本条件，其中“经费”一项尤为重要。假若教育经费不足或运用不当，即使有素质较高的行政管理人员以及完善的计划、健全的组织与优质的管理，教育的效率仍无法提高。所谓“财政为庶政之母”，只有在经费问题得到适当解决之后，教育行政的运作才能顺利进行。但是有了经费，如果不能做最有效的运用与管理，也会影响到教育目标的实现。

（三）幼儿园财务管理的含义

幼儿园的财务管理，是指幼儿园组织财务活动与处理财务关系的管理，是按照国家财政法规的要求，依据幼儿教育事业的发展计划，对预算内、外资金的筹措、计划、组织、使用、监督、调节等工作的管理。幼儿园的财务工作是整个幼儿园工作的重要组成部分，幼儿园各项资金的安排和使用，都直接关系到党和国家有关幼教方针、政策的贯彻和执行，关系到幼儿园各项工作的有效开展。

可以看出，幼儿园财务管理同样存在类似于教育财务管理的属性。特别是在当前幼儿

---

① 樊莹，罗淑贞.财务学原理[M]. 广州：暨南大学出版社，2002：9.

② 范先佐.教育财务与成本管理[M].上海：华东师范大学出版社，2004：10.

园办园体制多样化、办园经费来源多元化的情况下，幼儿园财务管理实际上比中小学财务管理更具有特殊性和复杂性。因此幼儿园财务管理得当，则幼儿园的运行顺利，否则将对幼儿园的生存和发展带来不利影响。

幼儿园财务管理很多方面涉及国家在经济活动中的法律法规，牵涉许多经营管理之道。“当家理财”是园长的重要职责之一，园长在明确幼儿园的发展方向及整体办园思路的同时，还要具有经营一个幼儿园所必需的处理各种财务、事务的能力。作为一个管理者，管理财务资源需要行使所有管理功能：计划、组织、员工配备、领导、监督和控制，以使幼儿园的财务运转尽可能地平稳而流畅。

当前我国大量园长是来自教育教学第一线的教师，在以前的职前学习期间几乎从未接受过财务管理方面的知识培训，相当数量的人在担任园长职务后仍未接受这方面的培训。显然这与幼儿园发展的要求不相符。在我国现阶段，幼儿园财务管理在幼儿园管理活动中居于重要地位，且有不断加强之势，作为一园之长，有必要尽快熟悉幼儿园经费的来龙去脉，知晓幼儿园财务管理必须遵循的法规制度，运用管理学的原理，指导专业财会人员管理好幼儿园的经费。

（四）幼儿园财务管理的意义

现阶段，我国的许多幼儿园往往面临着财力不足的困难。一方面由于幼儿教育的社会化，致使很大一部分公办幼儿园在资金方面失去了稳定的来源，另一方面由于社会和家长对高质量幼儿教育需求的增强、物价上涨等原因，幼儿教育成本不断增加。在这些因素的影响下，幼儿教育的供求矛盾日益尖锐。要缓解这一矛盾，满足广大家长对幼儿教育日益增强的需求，除了不断加大政府和社会对幼儿教育的投资外，还必须加强幼儿园的财务管理，千方百计减少浪费，使有限的财力资源尽可能发挥出最大的效益。因此，幼儿园园长必须通晓财务管理，学会当家理财，这对于办好幼儿园，搞好幼儿园的管理，具有重要的现实意义。

1. 有助于为幼教事业的发展筹集经费

从近期和今后相当长的一段时间来看，我国幼儿教育经费总体上是难以满足需求的。

要解决这一问题，除了加大国家的投入，还必须激励社会和个人对教育事业的投入，多方筹集教育经费。从某种意义上讲，幼教事业既是国家的事业，也是社会和广大公民自己的事业。

无论中外，教育经费既不由国家全部包揽，也不完全由公民个人负担，而是政府主导下多方筹集。在我国当前的幼儿园发展实际中，这种多元化的筹资格局尤为明显。因此，为了充分发挥幼儿教育多元化的筹资功能，就必须发挥幼儿园财务管理筹集幼教经费的作用，把分散在各地区、各部门、各企事业单位及个人手中可用于幼教经费的那部分资金，通过立法形式或其他章程、办法筹集起来，形成幼教经费，以能满足事业发展对幼儿教育经费的需求。

2. 有助于合理配置幼教资源

资源合理配置是指社会的人力、物力和它们在价值上反映的资金等资源，得到优化配置和高效利用。幼教资源配置就是指如何将有限的幼教资源合理地分配到教育系统的各个部门和机构的管理活动。合理有效地配置资源，发挥其最大效能，是财务管理的基本要求。相对于需求来讲，几乎每所幼儿园办园经费都是有限的，这就更加需要对其进行合理配置。

在当前的幼儿园管理实践中，需要支出的经费是很多的。尤其是一些民办幼儿园，从员工的工资发放到业务所需，从房舍的租赁、修缮到买一盆一锅，大大小小各方面，都需要花钱才能正常运转。有限的财力究竟以怎样的比例在各项工作和人员之间投放,事关幼儿园的生存和发展,而且这种配置方式不是一成不变的,它应随着幼儿园在不同时期、不同条件下的需要,做出必要的调整。不同的配置思路在一定程度上反映出幼儿园在一定条件下的工作重点和一定时期的管理导向。

3. 有利于科学合理地调节幼教资金

加强幼儿园财务管理有助于幼教资源的合理配置,但也应该看到,幼教资源的科学合理配置并不是一蹴而就的。制约幼儿园生存和发展的因素是复杂多样的,这些因素中有许多是不稳定的可变因素,它们相互集结在一起并不断重组,构成了幼儿园发展过程中千变万化的客观现实。正是这种客观存在且不断变化着的现实,要求幼儿园财务管理必须从实际出发,使幼教资源的配置更具有针对性,也更富有效益。这便是幼教财务管理的调节功能。

4. 有助于有效监督幼教资金的使用

管理者对教育经费的配置使用,就是一般所说的理财用物,也是一种用财的权力,这是较为核心的工作,需要必要的监督,常言道“没有监督的权力必然导致腐败”,其实没有监督的管理也必然走向无序。因此,加强对幼儿园财务的管理与监督,并非是对幼儿园管理者的不信任,而是事业发展和教育管理自身的客观要求。只有保持正常的工作秩序,建立公开透明的良好环境,幼儿园才能步上整体协调发展的轨道。

所以,对幼儿园财务管理进行监督是十分必要的,它是整个教育行政监督管理机制中的重要一环。对幼儿园教育财务的监督,是一种经济监督或经济约束。其作用:(1) 它通过对幼儿园的经济行为和资金运作的监督,使幼儿园的经济行为立于法制和政策允许的轨道之上;(2) 通过对幼儿园和个人违反财经纪律行为的处理和制裁,使幼儿园内部形成正确的导向,产生巨大的激励或约束作用,督促幼儿园各部门努力改进工作,从而不断提高幼教资源的使用效率。

幼儿园财务管理上述四方面的作用是相互独立又彼此依存的综合体,任何一方面作用不能有效发挥,均将对其他方面作用的发挥和整个幼儿园系统的运行产生不良影响。

二、幼儿园财务管理的目标和任务

(一) 幼儿园财务管理的目标

为使幼儿园财务管理工作有序和有效地进行,首先必须明确幼儿园财务管理的目标。幼儿园财务管理涉及的事务是多方面的,归纳起来主要包括教育经费的筹集、分配和有效使用三个方面。具体来说,幼儿园财务管理主要是针对经费的管理,那么可以设问:教育经费是用来做什么的? 详细分解,又可进一步分为教育经费“应该做什么”“能够做什么”和“实际做了什么”三个问题。应该做的未必是实际做了的,能够做的也未必是应该做的,情况复杂多变。理想的状态是三者的和谐统一。

幼儿园经费管理总的来说要做到:取之有道,用之有效,这可视为经费管理的观念性目标,即幼儿园财务管理的目标。

1. 取之有道

取之有道,关键之处在于收费要合理。每项收费都要有直接的政策规定作为依据或是有充分的、能使绝大多数家长心悦诚服的理由。杜绝因乱收费而使家长对幼儿园工作反感的现象。

2. 用之有效

用之有效,关键在于加强对经费的计划管理,使经费每项支出都有所值,不浪费有限的经费。经费的有效使用,是幼儿园财务管理的重点。

达到上述目标,则意味着幼儿园经费的来龙去脉是清楚的,配置和调节是有效的,同时又是经得起检查的。换言之,可以认为该幼儿园的财务管理是有效的,是能发挥出其应有的作用的。

资料链接 7-1

幼儿园差旅费管理制度

根据上级有关规定,结合本园实际情况,本着既勤俭节约,又要保证出差人员工作与生活需要的原则,制定本制度。

一、本办法适用于本园因公出差支领旅费的员工。

二、出差旅费分交通费、膳宿费及特别费三项:

1. 交通费系指乘火车、汽车、飞机等费用。

2. 膳宿费系指膳食费及住宿费。

3. 特别费系指因公而支付的一些特殊费用,如邮寄、文印等费用。

三、员工因公出差,应事先填明员工出差申请单,经教务主任审核并呈报园长批准后出差,如因事情紧急而未及时填表,须事先由教务主任口头报告园长,等返回园所后,应立即补办手续,员工出差报支表的处理程序如下:

1. 出差前依单填明单位、级别、姓名、出差事由、搭乘交通工具、出差日期、预支金额,经财务审核后呈报园长批准。

2. 出差人凭核准的预支金额,填写借款单,向财务部预支差旅费。

3. 出差人返回后 7 日内应填写差旅费报销单,注明实际出差日期、起讫地点、工作内容、报支项目、金额等,由教务主任和财务部负责人审核后报园长批准,由财务部在报销时冲销预支数。

四、差旅费按业务需要按岗位职务分成如下几个部分:

1. 享受分园长以上待遇的人员,差旅费实报实销。

2. 享受副园长待遇的人员,宿费上限 * * * 元/日。

3. 享受教务主任待遇的人员,宿费上限 * * * 元/日,其他人员宿费上限 * * 元/日,另伙食补助 * * 元/天。交通费以经主管领导核准的交通方式依票据实报实销。

4. 本园员工出差期间,确因工作需要宴请时,需经主管领导核准,依票据实报实销,同时取消当日伙食补助。

5. 本园员工出差期间,因游览或非工作需要的参观而开支的一切费用,由个人自理。

选自凯尔教育联盟网. 差旅费管理制度 [EB/OL].(2012-11-19).http://www.krbb.cn/2010/info_view.asp? id=18426.

(二)幼儿园财务管理的任务

1. 合理筹集幼儿园办园经费

(1)根据教育经费的来源渠道和来源主体,办园经费可进行如下两种划分。

一是从现实和统计的角度看，教育经费的来源可划分为：① 财政预算内教育经费拨款；② 各级政府征收用于教育的税费；③ 企业办学教育经费；④ 校办产业、勤工俭学和社会服务收入用于教育的经费；⑤ 社会团体和公民个人办学经费；⑥ 社会捐资办学经费；⑦ 学费、杂费；⑧ 其他。

二是从理论上看，教育经费的来源可划分为政府、企业和个人家庭这三大主体对教育的投入。在任何社会经济条件下，教育经费最终来自国民收入。国民收入经过初次分配和再分配，形成了国家集中的财政收入、企业收入、劳动者个人收入三部分。国民收入的分配由国家、企业、劳动者个人三部分构成，教育经费也基本上由这三者分担，即国家投入的教育经费、企业投入的教育经费和个人投入的教育经费。[①]

（2）不同类别、性质的幼儿园经费来源差别

公立幼儿园的经费来源主要有四种类型：其一，是国家和主管单位的拨款，有些幼儿园虽无明显的经费划拨，但是职工的工资、津贴的发放以及保障幼儿园正常运转的一些必要开支，都是由国家及其主管部门负担的；其二，向幼儿家长收取的幼儿入园学习生活所需的一切费用，包括幼儿的保育费、伙食费、杂费及某些形式的管理费等；其三，社会力量或公民个人对幼儿园的资助；其四，幼儿园自创自收的部分经费。

与公立幼儿园相比，我国的私立幼儿园通常缺乏国家正常的经费资助，代之以主办者个人筹措的经费，主要经费来源于向家长收取的婴幼儿保育费和管理费，也包括社会团体和个人的捐赠等，其经费来源更加多元化。

总之，当前我国的幼儿园，无论是公立的，还是私立的，其经费来源均呈现多元化趋势。幼儿园经费来源的多元化，既给幼儿园带来了一定的财政权限，同时也在一定程度上改善了幼儿园的办园条件。但不可否认，这一背景也使得一部分幼儿园在经费收入方面操作不规范，从而严重损害了家长和幼儿的利益。因此，无论是何种性质的幼儿园，向幼儿家长所收取的经费，一定要符合国家政策的要求，符合各地教育行政部门和物价部门所核定的收费标准，不能乱收费，以免给幼教事业的发展带来不良的社会影响。

2. 做好幼儿园经费的预算

预算由财会人员起草，园长把关，园长审批后报园务委员会和上级主管部门批准。为了科学地编制预算，园长和财会人员必须共同研究，充分分析现实情况和本年度中将会面临的经费困难，分清主次轻重，合理安排各项开支。预算编制要留有一定的余地，以便解决某些不可预料的特殊需要。

（1）幼儿园经费预算的形式

幼儿园经费预算在形式上分为预算收入和预算支出两大部分。

预算收入反映了幼儿园的生存状况，也能从一个侧面反映出政府和主办方对幼儿园的重视和支持程度。预算收入可以根据上文阐述过的若干渠道恰当地进行估算。预算支出则是对需要经费的各项支出进行分析，确定各项目使用经费的量，确定一定时期经费在各项工作中的最佳比例，使财力的投放能最大限度地发挥其效益。

（2）经费预算的作用

经费预算是保证每一所幼儿园生存和发展的物质基础，也是控制幼儿园工作运行的依

① 范先佐.教育投资体制改革的理论与实践问题研究[M]，武汉：华中师范大学出版社，2003：2。

据，还能体现既定教育目标和计划的实现程度。

第一，计划目标作用。幼儿园经费预算规定了实现幼儿园教育总体目标及各部门、各班组的子目标所需的资金使用计划，体现了幼儿园管理者在财务资源使用方面的统筹安排，可以动员各部门、各成员为达到子目标和总体目标而努力奋斗。

第二，分配协调作用。幼儿园经费预算对幼儿园经费的用款额度及具体用途做出规定安排，各部门班组、各责任人必须遵照执行。但是在执行中，由于一些难以预料的内外因素变化可能会导致在经费的使用上出现冲突现象，这就需要经费预算的编制具有综合性，能够协调各种矛盾冲突，实现整体的最优化。

第三，执行控制作用。幼儿园经费预算一经核定，要严格按预算、计划实行，不得超支挪用。在预算实际执行中，实际状态与预算标准可能会产生差异，这就需要用预算来控制实际活动和衡量其合理性，查明原因并采取措施。

第四，检查考核作用。幼儿园在经费预算执行完毕后，要以经费预算为标准，检查经费的使用情况。检查经费是否保证了幼儿园工作的需要，是否促进了各项事业的发展，是否贯彻了勤俭办园的方针，有无铺张浪费现象，从中总结经验，吸取教训，改进工作，提高幼儿园财务管理的水平。

3. 搞好幼儿园经费的决算

经费决算是对预算执行情况的检查和总结，通过决算检查预算执行情况，总结经验，找出存在的问题，并采取相应措施，以改进和加强幼儿园财务管理，提高幼儿园财务管理水平。

(1) 经费决算的意义

经费决算通常是年度（特殊情况下以学期为周期）经费预算的结算报告，是预算执行结果的总结。

第一，决算是幼儿园各项教育工作在财政上的集中反映。可体现一定周期（一般是一年或一学期）内幼儿园保育和教育活动的范围和方向，通过决算，可全面审查考核幼儿园工作。

第二，有利于改进幼儿园的财务管理工作。决算反映预算执行的结果，可通过决算总结一年来预算编制、执行等方面的经验教训，为提高今后的预算管理水平创造条件。

第三，决算是国家及相关管理部门研究和修订幼儿教育财政政策的基础性资料，是园长提升教育财务管理能力和水平所需要的积累过程。

(2) 经费决算步骤

幼儿园经费决算是一项比较繁杂的工作，具体来说，可以分为以下几个步骤。

首先，拟定和颁发决算的编制办法。为了提高决算的质量，园长应协同财会人员在总结上年度预决算工作经验的基础上，根据当年的财政政策和有关制度，确定本年度决算编制的基本要求和具体办法，其主要内容包括编制决算的原则、要求，有关问题处理意见，编制方法和决算报送期限等。

其次，进行年度末收支清理。包括：清理核对年度预算数字和各项拨款；清理各项往来款项；清理财产物资，对各项固定资产和库存物资，应在年度末前进行认真清点盘存，保证做到账物相符、账账相符；清理各项预算外收支款项，属于当年的收支，要及时进账。

再次，制定和颁发决算表格。基本上所有经费的决算表格按反映的内容，分为三大类：① 决算支出总表、决算支出明细表、资金活动情况表；② 基本数字表；③ 其他附表或说明书。

最后，相关执行人员要按照规定的决算表格进行详细的填列。应遵循的方法是先由执行预算的基层单位做决算，自下而上、层层编制、审核汇总。

一般幼儿园的决算完成后，要经上级单位汇总，逐级上报，最后由教育主管部门编成部门的决算，报送同级财政部门。财政部门对教育主管部门编制的决算进行审核，列入年度财政决算，逐级批准核销。幼儿园的经费决算，由园长协同财务人员共同进行，但也可吸收教师代表参加。

(3) 经费决算目的

决算的目的在于准确地总结本年度幼儿园经费的收支状况，通过决算，积累幼儿园经费管理的经验，既为下年度的经费预算提供参考依据，也可不断提高园长当家理财的能力，进而提高其全面管理幼儿园的水平。

4. 加强幼儿园财务管理的制度建设

幼儿园的财务管理是繁琐、要求高的专业工作，其刚性大于弹性，所以用严密的制度来保障财务管理的良好运行是十分必要的。幼儿园的财务制度建设，同样需考虑上级的相应财务规范、本园的实际需要等，针对财务工作的所有环节制定出合理可行的一系列制度，供相关的岗位责任人遵守。一所管理较规范的幼儿园的规章制度体系中，一定有一些针对财务管理的制度，现将幼儿园各项财务管理制度列举如下：① 财务人员岗位责任制；② 有关财务计划和财务决策等方面的制度；③ 基本建设财务管理制度；④ 收费标准管理制度；⑤ 费用开支标准管理制度；⑥ 财产物资管理制度；⑦ 工资资金管理制度；⑧ 资金结算管理制度；⑨ 收据和发票管理制度；⑩ 会计档案管理制度；⑪ 经营承包财务管理制度。

建立和健全幼儿园各项财务制度，有助于在经济问题上防微杜渐，合理收支，使幼儿园财务管理有章可循。

三、幼儿园财务管理的特点、原则及要求

(一) 幼儿园财务管理的特点

从本质上讲，幼儿园财务管理是指发生在幼儿园内部的经济管理活动，它具有以下特点。

1. 政策性强

该收什么，收多少，什么时间收；哪些该用，用多少，哪些不能用，幼儿园的这些收支活动关系到幼儿园的生存和发展，涉及家长、幼儿和幼儿园员工的切身利益等，国家和教育行政部门都有明确的规定。幼儿园财务管理，必须依据有关政策、法规和制度进行。

2. 涉及面广

幼儿园财务管理不仅为教育教学服务，还要承担育人重任；既管财尽其力，又管物尽其用；不仅要千方百计地节约办园开支，还要利用自身优势开辟财源；在园内为师生服务，在园外与有关部门发生经济联系等，涉及面较为广泛。

因此，要想实现对幼儿园经费的有效管理，必须切实根据《幼儿园管理条例》的要求，大力“加强财务管理，合理使用各项经费”。

（二）幼儿园财务管理的原则

幼儿园的财物管理者应遵循以下原则：

（1）坚持贯彻执行国家财经法规以及幼儿园财务规章制度；

（2）坚持勤俭办园的方针；

（3）正确处理幼教事业的发展和资金供给的关系；

（4）正确处理国家、集体和个人三者利益的关系。

（三）幼儿园财务管理的要求

1. 健全规章，依法办事

财务管理的一个重要特点是政策性强，幼儿园的财务管理是细致而繁琐的，需要有既严格又合理的规章制度来规范财务人员的行为。当前整个财务管理领域已建立起许多规章制度，但还不系统、不完善，有的还不尽合理，特别是幼儿园财务管理的许多规章还没有建立起来，导致幼儿园财务管理制度制定不够规范，执行不够严格。当前我国幼教改革形势发展较快，许多旧的教育财务规章制度已经不再适用，新的规章制度又没有制定出来。因此，要加强幼儿园财务管理工作，必须加强财务规章制度的建设，使幼儿园财务管理做到有法可依、有章可循。

2. 从实际出发，量入为出

当前，我们一方面要充分认识幼儿教育在整个教育中的地位和作用，争取使幼儿教育经费有较大幅度的增长。另一方面，又要从我国的国情出发，根据经济发展所能提供的人力、物力、财力来确定幼儿教育事业发展的规模和速度。要把需要与可能、目前和长远结合起来，做到既量力而行，又积极挖潜，广开财路，发展我国的幼儿教育事业。具体到每一个幼儿园，在编制经费预算时，应充分分析现实情况和每学年或每学期中将会面临的费用情况，分清主次轻重，合理安排各种费用，确保幼儿园各项工作的顺利进行。

3. 勤俭办园，讲求效益

勤俭节约是我们的传家宝，在我们国家目前还不富裕，财力不足，幼儿教育经费缺乏的情况下，更应该注意勤俭节约，把有限的资金用到最需要的地方去。由于当前国家对幼儿教育的投入有限，特别是某些私立民办幼儿园的经费十分困难，所以提高办园效益是一个十分紧迫的问题。幼儿园财务管理要继续提倡节约每一分钱的精神，力争少花钱多办事、办好事。

4. 经济公开，民主管理

所谓经济公开，是指幼儿园在安排和使用经费时，应将有关经费使用的政策、标准予以说明。幼儿园经费的使用情况，也应定期向全体职工公布。所谓民主管理，是指幼儿园一些较重大开支的决策或变动，如工资奖金的发放等要充分听取教职工的意见，发动教职工积极参与。园长还应向全园教职工定期公开财务收支情况，自觉接受教职工的监督。只有这样，才能真正形成民主理财的风气，保证幼儿园经费安排得当，使用合理。

四、幼儿园经费的有效利用

（一）幼儿园经费分类

幼儿园经费按其用途可分为基本建设费和经常费两大类。

1. 基本建设费

基本建设费是为实现固定资产的再生产所需的经费，如工程建设、大型设备器具的购置等。在我国，目前按有关规定5万元以上的经费为基本建设费。

2. 经常费

经常费是教育机构开展经常性活动所需的经费，按开支对象可分为人员经费和办公经费。

人员经费包括职工工资、奖金、福利费以及按照劳动合同法的规定为聘用的教职工购买的"五险一金"，即养老保险、医疗保险、失业保险、生育保险、工伤保险和住房公积金等；办公经费包括办公费，业务培训费，玩具、教具、用具及其他小型设置购置的经费，房屋水电维修费以及幼儿的伙食经费。其中，幼儿的膳食经费是所收取的幼儿伙食费，专款专用，可自成系列，保证伙食费全部花在幼儿的膳食方面，绝不能挪作他用。

（二）幼儿园经费管理和利用要求

幼儿园可支配的经费，总的来说是很有限的，随着市场经济对幼儿园管理体制的冲击，越来越多的原因使有些幼儿园陆续走上了自谋生路、自负盈亏的道路，因此更应注重对经费的管理和利用，具体要求如下。

1. 加强对幼儿园财务工作的领导

园长对幼儿园财务工作负全面管理的责任，除审查批准幼儿园的年度预算，处理有关财务方面的重大问题外，还要经常了解和掌握经费预算执行情况，进行检查和监督。分管副园长是园长管理财务工作的得力助手，统一管理幼儿园的预算资金，检查、监督和审查幼儿园的一切经费开支，具体组织预算的执行。

幼儿园管理者要加强对幼儿园财会人员的领导，切实赋予财务人员应有的责任和权利，要高度重视账务管理工作，特别要关心财会人员的业务学习，提高他们的业务水平，以适应新形势下幼儿园财务管理工作的需要。

改革开放以来，幼儿园财务管理工作在观念、指导思想和工作重点上都发生了深刻的变化。幼儿园财务人员必须在观念上做到三个转变：(1) 由过去只是单纯的记账、算账、报账、发工资等转变到还要重视生财、聚财、用财之道上来，把管理作为财务工作的重心；(2) 把过去只注意要钱、花钱，转变到以效益为中心上来，提高资金使用效率；(3) 把只是习惯于事后总结分析转变为重视事前控制与管理。

2. 管好、用好幼儿园的各项资金

管好、用好幼儿园的各项资金，是加强幼儿园财务管理、提高资金使用效率的关键，它包含三方面的内容：即合理筹集资金、正确调度资金、有计划地使用资金。

(1) 合理筹集资金。可以通过多个方面筹集资金：国家下拨的幼教经费和各级政府给予的政策性补贴；经教育部门和物价部门批准的保育费、管理费；团体、个人、企业赞助费用。总之，要积极拓宽筹资渠道，依法筹措尽可能多的办园经费。

(2) 正确调度资金。财务人员在日常工作中，要深入了解和熟悉幼儿园的各项工作，从资金上保证各项工作所需。对各项财务开支，只要是有利于幼儿园工作的，就要千方百计地支持。但这并不意味着要多少就给多少，必须讲究投资效果，把钱用在刀刃上。

(3) 有计划地使用资金。幼儿园筹集的各项经费，是幼儿园开展各项工作的财力保证，合理安排、有计划地使用资金是财务管理的首要任务和提高幼儿园经费利用效率的根本保证。

3. 合理分配收入，激励员工的工作进取心幼儿园分配制度改革不仅要注重员工的工作量，更要注重工作绩效，实行优劳优酬，优质优价，适当拉开差距。在同一职级岗位上，可设一定的工资收入弹性制度，根据岗位要求的完成情况予以分配，不同职级工资可有一定交错，低职级员工如果工作出色，收入可以超过表现平平的高职级员工，以激励员工的工作进取心。

4. 建立健全幼儿园财务管理的规章制度

幼儿园财务管理制度是统一思想认识、协调行动、分清职责、健全组织，使财务工作有条不紊地进行的依据。一切经费支付和报销，各种教学、办公用品的采购和验收，园舍的维修，职工工资、福利费的发放等，工作复杂，牵涉面广，没有一定的制度作保证，工作将很难进行。因此，幼儿园应根据教育和财政部门有关规章制度，结合幼儿园的实际情况，制定幼儿园内部切实可行的财务制度和实施细则，并坚持按照制度办事，这是管好幼儿园财务工作和提高幼儿园经费利用效率的重要措施。

依据原国家教育委员会1990年2月发布施行的《幼儿园管理条例》及1996年6月发布的《幼儿园工作规程》的要求，制定幼儿园的财务管理制度时应考虑以下几方面。

（1）幼儿园财务管理实行园长负责制，要坚持民主理财，厉行节约，反对浪费。要做到收费有依据，开支有计划。资产不流失，设施无隐患。要定期公布园内财务收支，让教职工明白，家长认可，社会满意。(2) 财会人员是幼儿园财务管理的直接责任人，必须严格按时、定额落实工资待遇，执行《会计法》的规定，管理好幼儿园的账目、资金和财产。严禁违规票据入账，严防丢失账目、资金和财产。(3) 幼儿园每学期由专业财务人员制订财务工作计划，要编制收支计划，经费预算要提交职工和家长代表审议，并接受财务和审计部门的监督检查。(4) 幼儿园的经费必须专款专用，重点保证保育、教育的需要，幼儿伙食费要保证全部用于幼儿膳食，每月向家长公开账目。(5) 严格按审批标准收费，严禁超标收费和乱收费。(6) 幼儿园所有资产必须登记入账，明确管理责任。严防损毁或流失，严禁私自变卖资产。

5. 加强幼儿园财务控制和监督，维护财经纪律

幼儿园财务监督是按财务管理要求，根据国家的相关政策和制度对幼儿园预算收支计划的完成情况，资金的组织、分配和使用进行的指导、督促和检查。具体内容包括监督幼儿园经费收支是否真实、合法；财务收支是否符合财政制度和财经纪律；考核资金的使用效果，检查财产是否安全和完整。

加强幼儿园财务监督的作用是：（1）通过财务监督使幼儿园领导及时了解幼儿园执行国家和主管部门制定的有关方针政策、事业指标的情况，掌握第一手资料，及时发现问题，保证国家的计划、制度和法律顺利实施；（2）通过财务监督和日常检查，能及时纠正违反财务制度的行为和不正之风，防微杜渐；（3）保证公共财产的安全和完整；（4）能促进财务管理，提高经济效益，促进幼教事业的发展。当前，幼儿园收费是全社会广为关注的热点问题，要认真对待，要严格遵照国家关于治理乱收费的规定，规范幼儿园收费行为，杜绝乱收费现象。

6. 提高幼儿园经费利用效率，管好资产

资产管理是幼儿园财务管理的重要内容，因此，必须加强管理，维护国有资产及其权益不受侵害，防止资产流失和损失。各幼儿园应根据各自不同的情况，做好清产核资工作，摸清和掌握幼儿园资产，确保国有资产的保值增值，并努力提高幼儿园现有资产利用效率。

要认真盘点幼儿园的现有资产，避免重复购置，要认真分析研究需要购买的资产、设备

和设施，广泛征求意见，谨慎决策，把有限的教育经费用好、用在刀刃上，从而不断提高教育投资的经济效益和社会效益，为提高教育教学质量和发展教育事业服务。

五、幼儿园财务人员队伍的建设

财务人员是幼儿园财务工作的承担者，因此财务队伍的素质状况和积极性，将直接影响幼儿园财务工作水平。近年来，我国幼儿园财务人员队伍的整体素质已得到很大提高，但有些方面仍与当前幼儿园财务管理要求不相适应，并已影响到幼儿园财务管理水平和幼儿园经费利用效率的提高。因此，要提高幼儿园财务管理水平和幼儿园经费利用效率，必须大力加强幼儿园财务队伍的建设。

（一）幼儿园财务人员的组成

园长和会计、出纳是幼儿园财务管理的主要责任人。

园长是财务管理的决策者，专门的会计、出纳是执行者，日常的财务管理工作是靠后者展开的。在不同规模、不同体制的幼儿园里，专门财务人员的配备是不一样的，有的私立幼儿园因规模小并不设专门的会计，而由开办者自行负责，严格来说这是不规范的做法。有的幼儿园聘请一个兼职的会计，规定一个月来园几次，职责是按专业要求做好幼儿园的所有账目。更多的幼儿园，特别是大型公办幼儿园都配有在编的专业财务人员。

（二）幼儿园财务人员的职责要求

由于幼儿园财务人员担负着重要的职责，所以在制定幼儿园的规章制度时，一般会有专门针对财务人员的相关职责要求。

（1）严格按照上级管理部门现金管理制度和明文规定办理款项收付，备用金不超额，不挪用，不开空头支票，不遗失支票。

（2）做到账目清楚，收支平衡，及时对账，账物相符。

（3）管理好收据、支票、现金等，及时报账，认真做好幼儿伙食费、保育费的收退工作和交账工作。

（4）工作人员领用现金、支票须园长批示、签字方可生效。购物发票必须有经手人、验收人及园长签字方可报销。

（5）在经费的使用上预算合理，理清各项来源渠道的经费，专款专用。教职工、幼儿伙食账严格分清，每月向家长公布伙食账目。

（6）年底前将所有会计资料编号装订成册，存入档案。

（三）幼儿园财务人员队伍的建设

1. 加强幼儿园财务人员的组织建设

财务人员应分工明确，责任到人，以免发生问题时，出现因人员缺少、岗位不定、责任不清而导致的无人负责的局面。幼儿园财务人员短缺的要及时补充，最好不要一人身兼数职，以防由于工作繁忙而出现差错，这也有利于财务内部的监督。同时还应支持财物人员坚持原则，秉公办事，充分调动财物人员的工作积极性，为幼儿园“理好财，当好家”。

2. 提升幼儿园财务人员的思想素质和道德水平

幼儿园园长应注重利用各种学习机会，不断提高财务人员的政治思想素质和道德水平。幼儿园财务人员自身也要自觉加强财会政策和法规学习，全面提高政治思想素质，不断增加职业道德观念和法律意识，养成协作、慎独、准确的良好职业习惯。在实际工作中，敬业爱岗，坚持按制度办事，兢兢业业做好本职工作。

3. 促进幼儿园财务人员的业务成长

重视财务人员的培训与管理。教育行政部门在制定的发展规划中应包括幼儿园财务人员队伍建设相关内容，应有目的、有计划地培养现有财务人员。幼儿园也可根据具体情况，积极创造条件，派出人员到外地学习或进行岗位培训，并定期进行考试或考核，以促进财务人员业务能力的提高。此外，要坚持会计达标工作。会计达标是会计管理工作的重要组成部分，此项工作不仅能促进会计工作实现规范化、法制化、科学化，且在达标过程中会计人员通过业务交流，互相学习，有利于业务水平的全面提高。通过达标，无论对贯彻执行《会计法》，还是对提高幼儿园财务人员的业务水平都很有益处，这样既有利于促进个人在职业上的成长，也利于幼儿园整体工作的协调发展。

第二节　幼儿园的设备设施管理

教育设备设施是指开展教育工作所必需的物质资料，幼儿园保育和教育所需的设备设施相对多样，从大的空间环境到小的一纸一笔，从教育用品到生活用品，每天都需要有必备的物质条件，才能正常开展幼儿保育教育工作。所以，幼儿园设备设施的管理是对物的管理，它是教育管理的一个有机组成部分。

一、幼儿园设备设施管理的对象

幼儿园的教育设备设施可分为两大类，一是设备，二是设施。它们都是幼儿园事业开展必需的物品，但人们通常将之区分开来，认为设备相对于设施来看，是小型的、可以灵活移动使用的，如多媒体设备、钢琴、教玩具、餐具等；而设施往往指那些大型的基本建设类的项目及其配套设施，如园舍、场地及场地上固定的大型玩具、专用的幼儿接送车等。

（一）园舍、房屋的管理

一定的园舍场所是幼儿园开展教育活动的先决条件。《幼儿园管理条例》第八条规定：举办幼儿园必须具有与保育、教育的要求相适应的园舍和设施。幼儿园的园舍和设施必须符合国家的卫生标准和安全标准。可见，幼儿园的基本建设是物的管理的基本内容，总的指导原则是立足于为保教服务，基建及配套设施的选择安排都必须符合幼儿身心发展的规律，遵循幼儿教育的要求。

幼儿园的基建管理应依据国家有关法令开展，直接的法规依据有两个：一是 1987 年 9 月由原城乡建设环境保护部、原国家教育委员会共同颁发的《托儿所、幼儿园建筑设计规范》；二是 1988 年 7 月由原国家教育委员会、建设部公布的《城市幼儿园建筑面积定额（试行）》。认真研究这两份文件，将有助于园长或幼儿园的主办方对幼儿园基本建设的管理。

1. 关于园舍的选址

幼儿园应建筑在清洁、安全、安静、无污染的地区，一般应设在居民区，远离铁路、工厂区等。房屋离开街道一段距离，避免噪音的干扰。园舍基地应选择地势平坦、场地干燥坚实、易于排水的地段。

2. 关于房屋的建筑

幼儿园的建筑有平房和楼房，楼房不宜太高，一般以二层、三层为适宜，以方便幼儿上下活动。城市中往往用地紧张,但也应将楼层控制在五层以下,并且将幼儿活动室安排在低层中。房屋建筑宜采用较集中的形式,以便尽可能提供较多的户外活动场地。园舍的方向以南向或东向为宜,以保证阳光充足。楼顶平台必须有护栏,可因地制宜地加以利用,楼梯要有扶手而且尽量平缓。整个房屋的建筑应将安全摆在首位,保证房舍有较高的建筑质量。

3. 关于房屋的使用分布

幼儿园的园舍使用一般可分为三类。

其一为幼儿学习生活用房。一般包括活动室、寝室、卫生间、贮藏室。现今许多全日制幼儿园将活动室与寝室合并使用,合并设计时,其面积按国家规定的两者面积之和的80%计算。此外还有幼儿园公用的音乐活动室、体育活动室、多功能室等。

其二为办公服务用房。主要包括教职工办公室、会议室、资料室、医务保健室(包含隔离室、晨检室)及教职工值班宿舍、卫生间等。

其三为后勤供应用房。主要包括幼儿食堂(或称厨房)、消毒室、开水室、洗衣室及库房等。

《托儿所、幼儿园建筑设计规范》和《城市幼儿园建筑面积定额(试行)》中,对上述幼儿园各班组用房的设计规格和质量要求做出了具体明确的规定,在实际管理中,总务人员应认真参照规范而执行,为幼儿提供良好的学习和生活条件。

在按照上述规范布局幼儿园的用房时,应将重点放在幼儿学习生活用房的进一步设计上。应尽可能设计出功能齐全、布局合理的各班幼儿生活学习所用的套房,并让班与班之间的幼儿活动室保持一定距离,避免相互干扰。"幼儿卫生学"对这个问题提出了一些更具体的要求,这也是总务工作者在工作中需学习研究的。

4. 房屋使用过程中的维护

对房屋、场地等不动产进行必要的维修保养,是管理财产的必要措施,应确保使用安全且延长其使用寿命。主管总务后勤工作的园长应带领保管员等总务人员定期或不定期地检查房顶、墙壁、地面、天花板、门窗及相应的水电、供暖、通风等设施,发现问题及时修缮,更应建立相关的制度,做好预算计划,对园舍实行定期的全面整修,保持房屋及配套设备的完好。

有少量条件很好的幼儿园,拥有教职工住房的使用权、管理权,对这类房屋的保养修缮,也是总务工作者的工作任务。当然,现今这类住房已基本售与住房人了,对其的管理也是物业管理的形式,但作为幼儿园曾经的固定资产,它的分配、转售和维护应不会完全市场化,对这类住房幼儿园应该担负起必要的管理职责。

(二)幼儿园环境的管理

1. 幼儿户外活动环境的创设

幼儿园除园舍用地外,还应留有足够的户外活动场地,以便幼儿充分呼吸新鲜空气,接触阳光,进行身体锻炼。户外活动场地以人均面积3平方米为宜。户外场地应加以绿化,绿化面积应占户外场地总面积的15%~50%。户外场地也应美化,建成优美洁净的庭院或花园、果园,使幼儿园真正春有花、夏有荫、秋有果、冬有青,真正成为幼儿的生活乐园。户外活动场地更要健身馆化、趣味化、儿童化,设置大中型运动器械,供幼儿攀、爬、钻、滑、跳,设幼儿玩水、玩沙池等。工作人员也应动脑动手,利旧利废,丰富幼儿的户外活动内容,提高活动的实际效果。

2. 场地的安全卫生管理

幼儿园的室内外场地也需相关总务人员勤于管理。户外体育活动场地、游戏场地要种植草坪,保持清洁,没有危险物(如玻璃屑、钢筋、铁钉、尖石块等),以便幼儿开展活动。场地上的大型运动器械也要定期检修,避免年久失修而造成安全事故。户外场地的清洁基本上要做到每天一小扫,每周一大扫,特殊情况更应特殊处理,由清洁工或其他工作人员负责,要设卫生包干区、定期检查评比等。室内环境的清洁卫生则主要由各班保育员负责,坚持天天清洁,开展评比。总务人员应细致地完成这些工作,为幼儿创造卫生、安全、舒适的成长环境。

谈到安全管理,特别值得一提的是,现在许多幼儿园配有接送幼儿来园回家的车辆,有的幼儿园是自购的,有的是租赁的,有的仅一台车,有的则是一个小车队(如某高校幼儿园拥有五台接送车,每天分不同路线接送幼儿),这是新时期幼儿园物的管理的新产物。媒体常有幼儿园接送车的负面报道,这确实是值得每一个拥有接送车的幼儿园重视的管理课题。车辆的质量、日常检查、保养维护、司机的技术和责任心、随车教师在车内对幼儿的管理等,每一个环节都不可马虎大意,要切实为幼儿的生命安全负责。

(三)幼儿园一般用具和器材的配置与保管

1. 室内主要用具

幼儿用房和工作人员用房,室内都需要大量的用具、物品,总务工作者应在园长的领导下配置一切必备的家具、用品,并妥善保管。

对幼儿园室内物品配置的规范管理,可参考1992年12月原国家教育委员会颁布的《幼儿园玩教具配备目录》,近几年随着经济的发展,幼儿园还可增加其他适宜的玩、教具的种类和数量。

对于幼儿活动室中应配置的家具和卫生用具等室内较固定的大型设施,也应充分设计,即家具设备的构造、样式、颜色、数量、陈放等,要适合幼儿的生理心理发展水平,便于保教人员的使用,切实地让“物”为人服务。

现在的幼儿活动室里,大多有家电,包括空调、电视机、音响、DVD、紫外线空气消毒仪、饮水机等。另外,通常会有钢琴,条件更好的幼儿园配备有多媒体教学设备。幼儿园要坚持量力而行原则购置这些物品,充分发挥它们的作用。

在活动室内,幼儿使用率最高的家具物品主要有桌、椅、床、玩具柜、图书架、毛巾架及饮用水设备,对这些物品,从设计购买到管理上都应充分考虑,妥善安排保管,做到最优地为幼儿服务。

桌椅主要供幼儿游戏、学习和进餐使用,应保证幼儿的使用有利于其身体的发育。因此,在选择幼儿桌椅时,要注意小、中、大班幼儿的桌椅规格应有所区别(一般身高相差10厘米以内的幼儿可使用同一规格的桌椅),应利于幼儿保持正确坐姿,不易疲劳,更不易导致近视、脊柱非正常弯曲等。

玩具柜、图书架、毛巾架、水杯架等一般用轻质板材制造,橱柜应为开放式的,尺寸高度以便于幼儿拿取放置为宜。有条件的幼儿园可制作衣柜,放置替换或脱减的衣帽鞋等,首选内嵌式壁柜以减少占地面积。饮水桶的放置既要方便幼儿使用,也要有充分的安全保证。

室内用品的设置是为保教工作而服务的,应妥善保管,由保管员负责登记建卡,定期检查、修理。同时,还应随保教事业的发展而不断改善室内外环境条件,并及时更新添置教育教学所需的各种教具、用具、玩具,尽可能为保教工作的开展提供物质资源,优化保教条件,提高保教质量。

2. 室外器材

幼儿园的室外放置一些大型器材,以供幼儿游戏、锻炼之用,如各种组合了爬、攀、钻、滑、走等基本动作和锻炼功能的大型玩具。这些器材可以购买，也可以自己因地制宜地设计制作。这些室外器材的制造基本材料多为铁、木、塑料、麻、尼龙等，靠螺丝联系各种部件，因利用率很高，加上长期在室外风吹日晒，故而难免出现腐烂、松动破损等问题，所以保管员应经常对它们进行检查，消除隐患，避免幼儿在游戏过程中发生意外。

资料链接 7-2

女童玩滑梯被挂住窒息身亡　两幼师因过失致死获刑

2011 年 2 月，某幼儿园的带班教师与保育员组织本班幼儿到滑梯处进行户外活动。活动结束后，教师在没有准确清点儿童人数的情况下，便组织幼儿集中离开操场，致使受害的小女孩依依独自滞留滑梯内，并在玩滑梯时帽子被滑梯上的突起物勾住，导致脖子被衣物勒住而窒息死亡。受害幼儿家长将两位教师告上法庭。最终，带班教师被判处有期徒刑一年零六个月，保育员被判处有期徒刑六个月。

选自李世武.女童玩滑梯被挂住窒息死亡，两幼师因过失致死获刑[EB/OL].(2011-12-27). http://www.chinanews.com/edu/2011/11-27/3563243.shtml.

二、幼儿园设备设施管理的主体及其职责

（一）幼儿园设备设施管理的主体

幼儿园要建设园舍设施、创设环境、购置设备、妥善使用易耗品等，这就涉及幼儿园物的管理的主体。广义上讲，幼儿园所有的工作人员都是物的管理的主体，因为基本上每个人的工作都离不开物质条件，如教师领用教学设备、保育员管理班级生活设施、采购员购买食物、炊事员加工食物等。狭义上看，幼儿园设备设施管理的主体是负责总务的副园长、保管员、食堂班长等。他们对幼儿园的设备设施管理负主要责任。各个幼儿园都对这些岗位的工作人员制定了专门的岗位职责，这些岗位是理财用物的关键岗位之一，要求岗位工作人员维护集体利益，清正廉明，耐心细致，并且熟悉业务。

（二）幼儿园设备设施管理者的主要职责

从一般教育管理的经验来看，教育设备设施管理的主要任务大致是相同的，这些任务概括起来，包括以下几方面。

1. 整治环境

幼儿园环境建设具有格外重要的意义，幼儿的成长受环境的潜在影响较大，总务人员的主要职责是营造条件良好的环境，以促进幼儿更好的成长发展。干净、优美、适宜的环境是校园整治的目标，有条件的幼儿园可在此基础上，进一步追求建筑的艺术性和环境的独特品位，即所说的外显的环境特色。

2. 完善设备

不断完善幼儿园的教育教学设备，是后勤园长和保管员的一项经常性任务。每学期开学前按科学合理的要求添置齐备，“兵马未到，粮草先行”，体现总务工作的先行性。制定合理的制度，让一线教师有序领用和归还教学设备，在设备使用的过程中勤加维护，必要时更换更新设备，以保证教育教学的需要。

3. 管好设施

教学区、户外活动区、办公区、生活区等功能区域的安排要符合幼儿教育的规律，要有利于幼儿的健康成长；水、电、煤气等设施要妥善管理；车辆更是要精心检修，确保行车安全。

三、幼儿园设备设施管理的要求

幼儿园的一切用品，应有专人负责，通常设保管员岗位，进行严格管理，以提高物品、器材在幼儿园工作中的作用。应做到如下的要求。

（一）建立严密的物品管理制度体系

从物品的进、用、出等各个环节细致周全地考虑，针对每一个必要的环节研究、制定制度，如资产登记制度、保管制度、出库制度、回收与检修制度、物资盘查制度、物资管理和使用的奖惩制度。对消耗性物品，应确立损耗标准，对无故损坏财产者，应制定赔偿制度等。

（二）严格执行物品管理制度

“有法必依，执法必严”这是管理的基本要求，倡导教职员工都要像爱惜自家财物一样珍惜幼儿园有限的物质条件，一旦违规就应坚决予以纠正。这既是管理的需要，也是督促教职员工自觉成为幼儿学习榜样的需要。

（三）设立专门负责人员

园部、班级的物品管理责任要落实到人。责任人应及时上报财产使用及消耗情况，并有责任对全园财物的合理管理与使用提供建设性意见。对物资的购置、保养、贮存和使用，管理者要检查监督，经常过问财产的去向，以减少消耗，杜绝浪费。

（四）园长要处理好集权与放权的关系

园长对内要信任责任人，保护并调动其工作积极性，同时要当好指挥者和督促者；对外应广泛获取有关物品的信息，便于幼儿园以最小的代价获得最佳的物的管理效果。

归根结底，幼儿园物的管理和使用要为教育和保育儿童服务，一切举措都应围绕这一根本点而开展。

资料链接 7-3

男女教师为什么待遇不同

某幼儿园有两名男教师，他们的到来为清一色女教师主导的幼儿园带来了活力，同时两位小伙子也深受园长的喜爱。

一年后，园长承诺：只要期末考核合格，两位男教师可以每年涨 150 元工资。现在两位男教师已经在幼儿园工作 5 年了，工资比一同参加工作的女教师的工资多了 750 元。这时同来的女教师找到园长提出：为什么同时参加工作的老师，男教师要比她们多拿那么多工资？园长不知该如何回答。

阅读该案例，并思考：

1. 幼儿园中男教师为何会受到重视？
2. 此案例中园长的做法是否妥当？
3. 作为园长应该如何发挥有限经费的最大效益来调动教职工的积极性？

选自程凤春.幼儿园管理的 50 个典型案例[M].上海：华东师范大学出版社，2011：11.

本章小结

本章由两小节组成。第一节重点阐述幼儿园财务管理的知识和操作实务。借助教育财政学、教育管理学的基本理论知识，介绍了幼儿园财务管理的基本含义、理念、目标、任务等知识点，揭示了幼儿园财务管理的特点、原则，较详细地归纳了幼儿园经费收支的具体途径，并针对幼儿园教育财务管理的重要节点（经费的预算与决算）展开了务实的介绍，强调幼儿园经费管理的具体方法，并对幼儿园财务人员的职责和素质提出了诸多要求。第二节阐述了幼儿园设备和设施的管理问题，循序渐进地介绍了幼儿园设备设施管理需要管些什么，怎样的人适合来管理，怎样有效管理等一系列问题。

思考与练习题型例举

一、单项选择题

1. 从理论上看，教育经费的来源可划分为（　　）、企业和个人家庭这三大主体对教育的投入。

A. 政府　　B. 社会　　C. 团体　　D. 民间组织

2. 人员经费包括职工工资、奖金、福利费以及按照劳动合同法的规定为聘用的教职工购买的“五险一金”，即养老保险、医疗保险、（　　）、生育保险、工伤保险和住房公积金等。

A. 人身保险　　B. 失业保险　　C. 财务保险　　D. 平安保险

二、多项选择题

1. 幼儿园财务管理的目标包括（　　）。

A. 用之有效　　B. 量力而行　　C. 入不敷出

D. 取之有道　　E. 精打细算

2. 幼儿园财物管理的特点有（　　）。

A. 政策性强　　B. 随意性大　　C. 涉及面广

D. 受主观意识控制　　E. 不易控制

3. 幼儿园设备设施管理的要求有（　　）。

A. 建立严密的物品管理制度体系

B. 严格执行物品管理制度

C. 设专门负责人员

D. 园长处理好集权与放权的关系

E. 建立电子档案

三、名词解释

1. 财务管理

2. 教育财物管理

3. 幼儿园的财务管理

四、简答题

1. 简述幼儿园的财物管理者应遵循的原则。

2. 简述幼儿园财务管理的要求。

3. 简述幼儿园经费管理和利用要求。

五、论述题

1. 试述幼儿园财务人员队伍的建设。

2. 试述幼儿园设备设施管理的要求。

六、做中学

1. 请调查一所幼儿园的设备与设施管理现状,并分析该园的设备与设施管理的优势和存在的问题,并提出相应的解决策略。

2. 请调查一所民办普惠型幼儿园财务运行情况,并进行分析。

参考答案

一、单项选择题

1. A　2. B

二、多项选择题

1. AD　2.AC　3. ABCD

三、名词解释

1. 财务管理： 基于企业再生产过程中客观存在的财务活动和财务关系而产生的,是组织企业财务活动、处理财务关系的一项经济管理工作,是企业管理的重要组成部分

2. 教育财务管理:在理念上与一般经济管理中的财务管理是一致的。它是教育事业单位对财务活动进行组织、指导、控制、分析和监督的系统管理工作。它是教育事业单位管理工作的一个极为重要的方面,也是国家财政工作的重要组成部分。

3. 幼儿园的财务管理:是指幼儿园组织财务活动与处理财务关系的管理,是按照国家财政法规的要求,依据幼儿教育事业的发展计划,对预算内、外资金的筹措、计划、组织、使用、监督、调节等工作的管理。

四、简答题

1. 答:

(1) 坚持贯彻执行国家财经法规以及幼儿园财务规章制度;

(2) 坚持勤俭办园的方针;

(3) 正确处理幼教事业的发展和资金供给的关系;

(4) 正确处理国家、集体和个人三者利益的关系。

2. 答:

(1) 健全规章,依法办事;

(2) 从实际出发,量入为出;

(3) 勤俭办园,讲求效益;

(4) 经济公开,民主管理。

3. 答:

（1）加强对幼儿园财务工作的领导；

（2）管好、用好幼儿园的各项资金；

（3）合理分配收入，激励员工的工作进取心；

（4）建立健全幼儿园财务管理的规章制度；

（5）加强幼儿园财务控制和监督，维护财经纪律；

（6）提高幼儿园经费利用效率，管好资产。

五、论述题

1. 答：

（1）加强幼儿园财务人员的组织建设。

财务人员应分工明确，责任到人，以免发生问题时，出现因人员缺少、岗位不定、责任不清而导致的无人负责的局面。幼儿园财务人员短缺的要及时补充，最好不要一人身兼数职，以防由于工作繁忙而出现差错，这也有利于财务内部的监督。同时还应支持财物人员坚持原则，秉公办事，充分调动财物人员的工作积极性，为幼儿园“理好财，当好家”。

（2）提升幼儿园财务人员的思想素质和道德水平。

幼儿园园长应注重利用各种学习机会，不断提高财务人员的政治思想素质和道德水平。幼儿园财务人员自身也要自觉加强财会政策和法规学习，全面提高政治思想素质，不断增加职业道德观念和法律意识，养成协作、慎独、准确的良好职业习惯。在实际工作中，敬业爱岗，坚持按制度办事，兢兢业业做好本职工作。

（3）促进幼儿园财务人员的业务成长。

重视财务人员的培训与管理。教育行政部门在制定的发展规划中应包括幼儿园财务人员队伍建设相关内容，应有目的、有计划地培养现有财务人员。幼儿园也可根据具体情况，积极创造条件，派出人员到外地学习或进行岗位培训，并定期进行考试或考核，以促进财务人员业务能力的提高。此外，要坚持会计达标工作。会计达标是会计管理工作的重要组成部分，此项工作不仅能促进会计工作实现规范化、法制化、科学化，且在达标过程中会计人员通过业务交流，互相学习，有利于业务水平的全面提高。

2. 答：

（1）建立严密的物品管理制度体系。

从物品的进、用、出等各个环节细致周全地考虑，针对每一个必要的环节研究、制定制度，如资产登记制度、保管制度、出库制度、回收与检修制度、物资盘查制度、物资管理和使用的奖惩制度。对消耗性物品，应确立损耗标准，对无故损坏财产者，应制定赔偿制度等。

（2）严格执行物品管理制度。

“有法必依，执法必严”这是管理的基本要求，倡导教职员工都要像爱惜自家财物一样珍惜幼儿园有限的物质条件，一旦违规就应坚决予以纠正。这既是管理的需要，也是督促教职员工自觉成为幼儿学习榜样的需要。

（3）设立专门负责人员。

园部、班级的物品管理责任要落实到人。责任人应及时上报财产使用及消耗情况，并有责任对全园财物的合理管理与使用提供建设性意见。对物资的购置、保养、贮存和使用，管理者要检查监督，经常过问财产的去向，以减少消耗，杜绝浪费。

(4) 园长要处理好集权与放权的关系。

园长对内要信任责任人,保护并调动其工作积极性,同时要当好指挥者和督促者;对外应广泛获取有关物品的信息,便于幼儿园以最小的代价获得最佳的物的管理效果。

归根结底,幼儿园物的管理和使用要为教育和保育儿童服务,一切举措都应围绕这一根本点而开展。

六、做中学

略

第八章 幼儿园与家庭和社区

学习目标

通过本章的学习，理解家庭教育对幼儿成长的重要作用，幼儿园做好家长工作的重要意义，了解幼儿园家长工作的内容和形式，掌握幼儿园家长工作的基本原则和策略，了解幼儿园社区工作的意义、工作内容和方式。

建议学时

6学时。

案例导读

家长工作是幼儿园工作的重要内容，而且家长工作不仅仅是教师、保育员的职责，是全园上下所有人的职责。教职工应该从点滴小事做起，为家长服务，为幼儿安全、健康成长服务。从下面的案例，我们可以看看门卫是怎样做好本职工作，为家长和幼儿服务的。

资料链接 8-1

“问题多多”的门卫大爷

有一次，我去帮朋友接孩子。我要进门时，被门口的大爷拦住了，问我“你要找谁啊?”我说，“我接孩子。”他问，“你接谁?”我心想我接谁你能认识吗，就随口说“小班的亮亮”。他又接着问“是小三班的王恩亮吗?”我惊呆了，说“是，你怎么知道?”他没回答我，接着问“你是他什么人? 平时不是你来接吧?”我回答说，“他妈妈今天有事，托我来接他，已经跟老师打过招呼了。”他听完后说“等会，我打电话确认后你再进去”，一会他出来说“好了，你可以进去了，别嫌我烦啊，我也是为了孩子的安全”，然后露出憨厚的笑容。当我领着孩子出来时，看到每个孩子都跟爷爷说再见，他微笑着答应，跟家长和孩子攀谈着。我终于明白他是怎样对幼儿园每个孩子都熟悉的了。今天的阻拦我并未生气，反而对这家幼儿园多了许多好感，不仅老师们负责，连门卫大爷都这样尽心尽责，整个幼儿园像家庭一般彼此熟悉，互相关心。可见做好家长工作不仅是教师的职责，更需要发挥全园上下每一位教职工的力量。

北京某幼儿园提供

第一节　幼儿园家长工作的重要意义

幼儿园与家庭是幼儿学习生活的两个最重要环境，幼儿园做好家长工作，家园双方相互配合，共同保育教育好幼儿，是幼儿园管理工作的重要内容。

一、家庭教育对幼儿成长的重要性

家庭是人类社会发展到一定历史阶段的产物，它是人们以一定的婚姻关系、血缘关系或收养关系组合起来的社会生活组织形式，是关系密切、共同生活的小型群体①。家庭教育是父母或其他年长者在家庭中自觉地、有意识地在日常生活中对子女进行的有计划与无计划相结合的影响活动及其过程②。家庭对幼儿成长有重要作用。

（一）家庭是幼儿最重要的成长环境

在一个人的成长过程中，家庭教育、教育机构教育、社会教育都不断地发挥各自不同的作用。但是在学前阶段，家庭教育相对于其他教育形式而言发挥着重要的基础作用。0~6岁儿童是幼小的生命个体，其身心处于快速发展的时期，这个阶段他们需要家长提供充满爱的成长环境，安全舒适的生活空间，适宜的衣物、图书、玩具和活动器械，给予他们所需的营养饮食和无微不至的日常生活照顾。同时，家长还要对幼儿进行耐心细致的早期教育，以促进幼儿智力和体力的成长、道德品质的发展和个性特征的形成。幼儿在家受教育的时间很长，内容也广泛而深入，影响力也最大。家庭教育为幼儿接受教育机构教育、社会教育做准备，直接影响整个教育的进程和质量。

（二）父母是幼儿的第一任教师

父母是幼儿的监护人、养育者，幼儿年龄越小，对家长的依赖性越强。从吃喝拉撒睡等生理需要，被注意、被关爱、被呵护等心理需求，到学习行走、说话、与人交流等社会化过程，都需要父母的帮助、引导、教育。可以说，幼儿时期最为关键的生活习惯和社会性学习大多数要在家庭中完成。由于血缘关系，父母对子女的教育充满了爱，充满的了无私的奉献，而子女对父母也有无限的依恋，他们之间的情感是双向的、互补的，也是最亲密、最真挚、最坦诚的，它所发挥的教育作用是相当大又相当微妙的。因此我们常说，“父母是幼儿的第一任教师”，“好妈妈胜过好老师”，就是说明家庭对幼儿成长产生着全方位的影响，在幼儿教育过程中家庭贡献量大于任何的幼教机构。

（三）家庭教育是潜移默化的生活中的教育

家庭教育是伴随日常生活进行的，是一种无形的教育、人格养成教育，具有潜移默化的特点。家庭教育通常不受时间、地点、场合和条件的限制，多是家长的一言一行影响幼儿。通常孩子的语调、动作、性格和品德等都会打上父母的烙印。

家庭与子女的关系直接影响到家庭教育的教育过程。以爱和无私奉献为纽带的家庭教育，往往会对幼儿产生深刻、持久的教育影响，比起教育机构教育更具有感染力、凝聚力和情感，对幼儿产生终身影响。

---

① 杨宝忠．家庭教育学[M]．太原：山西高校联合出版社．1995：68.

② 阎水金．学前教育学[M]．上海：上海教育出版社，2005：354.

二、家庭教育与幼儿园教育的关系

在我国，幼儿园主要是对三周岁以上学龄前幼儿实施保育和教育的机构，是国民教育的有机组成部分，是学校教育制度的起始阶段。幼儿园实行保育与教育相结合的原则，对幼儿实施体、智、德、美诸方面全面发展的教育，促进其身心和谐发展。幼儿园同时为家长参加工作、学习提供便利条件。是否在幼儿进入幼儿园后，家庭教育就可以不用开展了，家长就可以完全把幼儿的教育托付给幼儿园了？为了解答这个疑问，我们要讨论一下家庭教育与幼儿园教育的关系。

（一）家庭和幼儿园是对幼儿产生教育影响的两个重要场所

幼儿的成长往往在与生活环境的交互作用中完成的，正所谓“生活即教育，教育即生活”。幼儿的生活环境包括家庭（包括父母及其他亲戚朋友）、幼儿园、社区、社会大环境等，家长和幼儿园在幼儿的成长过程中，总是根据幼儿的特点，主动发生影响作用，以引导、帮助幼儿获得发展。在这一点上，我们认为家庭和幼儿园是对幼儿产生教育影响的两个重要场所。

但家庭和幼儿园又不是等量齐观的，家庭比幼儿园对幼儿成长发挥的作用和影响更大。基于上面对家庭重要作用的讨论，在这里不再赘述。

（二）家庭和幼儿园应该成为幼儿教育的合作者

幼儿园按照国家的教育目的、社会的需求，根据幼儿身心发展的科学规律，制订幼儿的教育规划和保教计划，安排相应的教育内容，采取适宜的教育方法开展教育。这种由专业教育工作者集体教养幼儿的形式，对幼儿身心全面健康发展有一定优势。而家庭作为对幼儿影响最多，幼儿最依赖的生活环境，其教育的作用更加不可忽视。如果二者的教育理念、方法一致，互为补充，则对幼儿产生 $1+1>2$ 的教育影响。反之，如果二者的教育不一致，甚至背道而驰，则会产生排斥力，降低教育的效果。比如，教师要求幼儿讲文明礼貌，不乱丢垃圾，但幼儿在家中或社区中看到成人随地吐痰、乱丢垃圾、打架骂人，就会使其产生认知冲突，难以养成良好的行为习惯，幼儿甚至会模仿并养成不良行为习惯。因此家庭与幼儿园应该成为幼儿教育的合作者，应根据幼儿的特点，开展适宜的教育，形成教育的合力，实现家园共育，共同促进幼儿成长进步。

（三）幼儿园与家长平等合作，幼儿园应发挥育儿支持作用

幼儿园作为专业的教育机构，拥有专业的教师，掌握科学的教养知识，应该在家庭和幼儿园的合作过程中发挥育儿支持作用。幼儿园应该关注每个幼儿的发展，密切与家长的联系沟通，引导家长树立科学教育观念和行为方式，帮助家长掌握科学的育儿知识和教养技能，支持和服务家长，使他们更好地开展家庭教育。

当然，家长作为社会的一员，都有接受教育并担任教育者的经历。他们在成长的过程中接受教育，也形成了一些对教育的看法，从这一角度而言，每个家长都有自己的“教育学”。相对于专业的教师，家长有很多生活中的教育智慧。因此，教育工作者应该切实把家长看作自己的教育合作伙伴，不要居高临下地看家长，更不能颐指气使地指挥家长配合幼儿园的教育。

三、幼儿园做好家长工作的重要意义

我们在家庭和幼儿园关系的讨论中，明确了二者的合作伙伴关系，也肯定了幼儿园应该在与家庭的互动中起育儿支持作用。幼儿园的作用直接体现在教师的教育行为中，每个教

师的一项重要工作就是——家长工作。

（一）做好家长工作，形成家园合力，为幼儿健康成长创造良好环境

家园共育的实现需要幼儿园主动开展家长工作。教师要通过与家长联系沟通，让家长了解幼儿园的教育理念、教师的工作情况、幼儿的在园表现，进而理解、认同、支持教师的教育行为，并在家庭中配合教师实施相应的家庭教育。

另外，家长工作还有助于教师了解每一个幼儿的特点，在教育教学中做到既注重集体，又能关注个体，有针对性地对幼儿实施教育。尤其是没有当过父母的教师，做家长工作也能使他们了解和学习家长是如何爱孩子、教育孩子的，这些都非常有利于教师营造家庭般温暖的环境，促进教育教学产生质的飞跃。

可见，做好家长工作，能促进家园联系，增进理解，推动合作，为幼儿健康成长创造良好环境。

（二）做好家长工作，发挥家长第一任教师的优势

幼儿年龄小，对家长的依赖性强，依恋情感深，家长作为幼儿的第一任教师，对幼儿影响非常大。但家长毕竟不是专业的教育人员。许多家长往往只是按照自然法则和已有经验扮演家长的角色，缺少科学的方法，在教育观念和教养方式上难免存在某些误区和偏差。比如对各种特色班和兴趣班的热衷，过度保护和过度干预等行为，这些都不利于儿童健康发展。另外，家长自身文化水平、文化素养也有高低之别。鉴于此，教师做好家长工作，应注意了解和分析家庭教育的特点与问题，引导帮助家长树立正确教育观，学习掌握幼教规律，提高其科学育儿自觉性，有针对性地给予家长指导和建议，让家长较好地承担起自己的教育职责，改进家庭教育。

另外，适当让家长参与幼儿园教育教学活动，可以让家长有机会了解自己的孩子在幼儿园的生活和学习情况，更好地认识自己孩子的特点；也可创造机会让幼儿了解自己父母亲的工作与“本领”，对家长产生钦佩、尊敬的情感；另外，可以在一系列家长和幼儿共同参与的活动中，促进亲子交往，密切亲子关系。

（三）提高家长育儿的参与度，共同做好保教工作

从幼儿园教育与管理过程看，家庭作为支持幼儿园教育工作的外部环境因素之一，是我们应当注意利用的宝贵的教育资源。幼儿园教育要取得成效，必须得到家长的积极配合和参与；家长的关心与支持、监督评价也是搞好幼儿园管理，提高工作质量的促进因素。从幼儿园的社会生存对、外交流看，家长是幼儿园走向社会，获得广泛理解支持，扩大教育和服务功能以及树立自身良好形象，扩大影响力的重要中介和桥梁。一般来说，家长都很关心子女的学习和成长，他们也乐于支持和参与幼儿园的教育工作。所以，应做好家长工作，争取家长的关心、支持，激发其育儿的参与度，对幼儿园保教工作的优劣作出评判，提出建设性的意见、建议，帮助教师共同做好保教工作。

资料链接 8-2

佳佳怎么老吃不饱

很多孩子在家和在幼儿园表现不一样，甚至完全相反，我们班就有这样的孩子。一天佳佳的妈妈送孩子时问我，“胡老师，佳佳回去说在幼儿园没吃饭，是怎么回事？”我微笑着摸摸佳佳的头说：“佳佳每天都吃完自己的一份饭菜，都是自己吃，很能干的，是不是啊，佳佳？”佳佳点点头说是。佳佳妈妈将信将疑地走了。事后我及时和佳佳妈妈电话沟通，我了解到，佳佳每天放学在路上就要妈妈买各种零食给他吃，妈妈不依，她就大吵，说肚子饿，在幼儿园没吃饭，搞得妈妈很心疼，只得依她，要什么就买什么给她吃。可是，到吃晚饭时，她就什么也不肯吃了，搞得家人很无奈。了解情况之后，我与佳佳妈妈一起商量了“对策”。在幼儿园和在家里，只要佳佳好好吃饭，老师或者妈妈就奖励给她小红花，贴在她的家园联系册上，而且，积累到10个小红花，老师就当着全班同学的面表扬她。还请她作为榜样，给小朋友讲讲自己是如何抵抗零食的诱惑，讲讲好好吃饭对身体健康的重要性。佳佳虽然还是有时候想吃零食，但为了小红花，她大部分时间已经能克制自己。随着饮食的规律，她的个子比原来长得更高了，也更健康了。佳佳妈妈在学期末的时候，特别来感谢我，说“胡老师，太感谢您了，不仅让孩子更健康，生活习惯更好了，而且还锻炼了她的意志力，她经常能忍住不吃零食。您真是个好老师！”我笑着说，“也要感谢佳佳妈妈，有您跟我一起配合，在家里也以同样的方式教育佳佳，才能达到这样好的效果啊。”

分析与反思：

幼儿最重要的两个生活场所是家庭和幼儿园，对其教育也有赖于家庭与幼儿园形成合力。而幼儿园作为专业的教育机构，要在家园合作当中起主导作用，引导和帮助家长做好幼儿的教育工作。案例中，佳佳小朋友在幼儿园能够表现好，吃饭自理，但回到家就会要求妈妈给买零食吃，甚至会“假装”自己没吃饭，让家长以为孩子在幼儿园没有得到好的照顾。我们要知道，幼儿想象的特点之一，就是想象容易与现实混淆，佳佳的这种行为，我们不能斥之为“说谎”。其实，这是由孩子的想象造成的。幼儿期的孩子往往不容易分清想象和现实之间的界线，他们的言谈中常常有虚构的成分，对事物的某些特征和情节还会加以夸大，还不十分理解什么是实际存在的东西，什么是想象出来的东西，常常把自己的幻想与真实的东西混在了一起，教师应帮助家长理解这一点。案例中教师在家长提出问题后，没有敷衍了事，而是深入跟踪“调查”，找到了佳佳问题背后的原因，并与家长一起针对性地采取了措施，使得佳佳的生活饮食习惯得以改善，获得了成长。最后，也是最重要的是，通过小事件改善了与家长的关系，形成了良好的家园互动，对于以后开展家长工作，共同做好幼儿的保教工作奠定了良好的基础。

案例出处：北京某幼儿园提供

第二节　幼儿园家长工作的内容与形式

作为专业的教育者，教师应该积极主动做好家长工作，引导家长合作共育。这里我们简单介绍目前幼儿园家长工作的具体内容和较常用的几种方式。

一、家长工作的内容

归纳起来，幼儿园的家长工作主要包括如下几方面。

（一）增进联系，密切关系

家园双方的联系沟通是幼儿园家长工作的第一项内容，也是做好家长工作的重要前提。通过有效的沟通联系，达到相互了解、理解，建立起相互尊重信任的关系，进而实现双方的配合和合作；通过沟通联系，获得反馈信息，不断改进家长工作，提高幼儿园的教育和管理水平。

大量的幼儿园与幼儿家庭的联系沟通工作，是由教师承担的。教师通过与家长的联系沟通，可以了解家庭环境与家长的教养方式等，有针对性地进行教育；同时，也可以使家长及时了解幼儿的在园情况，了解幼儿园的教育要求等，与幼儿园配合一致地实施教育。教师在与家长的交往中，必须尊重对方。教师和家长作为教育合作者，通过加强联系，及时沟通情况，化解和处理矛盾，增进相互关系，促进相互交流学习，共同探讨有效的教育途径、方法，从而积极协调配合，实现同步教育。下面有两个了解幼儿及其家庭基本情况的调查表(表 8-1，表 8-2)，供大家参考。

表 8-1　幼儿家庭情况与行为调查表

调查者＿＿＿＿＿＿

<table>
<tr><td colspan="2">幼儿姓名</td><td></td><td>性别</td><td></td><td>出生年月</td><td></td></tr>
<tr><td colspan="2">家庭住址</td><td colspan="5"></td></tr>
<tr><td colspan="2">地区环境</td><td colspan="5">嘈杂/安静</td></tr>
<tr><td colspan="2">家居环境</td><td colspan="5">整齐清洁/杂乱无章/肮脏</td></tr>
<tr><td colspan="2">家庭经济状况</td><td colspan="5">富裕/中等/较困难</td></tr>
<tr><td colspan="2">家长姓名</td><td></td><td>职业</td><td></td><td>文化状况</td><td></td></tr>
<tr><td colspan="2">家庭其他成员</td><td colspan="5"></td></tr>
<tr><td colspan="4">幼儿受教育经历(入本班以前)</td><td colspan="3">家庭/托儿所/幼儿园</td></tr>
<tr><td colspan="2">幼儿健康状况</td><td colspan="5"></td></tr>
<tr><td rowspan="15">幼儿在家中活动情况</td><td rowspan="2">生活时间</td><td>早上起床</td><td colspan="2">午睡</td><td colspan="2">晚上睡眠</td></tr>
<tr><td>早餐</td><td colspan="2">午餐</td><td colspan="2">晚餐</td></tr>
<tr><td rowspan="2">饮食</td><td>是否会使用餐具独立进餐</td><td>是/否</td><td>进餐所用时间</td><td colspan="2">长/中等/短</td></tr>
<tr><td>进餐情绪:喜欢/讨厌</td><td>食量</td><td></td><td>是否挑食</td><td>是/否</td></tr>
<tr><td>睡眠</td><td>是否独睡</td><td colspan="2">是否尿床</td><td colspan="2">是否赖床</td></tr>
<tr><td>自制能力</td><td colspan="5">是否喜欢自己做事</td></tr>
<tr><td colspan="6">能否控制大小便　　能否表达需要
大小便能否自理(自己穿脱裤子，自己用纸)</td></tr>
<tr><td colspan="4">是否会独立穿脱衣、裤、鞋/会脱不会穿</td><td colspan="2">是否会扣扣子、系鞋带</td></tr>
<tr><td colspan="3">是否自己洗手</td><td colspan="3">是否自己洗脸</td></tr>
<tr><td rowspan="3">游戏</td><td colspan="5">最喜爱的玩具图书</td></tr>
<tr><td colspan="3">是否自己玩</td><td colspan="2">周围是否有游戏小伙伴</td></tr>
<tr><td colspan="3">是否常看电视</td><td colspan="2">喜欢的电视节目</td></tr>
<tr><td>日常行为表现</td><td colspan="3">是否爱发脾气</td><td colspan="2">是否过分活跃或安静</td></tr>
<tr><td>其他</td><td colspan="5"></td></tr>
<tr><td colspan="6"></td></tr>
<tr><td colspan="3">家庭闲暇活动</td><td colspan="4"></td></tr>
<tr><td colspan="3">家长与幼儿之间的关系、态度</td><td colspan="4"></td></tr>
<tr><td colspan="3">家长对幼儿的希望及对幼儿园的要求</td><td colspan="4"></td></tr>
</table>

表 8-2　幼儿基本资料表

幼儿姓名		性别		出生年月		籍贯	
家庭住址							

家庭状况	父亲姓名		年龄		文化程度		职业		单位		电话	
	母亲姓名											
	家庭其他成员(共同居住)											

生活状况	特殊的饮食习惯			独处时常做的事情	
	特殊的睡眠时间			经常一起玩的玩伴	
	最喜爱的活动	室内		日常较亲密的人	
		室外		特别害怕的事物	
	最爱看的电视节目			特殊的行为问题	
	最常玩的玩具			其他	

健康状况	预防接种	有	无	曾患病症	有	无	常患病症	有	无
	小儿麻痹			水痘			感冒		
	卡介苗			白喉			扁桃腺炎		
	麻疹			百日咳			腹泻		
				麻疹			发烧抽筋		
							过敏症		
							其他		

注:这是在幼儿入园时,由家长填写的幼儿基本情况表

填 写 人:________

填写时间:________

(二) 服务好家长,提供育儿支持

服务家长是幼儿园的任务之一。教师应主动了解家长的需要、愿望和要求,面临的困难和问题等。同时,分析自身条件,发掘内部潜力,为家长提供有效服务,较好地发挥幼儿园的社会职能。主动承担起宣传、指导和帮助家长的责任。特别要注重通过多种方式向家长宣传国家的教育方针,引导家长树立正确的教育观念。要将幼儿园教育宗旨、工作制度、服务项目等告知家长,并征求意见,求得共识。要在了解幼儿家庭教育状况的基础上,有针对性地宣传科学育儿知识,介绍或传授具体方法,帮助家长保教好幼儿。

(三) 争取家长的配合支持,为保教工作创造有利条件

一般来说,家长都很关心子女的学习和教育,他们也乐于支持和配合幼儿园的保教工作。家庭是支持幼儿园教育工作的重要因素,是教师应该注意利用的宝贵教育资源。我们要争取家长的人力、物力、智力资源,让他们了解幼儿园保教工作,支持配合教师,保持教育的一贯性,让家长尽可能地参与幼儿园管理,为幼儿园教育工作创造有利条件。

(四) 家园合作,共同保教好幼儿

家园合作可以有很多方面的内容,比如个别化教育方面的合作,与家长一起制订其子女的个别化教育方案,并在家庭和幼儿园中配合实施,效果肯定会非常好;课程方面的合作,可

以在制订课程计划时听取家长的意见，在课程实施过程中请家长参与等；幼儿园管理方面的合作，可以让家长代表参加班级的管理委员会，商量和决定班级的学期计划、内容，对班级教育工作进行评估、监督等；另外，在家庭教育经验交流、班级大型活动组织准备等方面，都有很多合作的空间。

二、家长工作的形式

幼儿园家长工作的形式多样，如日常性家长工作或阶段性家长工作，个别性家长工作或集体性家长工作。教师与家长在互动交往中一定要相互信任，建立起平等合作的关系。归纳起来，家长工作主要有以下几种常用的途径或形式。

（一）教师与家长之间的日常交流

日常交流是幼儿园最普遍、最常用的家长工作形式，通常是教师与家长之间的个别联系，是幼儿园保教工作的重要内容之一。主要是教师利用家长早晚接送幼儿的短暂时间与家长接触，了解和介绍幼儿情况，相互沟通，提出建议等。

日常联系方式中，家园联系簿（卡）运用得比较普遍。教师要为每个幼儿建立一本家园联系簿（卡），定期或随时与家长联系，互通情况、信息，个别交换意见、建议，分享对幼儿情况的观察和了解，共同探讨个别教育的计划与措施。教师还可以结合其他形式，如通电话、个别面谈等方式及时与家长沟通，增进联系，配合教育。表 8-3 展示了幼儿园与家庭互相联系和沟通的主要内容，不同幼儿园班级可根据自己的情况设计更合理、适用的家园联系簿（卡）。

表 8-3　幼儿家园联系卡

幼儿姓名________　　　　班级________

幼儿在班一周表现：	幼儿缺勤情况及说明：
班级近期教育重点及需家庭配合指导的内容：	家庭教育的问题、困难及对教师的建议、要求：
幼儿园或班级通知事项：	
教师签名________日期________	家长签名________日期________

（二）制作家长宣传页，开辟家长园地

幼儿园的家长工作应当从家长接送孩子第一天开始。教师必须重视对家长的接待工作，可以向每一位家长发放宣传页或“家长须知”，这是向家长说明幼儿园理念与教育目标，争取对方认同并求得共识，同时也是树立幼儿园形象的好办法。宣传页或“家长须知”的编制要尽量节省成本，可以采取拆页的形式，以简明的文字说明幼儿园的一些基本教育措施，

以及要求家庭配合的事项(如表8-4)。例如如何配合幼儿园为孩子准备好必要的物品,如何帮助孩子适应新环境,接送幼儿的注意事项,幼儿园的方位路线,缴费时间、方式,集体教养机构的健康保健要求等。也可以加一些插图,让家长一目了然。

表8-4　四环游戏小组小册页范例

北师大学前教育系四环游戏小组　　　　9/24

育儿小锦囊—— 友谊是童年的重要组成部分。对孩子们来说,交朋友似乎是这个世界上最自然不过的事情。毕竟,他们大部分时间都在一起。然而有时候孩子也需要爸爸妈妈的一点帮助,把天天见面的熟人变成自己的朋友。 具体的做法有:与孩子一起谈论他的玩伴,并安排一次一对一的碰面机会,让孩子单独和其中一个玩伴一起玩耍。一般住在附近的小孩总是你首先考虑的对象,因为这样安排碰面就非常方便。而且最好只找一个孩子,如果你找了一个以上的孩子参加这次碰面,将会使第三者感到多余,感到被排斥。为孩子安排了几次共同玩耍后,你可以观察孩子们之间是否真正产生了友谊。也许你的孩子还得经过几次尝试,才能最终找到一个和自己兴趣相投的朋友。	家长提醒: 1. 请在每天早上为孩子准备一些早点,如小米粥、牛奶、蛋糕等,来活动前一定要先吃早餐。 2. 请提醒孩子带水和小手绢来参加活动。 3. 一些孩子指甲过长容易藏污垢,请家长定期帮孩子修剪指甲,并叮嘱孩子不要用脏手抓东西吃。 4. 天气凉了请不要再让孩子吃冰棍儿,不要让孩子穿拖鞋。
儿歌:太阳红 太阳红,像灯笼,高高挂在半天空,照得屋子亮堂堂,晒得身上暖融融。	

幼儿园还可以班级为单位开辟家长园地,办黑板报等,随时通知消息、信息,定期宣传科学的保教知识,开展家庭经验交流等。如,向家长介绍班级教育计划、活动安排,结合各月重点,针对家庭中存在的一些带有普遍性的问题,宣传科学育儿知识,介绍家教经验,对开展家庭亲子游戏活动提出建议等。有条件的还可以根据需要印发一些文字材料或办简报等,积极宣传、引导家庭教育科学化。家长园地也可以有针对性地进行。比如,有的班级针对家长提出的要让孩子为小学做准备学习拼音、加减法等知识,将教育部发布的《3—6岁儿童学习与发展指南》相关内容介绍给家长,一段时间后颇见成效。家长说:"现在幼儿园一般都跟孩子们在一起玩,还学一些最基本的知识,再加上一些兴趣班,我觉得对孩子来说这就够了,我刚开始认为孩子上幼儿园了就必须学习语文、数学知识,但后来认识到孩子在幼儿园学不学习小学课程对以后的成绩并没有多大的影响,关键在于孩子有没有养成好习惯。"

另外,幼儿园还可以根据自己的条件,开展图书借阅活动,为家长提供和推荐适宜的幼儿教育读物,帮助家长增加育儿科学知识,在家庭中开展亲子阅读等活动。例如:四环游戏小组设立了图书架,开展家长借阅活动。他们制定了"家长图书借阅注意事项"(见表8-5),确定借阅图书和还书的时间,并建立登记制度。为方便家长选择,还把图书依据家长的需求情况分类制作查询书目,并与家长讨论读书的心得体会。

表 8-5　四环游戏小组家长借阅图书注意事项

四环游戏小组家长图书借阅注意事项
1. 首先填写图书借阅登记表。
2. 每周一、三、五上午 9:00-11:00 为借书时间，周三上午 9:00-11:00 为还书时间。
3. 图书每次只能借 1 本。
4. 图书必须按期归还。
5. 图书归还时如有损伤，按原价两倍赔偿。
6. 图书为公物，请各位家长爱护。

（三）家访

教师应该有计划地对全体幼儿及家长进行家访。家访一般安排在学期初或学期末，是入园之初最常采用的家长工作方式，主要是为了了解幼儿家庭环境、家庭教育状况、幼儿在家中的表现等，与家长建立互相尊重、信任的关系，争取家长的配合、支持。家访的方式非常有助于教师快速、全面地掌握幼儿情况，有利于制订有针对性的教育方案，有益于幼儿尽快实现过渡与适应，也使得家长安心。

（四）召开家长会

家长会是一种重要的家长工作形式。可以在学期初、学期末，或是依据需要和计划召开家长会，报告幼儿园工作情况，提出一般性教育要求，回答家长普遍关心的问题。也可以通过家长会有针对性地征求家长意见，或使家长了解幼儿园面临的实际问题与困难，取得家长的理解、协助和支持。

（五）举办家长开放日等活动

幼儿园可以在节假日或定期举行开放日活动，请家长来班观摩或参加活动，如庆“六一”、新年等联欢活动、集体生日庆祝活动、亲子运动会等。开放日的活动可以使家长以直观方式了解幼儿园教育内容方法，直接看到幼儿的在班表现，了解教师的工作情况。家长来园观摩并参与活动，能增进与教师的相互理解，因而有益于相互配合，家长开放日活动也为扩大幼儿的社会接触面提供了机会和条件。实践中，我们发现家长开放日时往往会使教师十分困扰，家长在的时候，幼儿会非常没有秩序感，正常的常规和教学活动都难以组织，且实现家长参与活动也比较困难。这需要教师做好平时的工作，让幼儿形成常规，并遵守幼儿园的活动规则，明白即使家长在也要遵守规则。家长开放日时可设计专门的亲子活动，以便家长参与，用活泼、有趣、有秩序的活动吸引幼儿和家长，改善家长开放日的活动质量。

除了让家长来园参加活动，还可以举办户外活动，如亲子远足、图书馆亲子阅读等，通过这些活动的开展，增加接触和联系，拉近家园双方的关系，从而为孩子的教育奠定合作的基础。

（六）举办家长参与的活动

一些地方的幼儿园开展家长参与活动的经验值得借鉴。如成立家长助教团，班级教师配备人员不足的时候，可以让家长参与进来，充当保教助理或协助其他工作。这种家长工作的形式不仅可以密切家园关系，使教师与参加活动的家长多接触，相互交流教养幼儿的知识经验，还可以增加幼儿园的人力资源。当然，家长参与最重要的目的在于家园协作形成教育合力，促进幼儿成长。

幼儿园可以请家长担任定时的保教助理，参与保教活动；或请家长就自己的专长，在某一特定的时间协助教师做相应的工作，如维修设备、制作玩教具、摄影等。有调查表明，家长有较高参与幼儿园教育的积极性，家长中愿意担当教师助手的达到60%以上。因此，如何有效地开展家长工作，在发挥家长资源作用的同时，引导和帮助他们，值得认真实践和探索。

幼儿园可以在开学初，向家长发放问卷（如表8-6），征求他们对参与幼儿园保教工作的意向。收回问卷后，将愿意参加活动的家长名单列出，将其组织起来协助教师做好幼儿保教工作。

表8-6　家长参与幼儿园活动的意向调查

亲爱的家长：

这个学期，幼儿园为孩子们设计安排了丰富的活动内容，希望您帮助我们共同完成。以下是一些需要协助的项目，如果您愿意，请您在有兴趣的项目前打√，并写下您认为最恰当的时间。

欢迎您踊跃参加！

参与项目	最适当的时间
——担任保教助理	
——为幼儿拍照或录像	
——修理玩具、设备	
——出外郊游时协助照顾幼儿	
——出外郊游时提供交通工具	
——帮助制作教具	
——与幼儿共同从事园艺活动	
——带领幼儿烹饪	
——为幼儿演奏乐器	
——协助编辑园所刊物	
——组织家长俱乐部或筹备家长会	
——其他（自填）	

（七）建立家长委员会，发挥家长作用

幼儿园可以建立家长委员，或成立家长俱乐部，发挥家长组织及家长之间的相互影响作用，调动广大家长的积极性，参与到幼儿的教育与幼儿园管理中来。组织的力量总是大于个人的力量，因此这方面的工作也非常重要。“家长委员会”由家长推举代表组成，其职能有：(1) 加强家长之间的联系，协助教师做好家长工作；(2) 发挥家长作为重要教育力量和教育资源的作用，及时反映家长对幼儿园工作的意见和建议，配合、参与幼儿园的教育与管理，帮助和促进幼儿园工作的不断改进。

家长委员会可与教师共同商议工作计划，并监督检查执行情况，与教师一起组织读书会、出游等大型活动。在教师的指导下，家长委员会可以以自己的名义定期或不定期地举行各种活动，如召开有关教育问题的研讨活动，或是交流家庭教育的经验，还可以开展推荐好书或科教读书会活动。家长委员会还可以组织家长，依各自意愿或特长参与幼儿园教育教学或协助教师做相应的工作。

（八）通过现代化的手段与方式，搭建家长参与幼儿园教育与管理的平台

随着现代社会互联网越来越发达，人们沟通信息的方式也发生了翻天覆地的变化。以前信件、面谈、电话等联络方式逐渐被电子邮件、短信、微信等更加高效的信息传达方式所替代。幼儿园家长工作也出现了网络平台、园信通、微信群等现代化的手段与方式。这些形式可以随时随地让家长了解幼儿园的管理、教育动态，是高效而实用的方式。幼儿园常常以班级为单位建立网络平台、园信通、微信群，这些方式的一个显著特点就是家长愿意主动参与。家长可以随时发起并组织活动，如讨论育儿经验、讨论孩子最近的问题、组织集体活动等。

资料链接 8-3

“能干”的爸爸妈妈

中一班开展“家”主题活动已经一个学期了，让孩子“认识自我”，深入了解“我的爸爸”“我的妈妈”“我的家”，设计了请爸爸妈妈来园参加教学，制作 ppt 介绍父母情况，制作家的模型等活动，家长非常配合地参与了这一系列活动，家长们都表示主题选得很好，孩子和家长都有收获。但是家长反映，这个学期疲于应付班级的各项要求，为了给孩子完成作业，经常加班加点，孩子有时候也得跟着，不能好好休息。尤其在制作家的模型的时候，孩子完全不能胜任此任务，因为他们的空间感知能力和操作能力还不成熟，制作家的模型基本都由家长代劳了，孩子在这其中并没有享受到动手动脑的快乐，反而引发了互相攀比的现象。

分析与反思：

案例中选的主题活动非常好，但在操作中存在以下问题。第一，幼儿园教育始终应以促进幼儿发展为目的和出发点。案例中，教师在引导家长参与幼儿园教育活动时，调动了家长的积极性，但忽略了教学实践内容与幼儿年龄发展特点的匹配性，幼儿对于制作 ppt，制作家的模型完全不能够胜任，即便有成人提供帮助他们也不可能完成。这样本来应该是促进幼儿对家进一步认识，提高幼儿表现表达能力的活动，却成为家长能力的大比拼。第二，服务家长是幼儿园的任务之一，做家长工作时，我们要把握分寸和尺度，尤其请家长参与幼儿园班级教育活动时，既要达到引导家长与幼儿园合作共育的目的，又不能给家长增加太多的负担，否则也就失去了意义。第三，我们经常在做事过程中会陷入各项事务中，忘记了阶段性反思和修正。在本案例中，教师应该在系列活动中时时反思和评估自己的方案，看是否有利于幼儿发展，是否有利于家长工作的开展，听听家长的声音。当教师看到家的模型都是家长代劳的情况后，就应调整评价方式，这样也不至导致幼儿之间的攀比。

程敏编写

第三节　幼儿园家长工作的管理与指导

有关调查表明，幼儿园家长工作目前还存在一定问题，如不重视家长工作，不注重发挥家长的教育潜能；不明白家长参与的终极目的是什么，导致了家长工作仅有形式，而无实际效果；设计活动或任务难度过大，家长参与度高，但无法与幼儿互动；过分强调家长参与，导

致家长需要花大量的时间来完成幼儿园的“作业”，失去了幼儿园服务家长的职能等。要有效开展家长工作，就要注重相应的管理与指导，需从思想上、制度上、行动上都做到有效管理。

一、有效管理，促进全园做好家长工作

（一）认识到位，明确与家长工作的重要意义

把家长工作置于与保教工作同等重要的位置，并在园所内部取得共识，树立“家长工作全员性”的思想。幼儿园作为专业机构，要发挥主导作用，应注意摆正与家长的关系。

（二）加强家长工作的计划性

1. 将家长工作纳入全园工作计划

计划能使人们的行为不断趋向目标，认真执行计划更容易获得成功。家长工作也不例外，加强计划性是非常必要的。

首先，家长工作要纳入全园工作计划，包括3~5年发展规划、学年学期计划等。从幼儿园整体发展的高度来审视家长工作的重要性，对全园家长工作提出总体目标，拟订工作方案，安排工作任务。

其次，将幼儿园家长工作计划进行任务分解。全园上下要针对家长工作承担不同的任务，比如教师应在家园合作共育、引导家长方面发挥主要作用，后勤服务部门要服务好幼儿和家长，对外联络部门要做好对家长的宣传、解释工作等。

最后，要做好计划的执行、检查、改进工作。对制订的计划要积极推进落实，管理者督促教职工执行计划，并在计划执行过程中为他们解决困难，提供帮助。做好计划的总结工作，根据实际情况修订完善下一阶段家长工作计划。

2. 因人而异制订家长工作计划

家长不是整齐划一的，是有不同生活环境、不同性格特点的个体。一刀切的家长工作方法往往会只有形式没有内容，得不到家长的响应与支持，起不到作用。因此，要想做好家长工作，除了制订班级家长工作的总体计划外，还应根据班级幼儿的不同发展特点、发展中的问题以及家庭情况，因人而异地制订家长工作计划。这样开展家长工作往往能得到家长的欢迎和配合，切实帮助家长解决他们碰到的孩子教育问题，融洽家园关系。同时还能激发家长配合工作的积极性，发挥家长的主动性，收到事半功倍的效果。如某幼儿园大班转入一名新幼儿，这个孩子各方面发展整体不错，但有一个不良习惯，就是每天晚上睡觉前必须吸吮奶嘴才能睡，若不让吸，他就发脾气。当老师知道后，就与家长共同商量制订了一个“矫正计划”，就是每天睡觉前家长给孩子讲故事，很快这个孩子的不良习惯就得到了纠正。

（三）注重家长工作制度建设

规章制度是幼儿园的“法”，将家长工作制度化，把工作要求以条文形式固定下来，是保证家长工作任务完成的重要途径。

制度中要明确规定家长工作的目的、内容和要求，并将制度的执行和检查作为制度内容，与教师工作考核相结合。家长工作的制度包括：日常性家园联系制度、家访制度、家长会制度、家长开放日制度、家长委员会制度等。

在家长工作制度建设过程中应该征求一线教师及家长的意见，这样制度才更具有可操作性，更能起到规范家长工作、促进家长工作的作用。

（四）明确岗位职责，注重培训和指导

大量的最直接的家长工作是班级保教人员进行的。因此，园长应特别注重对班级教师的指导，引导保教人员在正确认识和处理好与家长关系的同时，将教师的家长工作能力作为在职培训的重要内容，认真执行家长工作制度，帮助教师有计划地结合日常保教工作，采取适宜的方式，做好家长工作。

资料链接 8-4

××幼儿园家长工作制度

为了提高幼儿教育的整体效能，促进幼儿全面发展，促进幼儿园、家庭、社会教育的一体化，使家长工作做到制度化、系统化，特制定以下家长工作制度。

一、建立健全家长委员会

1. 家长委员会由各班一名家长代表组成，设正副主任各一名，家长委员会主任是幼儿园园务委员会成员之一。

2. 每学期初召开家长委员会会议，商讨幼儿园工作，制订工作计划，年末家长委员会向家长汇报总结家长工作。学年中根据幼儿园工作需要，委员会可随时召开会议。

3. 家长委员会应通过各种形式听取并及时反映家长对幼儿园工作的意见和建议，并协助幼儿园组织交流家庭教育的经验。

二、做好家园联系工作

1. 建立家访制度。三天不来的幼儿，进行电访或家访，对个别特殊幼儿或遇问题的应随时家访，并做好记录。

2. 建立家园联系手册，期末对幼儿进行全面评估，写出幼儿发展评估报告。平时利用家长接送幼儿时间，做好家园联系工作。

3. 每星期开展一次家长咨询活动，为家长解答有关幼儿教育问题，指导家长正确进行家庭教育。

4. 每学期向家长进行一次调查，征求家长对幼儿园管理、服务、教师保教态度和能力等方面的意见，发挥家长对幼儿园的督促、管理作用。

三、成立家长学校，组织各种形式的家长活动

1. 每学期初召开一次家长会。

2. 每学期开展一次家庭教育讲座活动。

3. 每学期开展一次家长观摩或家长参与的半日活动。

4. 每学期开展家园同乐活动，如六一庆祝活动等。

5. 每学年召开一次家庭教育经验交流会。

四、有针对性地开展家长工作

1. 建立家庭教育指导联系网络，短信平台和微信群。形成园长负责、家长参与、教师指导、后勤参加、人人重视的家长工作岗位的氛围。

2. 制订符合本园实际及家长需要的家长工作计划。

3. 家长工作计划的执行作为教师工作考核的一项内容。

二、做好家长工作的指导

幼儿园管理者除了让教师认识到家长工作的重要性，更重要的是要及时对教师进行家长工作的指导，使他们能遵循家长工作的基本原则，能掌握一些家长工作的策略，以达到更好的工作效果。

（一）遵循家长工作的基本原则

1. 互相尊重，平等合作

家长和幼儿教师是平等的社会人，是幼儿教育的实施者，应该相互尊重，平等合作。尊重对方的工作、社会地位、生存环境、生活方式、思维方式等，这样可以产生人与人的信任关系，可以开展平等的交流和对话，这是任何工作的基础。另外，还要尊重对方的教育资源。幼儿教师要避免以班级为中心，忽视家长的教育力量，不要对家长发号施令，增加家长的负担，降低家长参与班级教育的积极性。幼儿教师应该抛开自己专业幼教工作者的身份，虚心向家长学习，了解家长的教育理念、教育方法等。家长也要尊重教师，了解、支持、配合他们的教育行为，共同教育好幼儿。

2. 全面开展，注重差异

家长工作是面向所有幼儿家长开展的，为全体幼儿及家长服务。幼儿教师应积极主动地与家长联系，了解每个家庭，与之真诚合作，对幼儿家长一视同仁，不搞亲疏有别、嫌贫爱富，应全面开展家长工作。另外，要正视幼儿及家长需求、问题的多样性和差异性，注意指导的针对性，“因人而异”地开展家长工作。每个幼儿都有独特的身心发展特点，每个家庭都有特有的教养方式，教师要充分了解幼儿，了解家庭特点，与家长沟通、合作，制订适宜的教育方案。

各个家庭的情况、文化、价值观和历史都不同，他们有不同的家庭成员互动方式、不同的教养方式、不同的与幼儿园的沟通方式。作为教师，要想做好家长工作，就要正确面对这种不同和差异，尊重家长的价值观、教育观，在幼儿园的教育主张与家长不同时，首先选择尊重对方，不要认为只有教师才是最专业的，才是权威。要通过深入的了解，逐步适应对方，找到适宜幼儿的家园配合教育方式。

3. 全员参与，常态化、动态化

家长对幼儿园教育工作的满意程度，不仅仅体现在教师的教育行为上，还体现在幼儿园的工作氛围、教育理念等方面。因此，要园里所有的员工人人都参与家长工作，共同创造幼儿园的良好形象和声誉，向家长展示幼儿园的风貌和文化。将家长工作作为幼儿园常态工作，人人有责，人人参与。

（二）掌握与家长沟通的策略

做好家长工作除了遵循基本原则，还要掌握基本的沟通技巧，与家长建立良性互动关系。

1. 沟通要及时

教师要主动、及时地与家长沟通，尤其是针对其子女的教育问题，更要第一时间与家长联系，协商应对，当然前提是在家长有时间交谈的情况下进行。沟通及时可以尽快发现问题、解决问题、避免误解、避免拖延等。教师也要把这一理念告知家长，并达成共识。在家庭中发生的教育问题，家长也要及时与教师沟通，家园一致做好对幼儿的教育工作。

2. 沟通要有针对性

除了每日与家长寒暄，教师的沟通应该有针对性，要有目的、有准备地沟通。当然，与幼儿有关的话题也容易引起家长的兴趣，得到共鸣，问题也会很快得到解决。

3. 善于倾听

在与家长沟通的时候，不要光忙着自己说话，教家长做这做那，要学会倾听。听家长说家庭的近况、教育的困境、幼儿的进步与问题，甚至是抱怨和谴责，倾听时要注意与家长眼神的交流，用点头或“是”“好”“我明白”“嗯”等语言上的肯定来推进家长的讲述。同时要注意对交谈内容保密，如此会赢得家长的信任，完成有效的交流，更有助于解决问题。

4. 换位思考

当教师在与家长沟通，尤其是发生矛盾、冲突时，一定要学会换位思考，从家长的角度来看待面对的情景、问题，这样教师能更加理解家长的想法、行为。另外，如果能换位思考，家长也能体会到教师的良苦用心，也会避免矛盾、冲突的发展，更有助于和谐的家园关系的建立，也有利于幼儿良好成长环境的营造。

5. 提升与家长相处的艺术

家长对于教师来讲，既是服务对象，又是合作伙伴，又有可能成为朋友。教师在对待家长时一定要真诚、真心，凡事都以幼儿的发展为最终目标，这样家长能体会到，也会非常高兴与幼儿园配合。这里一定要避免给幼儿“贴标签”“告状”等行为。每个家长都是爱孩子的，如果孩子发展中有问题，他们希望得到的是教师的理解、关心、指导和帮助，而不是嘲讽和厌恶，所以应用积极正面的态度，与家长一起寻求教育幼儿的良方。这样才是尽教师的本分，也会因此而赢得幼儿、家长、同事，乃至社会的尊重和赞誉。

6. 增强家长参与的主动性

幼儿园要克服以往把家长作为被动接受指导的对象的观点，要充分重视家长的教育资源增强家长参与的主动性，把家长作为合作办园者。

资料链接 8-5

胆怯的婧婧老师

婧婧到幼儿园工作才一年多，平时工作认真负责，很喜欢和孩子在一起，但比较畏惧与家长打交道。她不知道该和家长说些什么，也怕说错话造成不必要的麻烦。工作以来，她与家长交流的次数屈指可数。她会尽量避免与家长见面接触，通常家长来园接送孩子时，她会躲到班上某个角落做整理工作。在仅有的几次交流经历中（大多是家长主动询问孩子的情况），婧婧总是用“挺好的”“还可以”之类的话带过。家长从她的回答里得不到有效信息，而且感觉教师在敷衍，渐渐地就不再找她了。婧婧索性就把与家长沟通的工作留给主班教师和保育教师。此外，婧婧发现家长确实喜欢找主班教师询问孩子的情况，这让她感觉家长对自己不够信任，使她对于与家长沟通更加底气不足，同时或多或少对家长的不信任感到不快，于是更不愿意与家长打交道，由此形成恶性循环。

不久，主班老师意识到这个问题，婧婧自己也感觉到这样下去不行，于是她向主班老师请教。主班老师劝慰她道，你这个情况是新教师普遍存在的，不要害怕，要正视问题、解决问题，从每天对家长一个微笑开始，跟家长坦诚地聊聊孩子一天的情况，不是笼统地评价“很好”“不错”，而要具体讲讲今天或最近孩子表现好在哪里，有哪些进步。这样，家长觉得教师能了解得这么细致，确实很用心，会肯定教师的工作，也会融洽家园关系。婧婧在主班老师的鼓励下，试着与家长交流，慢慢的，她发现她越来越喜欢与家长交流了，交流不仅使心情愉快，还能有针对性地解决幼儿的实际问题，非常有成就感。

分析与反思：

案例中呈现了新教师常常会出现的问题，就是不敢与家长交流，缺乏沟通技巧。那么，我们先要从思想上认识到家长工作的重要性，调整好心态，以接纳包容的态度对待家长，以主动积极的态度对待家长工作。方法上，这里只强调一点，就是用心关注幼儿，促进幼儿发展，这是做好家长工作的基础。家长最关心的就是孩子的身心健康及发展问题，从这里切入，与家长交流合作都是非常容易并且得到配合的。家长工作的技巧及策略除了向书本学习，更重要的是向老教师多请教，在实践中掌握与家长沟通的基本策略，增长经验，相信只要做个有心人，家长工作肯定会有好的成果。

某幼儿园提供

第四节　幼儿园与社区

幼儿园总是在一定的地域范围即社区之中，因而社区是幼儿园生存和发展的基本环境，是幼儿园管理活动面临的社会现实。

社区是由居住在一定地域范围内的人们所结成的文化生活共同体。在我国城市，社区的构成以“街道”或“居民委员会”为基础，在农村，一般以乡或村为依托。社区中的人们受共同的社会政治、经济和文化的影响。幼儿园作为社区的一个教育机构，应该发挥自己的力量，主动做好社区工作，对所在社区，以及社会的发展进步做出贡献。

一、幼儿园做好社区工作的重要意义

（一）有利于共同营造促进幼儿全面发展的良好教育环境

幼儿教育从来就具有地方性、地域性特点，是一种社区性的教育。幼儿发展也是各种环境要素综合作用的结果，其中最为重要和密切的是其直接生长的环境，即家庭、幼儿园和社区。

幼儿园积极整合社区资源可以改变“关门办园”的封闭格局，改善办园条件，可以扩展幼儿园教育活动的内容，丰富幼儿的学习经验，提高教育质量。学前教育的资源不仅包括正规的教育机构、教育者，还包括在教育过程中所占有、使用和消耗的所有人力、物力与财力资源。对于幼儿来说“生活即教育”“社会即教育”，对幼儿的教育无处不在，家庭、社区的物质设施、文化氛围、交往方式、生活习俗等都可以成为教育资源。20 世纪 80 年代，很多课程专家就呼吁，“学校、家庭和社区是密不可分的，孩子们的发展和学习严重依赖环境能够提供给他们的支持”，社区的资源应该成为幼儿学习的重要资源。《幼儿园教育指导纲要（试行）》中明确提出：幼儿园要“充分利用自然环境和社区的教育资源，扩展幼儿的生活和学习的空间”。因此，做好社区工作直接关系到幼儿的培养质量。

（二）有利于推动社区学前教育的发展

社区学前教育是由社区组织与管理的学前教育工作，包括正规和非正规的学前教育活

动，它以社区的全体成员为教育对象，主要涉及社区内0~6岁儿童及其家长和看护人，把社区内影响幼儿生存与发展的社会、家庭环境和教育因素联系起来，综合考虑发展学前教育的资源、途径、形式与效果等方面，把社区内各种组织机构联系在一起 。

在世界各国重视社区学前教育改革和发展的趋势下，我国的社区学前教育也在一些城市中悄然兴起，发展到现在已成为发展终身教育和建设学习型社会的重要一环。它的产生和发展是时代的要求，在满足社会需求、促进儿童发展、指导家长，乃至推动学前教育事业和社会发展方面都起到了重要的作用。

幼儿园作为社区中的教育机构，可以通过社区工作，发挥教育机构的辐射作用，将正确的教育理念传播到社区中，帮助社区整合资源，解决当前存在的问题，提供多样化、个性化的教育服务等，推动社区学前教育的发展。

（三）有利于弘扬和践行社会主义核心价值观

改革开放以来，我国不断探索社会主义意识形态建设，提出积极培育和践行社会主义核心价值观。幼儿园社区工作对繁荣社区文化，营造安居乐业、互帮互助、积极向上的社会风尚，弘扬、践行社会主义核心价值观有积极的促进作用。

二、幼儿园社区工作的内容和方式

幼儿园面向社区的工作主要内容是：挖掘社区资源，争取社区公众对幼儿教育的支持；幼儿园积极主动为社区提供有效服务；搞好社会协调，提高幼儿园整体效益。实现这三方面内容的方式如下。

（一）挖掘社区资源，争取社区对幼儿教育的支持

社区拥有雄厚的人力、物力、财力资源，社区内的各种劳动、社区内人们的相互依存关系、社区内的自然和人文历史景观等，都可以为幼儿园充分发掘和利用。

1. 争取社区内人力支持

社区中有很多人力资源都是幼儿园可以利用的。如幼儿园可以发挥社区退休老教师的余热，让其担当幼儿园保教指导员，现场培训年轻保教人员，或是为地域内家长办培训班，宣传科学育儿的知识；可以访问社区内各行各业的“专家”，请他们来幼儿园参加活动，解答幼儿的各种问题；访问社区内的敬老院，请他们到幼儿园来做客等。可以联系社区为幼儿安排力所能及的劳动，让幼儿动手动脑，尝试他们感兴趣的事情。比如，让幼儿跟蛋糕店的员工学习制作蛋糕、面包、冰淇淋等；让家长协助带幼儿采摘果蔬、骑马、种菜、挤奶、喂鸡；在公共场所让幼儿当“小监督员”，提醒人们要讲文明礼貌，爱护公物等；在社区可以开展“大带小活动”，让本社区年龄大的孩子帮助年龄小的孩子学习。

2. 争取社区内物力支持

幼儿园可以收集社区内部或社区内企业的闲置物资、边角料、废旧物品等，在符合卫生和安全要求的前提下，变废为宝，作为孩子们的活动材料；可以根据教育情况，带幼儿到社区的博物馆、图书馆、美术馆、展览馆、科技馆、体育馆、公园等地去参观，增加幼儿社会、历史、文化、艺术、体育等方面的感性知识。可以带幼儿到医院、超市、洗衣店、军营、建筑工地、加油站等地参观，让儿童对日常生活有更多的了解。还可以带着孩子到农村、草场、森林、山丘、河畔、海滩去郊游，让幼儿体验不同的生活，感受自然的魅力。

3. 争取社区内财力支持

幼儿园应基于教育成本核算与园所持续发展的需要，遵循国家有关政策，确立合理的收费标准和额度。还可以争取效益好的企业、公司赞助等办法，募集经费，用于改善办园条件，为孩子们创造良好的生活和学习环境。

社区为幼儿园提供生源，并输入人力、物力与资金，是兴办教育的主体之一，也是教育受益者和服务对象，有权对幼儿园工作发表意见，参与管理和进行经常性的评价监督。幼儿园管理者要主动吸收社区成员参与管理，发挥社区教育委员会的作用；可以定期向社区通报工作情况，汇报取得的成绩与存在的问题、不足，听取社区公众的意见、建议，与社区共同规划幼儿园发展前景并研究制订计划。社会公众参与管理，一方面可以发挥社会教育力量和资源的作用，另一方面形成对幼儿园的社会公众监督制约。

（二）积极探索幼儿园为社区服务的措施和途径

幼儿园作为社区内的教育机构，要注意了解所在社区的环境，了解社区公众的希望与追求，了解其对学前教育的需要，并积极探索为社区、为社会服务的措施和途径，有效发挥幼教机构所应有的社会功能，与此同时，也为自身的生存和发展开拓更广阔的空间。

1. 努力完成好幼儿园保教任务的同时，为社区提供多样化服务

幼儿园首先必须优质高效地完成保教任务，促进幼儿身心全面和谐发展。同时要根据本园实际，为社区提供力所能及的服务，积极参与社区的各种活动，如幼儿园与社区孤寡老人联欢、在社区的庆祝活动中表演节目；定期在社区开展咨询讲座活动等。

2. 实现幼儿园教育资源的社区共享

幼儿园的教育资源是社区共有资源，是取自于社会的，自然也应用于社会。园所管理者要破除狭隘的小集体观念，开放办园，实现资源共享。幼儿园的房舍、场地、教育设施设备等在保证正常教育的前提下，可以对社区开放，为社区内散居儿童及其家长提供一定的教育条件。如定期开放园所游戏场地；开展图书借阅等活动；办家长学校、家教辅导班等，充分利用幼儿园教育资源，更好地发挥社会效益，扩大学前教育的受益范围。

近年来，随着计划生育国策的推行，一些地方特别是大中城市出生率下降，相应地带来了幼儿园生源减少的问题。幼儿园一方面可以调整招收儿童的年龄范围，还可以开展灵活多样的服务形式，如向 2 岁以下儿童提供半日保育教育服务，也可以定期开展亲子游戏活动等。这些措施既为社区内散居低龄儿童提供了教育机会，也使家长有机会相互交流学习，并对幼儿园教育有所了解，从而为日后正式送幼儿入园接受正规教育打下基础。有条件的幼儿园也可以根据社区需要开展临时收托服务。一些幼儿园利用本园的人员与设备条件，在平时为部分小学生提供小饭桌，在假日组织活动小组等，也是服务社区的好形式。

幼儿园的场地在周末、晚间还可用于为社区文化教育服务，如搞社区文娱体育活动或办夜校、职业培训班等。开展此类活动应注重管理，建章立制，并有相应的管理措施等。

3. 履行幼教机构的社会宣传职责，发挥幼儿园作为社区精神文明辐射基地的作用

幼儿园作为专门的学前教育机构，还担当着社会宣传的责任，应主动向所在社区公众宣传党和国家的教育方针，传授科学育儿知识。

幼儿教育对象不仅限于幼教机构内的幼儿，而应扩大到社区公民，注重提高全体社区成员的幼儿教育意识。幼儿园要注重发挥正规教育的主导作用，积极向社会进行宣传，影响社区公众的教育观念和行为方式，树立“儿童优先”“尊重儿童”的意识，在全社会逐步形成正

确的教育质量观、价值观。《幼儿园教育指导纲要(试行)》对全国幼儿园教育改革提供了指导,全国幼儿园都需要领会其精神实质并贯彻执行。教育改革不仅限于教育机构内部,而应该对全社会进行正确的教育观、发展观和儿童观的教育、宣传。所以幼儿园一定要发挥主体的作用,主动对社会给予引导。

幼儿园作为文化教育机构,要通过提高教职工素质和加强园风建设,在社区公众中树立良好形象,发挥社区精神文明阵地的影响作用,为创设良好的社区公共环境作出应有的贡献,这也是幼儿园在公关活动中发挥主导作用的一种体现。幼儿园教职工可以积极参与社区公共事务,如参加社区服务性机构和工作,参加教师家长联席会、家长咨询会及社区教育委员会等,与社区公众建立并保持联系,加强沟通了解,培养信任和协作关系,共同搞好社区幼儿教育事业。对社区一些公益活动,如社区环境卫生、社区绿化、社区交通安全及社会治安等活动,要主动关心、配合支持并积极参与。总之,幼儿园应努力尝试多种服务社会、服务社区的形成。

(三)搞好社会协调,提高幼儿园整体效益

幼儿园特别需要搞好对外协调,处理好幼教机构与其他社会机构、组织的关系,主动适应外部环境,不断提高幼儿园管理成效。

幼儿园首先要协调好与上级行政领导部门的关系,搞好与家长的关系,处理好与其他教育机构的关系,搞好与所在社区其他社会组织的关系。其次,一些办园时间较长、信誉较好的幼儿园、社区中心园等,应建立更广泛的社会联系,在社区教育中发挥示范作用。这类园所一般管理规范,教师等人员素质较高,教育质量较好,因而可以以其优势对社区内其他教育形式发挥指导和影响作用。

本章小结

幼儿园家长工作和社区工作是幼儿园重要的管理职能,是幼儿园一项重要的工作,对幼儿园发展、提高教育质量、推动家园合作共育有重要作用。幼儿园应在实践中进步探索家长工作和社区工作的规律、形式及方法。

思考与练习题型例举

一、单项选择题

1. 为发挥家长的作用,让家长参与到幼儿园教育管理中来,《幼儿园工作规程》第 50 条提出:幼儿园应设立(　　)。

A. 家长园地　　B. 家园联系簿　　C. 家长开放日　　D. 家长委员会

2. 开展家长工作时最不应(　　)。

A. 不尊重家长,认为家长是无知的　　B. 倾听家长在家庭教育中的困惑

C. 换位思考,理解家长　　D. 让家长参与幼儿园教育教学

二、多项选择题

1. 家长工作的内容包括(　　　　)。

A. 增进家园联系密切关系　　B. 服务好家长,提供育儿支持

C. 开设家长学校　　D. 争取家长的配合支持

E. 家园合作共同保教幼儿

2. 家长工作制度包括哪些？（　　）

A. 日常性家园联系制度　　B. 家访制度

C. 家长会制度　　D. 家长委员会制度

E. 家长开放日制度

3. 与家长沟通的策略主要有（　　）。

A. 沟通要及时　　B. 善于倾听

C. 沟通要有针对性　　D. 换位思考

E. 专家讲座

三、名词解释

1. 家庭教育

2. 社区学前教育

四、简答题

1. 幼儿园为什么要做好家长工作？

2. 幼儿园应如何加强对家长工作的管理？

3. 做好幼儿园家长工作应遵循哪些原则？

五、论述题

1. 在做家长工作时，有哪些具体的策略和技巧？

2. 试述幼儿园社区工作的内容和方式。

六、做中学

1. 请调查1~2所幼儿园的家长工作现状，并分析该幼儿园家长工作的成绩和不足，并提出相应的解决策略。

2. 收集或撰写一篇教师做家长工作的案例（成功或失败均可），并进行深入分析。

参考答案

一、单项选择题

1. D　　2. A

二、多项选择题

1. ABDE　　2. ABCDE　　3. ABCD

三、名词解释

1. 家庭教育：是父母或其他年长者在家庭中自觉地、有意识地在日常生活中对子女进行的有计划与无计划相结合的影响活动及其过程。

2. 社区学前教育：是由社区组织与管理的学前教育工作，包括正规和非正规的学前教育活动，它以社区的全体成员为教育对象，主要涉及社区内0~6岁儿童及其家长和看护人，把社区内影响幼儿生存与发展的社会、家庭环境和教育因素联系起来，综合考虑发展学前教育的资源、途径、形式与效果等方面，把社区内各种组织机构联系在一起 。

四、简答题

1. 答：

(1) 做好家长工作，形成家园合力，为幼儿健康成长创造良好环境；

(2) 做好家长工作，发挥家长第一任教师的优势；

(3) 提高家长育儿的参与度，共同做好保教工作。

2. 答：

(1) 认识到位，明确与家长工作的重要意义；

(2) 加强家长工作的计划性；

(3) 注重家长工作制度建设；

(4) 明确岗位职责，注重培训和指导。

3. 答：

(1) 互相尊重，平等合作

(2) 全面开展，注重差异

(3) 全员参与，常态化、动态化

五、论述题

1. 答：

做好家长工作除了遵循基本原则，还要掌握基本的沟通技巧，与家长建立良性互动关系。

(1) 沟通要及时。教师要主动、及时地与家长沟通，这样可以尽快发现问题、解决问题、避免误解、避免拖延。

(2) 沟通要有针对性。要有目的、有准备地沟通。

(3) 善于倾听。听家长说家庭的近况、教育的困境、幼儿的进步与问题，甚至是抱怨和谴责。要注意对交谈内容保密。

(4) 换位思考。从家长的角度来看待面对的情景、问题，这样教师能更加理解家长的想法、行为。另外，如果能换位思考，更有助于和谐的家园关系的建立，也有利于幼儿成长的良好环境的营造。

(5) 与家长相处的艺术。对待家长要真诚、真心。避免给幼儿"贴标签""告状"等行为，用积极正面的态度，与家长一起寻求教育幼儿的良方。

(6) 增强家长参与的主动性。增强家长参与的主动性，把家长作为合作办园者。

2. 答：

(1) 挖掘社区资源，争取社区对幼儿教育的支持。

社区拥有雄厚的人力、物力、财力资源，社区内的各种劳动、社区内人们的相互依存关系、社区内的自然和人文历史景观等，都可以为幼儿园充分发掘和利用。

① 争取社区内人力支持；

② 争取社区内物力支持；

③ 争取社区内财力支持。

(2) 积极探索幼儿园为社区服务的措施和途径。

幼儿园作为社区内的教育机构，要注意了解所在社区的环境，了解社区公众的希望与追求，了解其对学前教育的需要，并积极探索为社区、为社会服务的措施和途径，有效发挥幼教机构所应有的社会功能。

① 努力完成好幼儿园保教任务的同时，为社区提供多样化服务；② 实现幼儿园教育资源的社区共享；③ 履行幼教机构的社会宣传职责，发挥幼儿园作为社区精神文明辐射基地的作用。

（3）搞好社会协调，提高幼儿园整体效益。

幼儿园特别需要搞好对外协调，处理好幼教机构与其他社会机构、组织的关系，主动适应外部环境，不断提高幼儿园管理成效。

首先要协调好与上级行政领导部门的关系，搞好与家长的关系，处理好与其他教育机构的关系，搞好与所在社区其他社会组织的关系。

其次示范园应建立更广泛的社会联系，在社区教育中发挥更大的影响、示范作用。

六、做中学

略

第九章 幼儿园组织文化建设

学习目标

通过本章学习，理解幼儿园组织文化的含义及其意义，了解幼儿园组织文化的内容、特征以及结构与分类，基本掌握幼儿园组织文化构建的步骤和策略，并能运用组织文化理论分析幼儿园组织文化建设的现状及存在的问题，并能提出改进建议。

建议学时

6学时。

案例导读

如何让教职员工、幼儿、家长形成共同的价值观、教育观是组织文化建设的重要内容。从下面的案例，我们可以看到新成立的幼儿园是通过哪些方法让幼儿园的基本理念确立，并传递给每一位成员的。

资料链接 9-1

北幼园徽设计

刚成立的北幼，要设计园徽。他们经过全体人员讨论、核心人员初步设计雏形、聘请专业人员设计图样三个环节。最终的图样是幼儿园名称的大写首字母BY。B是“北”字拼音的第一个字母，Y是“幼”字拼音的第一个字母。B演绎为钥匙，上面覆盖着如河水流动般的蓝色线条，寓意为在北幼开放的文化海洋中，每位幼儿通过幼儿园的教育获取了打开快乐生活之门、自我成长之门、探究智慧之门的金色钥匙。Y变形为一个个开放的舞动的砖块，围绕在B的周围，呈放射状不断向上。寓意为每一个幼儿在家庭、幼儿园和社会的合力呵护下，不断快乐成长，为终身发展打下坚实的基础。园徽的颜色采用了绿色、金色、蓝色和白色。绿色代表希望和活力，金色代表快乐和智慧，蓝色代表自由和博大，白色代表宁静和纯真。

有着美好寓意的园徽很快就制作完毕了，固定在幼儿园的大门上。同时园徽的标志也被印在信封、台历、档案盒、宣传册、名片，以及幼儿的小手绢上面。这个美好的寓意伴随着幼儿园每日的工作生活，传递到各个地方。

选自吴绍萍主编：《幼儿园管理与实践》，江苏教育出版社，2012年版，本文进行了改编

第一节　幼儿园组织文化概述

一、幼儿园组织文化的含义及建设意义

（一）幼儿园组织文化的含义

1. 文化与组织文化

关于文化的定义至今有几百种，最早是由泰勒（E.B. Tylor）在其著作《原始文化》中提出的，“文化或文明是一个复杂的整体，它包括知识、信仰、意识、道德、法律、风俗以及作为社会成员的人所具有的其他一切能力和习惯。”①《辞海》中解释：文化，从广义来说，指人类社会历史进程中所创造的物质财富和精神财富的总和。从狭义来说，指社会的意识形态，以及与之相适应的制度与组织机构。郑杭生的《社会学概论新修》中解释为，“文化是与自然现象不同的人类社会活动的全部成果，它包括人类所创造的一切物质的和非物质的东西；也可以说，自然界本无文化，自从有了人类，凡经人‘耕耘’的一切均为文化。”②由此可见，文化应包括物质和精神方面的内容，本书中的文化倾向于指人类一切活动的总和。

管理也是一种文化现象。美国著名管理学家彼得·德鲁克（Peter F. Drucker）曾经说过：“管理也取决于文化条件，从属于一定社会价值观念和生活习惯”，管理“不能脱离文化传统”，是“文化发展的结果”。管理研究的实践表明，成功与失败的组织之间的真正区别就在于，能否结合本国文化特点，并联系本组织的具体实际，建立自己的组织文化。组织文化就是组织在一定的社会政治、经济、文化背景条件下，组织在生产与工作实践过程中创造或逐步形成的，为组织成员普遍认可和遵守的具有本组织特色的价值观念、行为准则、团体意识、工作态度和思维模式的总和。

早在20世纪五六十年代，在我党优良传统和作风的基础上，各工厂、企业普遍出现了“三老四严”的“铁人精神”，爱厂如家、忘我工作的高尚品格，以及将高涨热情与严谨的科学态度结合起来所展示的健康向上的精神风貌。③ 当时虽未冠之以组织文化的概念，但实际上发挥着组织文化的价值功能和整合功能。到上世纪80年代末90年代初，由于改革开放和国外组织文化理论的传播，我国也兴起了组织文化的研究热，组织文化研究获得很大进展。进入21世纪以来，随着中国特色的组织文化理论研究的推进，对于组织文化的内涵、核心内容和重要作用已经取得广泛一致的认同，组织文化的研究也日益规范化，实践更加丰富，在探索适合中国国情的组织文化方面，即组织文化本土化研究方面有深入发展。

2. 幼儿园组织文化

幼儿园是社会组织中的一部分，幼儿园组织文化具备一般社会组织的特征。由于幼儿园是以教育幼儿、服务家长为任务，使幼儿园组织文化有别于其他生产性或事业性组织文化。有研究表明，组织文化建设对教育类机构有良好的促进作用。郑燕祥教授的研究表明，拥有共同的学校使命是激励教师及校长工作的重要动力，强势文化学校不但拥有满足感高、

① 赵中建.学校文化.上海：华东师范大学出版社，2004.7.

② 郑杭生.社会学概论新修[M].北京：中国人民大学出版社，2001.89.

③ 王华生.现代企业文化建构的思考.河南大学学报（社会科学版），1994，(34)6：50.

愿意承担的教师,其学生在公开考试中也能取得理想的成绩。学校组织文化愈强,其生产力、适应力及灵活性的效能也愈高,因此,改进学校组织文化对学校各方面工作的开展都有着极大的裨益。①

随着实践不断发展,越来越多的关于幼儿园组织文化的理论研究也深入开展。研究认为幼儿园组织文化,不同于规章制度、组织机构等“硬”性因素,它是幼儿园“软性”的精神支柱,它通过形成员工普遍认可和遵守的具有本组织特色的价值观念、行为准则、团体意识、工作态度和思维模式等,对幼儿园成员产生巨大影响。比如在心理上、感情上有凝聚作用,能激发集体意识和集体荣誉感,可以使成员自觉规范行为等。另外,幼儿园组织文化往往是办园特色的体现,不同幼儿园园风园貌不同,员工的状态与素质就不同,因此,组织文化可以是一所幼儿园的标志。赵寄石教授将幼儿园组织文化定义为,“由全体成员认同的价值观念、情感态度、伦理道德、行为准则、习惯传统等凝聚而成的精神力量,其形成的过程一方面受社会的影响,另一方面在本园教育和管理的实践中被创造并逐渐完善。”②

(二)幼儿园建设组织文化的重要意义

幼儿园组织文化在不同的经济政治和文化背景,以及不同管理者的管理行为影响下会有不同表现,比如有的幼儿园氛围积极向上,有的散漫无序,有的甚至会互相内耗等,这些文化一旦形成就会进一步对幼儿园的所有成员产生影响,因此,我们将建设优秀的组织文化作为幼儿园管理的核心战略,以此促进幼儿园各项工作的发展。

1. 组织文化有导向作用

所谓导向作用就是通过组织文化对组织的领导者和职工起引导作用。幼儿园组织文化的导向作用主要体现在以下两个方面:第一,教育哲学和价值观念的指导。教育哲学决定了思维方式和处理问题的法则,这些方式和法则指导幼儿园管理者进行正确的决策,指导员工采用科学的方法从事教育活动。幼儿园共同的价值观念规定了幼儿园的价值取向,使员工对事物的评判达成共识,并为他们所认定的价值目标去行动。第二,幼儿园目标的指引。幼儿园的目标代表着幼儿园发展的方向,没有正确的目标就等于迷失了方向。组织文化会让幼儿园从实际出发,以科学的态度确定可行的、科学的发展目标,所有教职员工则以此目标为指导从事教育活动。

2. 组织文化有凝聚作用

组织文化以人为本,尊重人的感情,从而在幼儿园中营造一种团结友爱、相互信任的和睦气氛,强化团体意识,使幼儿园教职工之间形成强大的凝聚力和向心力。共同的价值观念形成了共同的目标和理想,教职工把幼儿园看成一个命运共同体,把本职工作看成是实现共同目标的重要组成部分,整个幼儿园步调一致,形成一个整体。这时,“园兴我荣,园衰我耻”成为每个教职工发自内心的共识,“爱园如家”就会变成他们的实际行动。

3. 组织文化有激励作用

自我价值的实现是人的最高精神需求,在幼儿园中如果形成共同的价值观念,使每个教职工都感到自己存在的价值,这种满足必将成为强大的激励因素。在以人为本的幼儿园文化氛围中,领导与员工、员工与员工之间互相关心,互相支持。特别是领导对员工的关心,会

---

① 郑燕祥.教育领导与改革新范式[M].上海:上海教育出版社,2005.436.

② 赵寄石.对幼托园所文化建设的思考[J].早期教育,2006(3):6-7.

使员工感到受尊重，自然会振奋精神，努力工作。幼儿园组织文化中的赋权氛围、支持氛围与研究氛围等均能有效促进教师主动学习，教育效能、创造性等各方面的专业成长，降低教师的职业倦怠。① 另外，幼儿园的精神和形象对员工有着极大的鼓舞作用，特别是幼儿园的组织文化在社会上产生影响时，员工会产生强烈的荣誉感和自豪感，他们会加倍努力，用自己的实际行动去维护幼儿园的荣誉和形象。

4. 组织文化有约束作用

幼儿园组织文化的约束作用主要是通过完善管理制度和道德规范来实现。幼儿园制度是组织文化建设的内容之一，制度是幼儿园的内部法规，幼儿园的领导者和全体教职员工必须遵守和执行，从而形成约束力。另外，在制度约束的同时，组织文化会使幼儿园形成道德规范，即从伦理关系的角度来约束幼儿园领导者和职工的行为。如果人们违背了道德规范的要求，就会受到舆论的谴责，心理上会感到内疚。这种约束力产生于员工对组织文化的认同，产生于员工内心，具有非强迫性。

5. 组织文化对社会和其他幼儿园有辐射作用

组织文化不止在本幼儿园起作用，它也能通过各种渠道对社会，对其他幼儿园产生影响。辐射的渠道很多，主要包括传播媒体、公共关系活动等。

二、幼儿园组织文化的内容与特征

（一）幼儿园组织文化的内容

组织文化是一个有着丰富内涵的系统，有研究者认为组织文化包括组织的价值观念、行为标准、礼俗习惯、伦理道德、领袖人物，以及组织历史上有影响的人或事等。②结合幼儿园作为教育组织的实际情况，我们认为幼儿园组织文化应包含以下几方面内容。

1. 幼儿园的组织精神

幼儿园的组织精神是现代意识与幼儿园个性结合的一种群体意识。“现代意识”是现代社会意识、市场意识、质量意识、信念意识、效益意识、文明意识、道德意识等汇集而成的一种综合意识。“幼儿园个性”，包括幼儿园的价值观念、发展目标、服务方针和经营特色等基本性质。幼儿园组织精神就是以幼儿园价值观念为基础，以价值目标为动力，综合了幼儿园的管理哲学、道德风尚、团体意识等，为幼儿园全体员工共同认可的群体意识。幼儿园组织精神要通过全体员工有意识的实践活动体现出来，因此，它又是员工观念意识和进取心理的外化，是指导和支配员工行为的内在力量。可以说，组织精神是组织文化的核心，在整个组织文化中起着支配作用。

2. 幼儿园的组织制度

一个好的组织文化不但需要有精神、道德等“软件”，还要有与之配套的“硬件”，幼儿园的制度就是在教育及管理活动中所形成的，为保障一定权利和义务的各种规定。它用外力约束和规范员工行为，强制保证组织文化的贯彻执行，是组织文化的硬件。

3. 幼儿园的组织形象

幼儿园的组织形象是通过外部特征和教育质量表现出来的，被公众所认同的总体印象。

---

① 钱琴珍，姜勇，阮婷. 幼儿园组织氛围与教师专业发展结构模型研究[J]. 心理科学，2007，30(3)：726.

② Joseph E.组织行为学[M]. 宋巍巍，张微，译.2 版.北京：清华大学出版社，2004：70.

由外部特征，如招牌、门面、徽标、广告、物质环境等，表现出来的形象称表层形象；由教育质量，如幼儿在幼儿园获得的成长和帮助、教师素质、管理水平等，表现出来的形象称深层形象，表层形象是以深层形象为基础的，深层形象是幼儿园的实力所在，更是幼儿园应该不断追求的。

（二）幼儿园组织文化的特征

组织文化在不同国家，不同民族地区，不同的行业，不同的历史时期有不同的特点，幼儿园作为一个社会组织，其组织文化与一般组织文化有共性，也有不同，一般来说具有以下特征。

1. 人文性

组织文化建设最核心的任务是对组织中人的因素的管理与激发。而调动员工的积极性，除了满足的他们最基本的衣、食、住、行等生存需求外，更需要把他们视为平等的人，给予尊重，为其提供实现个人价值的机会。组织文化就是把组织的成长发展与个人的成长发展结合起来，着力于以文化因素去挖掘员工的潜力，尊重和重视员工，是一种以人为本的文化。

2. 独特性

世界上没有两片完全相同的树叶。每个组织都在特定的环境中生存与发展，所面临的历史阶段、发展程度，以及本身固有的文化积淀都不相同。成功是不能复制的，组织文化也同样不能拷贝，把别人成功的组织文化照搬照抄，试图找到放之四海而皆准的真理，最终只能是徒劳。每个幼儿园应该因地制宜，根据自身的情况，构建适合自身的组织文化。

3. 动态性

一个组织的文化一旦形成，在一定时期内具有相对稳定性，但又随着组织发展以及环境的变化而改变，一般优秀的组织文化“呈螺旋式上升状”。幼儿园在建成优秀的组织文化后，为应对外部因素以及新生文化表现出强大的吸收力、包容力与消化力，形成动态开放的系统。

4. 历史性

历史性是一切社会事物的最基本属性之一。幼儿园在一定的时空条件下产生、生存与发展，它本身就是当时社会政治、经济、文化的折射，是创造历史的载体。幼儿园的经营与社会活动、文化现象的联系千丝万缕，挥之不去。可以说，幼儿园组织文化是历史的产物，必定带有历史的烙印，折射出一个时代、一个国家的一定时期、一个民族、一个地域、一个地方区域的经济与文化特征。反过来，幼儿园组织文化一旦形成，也在改造着所处的环境与文化。

5. 教育性

幼儿园作为学龄前儿童的教育机构，它的组织文化除了体现出一般组织文化的共性外，还应该具有教育性，应该以正确的教育思想为指导，形成积极向上的教育氛围。体现在教职工工作中，就是科学严谨的教育行为，促进幼儿发展，服务好家长，并积极发挥对社区、对社会的教育辐射作用。

另外，组织文化总是在组织已有的文化氛围上继承和发展，并在不断地与周围环境互动中发生变化，因此幼儿园组织文化还具有传承性、开放性和创新性。

资料链接 9-2

不接受家长任何馈赠

北幼文化倡导“洁”的精神。“不接受家长任何馈赠”是北幼一条不成文的规定，也是北幼教师一直遵循的一条原则。每位教师要公平对待每位孩子和每位家长；要尊重自己、尊重教师职业；要维护教育这一方净土，创设一个与孩子纯洁心灵相适应的成长环境，必须要坚守“不接受家长任何馈赠”的底线。我们将体现老教师们这一文化精神的故事作为新教师培训教材，让新教师在故事中、在讨论中、在写读后感中了解、认同、信奉并发展我们的“洁”文化。

在改革开放之初，曾有一位家长给我园的一位教师馈赠礼品。当时，由于孩子在面前，教师无法断然拒绝，就在当天家长来接孩子时，用纸袋将礼品包好，对家长说：“早上，您放在这儿的东西忘拿了。”同时，他明确告诉家长，一定会非常关注他的孩子，请放心。该家长非常钦佩这位教师，称赞她是一位真正的教师。此后，为了解除家长的顾虑，北幼在每年的第一次新生家长会上，都要明确告知家长，不要给教师馈赠礼品，这是对自己和教师的尊重。

新员工们通过故事知道“不接受家长任何馈赠”是北幼前辈们的精神传承，是我们很宝贵的文化传统。北幼的教师不管是年长的，还是年轻一代，都为“留下一方净土”而快乐地坚持着。

选自吴绍萍主编：《幼儿园管理与实践》，江苏教育出版社，2012 版

第二节　幼儿园组织文化的结构

我们通常说组织文化无形而有像，像就是组织文化的表现形式，包括服饰、语言、行为等。有的形式看得见摸得着，有些则是只能意会不能言传。这里我们就从人们的感受性上，对组织文化进行由浅入深的结构剖析，将其分为四个层次，即物质文化层（表层）、行为文化层（浅层）、制度文化层（中层）和精神文化层（深层）。如图 9-1 所示。

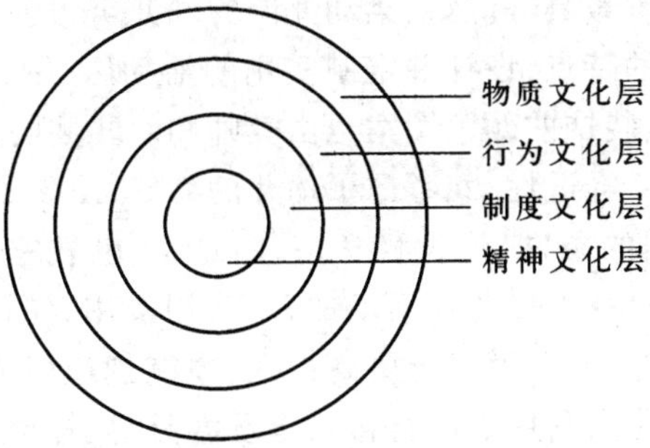

图 9-1　组织文化结构

物质文化层，是组织文化抽象内容的外在物质显现，我们最先能接触到的、最直观的文化体现，包括组织实体性的文化设备、设施等。管理者可以通过物质文化的构建来传递本组织的文化理念，并不断提升组织文化的品位。

行为文化层，是组织文化在组织成员的行为中的显现，我们可直接感受到，包括组织的生产行为、分配行为、交换行为和消费行为等，也包括企业形象、企业风尚和企业礼仪等行为文化因素。

制度文化层，是体现组织文化特色的各种规章制度、道德规范和员工行为准则的综合。我们在看到表面的制度规范的同时，还应剖析蕴藏其中的科学态度、现实精神、人文精神等，以及执行中的坚定性、公正性等。主要包括分工协作关系的组织结构、管理制度、工作制度、分配制度等。

精神文化层，是组织文化的核心和主题，是广大员工共同具有的潜在意识，包括管理哲学、价值观念和道德观念等。与其他三个层次相比，可见度最低，但它会体现在其他三个层次之中，让我们看不见听不到，却能感受得到。

幼儿园组织文化也可以从幼儿园物质文化、行为文化、制度文化和精神文化四个层次去剖析。

一、幼儿园物质文化

苏联教育学家苏霍姆林斯基曾说："教育艺术在于，不仅要使人的关系、成人的榜样和语言以及集体里精心保护的种种传统能教育人，而且也要使器物——物质和精神财富都能起到教育作用。依我们看，用环境，用学生自己创造的周围情景，用丰富集体生活的一切东西进行教育，这是教育过程中最微妙的领域之一。"①幼儿园也一样，通过由教职工、幼儿和家长创造的，体现幼儿园特色的物质群和器物文化，增强成员对幼儿园的认同感和凝聚力，发挥它的教育作用。它通常包括以下内容。

（一）幼儿园标识

幼儿园标识指代表幼儿园形象的具体器物，它们能使人直接联想到幼儿园。幼儿园根据自身的特点，设计园名、园徽、园歌、园服等，直接向公众和社会传达幼儿园的办园宗旨和价值追求，以形成直观的印象，也可以让幼儿园的全体教职工及幼儿通过共同的标志、服装而进一步形成共同的价值观和组织精神。可以说，这些都是形成组织文化的载体。

（二）幼儿园物质环境

幼儿园的物质环境包括温馨、富有童趣的建筑风格；整洁、明亮、舒适的室内外环境；适宜幼儿探索的区角设置和玩教具等。如，某幼儿园为幼儿努力创设家庭般的成长环境，鼓励教师和幼儿根据自己班级的特点，设计并定制实用的活动床、抽拉多用柜、符合幼儿身材的衣柜和家具等。室内家具、装饰的颜色图案也由教师和幼儿共同选择，再加上孩子们制作的墙饰作品，既考虑了实用性、舒适性，又考虑了幼儿的喜好，使孩子非常喜欢这样的环境。另外，可以根据需要和幼儿园的条件，建设科学室、阅览室、电教室、舞蹈室、绘画室等功能教室，配置电脑、照相机、录像机，方便各项活动的开展，用实用、先进、科学的设备为高效开展幼儿园工作提供便捷。当然，不是说一定要高投入，才能创造好的物质环境，才能创设好的物质文化。我们提倡在幼儿园利用废旧材料制作玩教具等，让幼儿园处处能够看到废旧材料的影子，看到教职工和幼儿的心灵手巧，充分体现幼儿园对于物质环境的价值追求，发挥环境育人的功效。

---

① B.A.苏霍姆林斯基. 帕夫雷什中学[M].北京：教育科学出版社，1983.442.

二、幼儿园行为文化

幼儿园的行为文化主要是组织活动和组织成员行为规范的体现。[①]如员工是否有时间观念，是否能够建立和谐、融洽的同事关系，对待家长是否热情周到，对待幼儿是否有耐心和爱心，部门之间是否能团结协作等。它是幼儿园园风、精神面貌、人际关系的动态反映，是以动态的形式存在的组织文化。

以人为本，相互尊重。管理者尊重员工，合理分工，鼓励员工在自己的岗位上积极发挥作用，在工作、生活中互相帮助、互相支持，打造团结向上、民主和谐的团队氛围。

形成爱岗敬业的行为规范。作为教育机构，幼儿园的教职员工还要有正确的教育理念和方法，熟练的专业技术、技能，很好地完成本职工作，培养优秀的、高素质的幼儿；为家长和社会提供主动、便利的服务。

兼顾组织与个体发展的协调统一。幼儿园既要追求组织发展，又要考虑员工的进步，让二者在同一过程中得以实现。可以经常组织教师参加各种类型的培训和辅导课程，组织、参加园内外业务交流、教学服务技能竞赛、文体活动，培养自己的“教学名师”“先进工作者”等，打造一支获得社会认可、达到行业优秀水平的员工队伍。

幼儿园的各种仪式也是行为文化的载体。研究表明，学校组织文化可以还原为祭祀（扫墓）、人生（入学、入队、入团、入党、毕业、成人仪式及表彰）、战争（体育竞赛、智力竞赛、游行、助威、颁奖）和狂欢（联欢会、游艺活动、纪念日）等仪式。这些仪式为学校组织文化开辟了多样性的空间，也找到了一个合适的载体来保存和传承特定的社会文化意义。[②] 因此，幼儿园可以通过各种仪式传递幼儿园的组织精神和价值观念，让教职工、幼儿和家长在文化仪式中成长。

三、幼儿园制度文化

制度或规范是对于组织内的人或事进行管理的有效方式，它能使每个环节相互配合，使整个组织形成有序、和谐的运作状态，提高组织效率。如果我们把组织比喻成一张网，组织的每一个环节就是这张网上的一个个网结，组织就是通过制度或规范使各个网结起到自己的作用，并给予相应的利益或惩罚，使整张网达到和谐、有序。[③] 合理的制度会使幼儿园各部门、各层次、各方面人员做到有章可循、有法可依，逐步明确工作职责、形成良好的行为习惯，避免不必要的摩擦，形成良好的人际关系和组织氛围，形成正确的幼儿园管理观念和价值观念。幼儿园的制度文化就是由幼儿园所制定的制度，及由此形成的组织形态和员工的行为模式构成的外显文化。

幼儿园的制度文化体现在：全体教职员工对待制度的态度，制定制度时科学严谨的态度以及执行制度时的坚决等。

（一）提高幼儿园全体员工对制度的认识

好的制度文化下的员工会将制度管理看作能使工作更加高效、便捷，节省成本的有效途

---

① 刘艳珍，马鹰. 幼儿园组织与管理[M]. 北京：北京师范大学出版社，2014：63.

② 余清臣.学校文化的载体：仪式建设[J].教育科学研究.2005(8)：22-24.

③ 强以华.企业：文化与价值[M].北京：中国社会科学出版社，2004：96.

径，而不是把它当成限制员工行为的枷锁，员工以这样的精神为指导，参与制度文化建设。

（二）科学、公正地制定制度

在幼儿园通常需要制定教职工职业规范、考勤制度、交接班制度、值班制度、学习制度等全园性规章制度；幼儿生活作息、体格锻炼、健康检查、伙食营养卫生制度；学籍管理、备课听课、教研活动制度；财务、财产管理、档案资料管理、安全保卫制度等部门性规章制度；各级人员的岗位责任制和考核奖惩制度等。我们这里需要强调，制定制度首先要考虑制度的科学性，即制度要符合工作规律，符合幼儿园实际情况，具有可操作性，避免流于形式或反而成为顺利开展工作的障碍。其次要考虑制度的公正性，即制度出台要有公正合法的程序，保证教职工对园所制度制定的参与，如有些制度需要经过教职工代表大会审议通过。

（三）有效地执行制度

制度的效力最终体现在制度的执行上，制度不执行等于没有制度，制度执行不到位会削弱制度的效力。因此制定制度只是第一步，接下来更重要的任务是在实践中公正、合理地运用制度和执行制度，并注意把制度这种“硬性管理”方式与其他“软性管理”方式有机结合起来。通过精神和文化的力量，从深层次规范组织行为，激发员工的主人翁意识，营造团结友爱的内部环境，发挥员工的民主积极性，让他们参与制度的制定、修改、完善和执行，使他们能各得其所，形成积极的工作状态，这也是制度文化的具体彰显。

四、幼儿园精神文化

精神文化是幼儿园文化的内核，它是幼儿园在长期的工作实践中形成的一种组织意识和文化观念，它是幼儿园发展的推动力，它激励幼儿园全体成员为实现幼儿园的发展目标而努力，从而形成凝聚力，促使全体师生同心协力，团结合作；进一步形成约束力，起到扬善抑恶的作用。具体包括全体员工认同的管理哲学、价值观念、组织精神和道德。

（一）一致的管理哲学

幼儿园的管理哲学不仅仅是管理者要有，每个员工都应该具备，因为它是幼儿园教育和管理活动的方法论原则。它的根本问题是幼儿园中人与物、人与人、人与教育规律的关系等问题，它能帮助幼儿园管理者和全体员工形成正确的工作理念，开展适宜的管理和教育行为。

（二）共同的价值观念

幼儿园的价值观则是幼儿园全体员工应共同具有的价值准则，只有建立正确的价值观，才有正确的教育目标和行为。如上海青浦区佳佳幼儿园“三实”文化的创建，即“朴实——教育的本质理应是朴实无华的、有一定规律的；真实——教育实践来自于生活，回归真实才是最有生命力的，孩子需要在真实的体验中学习、成长；扎实——教育工作所追求的应是扎扎实实的日积月累”①，这些凸显了他们的主流价值观，即以实实在在的生活和教育行为促进幼儿成长，是全体员工建立正确教育目标和规范自己行为的标准。

（三）独特的组织精神

对幼儿园来说，组织精神是幼儿园的灵魂。幼儿园的组织精神通常用一些既富于哲理又简洁明快的语言予以表达，便于职工铭记在心，用于时刻激励自己；也便于对外宣传，容易

① 何幼华.幼儿园管理创意设计[M].上海：华东师范大学出版社.2006：137.

在人们脑海里形成印象，从而在社会上形成个性鲜明的形象。如北海幼儿园的“倾心于孩子的今天，着眼于孩子的明天；一切为了孩子，为了孩子的一切”①，就是做任何事情、任何行为都要从促进幼儿发展的角度出发。

（四）普遍的道德约束

幼儿园的组织道德是约束员工行为的重要手段，它包括教师职业道德和幼儿园具体的道德标准。如，教师需要正确认识自己的职业，自觉地以教师职业规范指导行为，明确自己的“可为”与“不可为”，形成职业操守。另外，根据所在幼儿园的情况，建立特有的行为规范，包括对待幼儿——教育对象的规范、对待家长——服务对象的规范、对待教师集体的规范、对待自己的规范。

资料链接 9-3

整合 5 所幼儿园，组织文化帮大忙

2008 年 7 月，厦门市思明区教育部门根据教育发展的需要，将原来分别与台商合办的 5 所幼儿园组建为厦门市思明联合幼儿园。委派张琼珊老师担任总园长，要求在 3 年内把它们改制为公办幼儿园。如何使这 5 所幼儿园既兑现“保持原有教学特色、服务模式、教职工职位和待遇不变”的承诺，又求同存异，按照公办园的管理模式在原有基础上得到发展呢？张园长经过深入思考，决定从组织文化建设入手，设计幼儿园文化建设的中长期目标，确立共同文化愿景，营造科学与人文相结合的文化氛围。

1. 确立办园理念

办园理念是社会价值观念在幼儿园的反映，是幼儿园精神文化的集中表现，是幼儿园文化的核心。张园长认真分析了 5 所幼儿园的背景，充分挖掘其优势，努力改善其不足，经过近两个月的调查研究和认真思索，提出了“多元教育，优势互补，和谐发展，终身受益”的办园理念，提出了园风建设的八字方针“民主、和谐、团结、共进”，确立了“心中有孩子，处处有教育”的园训等。张园长认为这些办园理念既适应幼教发展趋势，也与本园实际相符合，体现了公办园与民办园“共融、共生、优质、发展”的思想。

张园长还把这些理念贯彻落实到幼儿园的发展规划、组织管理、环境建设、课程实施以及人际关系等方面，并由此形成了富有特色的管理风格、治学精神、教育思想以及人际关系，得到了教职工、家长与社会的理解和认同，使幼儿园在稳定中得到了更大的发展。由于有了园所文化的引领，5 所幼儿园在民办园转为公办园不到一年半的时间里就通过了“市优秀幼儿园”的评估验收。

2. 构建共同愿景

人们常说：一个好的园长代表一所好的幼儿园。张园长对此深有体会，作为总园长，她认为自己在引导各园发展时应该高瞻远瞩，提出共同愿景，即发展规划。因此在 5 所幼儿园联合组建后，张园长立即提出了“管理多元化、教学特色化、服务贴心化、办园优质化“的总目标，并认真分析了幼儿园发展的内外环境，召开了十几场教职工和家长的座谈会，在处理好继承传统与适度超前之间关系的基础上制定了管理本园、发展本园的

---

① 丛中笑.对话：幼儿园管理丛书（第 4 分册）[M].北京：华夏出版社，2005：8.

中期规划，包括办园目标、实现途径、特色定位和园所文化构建等，以此凝聚人心、激励斗志，指导教职工的工作和学习。

在组建的第一个月，张园长就提出了总园的三年发展规划，同时要求各园制定适合本园的三年发展规划。经过几年的实施，各园不仅完成了规划目标，而且超前发展，取得了长足的进步。

3. 营造适宜的文化环境

园所文化是全体成员认同并遵循的群体价值观和行为准则。因此，在幼儿园文化建设中，张园长认为必须坚持“以人为本”的原则，无论是工作环境还是生活设施都应体现出人文关怀，都应符合人性化要求。

（1）营造主题文化环境

在环境创设方面，张园长努力追求“绿化、美化、儿童化、教育化、特色化”。瑞景园以“亲亲一家”为主题。大厅的两面墙上挂着所有班级孩子和教职工的“全家福”照片，并配上“亲亲一家人，精彩你我他”的标语，每个园里的成员都可以从中找到自己的位置，都是这里的主人。石亭园以“真心、真意、真诚”情感教育为主题。大门两侧是“恩欲报、报恩长”的情感教育活动照片展，走廊两侧的墙饰，展示的是一年中与情感教育有关的“三八妇女节”“重阳节”“感恩节”等的活动照片。湖明园以“人与自然和谐美的艺术教育”为主题。大厅中的“天井”里有一棵大王椰子树，环绕在旁边的是木栈道，墙上写着“酷啊！炫啊！美术教育真棒”的字样，画廊里摆放着丰富的美术材料，满墙都是幼儿的作品。嘉华园以传承闽南文化、构建和谐社区为主题。松柏园则以构建“亲子互动”课程为主题，等等。各幼儿园都整体规划环境，精心设计每一个角落，体现出“处处有教育”的理念，让每一面墙壁都会说话，让每一个空间都折射出浓郁的人文气息，为教职工营造了积极、和谐的发展氛围，给幼儿提供了健康、快乐的成长环境。

（2）营造以人为本的制度文化环境

制度是幼儿园教育管理思想、体制及模式的物化形式，体现了幼儿园文化的发展水平。制度文化对于师幼的价值观念、行为准则的形成起着决定性的作用，而以人为本的制度文化强调在制定和执行制度的过程中要体现以人为本。张园长高度重视制度文化的建设，在保持原有的、合理的规章制度的基础上，根据《教育法》《合同法》等法律法规制定了适合不同教职工的考核细则，考核内容全面，不离以人为本的人文思想。

张园长还运用超越规范管理的思想，让幼儿园文化成为制度文化和非制度文化相融的复合体，使幼儿园规章制度合理合法，体现“以人为本”。在制度管理中，张园长一改过去以“管”为主的方式，建立以“标准”为指导的管理模式，无论是安全管理、教学管理，还是人事管理，都以“标准”为指导，以一种无形的精神力量引导、规范、约束和激励教职工，从而达到尊重人权、无为管理的目标。

（3）营造精神文化环境

良好的精神文化氛围是幼儿园发展的有力保障。厦门市思明联合幼儿园组建不到半年，张园长就带领教职工创办了园刊，通过园刊及时发布各园的保教工作情况，密切家园联系，把幼儿园创造的精神文化带给大家，从而赢得教职工、家长和社会的一致好评。张园长还在首刊寄语中写道：“我愿与家长共识：你们的孩子是最棒的！我愿与教职工共勉:绿叶的工作是伟大的!我愿与孩子对话:你们的明天会更精彩!”

张园长还坚持开展各种活动,如:组织幼儿进行艺术活动、体育活动、圣诞节踩街活动和革命传统教育活动;为教职工举办学术讲座、演讲比赛、论文评比、教案展示、教育练兵和教育研讨等活动,磨炼教职工的“看家本领”,鼓励教职工学习先进的教育理念,以解决幼儿园教育实际问题为目标,改进教育方法和手段,提高教育效益;工会则定期组织全体员工活动,如拔河、爬山等户外体育活动,安排休息旅游等,以充实教职工的业余文化生活,营造活泼自由的专业学习氛围,构建和谐融洽的人际关系。

几年来,在张园长的领导下,厦门市思明联合幼儿园的5所幼儿园已形成了各自的管理模式、教育特色和服务模式。

张园长认为,办园质量不仅体现在集体教育活动上,更体现在先进的办园理念、正确的办园思想、优美的校园环境和健康的园所文化建设上。虽然幼儿园现在取得了不错的成绩,但以后还要一如既往地推进幼儿园的文化建设,努力构建以人为核心、以价值为内容、以个体为取向的新型园所文化,让其成为一种强大的精神力量,影响园里所有的教职工和幼儿。现在,厦门市思明联合幼儿园正在努力建设园所文化的背景下朝着管理更科学、教育更严谨、学风更浓厚、特色更鲜明的方向发展。

案例评析:

从上述案例中,我们可以看到通过组织文化建设,提升幼儿园凝聚力的实际做法。园长通过统一5所幼儿园的物质环境、标识让成员产生联系,建立合作关系,使得这所幼儿园区别于别的幼儿园。该园提出精神文化建设层面的办园理念,快速地使五所幼儿园融为一体,增强了凝聚力、战斗力。

在这里,我们看到,精神文化是组织文化建设的统领,物质文化和制度文化、行为文化都是围绕精神文化开展的。因此,一个组织在进行文化建设时,首先要确定自己的精神文化。案例中张园长先树立办园理念,构建共同愿景。这就是为5所幼儿园的所有员工树立一个精神旗帜,奋斗目标。

其次,要通过物质文化、制度文化和行为文化的建设来实现组织的终极目标,形成工作的理想状态。张园长围绕核心精神文化,创造出组织的标识等物质文化,让成员产生认同感。通过制度规范员工的行为,使员工将组织的制度和行为规范内化为自觉自愿的行为,这时组织的精神文化也就体现在员工的一言一行中,达到我们说的组织文化“无形而有像”。可以说物质文化、制度文化和行为文化是实现精神文化的手段。

改编自周丹和江东秋著:《卓越园长21条幼儿园管理策略》,江苏教育出版社,2012版

第三节　幼儿园组织文化建设的步骤与策略

组织文化对幼儿园有对内导向、约束、凝聚、激励,对外辐射等作用,更重要的是它能够提升组织的社会声誉,塑造为幼儿园全体成员、家长甚至社会共同认同的品牌。所以,很多幼儿园都将组织文化建设作为管理的第一要务。组织文化通常是在一定环境中,为适应幼儿园生存发展的需要,首先由少数人倡导和实践,经过较长时间的传播和规范管理,通过吸收集体的智慧,不断修正、补充,逐步趋向明确和完善。

一、幼儿园组织文化建设的步骤

组织文化建立、完善、定型和深化的过程，通常会受到内外部因素的共同影响，我们先来分析这些因素。

（一）影响幼儿园组织文化构建的因素

1. 内部因素

（1）创始人。从传统上来看，创始人对组织的早期文化影响极大。幼儿园组织文化的形成，常常与创始人的价值观、人格特质、经营哲学、领导方式等有着直接的关系。作为幼儿园的创办者，他们勾画出幼儿园的发展蓝图及目标，依靠个人的认知、经验、知识与思想境界，靠着独特的洞察力、想象力、创造力和威望，不断推进组织文化的丰富和发展。

（2）园长。园长的领导风格会对组织文化产生非常大的影响。如他的经营理念、价值观等是否与创始人一致，他的领导风格是专制型、民主型，还是放任自流型，他是否能以身作则，发挥榜样作用，等等，都直接影响团队工作和组织文化建设。

（3）幼儿园教职工。不同类型的人以及由他们组成的教职工队伍会影响组织文化的形成。每个人在成为幼儿园的一员以前，大都形成了自己的人生观、价值观、教育观，个人的观念与组织的核心精神是否一致，是否相融，直接影响到教职工能否形成统一的组织精神。另外，教职工在幼儿园中的地位以及与他人的关系也是重要的影响因素，影响力大、人际关系好的员工若认同组织文化，就能带动一批员工也认同组织精神，对形成组织文化起到促进作用。

（4）幼儿园的特征。幼儿园组织文化也受其特征的影响。比如，幼儿园本身的规模和复杂性就会直接影响组织文化。大型幼儿园，往往聘请更多的专家和人员，这就直接影响机构设置、权力分配、交往方式和解决问题的一般方式，还会制定出更多的制度、程序来规范行为，这些会对员工的自主性和自由程度造成影响。又如，报酬和绩效直接挂钩的幼儿园容易形成追求成功的文化；开放和自由的组织容易促成参与和创造性的文化。

2. 外部因素

（1）政治法律环境。政治法律环境是指国家的政治制度、国家制定的有关法规、政策环境，通常都包含教育和文化事业方面的规定，幼儿园组织文化的建设必然受到国家政治法律环境的促进或制约作用。比如，我们国家一直重视“三农”问题，重视流动儿童的受教育状况，某城市幼儿园就将自己的组织文化定位为“平民教育”，主动吸纳社区内的流动儿童入园，定期送教到社区，开放幼儿园资源等，使附近的流动儿童及家长都能得到服务，同时也提高了自己的社会声誉和地位，得到政府和社会的认可和鼓励。

（2）经济环境。经济环境主要是指在一定的生产方式下，社会生产力的发展水平以及由此决定的人们的消费水平、消费机构和消费方式等，对幼儿园的组织文化建设有直接影响，幼儿园需要及时了解国家及当地的经济发展速度和比例、经济结构、人们收入水平、市场体制及市场需求等，在幼儿园定位和建设组织文化时应适应经济发展的现状和趋势。比如，在经济不发达地区，就要提倡简朴而有创造性的组织文化，多利用社区、家长中的教育资源，弥补幼儿园资金、师资不足的问题，开发和利用乡土课程、园本课程，建设富有特色的组织文化。

（3）民族文化。民族文化是一个国家在长期历史发展过程中逐步形成的，有强大的渗透力。幼儿园组织文化植根于民族文化的土壤中，它的经营哲学、价值观念、行为规范，无不打上民族文化的烙印。比如，勤劳、爱国、自强、孝敬父母、尊老爱幼、遵纪守法都是中华民族的优良传统，在幼儿园组织文化建设过程中必然会成为吸纳的要素。同时我国又是一个多民族的大家庭，近年来，各地区的民族幼儿园也在积极努力挖掘各少数民族优秀文化资源与精髓，构建具有本民族文化特点的幼儿园。新疆、宁夏和内蒙古等地的幼儿园在这方面取得了显著的成效。

(4) 行业特征。每个行业的社会导向、竞争环境、市场需求、社会期望等特征对组织文化的建设都有影响。幼儿园需要明确国家、社会、人民对教育行业的期望和要求，明白最具有市场竞争力的要素就是人才培养和服务质量，这样才能建设成功的组织文化，形成良好的社会声誉和形象，进而促进幼儿园的进步和发展，乃至推动整个幼教行业的发展。

(二) 幼儿园组织文化建设的阶段

组织文化的构建会表现出阶段性的特点，就是说它需要经过一系列发展阶段才能逐渐形成。

1. 创建阶段

创建时期的组织文化，主要是幼儿园的创始人根据幼儿园的形成和运作而提出一些基本构想，包括建立一所什么样的幼儿园，幼儿园的目标和发展蓝图是什么，幼儿园对教职员工的要求是什么，宏观的管理制度怎样制定，以及如何甄选员工，组成教学、管理团队等。

2. 群体认同阶段

群体认同阶段强调在组织文化运作一段时间后，组织内成员逐渐接受并自觉将组织的各项理念付诸实践的过程。每个员工虽已受聘于幼儿园，但一开始总会带有自己的价值观、教育观、态度和期望，而且存在一定的差异。组织文化的初始阶段，会发生来自于工作、同事、上下级以及组织整体的期望与个人期望相互碰撞的情况。管理者需要弄清成员的原有价值观、工作动机和工作态度，帮助每一个员工适应新的组织及文化，尽可能地消除差异，使他们的价值观与组织的价值观差别缩小，逐步认同组织的价值观和精神，积极将组织行为内化。

3. 共同价值观形成和普遍化阶段

幼儿园成员在对组织精神和价值观有了初步的认同后，管理者要通过制度管理、在职培训、集体活动、升职加薪、表彰、奖励等方法，鼓励员工融入幼儿园集体，使他们从内心认同幼儿园的组织精神和价值观，并在改造自己原有价值观和精神的基础上，形成与幼儿园一致的共同的价值观和精神。能在日常工作和生活中自觉执行幼儿园的规章制度、工作程序和一些非正式却普遍认同的行为方式，以维护幼儿园的利益为出发点，以是否被集体、同事信任和接受作为自己行为的标准。这个时候就进入了组织文化的成熟和稳定时期。

当然，这个稳定是相对的，随着内外部环境的变化，组织文化仍然会发生改变和调整，以适应发展变化的社会，满足日益不同的需求。

二、幼儿园组织文化建设的策略

《辞海》对“策略”一词的解释是“计策谋略”，而在较为普遍的意义上，策略指的是为达到某一目的而采取的手段和方法。幼儿园组织文化构建策略，就是为了创设优秀的组织文化采取的手段和方法。

我们知道管理及教育本身就是一种非常个性化的东西，人们常说“教学有法，但无定法”，幼儿园管理亦然，没有最好的管理方法，只有最适合的。构建幼儿园组织文化，没有什么必然遵循或执行的步骤或方法，必须根据自身的实际情况，选择适宜的方法。其中，园长是幼儿园组织文化建设的灵魂，他的价值观、人格特征、品德修养、行为方式和习惯对全体教职员工都产生很大的影响，对建设组织文化有至关重要的作用。

（一）树立园长威信

树立园长威信直接关系到幼儿园组织文化建设，是每个园长重要的管理行为。拥有幼儿园的最高权力本身就会对员工有“威力”，但威信不仅出于员工对权力的尊敬与服从，更在于园长的学识、道德品质、人格魅力等非权力性因素。因此，园长要学会合理运用权力、分配权力、下放权力，既减轻自己的工作负担，又能让员工感到受尊重与信任，创造出宽容、和谐、自由、开放的管理氛围。另外，园长应树立正确的价值观和教育观，展示出对幼教事业的热爱之情和严谨、执着的科学育儿态度，不断提高自己的理论水平和实践能力，切实指导幼儿园教育教研以及其他各项工作。用积极的态度对待现实中遇到的问题与困难，宽容和蔼地对待每一位教职员工、家长等，潜移默化地感染员工，让他们在幼儿园的工作生活中，融洽交往、高效工作、开心生活，此时园长的威信便得以树立。

（二）树立正确的办园理念

正确的办园理念是幼儿园文化的灵魂，是幼儿园赖以生存发展的生命线，也是幼儿园教职工行为的指挥棒。正确的办园理念包括正确的世界观、价值观、教育观、管理观，比如，怎样的是好的幼儿教育，怎样有利于儿童发展，怎样的管理是能激励教职员工的，怎样的家园关系能促进幼儿发展……在这些问题上要有正确的选择，全园上下要形成统一的认识，这也就是我们说的树立正确的、一致的办园理念。

（三）设立愿景

愿景是幼儿园发展目标的具体化，反映了全体教职工的共同愿望，是幼儿园直观的发展蓝图。愿景的建立，可以使员工明确自己工作的使命与目标，增强责任感，将个人发展与集体发展结合起来，把幼儿园的职业生涯作为设计自己人生的一个重要内容。并且愿景能在员工中建立起一种“沉浮与共”的普遍情感，更容易建立团队意识，使员工互相支持与帮助，共享信息与观点，形成更积极、更富支持性的人际关系。园长可以组织全体员工，共同参与确定幼儿园愿景，并分解阶段目标，有计划、有步骤地实现愿景。在操作中，不可将愿景流于形式，有的幼儿园的愿景只停留在提标语、喊口号、形象设计等表层，更重要的是通过各种手段和形式，来改善员工的内心状态和行为，切实为实现阶段目标和愿景而努力。

（四）建设骨干队伍

幼儿园组织文化的建设是一个连续的自组织过程。所谓自组织，是一个事物自动地形成有序结构的过程，而自组织的条件之一是要有一个小规模的有序集体。从组织上说，它以一批有理想、有能力的人们为基础，通过他们的倡导和力行，影响其他人的行为，从而形成巩固的组织文化。① 因此，幼儿园构建组织文化除需要调动全体员工的积极性参与其中外，还需要建设一支能起到榜样示范作用的骨干队伍。这支骨干队伍应该形成梯队，涉及老中青

① 陈孝彬.教育管理学[M].北京：北京师范大学出版社，2005：4.

三代员工，覆盖教育、保育、管理、后勤等不同部门，通过表彰奖励、树立榜样、提升素质培训、组织或参与竞赛、做实践研究等方法来建设。同时，要建立普通员工晋升为骨干员工的规则，让所有员工都有公平的提升机会和进步的空间，这样才能充分发挥骨干队伍的辐射和吸引作用，有助于形成组织文化。

（五）鼓励教职工、家长和幼儿参与到组织文化的建设中来

组织文化建设不是领导和个别骨干教师的事情，因为，文化的形成不应该是自上而下的，而应该是从群众中来到群众中去，是幼儿园所有教职员工、幼儿、家长共同营造的，并由大家长期共同实践形成的。因此，幼儿园的领导者应该充分调动和发挥教职工的积极主动性，发动家长，充分发挥家长在文案策划、美术设计、音乐创作、传统文化等方面的智力优势，也要采纳幼儿对生活学习环境的想法的意见，集教职工、家长和幼儿和合力，共同设计幼儿园的建筑风格，家具式样和摆设，设计园名、园训、园徽、园服、园歌等，参与幼儿园制度建设和执行，理顺幼儿园工作程序，提炼幼儿园的组织精神等，共同建设和实践幼儿园组织文化。

总之，构建组织文化是一个系统工程，需要从外到内地建设物质环境，制定、完善、执行制度，形成统一的组织精神和价值观，需要全园每一个人将组织的精神和价值观内化到日常的工作、生活中，它是一项复杂的工程，不可能一蹴而就，需要长期的磨合、推进、调整，甚至需要几任园长和教职工持之以恒的努力。

资料链接 9-4

该不该开除工勤“老大”

A 幼儿园长期以来正气树立不起来，为了转变该园面貌，教育局特地派李园长来到 A 幼儿园任职。来之前，李园长早就听人们说这里的园长是老好人，工勤是“老大”。原因在于这位工勤原来一直从事教育部门的后勤工作，退休后才来到幼儿园当工勤，他脾气倔，爱摆老资格，还总是指挥别人。加上他儿子是教育局中一位众人皆知的领导，因此，人们都近乎习惯化地对老大爷“礼让三分”，不敢得罪。因此，幼儿园工作实际上是以老大爷的意见为中心。李园长决定改变这种不正常的管理状态。

有一天，李园长发现小朋友总是在下午吃油条。原因很简单：掏炉灰、点火是工勤分内之事，而老大爷总是不屑一顾，总是在下午才做这些事，因此食堂师傅只能在下午给小朋友做油条吃。问题一直存在，却没人敢提出来。于是，李园长决定把老大爷请来谈一谈。没想到话一出口，这位老大爷便火冒三丈地说：“我已经退休了，来这儿只不过是帮个忙，不是给你掏炉灰的。让我干，没门儿！你们换人吧，我不干了……”

当召开园领导班子会时，就此事，有人说：“真不像话，谁都这样，园里工作还怎么搞！”有人说：“唉，还是留住他吧！不看僧面看佛面，他儿子还是……”有的人干脆沉默不语。看到大家这种反应，李园长决定，不管有什么困难，一定要顶住压力解聘老大爷。

你认为李园长这么做是否正确，对于幼儿园风气建设有什么影响？

评析：

我们认为李园长的决定是对的。

首先，制度一旦确立，是必须严格执行的。工勤之事暴露出了该园在管理中的缺陷，就是人人怕后台、怕背景，不能按制度、按规定办事。老园长对于工勤的姑息放任，必然也无法规范别的教职员工，幼儿园就容易人心涣散。倘若新园长也因为员工的“身份”“背景”妥协，则立即会在全园幼儿教师心目中留下这样的印象：新来的园长也是老好人，幼儿园很难有起色。因此，在处理这件事上，必须坚决果断，扭转局面，借此机会让教职工明白：无论是谁，都必须遵循幼儿园工作制度，履行好自己的职责。要让大家有紧迫感和危机感，使一些由于思想涣散而导致的工作不认真、态度不端正的现象在一定程度上自行消失。

其次，园长必须是树立良好园风的核心人物。园长在园中因其领导者的身份、地位，其一言一行都会产生较大的影响。要形成有高度凝聚力的园风，应该做到民主、公正，这些都有赖于园长以身作则，处理问题大公无私，对待任何有损幼儿园工作的人和事绝不偏袒，绝不姑息。这样才能调动幼儿园其他教师的工作积极性，提升幼儿园凝聚力。

最后，良好的组织文化建设，就是从做好每一件小事开始的。管理者在面临实际的管理工作时，总会碍于人情、面子，稍微放宽标准和尺度。但这样直接带来的影响就是，每件工作都差不多就行，每个人的工作表现也差不多就行，久而久之，差不多就会变成差很多，而且一发不可收拾，令不行禁不止。因此，我们要建设良好的组织文化，最重要的就是一旦确立了理念、目标、制度，我们就要严格按其执行，认真做好每一项工作。由组织约束员工，变成员工自律、自觉完成工作，形成良好的工作习惯。这时候组织文化将潜移默化地发挥着规范员工行为的作用。

选自张燕、邢利娅主编：《幼儿园管理案例及评析》，北京师范大学出版社，2002 年，第 172 页。

本章小结

幼儿园文化是一种内隐的、深层的，但又是弥漫在整个幼儿园全部生活时空中的无形的力量，是体现幼儿园追求、价值观和精神传统的文化“场”，这是一种精神，对全园师生具有潜移默化的感染、渗透和影响作用。校园文化的形成过程实际上就是办学理念、价值观念、行为规范等的建立和完善的过程。

幼儿园文化建设不只是为了树立形象，更重要的是打造幼儿园文化力，提升竞争力，将促幼儿、教师及幼儿园发展的办园理念认真贯彻到教育工作中来，营造“文化育人”的园所氛围，使师幼由行为的规范发展到意识浸润、习惯养成，逐渐内化为无意识的自觉与自然，最终凝聚成文化的力量，促进师幼及幼儿园的发展。

思考与练习题型例举

一、单项选择题

1. 下面哪一项不是幼儿园组织文化的特点？（　　）

A. 独特性　　B. 计划性　　C. 教育性　　D. 动态性

2. 建设幼儿园组织文化的核心是（　　）。

A. 物质文化　　B. 行为文化　　C. 制度文化　　D. 精神文化

二、多项选择题

1. 组织文化是幼儿园软性的精神支柱，它可以包括(　　　　)。

A. 管理哲学　　B. 组织精神　　C. 道德约束

D. 价值观念　　E. 思维模式

2. 幼儿园组织文化有什么特点？(　　　　)

A. 人文性　　B. 独特性　　C. 动态性

D. 历史性　　E. 教育性

三、名词解释

1. 幼儿园组织文化

2. 幼儿园的行为文化

四、简答题

1. 简述组织文化建设对幼儿园发展的意义。

2. 幼儿园制度文化建设过程中，需要注意哪些问题？

3. 幼儿园组织文化建设的阶段有哪些？

五、论述题

论述组织文化建设对幼儿园发展的重要意义。

六、做中学

1. 结合自身实习或工作经历，谈谈对幼儿园文化的认识？如果你是园长，会如何建设幼儿园的组织文化？

2. 联系幼儿园实际，分析精神文化在组织文化建设及幼儿园发展中的作用。

参考答案

一、单项选择题

1. B　　2. D

二、多项选择题

1. ABCD　　2. ABCDE

三、名词解释

1. 幼儿园组织文化：由全体成员认同的价值观念、情感态度、伦理道德、行为准则、习惯传统等凝聚而成的精神力量，其形成的过程一方面受社会的影响，另一方面在本园教育和管理的实践中被创造并逐渐完善。

2. 幼儿园的行为文化：主要是组织活动和组织成员行为规范的体现。

四、简答题

1. 答：

(1) 组织文化对幼儿园有导向作用；

(2) 组织文化对幼儿园有凝聚作用；

(3) 组织文化对幼儿园有激励作用；

(4) 组织文化对幼儿园有约束作用；

(5) 组织文化对社会和其他幼儿园有辐射作用。

2. 答：

(1) 提高幼儿园全体员工对制度的认识；

(2) 科学、公正地制定制度；

(3) 有效地执行制度。

3. 答：

(1) 创建阶段；

(2) 群体认同阶段；

(3) 共同价值观形成和普遍化阶段。

五、论述题

答：

(1) 幼儿园物质文化。包括幼儿园标识和幼儿园物质环境。幼儿园根据自身的特点，设计园名、园徽、园歌、园服等，直接向公众和社会传达幼儿园的办园宗旨和价值追求，以形成直观的印象，也可以让幼儿园的全体教职工及幼儿通过共同的标志、服装而进一步形成共同的价值观和组织精神。

(2) 幼儿园行为文化。幼儿园的行为文化主要是组织活动和组织成员行为规范的体现。如员工是否有时间观念，是否能够建立和谐、融洽的同事关系，对待家长是否热情周到，对待幼儿是否有耐心和爱心，部门之间是否能团结协作等。它是幼儿园园风、精神面貌、人际关系的动态反映，是以动态的形式存在的组织文化。

(3) 幼儿园制度文化。制度或规范是对于组织内的人或事进行管理的有效方式，它能使每个环节相互配合，使整个组织形成有序、和谐的运作状态，提高组织效率。幼儿园的制度文化体现在：全体教职员工对待制度的态度，制定制度时科学严谨的态度以及执行制度时的坚决等。

(4) 幼儿园精神文化。精神文化是幼儿园文化的内核，它是幼儿园在长期的工作实践中形成的一种组织意识和文化观念，它是幼儿园发展的推动力，它激励幼儿园全体成员为实现幼儿园的发展目标而努力，从而形成凝聚力，促使全体师生同心协力，团结合作；进一步形成约束力，起到扬善抑恶的作用。具体包括全体员工认同的管理哲学、价值观念、组织精神和道德。

六、做中学

略

第十章 园长与幼儿园领导工作

学习目标

通过本章学习，了解我国幼儿园实行园长负责制，理解和园长负责制的含义；理解园长在幼儿园管理中扮演的角色及承担的主要职责；理解园长素质的含义，明确园长应具备的素质；理解园长专业发展的概念及其含义，了解其专业发展的各阶段及其影响因素；领会掌握园长的管理理念，熟悉园长的领导策略。

建议学时

8学时。

案例导读

园长的素质制约着园长履行职责和完成工作目标的成效，教育行政部门的导向也左右着园长的管理理念和行为。以下案例中的三位园长，仅考虑自己任职期间的工作目标的完成，对教育局的评估检查有个交代，而未以幼儿发展为本，未全面统筹安排园所各项工作，缺乏对幼儿园长远发展的规划。仅修操场之事，6年中3任园长都热衷"装修""翻修"，把操场折腾来折腾去，劳民又伤财。

资料链接 10-1

为什么三任园长都热衷于修操场

7月初，某幼儿园的教职工们议论的话题是，"徐园长上任了，第一件事一准儿又要修整幼儿园的场地，这个暑假大家又不能休息了。"议论源于几位园长在任期内都将修整场地列入任期责任目标的内容，几次更换了场地的材质。

6年前，幼儿园的院子里有3块天然的土质活动场地。海棠、白杨、垂柳等绿树环绕，梧桐树成荫，场地的边上还有一个大沙坑。孩子们兴致勃勃地在上面自由玩耍。春夏季节地上长出小草，一派生机。而一条用彩色石子和水泥铺就的小径直通教学楼，避免了雨后泥泞。但桂园长在任时，看到临近某园的场地铺上了九格砖，显得干净整齐，并且彻底解决了雨后泥泞的问题，于是就筹集资金，改土质地为九格砖地。不料仅仅几个月，砖就被三轮车、汽车压裂破损。一年后，桂园长看到附近中小学的操场是平整的三合土地，刮风时不起土，下小雨时不粘泥，于是又改砖地为三合土地。当年，该园因此获得上级教育部门颁发的"环境建设显著进步奖"。

桂园长退休后，上级教育行政部门发出指令，要求扩大幼儿户外活动的场地并使之完整化，达到人均2平方米。继任的王园长于是决定修建一个柏油场地。幼儿园安排幼儿放假回家一周。园长亲自组织教职工集体劳动。把十几棵直径20~30公分的树木砍掉，将三块活动场地连成一体。王园长四处奔走，请来市政部门的路桥施工队铺上沥青，操场变成了平滑宽阔的柏油场地。然而，新问题又出现了。只要孩子们在柏油场地上跌倒，皮肤擦伤就很严重。在炎热的夏天，小朋友们走在场地上，都嚷嚷烫脚，家长们的意见很大。

不久，王园长到南方的幼儿园参观。看到那里的塑胶场地既安全又美观，孩子们怎样奔跑、跳跃都不会跌伤，只是造价很高。王园长认为，塑胶场地安全科学，又一劳永逸。她用了一年多的时间，动员各方面力量，筹集资金30多万元，将柏油场地改成塑胶场地，按照城区教育系统制定的幼儿园评估标准，修建了30米长的跑道。幼儿园终于被评为一级园所，王园长感到很欣慰。

由于干部轮换，王园长调离，继任的徐园长接受了有关专家和媒体的说法——塑胶场地质地柔软，缺乏一定的硬度，婴幼儿长期在塑胶场地上活动，会影响骨骼的正常生长。再加上一些家长纷纷提出"不能因为幼儿园的塑胶场地好看，就影响孩子的生长发育"，于是徐园长筹划拆除一部分塑胶场地，改为绿草地，以实现绿地面积达到场地总面积40%的任期目标。

6年之间，3位园长分别制定和实施了自己的任期目标。为此，幼儿园投入了大量的人力、物力、财力和时间，幼儿的活动场地几易面貌，幼儿园也获得了一定的荣誉。然而，孩子从中又得到了什么？

www.yojochina.com，2010-06-25，13:53，幼教中国

第一节　园长负责制与园长的角色和职责

我国幼儿园内部管理体制的主要形式是实行园长负责制。园长作为幼儿园最高行政领导，也是幼儿园的法人代表。园长负责制对园长在幼儿园的地位、角色以及所承担的职责均有重要的制约作用。

一、园长负责制及其含义

（一）园长负责制的依据

1989年国务院批准由原国家教委颁布《幼儿园管理条例》，在第四章第二十三条中提出"幼儿园园长负责幼儿园的工作"。1996年6月起正式实施的《幼儿园工作规程》其中又一次提出："幼儿园实行园长负责制。"这就以法规的形式进一步明确了幼儿园的内部领导体制是园长负责制。实行园长负责制给予园长以充分的人、财、物自主权，调动园长管理幼儿园的积极性、主动性，有利于加强幼儿园的管理工作，提升办园活力。

（二）园长负责制的含义

园长负责制是一个结构性概念，反映的是园内领导关系的结构，是个人负责与各方面制约关系的统一。园长责任制是指幼儿园在上级宏观领导下，以园长全面负责为核心，同党支

部保证监督、教职工民主管理有机结合，为实现幼儿园工作目标，充分发挥领导职能的管理格局。①

（三）园长负责制的结构与功能

1. 确立园长办园的中心地位

园长负责制明确了园长对园所工作具有最高行政权，园长有决策指挥权、用人权、用财权与奖惩权等，在托幼园所处于中心地位。园长在举办者和教育行政部门领导下，依据幼儿教育规程负责领导全园工作。园长负责制有着特定的内涵，它是以园长责任和职权为主要内容的园内管理体制之一，它包括上级领导、园长负责、党支部政治核心和保证监督、教职工民主参与管理四个既相互联系又相互区别的组成部分，目的是建立起统一的、高效率的园内指挥系统。

实行园长负责制，加强园长的职责和权限，权责统一，有利于发挥行政管理系统的作用，实行集中统一领导，提高管理效益；同时，有利于保证幼儿园保教工作的业务领导，按教育规律办园办教育，确保幼儿园双重任务的完成。

2. 党组织发挥政治领导作用

党的领导在办好幼儿园，实现工作目标方面发挥着保障作用。幼儿园党支部的领导作用是政治领导、思想领导和组织领导三者的结合。主要体现在：(1) 发挥监督保证作用。在办园方向上，监督保证党的路线、方针、政策在幼儿园的贯彻落实，保证办园的社会主义方向，在园所发展规划及干部与教职工任免等重大问题上参与决策，有审议权。(2) 支持园长与行政部门行使职责，共同保证幼儿园各项任务的圆满完成。(3) 教育激励群众，调动群众的积极性，做好思想政治工作。(4) 加强党的思想建设和组织建设，真正发挥“战斗堡垒”的作用。

3. 建立教代会民主管理制度

园长负责制是民主集中制的管理办法。《幼儿园工作规程》规定，“幼儿园应建立教职工大会制度，或以教师为主体的教职工代表会议制度，加强民主管理和监督。”也就是说，园长对幼儿园工作的统一领导，是建立在民主管理和科学管理的基础之上的，发挥教职工的民主管理作用，是园长负责制的重要组成部分。因此，各幼儿园应该逐步健全党、团、工会等组织，建立和健全教职工代表大会制度。教代会的职责是代表幼儿园全体员工对幼儿园各项决策提出意见和建议，是广大教职工对园所工作进行民主管理和监督的组织形式。这种形式确立了教职工作为幼儿园工作主体的主人翁地位，为其参与园所管理提供了正式渠道和路径，同时，也为园领导开辟言路、集思广益、群策群力，充分调动教职员工积极性、主动性和创造性提供了一个重要的“平台”。因此，园长要尊重幼儿园管理规律，倡导科学管理与民主管理，建立教职工大会或教职工代表会议制度，推行园务公开，尊重和保障教职工参与幼儿园管理的民主权利。

资料链接 10-2

园长负责制实行的现状

园长负责制在具体实施过程中受办园体制、幼儿园举办者等因素的影响。目前，国

① 张燕，邢利娅. 幼儿园组织与管理［M］. 北京：北京师范大学出版社，2002：77.

内大多数城市的幼儿园办形式主要包括教育部门办园、企事业单位办园、集体办园、民办园等。其中，教办园园长基本上都是由地方教育行政部门直接任命，园长在任期内全面负责幼儿园各项工作，工作成绩由教育行政部门以年度为单位来考评。园长在上级主管部门的领导下实施具体工作，有权制订幼儿园发展的中长期发展规划、计划，负责人员管理，但正式编制人员的人事管理权归行政部门。人员工资由地方财政拨款，所有收入上缴财政，可根据幼儿园需要申请经费。另外，大多数幼儿园每年都有部分教育财政的拨款资金，用于改善园舍条件或软件建设。

企事业单位办园、集体办园、民办园的业务归地方教育行政部门负责，园长的聘用、任职、管理权限等均因举办者的不同而有所不同，园长负责制的内涵也各不相同。企事业单位办园大多数实行举办者分管下的园长负责制，民办园则大多数实行董事会下的园长负责制。对企事业办园而言，举办者有行政权，并有权聘任园长或业务园长，园长在其领导下负责幼儿园日常事务、人员管理，但基本没有正式编制人员的聘任及解聘权。园长的自主权也会因举办者下放权限的不同而不同，如有的企事业对幼儿园人员工资实行全额拨款，而有的则实行差额拨款；有的举办者担负离退休人员的社会保险费用，有的举办者则不负担；有的幼儿园需要以年度为单位向举办者缴纳房屋设施使用费，有的则不用，甚至幼儿园的水暖电费用都由举办者负担等，情况各有不同。对于私立园而言，园长由出资人或董事会聘任，对出资人或董事会负责。园长有权“组阁”，对人员进行聘任和解聘、奖罚等，负责幼儿园日常事务，对幼儿园进行自主管理。可以看出，园长作为幼儿园的领导者所面临的挑战和任务也是不尽相同的，其办园自主权也是有大有小的。然而不管实行何种办园体制，为了激发园长管理的积极性、创造性，激活幼儿园的活力，都应真正实行园长负责制，赋予园长应有的权力和责任。

近二十多年的实践证明，园长负责制是适应幼儿园管理实际的，是一种有效的行政领导制度。它作为行政首长领导责任制的一种具体实践形式，能够较充分地体现科层组织在管理运作中的某些优势，尤其是组织权力、个人责任与管理制度的效能可以得到充分体现和发挥，对解决多年来难以消除的党政不分、以党代政、职责不清的管理弊端起到重要作用，既保证了党的路线、方针、政策在幼儿园的贯彻落实，又使园长的领导作用得到充分发挥，同时也调动了教职工参与幼儿园管理工作的积极性，提高了幼儿园的办园质量，提升了幼儿园的社会效益。

选自邢利娅主编：《幼儿园管理》，北京：高等教育出版社，2010 年 3 月，第 301-302 页

二、园长的角色

在幼儿园管理中，园长扮演着多重角色。在幼儿园内部，园长是教职工的“上级”，而对幼儿园的主管单位或部门来说，园长是“下级”；在幼儿园行政工作中，园长是领导者，而在党支部中，园长可能是一名普通党员；在幼儿园内部，园长是资源的分配者，而在争取外部支持、同外界打交道时，园长又成了联络者和谈判者。

园长角色之所以具有多重性，是受幼儿园管理过程中各种管理关系制约的，可以说，园长既是幼儿园管理的主体和承担者，又是幼儿园管理关系的创造者。具体来说，园长的角色主要表现在以下几个方面。

（一）领导者的角色

尽管园长的角色具有多重性，但最重要的角色是全园工作的领导者，是受托于国家来管理幼儿园的主角，是办好幼儿园的关键。

1. 园长是幼儿园思想的引领者

园长在管理中首先是园所发展的战略制定者，其特征是具有独特的办园思想与思路，要不断地更新观念，走在教育改革的前列，要勤于思考、善于研究、善于总结，敢于开拓创新，依法办园、依法治教，为幼儿园的发展勾画出一个清晰的轮廓，激励和鼓舞员工，实现园所的发展愿景和目标。

2. 园长是幼儿园的行政领导者

园长作为幼儿园行政的最高负责人，也是幼儿园的法人代表。这是法律法规赋予园长的权力。目前，我国大多数托幼机构实施园长负责制的管理体制。园长对内全面领导保育、教育和行政工作，向全体教职工、幼儿负责；对外代表幼儿教育机构，向举办者、幼儿家长及社区负责。

由于幼儿园的民事行为能力是通过园长进行的，因此，园长对幼儿园的行政领导就是在一定环境条件下运用教育法规，行使行政职权，通过指挥和说服幼儿园的群体和个体，实现行政目标的活动。这就要求园长必须加强法制观念，提高对依法办园意义的认识，运用法律手段管理园所，依法维护幼儿园和师生的合法权益，实现幼儿园管理目标和保教目标。

3. 园长在管理中处于主导地位，是管理的主体

管理活动是一种人与人之间的双边活动过程，即领导者与被领导者之间相互作用的过程，领导者在这一过程中处于主导地位。然而，从实现园所任务目标来看，必须依赖两方面的积极性，既要有园领导的积极性，又要有广大教职工的积极性，处理好二者的关系就尤为重要。因此，园长能否发挥领导职能，其领导主体作用如何，主要体现在能否调动教职工的工作积极性。

（二）指导者的角色

这里说的指导主要是指园长对幼儿园保教工作的指导，而非行政意义上的指导。苏霍姆林斯基曾经说过："如果你想成为一个好校长，那你首先就得努力成为一个好教师，成为一个有威信、博学多识的教师的教师……"这一名言对园长同样适用，园长不仅是教育幼儿的教师，更是教师的指导者——幼儿教师的教师。

近年来，幼儿教师专业发展备受关注，而园长作为幼儿园的领导者，如果能在做好本职管理工作的同时，在业务上也能躬身实践，做一名幼儿教师专业发展的践行者，走专家型园长发展之路，则更为理想。有调查发现，大部分园长在任职前都是一名优秀的幼儿教师，可见园长有足够的能力指导幼儿教师，促进其专业发展。另外，园长若能真正投入一线教育教学工作中，对教师的当前工作状态就能有更深刻的体会，这种对教师专业发展的亲身体验，将有利于园长做好促进教师专业发展的相关工作，使其管理措施更合理、更有效。

实践表明，园长自身专业发展之路的经验，无论是管理方面的专业化，还是业务方面的专业化，对园长本人在教师专业发展管理上无疑是一笔宝贵的财富，有助于园长切实而有效地做好教师专业发展的指导工作。

（三）学习者的角色

终身教育理论提出，每个人都应不断学习以获得终身发展。园长作为幼儿园的灵魂人

物，是幼儿园办园理念的先行者，理所应当的是教育、管理理论与实践的学习者。

园长要注重加强学习，更新观念，不仅要注重对相关教育与管理理论的学习，还要努力将先进的教育理念落实到自己的管理行为中，将理论与本园实际相结合，这样才能真正把握本园教育管理规律，促进园所发展。以此同时，园长虽为幼儿教师的指导者，但是园长不能总是以领导者自居，目中无人，而应虚心地向教师学习，尤其要向优秀教师学习，博采众长，努力使自己成为一名通晓儿童身心发展规律和幼儿教育规律的专家，以更好地促进幼儿园保教实践的改进，提高保教质量。

（四）服务者的角色

为幼儿服务、为家长服务及为教师服务，努力提高办园质量，是园长管理工作的出发点也是归宿。

幼儿园举办的根本目的是为了促进幼儿的发展，为了让家长放心。为幼儿服务、为家长服务，园长要增强服务意识，理顺服务关系，主动做好工作，为家长提供方便。同时，园长还应关心教师的工作、学习生活，尽力为教师的教育教学创造良好的条件。为教师服务，最重要的是支持教师的工作，如为教师创造学习机会，组织教师参加培训、参加各种教研活动；深入教师教学实际、及时了解教学动向，帮助他们克服困难、解决问题，帮助教师实现自我价值，使其安心工作。

（五）协调者的角色

和谐的人际关系，是保障各项工作顺利开展的基础，是宽松园所环境的前提。

园长作为联系上级与幼儿园工作的中介，应具有较强的理解和执行上级方针政策、协调与上级关系的能力；要娴熟地把握幼儿园组织的各项复杂工作，运筹帷幄，处理好与园领导班子内部成员的关系、处理好与教职工的关系、处理好与家长的关系。

当然园长还要"扮演"一些其他角色，如"经营者"的角色。20 世纪 90 年代以来，在市场经济体制下，幼儿园被赋予了更大的办学自主权。各类幼儿园均面向社会自主办园，自我发展一时间成为一种潮流。正因为如此，园长不再简单地执行上级的命令，而要在幼儿园管理中更多地融入"创业"和"经营"的因素。民办幼儿园被推入了竞争更为激烈的市场之中，如何抢夺市场、吸引生源、树立品牌成为园长面临的一个重要挑战，民办幼儿园经过这些年的发展，在幼儿园经营与管理方面创造了很多成功的经验，民办幼儿园的园长经营者的角色更为凸显。

近些年，随着我国普及学前教育工作的大力推进，各地公办园发展迅速，由于政府加大对公办园的投入，相对而言，公办园园长"日子"好过些。同时各地政府和教育行政部门也加大了对民办幼儿园的支持力度，通过政府购买服务、以奖代补、生均补贴等方式补贴民办幼儿园，这将促进相当多的民办幼儿园从求"生存"转向求"发展"。随着我国发展学前教育的大发展，无论公办还是民办幼儿园，将会以提升内涵发展为主，即以提高幼儿园保教质量和服务水平为目标。质量是幼儿园生存和发展的生命线，园长的角色成为办园水平和保教质量的第一责任人。

三、园长的职责

职，指职务，是指管理的特定岗位。责是责任，是指管理特定岗位的人对其岗位工作所必须承担的责任。园长的职责，就是园长这个特定的工作岗位应承担的特定责任。

《幼儿园工作规程》的第三十六条对园长的主要职责做出如下规定:① 贯彻执行国家的有关法律、法规、方针、政策和上级主管部门的规定;② 领导教育、卫生保健、安全保卫工作;③ 负责建立并组织执行各种规章制度;④ 负责聘任、调配工作人员,指导、检查和评估教师以及其他工作人员的工作,并给予奖惩;⑤ 负责工作人员的思想工作,组织文化、业务学习,并为他们的政治和文化、业务进修创造必要的条件;关心和逐步改善工作人员的生活、工作条件,维护他们的合法权益;⑥ 组织管理园舍、设备和经费;⑦ 组织和指导家长工作;⑧ 负责与社区的联系和合作。

2014 年 12 月教育部发布《幼儿园园长专业标准》征求意见稿,对园长的专业职责提出六点要求:① 规划幼儿园发展;② 营造育人文化;③ 领导保育教育;④ 引领教师成长;⑤ 优化内部管理;⑥ 调适外部环境。

可以看出,无论是《幼儿园工作规程》还是《幼儿园园长专业标准》对园长的职责要求,实际上都包括了园长工作的全部任务和内容。

(一)把握幼儿园整体方向,规划幼儿园发展

园长是一园之长,园长的首要任务就是把握幼儿园整体发展方向,规划幼儿园的发展。这就要求园长做到以下几点。

1. 园长应正确理解并积极贯彻党和国家的教育方针

这就要求园长认真学习和理解党和国家的教育方针和相关的法律法规,熟悉《幼儿园工作规程》《幼儿园教育指导纲要(试行)》《3—6 岁儿童学习与发展指南》等学前教育的相关政策和法规,把握幼儿园整体办园方向,办好幼儿园,培养好幼儿。

2. 树立以幼儿为本的指导思想

园长应树立正确的办园指导思想,要认真思考办什么园和培养什么人的根本性问题。要将对全园教职工进行教育思想的领导作为自己的首要任务和职责,注意引导教职工认识幼儿教育的社会职能,认识幼儿园的性质和任务,端正教育思想,要带领教职工认真学习、领会"规程""条例"和"纲要"的精神,树立以幼儿为本的指导思想,遵循幼儿身心发展的规律与特点,全面深化幼儿园各项工作的改革,不断提高幼儿园保教质量,促进全体幼儿全面和谐的发展,使幼儿园始终沿着正确的办园方向发展。

3. 规划幼儿园的未来发展

园长必须清楚自己要解决的核心问题。园长要对幼儿园负责,为它的未来着想。首先,园长要有战略意识和开拓精神,敏锐地发现社会的新变化和新需求,善于独立决断并推进其实施。其次,不断加强领导班子建设,提升园领导班子的凝聚力,充分发挥园领导的核心和引领作用。再次,园长要善于凝聚教职工智慧,建立共同发展愿景,明确发展目标,形成办园合力。园长必须立足幼儿园实际,把握幼儿园发展现状,分析幼儿园发展面临的问题和挑战,组织多方力量参与制订幼儿园发展规划,形成幼儿园发展思路;要指导教职工制订并落实工作计划,提供人力、物力、财力等条件支持;要在实施过程中不断修正幼儿园发展规划,调整工作计划,完善行动方案,因地制宜、创造性地办好幼儿园。

(二)建设有效的幼儿园管理体系,优化内部管理

1. 组建精干高效的组织机构和制定各项规章制度

组建精简、高效的组织机构和制定严格合理的规章制度,有助于幼儿园教职工各司其位,有效推进各项工作,保证幼儿园目标实现。

园长要根据国家有关规定，结合本园实际，建立合理的幼儿园组织管理系统，各系统应严密分工，各司其职，有效合作，以保障园所各方面工作的有序进行，保证幼儿园目标实现。要建立健全幼儿园管理的各项规章制度，严格落实岗位职责，提高幼儿园管理规范化、科学化水平。

2. 统筹兼顾，合理安排

园长要根据国家和上级的方针政策和社会社区对幼儿教育的需要及要求，考虑本园人力、物力、财力等各方面条件，规划幼儿园的发展，制订出全园工作目标和计划。计划要体现正确的办园方向，以保教工作为全园工作的中心，同时，统筹兼顾，合理安排各方面的工作。园长要掌握控制幼儿园工作的全过程，及时检查监督，保证工作按计划实行。要注意指挥协调各部门的工作关系，确保各个方面对保教工作的配合与服务。应在幼儿园上下、平行部门之间建立联系和沟通网络，使整个系统渠道畅通，管理活动正常进行。同时，还要建立和完善幼儿园应急机制，制定相应预案，定期实施安全演练，指导教职工正确应对和妥善处置各类突发事件。

（三）创建优良组织文化，建设优秀的教职工队伍

1. 创建优良组织文化，优化育人环境

文化是一个组织的灵魂，对组织的生存与发展起着至关重要的作用。园长首先要充分认识到幼儿园组织建设的重要性，以及园文化潜移默化的教育功能。其次，精心营造体现先进办园理念的园所文化，从物质文化、行为文化、制度文化及精神文化的几个层面创建体现社会主义核心价值观和幼儿园以幼儿为本的文化，形成积极向上、宽容友善、充满爱心、健康活泼的园风园貌，营造陶冶教师和幼儿情操的育人氛围。再次，凝聚幼儿园文化建设力量，一方面发挥教师的主导作用，另一方面鼓励幼儿积极参与，鼓励社区和家庭参与到幼儿园文化建设中，使幼儿园成为社区中精神文明建设的阵地。

2. 建设优秀的教职工队伍

建设一支身体健康、品德高尚、业务精良的优秀教职工队伍，是保证幼儿园各项工作顺利开展的前提。首先，园长要培养优良的师德师风，落实教师职业道德规范要求和违反职业道德行为处理办法，不断提升教师的精神境界。其次，要维护和保障教职工合法权益和待遇，关爱教职工身心健康，建立优教优酬的激励制度。再次，建立健全教师专业发展激励和评价制度，积极创设条件，激励教师的专业发展。最后，制订教职工队伍建设规划，明确发展目标，采取有效措施，加强培训，全面提升教职工队伍的整体素质。

（四）领导和指导园所保教工作

保教工作是幼儿园的中心工作。幼儿园管理工作的重心是保证保教工作的质量，保证幼儿全面发展的目标得以实现。

1. 制订科学合理的保教计划

每学期园长应组织各班根据全园总任务及本班幼儿实际制订班务计划，明确培养目标和各阶段教育重点，全面安排班级工作，认真贯彻保教结合原则，积极与家长联系，争取配合与支持。

2. 加强对保教工作的指导

园长工作的落脚点是对保教工作的组织与指导，特别是对班级保教工作的指导。应通过深入班级保教实践第一线和召开班务会、班长会等形式了解各班计划执行情况，及时发现保教工作中的问题并进行指导帮助，注意检查和总结，不断提高保教质量。

3. 加强对幼儿一日生活的管理与指导

园长指导班组长安排班级的分工，使保教人员在幼儿一日生活各个环节中相互配合，协调一致，做好保教工作。园长应做到：(1) 尊重教师的保育教育经验和智慧，组织制订并实施科学、符合实际的保教活动方案；(2) 把幼儿的安全与健康放在首位，要坚持以游戏为基本活动，保证幼儿必需的户外活动时间；(3) 要尊重幼儿身心发展规律，防止和克服幼儿园教育"小学化"倾向；(4) 要领导和保障幼儿园保育和教育研究活动的开展，提升保育教育水平。

（五）建立和谐的内外关系，调适外部环境

要使幼儿园良性发展，除了关注"目标""任务"这些"硬件"因素之外，还必须在内部和外部各种关系的"软件"上多下工夫，建立良好的内外关系。

对内，园长要尊重教职工，关心教职工，协调好各种园内关系。

对外，园长要建立幼儿园对外合作与交流机制，开放办园，形成幼儿园与家庭、社会（社区）及园际间的良性互动，实现互惠双赢。园长应做到：(1) 要面向家庭和社会（社区）开展公益性科学育儿的指导和宣传，利用家长学校、家长会、家长开放日等形式，帮助家长了解幼儿园保教情况；(2) 要加强幼儿园与社会（社区）的联系，利用文化、交通、消防等部门的社会教育资源，丰富幼儿园的教育活动；(3) 要引导家长委员会及社会有关人士参与幼儿园教育和管理工作，吸纳各界合理建议，不断改进园所工作。

第二节　园长的素质与专业发展

一、园长的素质

园长的素质是指园长自身所具有的基本条件和内在的特征，它包括：政治思想素质、知识素质、心理品质、能力素质、身体素质等。从根本上说，园长的素质主要是德和才两个方面：德即人格魅力和思想作风，是首要条件；才即知识技能和能力水平，是必要基础。良好的素质是园长领导行为的基础，是领导艺术的源泉。

（一）政治思想素质

1. 较高的政治理论修养和政策水平

园长是幼儿园的管理者，其管理工作政策性比较强，这就要求园长全面了解、理解党和国家的各项法规、方针和政策，并能在实践中掌握和执行。园长尤其要熟悉幼儿教育法规和规章，坚持依法办园；要加强学习，不断提高思想认识，提升管理水平。

2. 强烈的事业心和高度的责任感

园长要充分认识自己所从事工作的重大社会意义，热爱幼教事业，热爱幼儿，始终对工作怀有浓厚的兴趣和饱满的热情；尊重、关心教师，全心全意为幼儿、家长和教师服务，努力完成园所各项工作任务，认真履行各项职责，做到敬业；努力钻研，开拓创新，不断提升专业理念。

3. 坚定的教育信念

教育信念是园长办园的精神支柱，对其教育管理行为有着很强的塑造作用和制约作用，决定着办园的方向、目标、方法、手段以及采取的行动。园长要在幼儿园教育改革和实践中不断发展自己对教育的理解,并坚持其正确性,形成自己的教育信念。同时,园长应坚定已树立的正确信念和明确的奋斗目标,不随大流,不因阻力而后退,这样才能有恒久的幼儿教育热情,才会克服办园途中遇到的重重困难,真正办好幼儿园。以下案例中王园长的成功,也从实践层面说明,园长执着追求的教育理想和办园理念,影响着园长对幼儿园提出的愿景和发展方向,也影响着幼儿园保教质量的提高,从而也影响着儿童的身心发展水平。

资料链接 10-3

王园长的执着追求

某民办幼儿园王园长,满怀教育理想办园,将幼儿园的办园理念定位在"尊重幼儿身心发展规律,注重幼儿心理成长"。她认为阅读教学,不是为了让孩子认识多少字,而是侧重培养孩子的阅读兴趣、阅读习惯和阅读能力;数学教育,不是单纯地教孩子加减乘除,而更多的是培养幼儿对数学的兴趣,培养幼儿的数学思维能力,提升幼儿的学习品质。在这样的办园理念下,孩子的发展不明显,很难在短期内看到效果。因此,办园之初有些家长不理解、不接受,也有提出退园的。当时正是"珠心算"很流行的时候,周边很多幼儿园办起了"珠心算"兴趣班。很多家长来找王园长,希望幼儿园也能开设"珠心算"兴趣班。王园长认为:珠心算是一种运算技巧,运算过程比较抽象,孩子学习时容易变成一种机械的操作学习,不符合幼儿思维发展特点,对提高幼儿数学学习的兴趣、形成坚实的数概念,以及掌握数量之间的关系作用不大,所以坚持不做。最初的几年,王园长"尊重幼儿身心发展规律,注重幼儿心理成长"的理念与"重技能"的幼教大环境发生矛盾,很多家长,甚至老师都不理解,办园遇到很多困难,由于家长的退园,或不送孩子来这样"不学习"的幼儿园,幼儿园甚至面临关闭的危险。难能可贵的是,王园长并未因此动摇,而是反复地和家长沟通,用先进的教育思想和理论,以及生动的案例去说服家长,说明自己坚持的原因,让家长认可幼儿园的理念;还组织老师共同讨论幼儿园愿景,规划幼儿园长期发展,在园内取得了共识,最终赢得了家长、老师、社会的广泛认可。特别是经过几年的良性发展,幼儿在上小学后逐渐显现出有"后劲儿",得到小学老师的好评,家长们口口相传,幼儿园口碑越来越好。如今的幼儿园,已是当地非常有名一所民办幼儿园,孩子要入此园,必须提前两年报名。该幼儿园还受到当地教育部门表彰。

案例编写:王丽君 房玮婧

4. 良好的道德修养和工作作风

园长应做到实事求是,坚持真理,修正错误;公正廉洁,艰苦奋斗,严于律己,以身作则。园长应豁达大度,宽以待人,事事出自公心,妥善处理各种问题和矛盾,协调各种人际关系,努力在园所创造一种人人心情舒畅、和谐宽松的人际环境。园长应当树立"领导就是服务"的意识,明确公仆身份,以为幼儿服务、为家长服务和为教师服务为己任。

(二) 知识素质

园长要有真才实学,这是园长提高自身领导成效的重要条件,也是园长真正实行内行领导,逐步成为"专家型"园长的必备条件之一。

1. 广博的科学文化知识

当今世界科学技术高速发展，信息革命日新月异，园长不能满足已有的学历和知识水平，要关注社会的新变化，不断地学习和吸收现代科学知识，开阔视野，培养较广泛的兴趣爱好，丰富自己的精神世界，使自己具有较广博的社会科学和自然科学知识。

2. 系统的幼儿教育专业知识

园长要不断提高自己的业务素养，系统学习和掌握幼儿教育理论和幼儿发展心理学理论，掌握幼儿身心发展和教育的基本规律，树立正确的儿童观、教育观；要熟悉国家关于幼儿园课程改革的基本精神，并能组织实施；要了解幼儿卫生保健知识，依据幼儿生长发育特点合理安排幼儿一日生活。园长具有扎实的专业理论修养，可使园长在工作中减少盲目性、随意性，可有效地加强业务指导，使园所各项工作建立在科学的基础上，提高工作的有效性。

3. 基本的幼儿园科学管理知识

目前，我国大部分园长是从一线骨干教师走上园长岗位的，而且没有经过较系统的园所管理理论的培训。园长普遍缺乏科学管理的理论与方法，是造成我国幼儿园管理水平普遍偏低的主要因素之一。园长不能仅仅靠在实践中“摸着石头过河”，必须学习幼儿园管理的基本理论知识，掌握科学管理的原则、方法和技能，并能运用到实际管理工作中去，努力提高管理成效，提高办园水平。

资料链接 10-4

与书交友：智慧型园长的修炼

上海市东方幼儿园园长毛美娟这样说：我要求自己提高工作效率，力争下午五点放下工作，在办公室静静地看书，一般到六点左右等幼儿晚餐后离园。晚上完成家务以后将近九点，一刻钟左右一目十行阅览报纸，十点半前以看书、做学习札记为主。这样，保证每天大约有两小时的读书时间。一个月安排 2~3 天留园到 8、9 点钟，静下心来总结自己的管理心得。说实在的，电视节目永远那么诱人，但园长必须具有专业进取心，能控制感官享受，自觉地学习与进修。可喜的是，一天两小时读书，一年就是七百多小时，近三年我已经阅读了 500 多本书，范围涉及历史、哲学、文学、管理等，精神上非常愉快和充实。今年暑假我花 1000 多元买了一套《话说中国》历史类丛书，很有学习价值。设计类书较贵，我就去书店一本本看，把精美的设计拍摄下来。我还订了《中外管理》《新民周刊》《中小学管理》《译林》《读者》《南方周末》《报刊文摘》《文汇报》等报刊。同样，我鼓励教职工读书，为教职工订购了报刊。在教职工考核奖基础上，再嘉奖 20% 奖金用于购买书籍。发动教师捐书，建立了教师图书馆。园长室门口，则经常张贴我筛选的优秀文章。有一句话很有意思，“三十岁前的美丽是父母给的，三十岁后的美丽是书本给的”。

与书交友，就像你在与智者进行心灵沟通，有了感悟知识真谛的机会，更有了“身在局中，心在局外”的思想境界。

选自毛美娟：《早期教育》，2005 年第 11 期

（三）心理品质

良好的心理品质，是园长不可缺少的一项基本素质，面对纷繁复杂、瞬息万变的客观环境，园长应该是“在各种环境里能保持一种良好的心理效能状态的人”。

1. 顽强的意志

自觉性、果断性、坚持性、自制力等意志品质，都是从事管理工作所需要的。园长在实际工作中会遇到许多困难和阻碍，有时甚至会出现一些不利和被动的局面。在身处困境的时候，园长有良好的心理素质，才可能克服挫折和困难，实现幼儿园教育目标。

2. 健康的情感

园长不仅要培养自己积极健康的情感，还要善于用自己积极健康的情感影响和感召教职工。园长要避免感情冲动，意气用事，在容易引起感情冲动的场合能保持冷静，在危机的时刻能保持镇定。在遇到困难、遭受挫折的时候，园长要保持乐观情绪，这样才能激励全体教职工，打开新局面。

3. 积极进取的性格

园长的性格特征对于幼儿园管理工作有着重要意义。真诚无私、豁达开朗的性格，可以使人精神振奋、心情舒畅，同事之间互相体谅，使幼儿园工作顺利进行。反之，园长若性格消极，容易导致园所领导班子不和谐，教职工队伍不团结，不利于幼儿园工作的开展。

（四）能力素质

能力是知识、智慧和技能在实践中的综合体现。园长的能力素质直接影响着幼儿园管理工作的效率。园长应具备的能力素质如下。

1. 决策能力

园长对园所的各项工作负有最终责任。园长经常需要“出主意”“拿主意”。决，是抉择、选择，策是策略。决策，是园长领导的核心能力，是园长必须具备的一项重要技能。园长必须有战略头脑，善于深谋远虑，统筹全局，能依据方针政策和法律规章，结合本园实际，制订切实可行的方案，并能组织实施。园长除了对园所的重大事项进行决策外，还需要对日常工作中的特殊事件做出及时决断，敢于承担，保证园所工作顺利进行。

特别要注意的是，园长在决策时，要避免“拍脑袋做决定，拍胸脯做保证，拍屁股走人”。有效的决策，一是多谋，多思考，多同别人商量；二是善断，善于判断，善于做出决定。园长具备多谋善断的决策能力，是智慧和责任感的产物，是提高工作效率不可缺少的领导艺术。

2. 协调沟通能力

幼儿园事务多而杂，园长常常感到非常忙碌，“两眼一睁，忙到熄灯”，事无巨细的结果往往是“捡了芝麻，丢了西瓜”。因此，园长要能够抓住主要工作，兼顾次要工作；要善于确立工作目标，制订合理的工作计划和规划，合理调配人力、物力、财力，调动教师积极性，统筹兼顾，把各方力量组织到幼儿园的主要工作上；还要善于协调幼儿园内外各种人际关系，使组织上下齐心协力，避免互相冲突，创建良好的园风。

3. 灵活应变能力

园所管理工作的多变性，要求园长具有审时度势、随机应变的能力。园所的工作规划和计划在实施中，情况会随时发生变化，这就需要采取应变措施，及时修正计划。遇到突发事件时，园长应当沉着冷静、应付自如。当然，灵活机动绝非随意武断，需要的是慎重做出切合实际的对策。

4. 创新进取能力

园长作为一个组织的领导者，要有远见卓识，要头脑清晰、思维敏捷。园长要了解社会发展和教育改革动向，不断拓宽教育视野，不断更新教育观念，并且能够结合幼儿园实际情况,发现工作中的问题和盲区,突破已有成绩,创新发展。

二、园长的专业发展

(一)园长专业发展的概念

专业发展的概念是在专业化的概念基础上提出的。

从职业群体的角度看,园长专业化是指园长职业由准专业阶段不断发展的过程,即在整个职业层面上逐渐由准专业阶段向专业阶段不断发展的过程,并向上逐渐达到专业标准的过程。

从个体角度看,园长专业化被称作"园长专业发展",是指园长的内在专业结构不断更新、演进和丰富的进程,是园长个体专业持续发展、日臻完善的过程。园长专业发展的实质,就是要完成从教育专业向管理专业的转化;园长专业发展的过程就是从一个教师的角色向管理者的角色转化的过程。

(二)园长专业发展阶段

任何事物都有其自身发展的特定过程。园长的专业发展也不例外,其发展也是一个过程,一般都有职前预备—适应—称职—成熟四个相互联系、前后衔接的阶段。在整个专业成长过程中,前一个阶段是后一个阶段的基础,后一个阶段是前一个阶段的提高,各阶段的主要特征表现如下。

1. 职前预备期

在成为园长之前,他们几乎都是教职工群体的优秀者,其中大部分是幼儿教师中的佼佼者,积累了大量的实践经验,并对幼儿园的实际了如指掌;另外,职前园长一般已在幼儿园中担任一定的行政职务,有了局部管理经验的积累,并得到领导和群众的认可。

2. 适应期

担任园长职务初期,园长首先需要适应管理工作,加强园内人际间相互了解;同时,园长渴求学习理论和他人的办园经验,从间接经验中吸取经验教训,为直接管理寻求理论和实践依据;最重要的是,园长需要在实际管理中,积累全面管理的经验,即适合本园发展的管理经验。可以说,这一阶段是园长担任职务后,适应环境、掌握管理经验和规律、从被动适应到主动发展的时期。

3. 称职期

该阶段的园长已具有较高的幼儿园管理能力与技巧,同时拥有多方面的信息来源,并经过不断的自我修养、学习和研究,能进行有效的园所管理。这一时期,园长一方面已经掌握了管理常规,管理工作游刃有余,获得了较多的工作主动权;另一方面,园长在常规管理的基础上,不断地探索办园规律,并使所在幼儿园获得持续的发展,办园取得了比较明显的成效。

4. 成熟期

在积累了丰富的幼儿园管理经验后,园长专业发展进入最后一个阶段,即成熟期,表现在园长树立了正确的教育思想,管理行为摆脱了单纯经验的局限,有了独特的办园见解,能够按照本园实际情况科学地管理幼儿园;在管理工作中园长能不断地发现问题、分析问题,并对实践中存在的问题进行科学批判思考,并不断地探索新思路、新方法,创造性地开展工作,办园成绩显著,并且在园长群体中树立了一定的威望。

每位园长的专业成长道路并不相同,但大体会经历以上四个阶段,园长应从自身实际出发，走适合自己的专业成长之路。这一成长过程实际上就是不断实践、不断学习、不断创新的过程，即实践—认识—创造—再实践—再认识—再创造，不断反复、螺旋上升的过程。园长要在实践过程中不断学习，使理论与实际高度结合，这样才能真正使自己的管理能力和管理水平在实践中不断得到提高。

（三）影响园长专业发展的因素

园长的专业发展过程是一个动态的过程，影响其发展的因素很多，如园长本人的个性、成长的经历、所在园的情况等，不同的发展过程使得影响园长专业发展的因素也不同。然而，通过分析我们可以发现，园长的专业发展也有共同的规律。

1. 内在因素

园长专业发展作为园长个体的、内在的专业性提升，园长本人在自身专业发展过程中发挥着不可替代的作用。

（1）园长的专业信念

信念可以转化为勇气和恒心，树立专业信念是做好园长的重要条件，是影响园长专业发展的内在因素之一。热爱幼教事业，这是许多优秀园长共同的特点，他们坚信把自己的命运与幼教事业联系起来是有价值的。园长不是一般的管理者，而是教育管理者，他应该具有更丰富的精神世界和比较高的思想境界。

（2）个人的学习和反思

园长的专业发展是建立在园所管理的实践基础上的，是理论和实践紧密结合的过程。每个优秀的园长的成功都离不开长期不断的学习和反思，学习使人进步，反思使人提高，善于学习和反思的人才能不断地完善自己。

（3）个人能力

能力是一个人知识、智慧和技能在实践中的综合体现，园长的个人能力直接影响园长实际工作的效率，也必然对园长专业发展产生直接影响。缺乏必要的能力素质，园长就难以履行自己的职责，并会给幼儿园发展造成不良后果。

（4）园长的自我发展需要和意识

园长的自我发展需要和意识是园长专业发展的内在驱动力，是园长真正实现自我专业发展的基础和前提，它使得园长能够更明确清醒地认识自己，知道自己到底需要什么、今后朝什么方向发展以及如何发展等，从而达到理想的专业发展状态。

（5）专业态度和动机

专业态度和动机是园长专业发展的内在动力系统，涉及园长对职业的热爱程度、职业认同感、工作积极性和职业满意度等方面，它能通过个体的情感、认知以及行为等，对其行为和知觉起到一定的影响作用。行为上，高水平的态度和动机能使园长的管理活动富有热情，充满爱心、耐心、责任心；知觉上，高水平的态度和动机能使园长的幼儿园管理活动的自我效能感增强，认识到自己工作的重要性，能从工作中体验到自我满足，获得职业幸福感。

2. 外在因素

唯物辩证法认为，内因是事物发展变化的根本，外因是变化的条件，园长的专业发展也不例外。

（1）所在幼儿园环境

园长所在幼儿园环境是园长专业发展的微观环境，良好的氛围可以为园长专业成长提供精神支持，是园长成长的沃土。在幼儿园里，教师的资源状况与成长水平、园领导班子的团队精神与成熟程度、办园物质条件、内部管理体制等是园长专业发展的条件性因素。良好的园所氛围，尤其是园领导班子和教职工共同营造的宽容、团结、积极向上的园所文化，可以为园长的专业发展提供精神支持。

(2) 上级教育或主管部门及其领导的工作态度和行为

在我国幼教行政管理体制下，园长工作总是会受到其上级教育或主管部门的影响。具体表现在教育价值取向、决策水平、支持程度、情感倾向、工作作风、工作方式、领导艺术等方面，它们的好坏对园长能否获得可持续成长影响很大，尤其是对欠发达地区的园长专业发展影响更大。

(3) 园长管理政策法规和制度

由于园长是国家或受国家委托的幼儿园管理专业人员，科学的园长管理政策法规和制度，是园长专业发展的推进器。目前，我国园长管理政策法规和制度还不够完善，某些方面制约了园长专业的可持续健康发展。特别是园长在处理幼儿园内部事务时，如果没有真正意义上的人事权、经费权和内部事务处置权，会影响到园长独立判断和决策，实际上限制了园长的专业发展。

3. 内外因素的相互作用

通过以上分析可以看出，影响园长专业发展的根源来自内部，内在因素起决定作用，而外在因素起制约作用。内在因素和外在因素之间不是孤立而封闭的，而是紧密地交融在一起，形成了一个辩证的统一体。内在因素和外在因素都是不可或缺的，缺少了内在因素，外在条件再好，园长自身不努力，无论如何也不可能成为优秀园长；缺少了外在条件，内在因素再努力也是枉然。如图 10-1 所示，园长的专业信念、学习和反思、个人能力、自我专业发展意识、专业态度和动机是内在因素，幼儿园环境、上级部门及领导的态度和行为、办园自主权是外在因素，园长专业发展是内、外因素相互作用的结果。

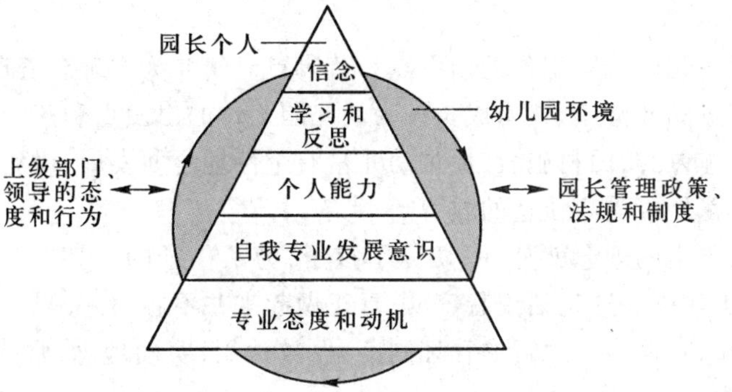

图 10-1　内、外因素的互动关系

需要强调的是，在所有互动关系中，园长个人和其所在幼儿园环境的互动关系是与园长专业发展关系最为紧密的因素。一个办园资源丰富、人文环境良好、社会认可度高的幼儿园能够为园长办园提供坚实的基础，是园长个人发展的实践平台。反过来讲，园长个人的信念、能力能够引领幼儿园向着科学、优质的方向发展，能够逐步改善幼儿园的硬环境和人文环境，使幼儿园逐渐成为有社会影响力的“名园”。园长个人和幼儿园互为依托、相互促进，如此紧密的相互作用方能使双方的发展进入良性循环，这对园长专业发展意义重大。

从内、外因素的互动作用中我们能够获得启示：即使外在条件稍差，内在因素也能够影响和提升外在因素，从而达到目标；反过来也是如此，园长内在因素稍差，外在因素较好，那么外在因素也可以影响和提升内在因素，从而达到目标。如上级领导是外在因素，园长可以发挥自己的能动性去争取上级的理解和支持，变不利为有利；再如，园长的教育信念是内在因素，园长若缺乏坚定、执着的教育信念，而上级领导能够科学引导，并在经费、培训方面提供支持，园长也能获得发展的机会。

总而言之，影响园长专业发展的因素有内在因素、外在因素两个方面。园长要根据内、外因素，不断推进自身的专业发展过程。

第三节　园长的管理理念与领导策略

一、园长的管理理念及其含义

理念是一种信念，一种思想意识，是人们判断是非、行为选择的根基和动力。园长管理理念是园长对幼儿园管理全过程、各要素及其关系的理性思考，是关于幼儿园管理方面宏观的、内在的理性思考。这种思考，决定了园长的领导艺术和风格。

（一）以德为先

园长不仅是幼儿的榜样，而且也是教职工的楷模。作为管理者，园长首先要树立"以德为先"的理念，努力提高自己的个人素质，具备高尚的道德素养，先练好"内功"，发挥带头作用。以德为先的理念表现在：热爱幼教事业和幼儿园管理工作，具有服务幼儿、服务社会、服务国家的社会责任感和使命感；践行职业道德规范，立德树人，关爱幼儿，尊重教职工，为人师表，勤勉敬业，公正廉洁。

（二）幼儿为本

幼儿发展，是一切幼儿园工作的出发点和落脚点。幼儿为本理念表现在：坚持幼儿为本的办园理念，把促进幼儿健康、快乐成长作为幼儿园工作的出发点和落脚点；面向全体幼儿，平等对待；尊重个体差异，因材施教，促进幼儿富有个性地全面发展；树立科学的儿童观与教育观，使每个幼儿都能接受高质量的教育。

在幼儿园，最根本的理念就是"一切为了孩子，为了孩子的一切"，这不是一句口号，而应该落实在实际工作中。这句话说着容易，真正做起来并不容易。园长在办园过程中，要把理念进一步具体化，具体为可执行的管理制度、保教计划，明确理念，坚持不懈，将其渗透到工作的各个环节中。

（三）引领发展

园长作为幼儿园改革与发展的带头人，担负引领幼儿园和教师发展的重任，应把握正确的办园方向，描绘幼儿园发展愿景，并引领落实；坚持依法办园，建立健全幼儿园各项规章制度，实施科学管理、民主管理，推动幼儿园可持续发展；尊重教师专业发展规律，激发教师自主成长的内在动力，创造宽容、自由、和谐的幼儿园氛围。

（四）能力为重

秉承先进教育理念和管理理念，突出园长的领导力和执行力。不断提高规划幼儿园发展、营造育人文化、领导保育教育、引领教师成长、优化内部管理和调适外部环境等方面的能力;坚持在不断的实践与反思过程中,提升自身的专业能力。

(五) 终身学习

树立终身学习的观念,将学习作为园长专业发展、改进工作的重要途径;优化专业知识结构,提高自身的科学文化艺术素养;与时俱进,及时了解国内外学前教育改革与发展的趋势;不断反思,保持敏感性,实现自我提升;注重学习型组织建设,使幼儿园成为园长、教师与幼儿共同成长的家园。

二、园长的领导策略

(一) 有效运用权力的策略

权力是领导活动的手段,运用权力是园所领导者实施领导的基本条件,善于运用自己的权力,是园长一项重要的领导策略。

要想使权力发挥出真正的作用,园长在行使权力时,必须做到有法可依,照章办事,要注意职权相符,不能随意超越自己的职权;运用权力时要讲道理,坚持以理服人,切忌蛮横无理,以权压人;使用权力时要重视感情因素,以情动人。只有做到法、理、情三者协调统一,才能使权力的运用发挥积极的作用。如果滥用权力,以权谋,只能使权力的效能受到消极影响。

1. 协调执行规章制度时的“法”与“情”

幼儿园的规章制度,使幼儿园各项事务有章可循、有法可依,全体教职工各司其职,各负其责,是规范,是约束。制度的制定不难,难在执行。执行规章制度,一方面要执“法”,就是园长要带头执行,倡导制度面前人人平等,严格按照制度办事,保证制度的权威性;另一方面要量“情”,就是要以人为本,结合具体情况做具体分析,根据实际情况不断修订、完善制度。以下案例中园长的处理方法,合“情”合“法”,既维护了制度的权威性,也照顾了老师的情绪。园长在运用惩罚方法的时候一定要慎重,明确制度面前人人平等,让教职工心服口服地接受制度管理的约束。

资料链接 10-5

迟到,该不该受罚?

某园规定教师早晨 7:20 到园上班,但在家长开放日,教师必须 7:00 准时到岗。可在这次的开放日活动举办当天,大一班的班主任睡过了头,迟到了 10 分钟,结果被扣 30 元奖金。此事在幼儿园引起了小小的风波。有的老师说:“7:00 又不是上班时间,何必那么认真?”大一班的其他老师也找园长替班主任求情,该教师更是不愿意接受,说园长没有人情味!她认为,她之所以迟到,是因为前一天晚上为家长开放日布置主题活动场景和幼儿园的画展园地,一直忙到很晚才回家,早上只晚来了一会儿。针对这种情况,园长在教师会上做了说明解释工作。园长首先表扬了该班主任为了工作很晚才回家的爱岗敬业精神,说这种精神应该发扬光大,号召大家向她学习。但是这位老师又确实迟到了,应该受罚,不然园里的规章制度总是因为各种原因而网开一面,最终会形同虚设,园里的管理也会处于低水平,大家的发展也会受到影响,希望老师们支持园里规章制度的执行。教职工们纷纷点头,大一班的这位班主任也表示甘愿受罚。以后,大家都自觉遵守园里的规章制度,园里真正实现了制度化管理。

选自任民、李迎春著:《幼儿园园长的领导艺术》,中国轻工业出版社,2013 年版

2. 提高自身的非权力性影响力

园长领导力由两部分构成：权力性影响力和非权力性影响力。

权力性影响力是由领导者掌握合法职权，并能合情合理地加以运用而产生的影响力。这种影响力是以“法定”为依据，以权力为核心形成。其特点是：对教职工的影响有明显的强制性和不可抗拒性；它以外部压力的形式发生作用，在其作用下，教职工的心理和行为主要表现为被动和服从。如园长有对重大事件的决定权，对职工的聘用权、奖惩权，对园内资源的分配权等。凭借这些权力，领导者可以有力地影响被领导者的行为和活动，使其服从命令和要求。

值得注意的是，在管理中，领导者利用手中的权力，执行各项规章制度，可以有力地影响被领导者行为，然而如果单凭这种强制性权力行使领导职能，往往会使被领导者消极被动地适应或应付，不能充分调动其积极性；对于领导者个人也有一定负面效应，使其只注重支配和控制他人，只看重个人的职位权力而不注重提高自身素质和威信，有的甚至超越组织法规和团体规范滥用职权，使组织和工作受到损失。

所谓非权力性影响力是由领导者自身所表现出来的良好的品格、卓越的才能、丰富的知识和经验、真挚而友善的感情因素构成的。非权力影响力属于自然性影响力，是内在的，能反映出领导者的素质。这种影响力是自然产生的，是非强制性的，主要来自教职工对园领导者的敬佩、信服、爱戴，能够对教职工的心理和情感产生比较深刻的影响作用，有利于良好管理氛围的形成。

在领导影响力的构成中，非权力性影响力占主导地位，起着决定作用。幼儿园管理实践表明，一个领导能力强、素质好、威信高的园长，能够带领全园职工奋发向上，使一个落后园所迅速改观，全园工作秩序井然，保教质量不断提高。这里，决定园长威信高低的主要是其非权力性影响力。具有这类影响力的园长，会自然而然地受到人们的尊敬，让人由衷地敬佩，觉得亲切并产生信任感，愿意接受其建议和劝告，心悦诚服地服从其领导。可见，园长非权力性影响力的大小，也往往影响幼儿园管理水平的成效。因此，提高园长领导影响力的关键在于提高其非权力性影响力，也可以说是提升园长的人格魅力。

3. 善于用人

刘邦之所以能成功，就在于懂得人尽其才：“夫运筹帷幄之中，决胜于千里之外，吾不如子房；镇国家，抚百姓，给馈饷，不绝粮道，吾不如萧何；连百万之众，战必胜，攻必取，吾不如韩信。三者皆人杰，吾能用之，此吾所以取天下者也。”

园长是领导者，不一定样样精通，但要知人善任，要清楚哪方面工作用哪些人，努力营造有利于造就人才、人尽其才的氛围。在幼儿园内部管理体制改革中，园长要大胆探索，努力形成符合幼儿园管理特点的用人机制、竞争机制、激励机制、约束机制、评价机制和分配机制等，用机制影响、约束教职工的教育、教学行为，从深层次上解决调动教职工积极性的问题。

4. 有效的授权

所谓授权，就是领导者把所属权力按照规定和工作需要授予下级，从而给下级提供完成任务所必需的权限。在幼儿园经常能看到这样的现象：园长大事小事都要过问，教职工凡事都要请示和汇报，结果园长常常忙于各种琐事和杂事，中层干部不愿意承担责任，教职工工作没有干劲。这样的幼儿园并不少见，原因在于幼儿园的管理职责不清，授权不够。

有效的授权，既是运用权力的一种艺术，也是领导教职工的一种重要方式。园长在管理时，特别要善于分工授权，凡事都要做到“责任到人”“人人都管事，事事有人管”，大权独揽、小权分散。园长是幼儿园的权力“中心”，但又不能大小权力集于一身，必须恰当地分权。园长要把握以下几点：(1) 要因事用人，视能授权；(2) 明确职责范围；(3) 在授权时，要确定自己保留的权力；(4) 授权后，要进行必要的监督和控制。有效的授权，既可减少园长工作负担，使其从繁琐事务中解脱出来，有较多的时间去处理重要问题，又可以有效地调动下属的积极性，激发他们的责任感和进取心，锻炼他们的才干。

(二) 协调人际关系的策略

幼儿园是以女性居多的团队，女性更关注人际关系的和谐程度。园长在处理人际关系问题时，做好协调与平衡是非常重要的。人际关系处理得好，可以调动各方面的积极性、主动性和创造性，形成相互支持、相互补位的合力，减少资源浪费，为幼儿园发展创造好的氛围；反之，教职工之间容易产生隔阂，很难形成团结和谐的环境氛围，不利于教师工作积极性的调动，甚至影响幼儿园保教功能的有效发挥。协调人际关系，达到有效沟通的策略主要表现在以下几方面。

1. 协调与平衡幼儿园内部人际关系

(1) 协调与平衡领导班子内部成员间的关系，避免“内耗”

园领导班子内部成员间要有共同的工作目标，并对共同的目标取得统一的认识，确立共同的价值观；在工作上既要有明确的分工，又要相互支持合作；要从感情上和思想上多进行沟通与交流，要善于控制消极情感，用积极的态度进行交往；在行动方面要一致，在计划决策、组织实施、监督检查等重大领导行为上，凡集体研究决定的，就要按决议去执行，决不能另行一套。

(2) 协调与平衡教职工之间的关系，注重人文关怀

首先，要真诚待人，信任、尊重教职工，少摆领导架子，多和教师沟通，倡导并积极营造较为自由和安全的心理空间。其次，要公平公正对待每位教职工，避免“强者愈强，弱者愈弱”的现象。最后，要关心教职工需求，创造条件、提供机会，满足教师专业发展需求，为教职工创造自我实现的良好条件。

一般而言，女性居多的人际关系较为敏感和复杂，园长能否处理得当，对教职工的工作的满意度、凝聚力有直接的影响。以下案例中的园长在发现问题后，及时分析原因所在，公平公开地积极寻求办法，使问题迅速、合理解决，正是园长领导艺术的体现。

资料链接 10-6

这不公平!

这天上午，大二班的苏老师又请假没来上班。说起这位苏老师，也确实让人头疼，一个学期她差不多要请半个学期假，可是幼儿园是定岗制，没有富余的教师，因此，苏老师一请假，许多工作就自然落到同班的李老师身上。这天下午，李园长去大二班交代李老师明天值班的事情时，李老师就提出反对意见了。李老师一直以来工作兢兢业业，对领导交代的任务从来没有怨言，今天的态度让李园长措手不及。李园长只得耐心地跟李老师商量：“家里有事就克服一下吧，毕竟幼儿园的事情重要，你们班里只有一位老师，只有辛苦你了！”没想到李老师态度强硬地顶回来：“别人可以一而再，再而三地请假，为什么我家里就不能有事？为什么我就不可以请假？我明天不干了！我也请假！”李园长陷

入了沉思：李老师为什么会有如此激烈的情绪反应？表面看只是多值一次班的问题，但是仔细想想这件事，可以发现李老师的不满情绪已经隐忍很久了。孙老师一学期几乎要请半学期假，全园教师几乎都知道大二班的李老师最辛苦，结果就造成了谁偷懒谁得益，谁辛苦谁倒霉的局面，久而久之再没脾气的人也会被这种不公正给气坏的。看来自己在处理这件事上很不妥当。

李园长想到这儿，对李老师说："最近一段时间你的确辛苦了，既然家里有事，明天就由我来值班吧。"很快，李园长就召开园务会议研究教师加班补贴与调休的方案，方案出台后立即得到全园教师的响应和支持。方案通过后，园长主动找李老师谈心，检讨了自己以往在处理问题上的简单化和粗放化，由于处理不妥当或者不公平让老师受了委屈，同时也追加了李老师的加班补贴和调休时间，李老师对此表示满意。

选自任民、李迎春著：《幼儿园园长的领导艺术》，中国轻工业出版社，2013年版

2. 协调与平衡幼儿园外部人际关系

（1）协调与平衡幼儿园与上级主管部门之间的关系

争取上级主管部门的支持，是幼儿园对外公关的一个重要职能，对幼儿园的发展起着润滑剂的作用。首先，要尊重上级主管的意见和决定，对上级部署的工作，结合本园实际，逐一落到实处，并要做出亮点和特色，随时随地迎接检查督导；对教育行政及业务部门的领导无论年长还是年幼，从园领导到每位教职工都要表示尊重。其次，要积极主动地争取上级主管部门的支持，主动交流和汇报，争取上级检查、指导工作。上级主管部门领导也是重要的资源，通过经常的沟通，有利于幼儿园及时发现问题，解决问题，扬长避短。

（2）协调与平衡幼儿园与家长之间的关系

园长要建立起有效的沟通交流机制，通过家园联系手册、微信、微博等渠道，多方面了解幼儿的家庭环境与家长的教养方式，有针对性地进行教育和指导；定期对家长开放园内活动，让家长及时了解幼儿在园情况，了解幼儿园的教育要求等，争取家长支持与理解，与幼儿园配合一致对幼儿实施教育。通过家园双方的相互了解，彼此理解和支持，化解和处理矛盾，建立起相互尊重信任的关系。

（三）拓宽资源渠道的策略

《幼儿园教育指导纲要（试行）》在总则里提出："幼儿园应与家庭、社区密切合作，与小学相互衔接，综合利用各种教育资源，共同为幼儿的发展创造良好的条件。"能否有效地运用各种资源，并把一切有利资源转化为幼儿园教育活动的资源，是园长工作能否全面展开的重要前提之一。园长有效地运用各种资源，应做到以下几点。

1. 争取家长资源

家长资源对幼儿园来说是一项重要而特殊的资源，他们不仅是幼儿园最珍贵的资产，而且是重要的"动态资产"。

幼儿园要拓宽家园合作的渠道，挖掘家长的专业知识和职业领域的特点，使家长成为"家长教师"，亲身体验幼儿教师职业；通过邀请家长参与幼儿一日生活环节的方式，组织家长参与幼儿园管理，使家长能及时了解幼儿园日常教育教学工作，并对幼儿园日常工作的实施和园务计划的落实进行监督；同时要以合理的激励机制激发家长主动参与，充分调动家长工作的积极性和主观能动性，有效激发家长的潜能。

2. 利用社区资源

社区是幼儿园生存和发展的基本环境。密切与社区联系，充分发掘和利用社区资源可以为幼儿园发展提供良好的环境和条件，因此，如何利用社区资源成为园长工作的重要内容之一。

园长要注意争取社区各方面人力、物力、财力等的支持和帮助。一是争取人力资源方面，园长可以组织利用社区人力及智力资源，如携手热心学前教育或学有专长的社区人士来园，发挥其智力或特长，协助教师组织幼儿活动，传授专门知识技能等，这种方式对扩大孩子们的社会接触面，增长见识很有益处。二是争取物力资源方面，创造有利于教育的条件，如可以将社区公共设施（街道广场、儿童乐园等）加以利用开展教育活动。三是争取财力资源方面，园长可以争取效益好的企业、公司赞助等筹集经费，用于改善办园条件，为孩子们创造良好的生活和游戏环境。

3. 整合园内资源

园内资源包括幼儿园的人力、物力、财力等资源，这些资源组成了幼儿园的整体环境，每一种资源能否被有效挖掘与利用，关系着一个幼儿园能否发挥最大的教育作用。园内资源具体包括：一是园内人力资源，这是各种资源中起决定作用因素的资源。园长要使人力资源的作用得到发挥首先要使每个人各司其职、各尽其责，还要让他们的人生观、价值观、生活方式等影响幼儿的发展。其中教师当然是最重要的人力资源，因而，园长在整合园本资源中尤其要注重教师资源的开发与利用。二是园内物力资源，即幼儿园的物质资源，一般是指玩具、教具、图书、资料及设备等物质材料。要充分发挥它们的作用，不仅仅在于如何充分利用、维护，使其延长使用寿命，还应注意合理、有效地使用。要避免物质资源闲置，合理分配物质资源；避免材料使用功能的单一性，变"物尽其用"为"一物多用"；综合使用各种材料，做到物有所值、物尽所值，既满足幼儿当前需要又有利于幼儿的发展，发挥物质资源的最大育人效能。三是园内财力资源。园长要懂得理财，了解经费的收入和支出情况，精打细算，合理分配和使用经费，以有限的投入获得尽可能高的效益；要注意检查财务、财产制度的执行情况。

4. 挖掘信息资源

管理活动从某种意义上说，就是收集信息、加工信息、分析信息、做出决策的过程。领导者制订计划靠信息，组织和控制人、财、物也要靠信息。能否有效地获取信息，并科学地利用信息是园长工作能否提高效能的重要前提之一。园长有效地利用信息，应做到：一是提高信息意识。园长要有增强紧迫感和危机感，不断掌握工作的主动权。二是建立信息系统。要建立以园长为领导的，专兼职人员结合的，负责信息收集、加工、处理的网络系统。三是主动获取信息。园长应通过多种渠道，积极主动地获取并占有信息，为园所的领导与管理提供更多的客观事实依据及理论依据。四是及时加工信息。即对已获取的信息进行筛选、统计、归类，并据之做出定量分析与定性分析，要注重信息的价值。五是有效利用信息。园长不但要根据园所当前工作对信息进行选择，还要从实际出发，因时因事制宜，将信息与园所的发展联系起来，善于预测和验证。

总之，园长要有计划地、科学地利用幼儿园内外资源，善于抓主要矛盾和工作重点，调动各种积极因素，争取获得最高的效益。

（四）改善管理思维的策略

众所周知，园长管理水平的高低是发展幼儿园的关键所在，而园长的管理思维直接制约着园长的管理水平。然而，当前我国园长管理思维存在缺乏创新性、系统性、辩证性、深刻性和预测性等特点，因此改善园长管理思维在当前显得尤为重要。

首先要注重方法性和工具性知识的学习。有人预言，未来的时代是有一门学科专长、广涉多学科知识的“通才”取胜的时代。如果只具备一门知识、技能，将会越来越不适应社会发展的要求。因此，我们不仅要注意汲取广博的知识，而且还要掌握一整套新时代的求知本领。过去说：“知识就是力量”，现在应该说，如何有效地学习知识显得更为重要了，或者说方法性和工具性知识的重要性在上升。如果把握不住这个总趋势，谁就无法胜任现代的领导职位。所以园长要在努力学习专业知识的同时，不断地学习一些方法性和工具性知识，如逻辑学、系统学、辩证唯物主义、历史唯物主义等知识，而且要注重理论与实践有机结合，不断地进行自我反思，使自己的管理思维方式不断成熟。

其次要时常用发展的眼光审视幼儿园工作，用新的观念评价幼儿园运转过程中的人与事，尊重师幼的创新精神和创造性的劳动，并善于以积极的行动支持与鼓励具有发展潜力的新观点与新方法。园长不能老是停留在一个水平上，要保持常“新”、常“青”，始终给人耳目一新的感觉，以“不断进取、永不满足”的精神，争取做到“先一步、优一层”。

本章小结

园长作为幼儿园行政的最高负责人，也是幼儿园的法人代表。因此，园长是否明确自身的角色，能否真正履行职责，能否有效地实施领导策略，将会对幼儿园管理的科学性、有效性产生直接影响。

本章在明确园长负责制的含义及园长负责制的结构和功能的基础上，分析了园长的角色与职责，阐述了园长应具有的素质及园长专业发展的相关知识，提出了园长的管理理念与管理策略。

思考与练习题型例举

一、单项选择题

1. 确定幼儿园实行园长负责制的法规是(　　)。

A.《幼儿园教育指导纲要》　B.《幼儿园工作规程》

C.《教育规划纲要》　D.《幼儿园管理条例》

2. 提高园长领导影响力的关键在于提高其(　　)。

A. 权力性影响力　B. 决策力　C. 非权力性影响力　D. 统筹协调力

二、多项选择题

1. 园长作为服务者的角色，主要是为(　　)。

A. 幼儿服务　B. 家长服务　C. 帮助教师

D. 教师服务　E. 指导家长

2. 园长的素质应包括(　　)。

A. 政治思想素质　　B. 知识素质　　C. 心理品质
D. 文化修养　　E. 能力素质

3. 园长专业发展的阶段有(　　　　)。

A. 职前预备期　　B. 见习期　　C. 适应期
D. 称职期　　E. 成熟期

三、名词解释

1. 园长负责制
2. 园长的职责
3. 权力性影响力

四、简答题

1. 简述园长负责制的结构与功能。
2. 简述园长的角色。
3. 简述园长工作的任务和内容。
4. 影响园长专业发展的内在因素有哪些?

五、论述题

1. 试述园长负责制的结构与功能。
2. 试述园长有效运用权力的策略。

六、做中学

1. 收集和整理一例园长善于提升自身非权力影响力的案例,并进行分析。
2. 收集和整理一例园长平衡幼儿园内部人际关系的成功或失败案例,并进行分析。

参考答案

一、单项选择题

1. B　　2. C

二、多项选择题

1. ABD　　2. ABCE　　3. ACDE

三、名词解释

1. 园长负责制:是一个结构性概念,反映的是园内领导关系的结构,是个人负责与各方面制约关系的统一。园长责任制是指幼儿园在上级宏观领导下,以园长全面负责为核心,同党支部保证监督、教职工民主管理有机结合,为实现幼儿园工作目标,充分发挥领导职能的管理格局。

2. 园长的职责:就是园长这个特定的工作岗位应承担的特定责任。

3. 权力性影响力:是由领导者掌握合法职权,并能合情合理地加以运用而产生的影响力。

四、简答题

1. 答:

(1) 确立园长办园的中心地位;
(2) 党组织发挥政治领导作用;

(3) 建立教代会民主管理制度。

2. 答:

(1) 领导者的角色;

(2) 指导者的角色;

(3) 学习者的角色;

(4) 服务者的角色;

(5) 协调者的角色。

3. 答:

(1) 把握幼儿园整体方向,规划幼儿园发展;

(2) 建设有效的幼儿园管理体系,优化内部管理;

(3) 创建优良组织文化,建设优秀的教职工队伍;

(4) 领导和指导园所保教工作;

(5) 建立和谐的内外关系,调适外部环境。

4. 答:

(1) 园长的专业信念;

(2) 个人的学习和反思;

(3) 个人能力;

(4) 园长的自我发展需要和意识;

(5) 专业态度和动机。

五、论述题

1. 答:

(1) 确立园长办园的中心地位。

园长负责制明确了园长对园所工作具有最高行政权,园长有决策指挥权、用人权、用财权与奖惩权等,在托幼园所处于中心地位。园长在举办者和教育行政部门领导下,依据幼儿教育规程负责领导全园工作。园长负责制有着特定的内涵,它是以园长责任和职权为主要内容的园内管理体制之一,它包括上级领导、园长负责、党支部政治核心和保证监督、教职工民主参与管理四个既相互联系又相互区别的组成部分,目的是建立起统一的、高效率的园内指挥系统。

(2) 党组织发挥政治领导作用。

主要体现在:① 发挥监督保证作用;② 支持园长与行政部门行使职责;③ 教育激励群众,调动群众的积极性;④ 加强党的思想建设和组织建设,发挥"战斗堡垒"的作用。

(3) 建立教代会民主管理制度。

园长负责制是民主集中制的管理办法。园长对幼儿园工作的统一领导,是建立在民主管理和科学管理的基础之上的,发挥教职工的民主管理作用,是园长负责制的重要组成部分。

教代会的职责是代表幼儿园全体员工对幼儿园各项决策提出意见和建议,是广大教职工对园所工作进行民主管理和监督的组织形式,为其参与园所管理提供了正式渠道和路径;也为园领导开辟言路、集思广益、群策群力,充分调动教职员工积极性、主动性和创造性提供了一个重要的"平台"。

2. 答：

（1）协调执行规章制度时的“法”与“情”。

执行规章制度，一方面要执“法”，就是园长要带头执行，倡导制度面前人人平等，严格按照制度办事，保证制度的权威性；另一方面要量“情”，就是要以人为本，结合具体情况做具体分析，根据实际情况不断修订、完善制度。

（2）提高自身的非权力性影响力。

园长领导力由两部分构成：权力性影响力和非权力性影响力。权力性影响力是由领导者掌握合法职权，并能合情合理地加以运用而产生的影响力。这种影响力是以“法定”为依据，以权力为核心形成。其特点是：对教职工的影响有明显的强制性和不可抗拒性；它以外部压力的形式发生作用，在其作用下，教职工的心理和行为主要表现为被动和服从。

所谓非权力性影响力是由领导者自身所表现出来的良好的品格、卓越的才能、丰富的知识和经验、真挚而友善的感情因素构成的。非权力影响力属于自然性影响力，是内在的，能反映出领导者的素质。这种影响力是自然产生的，是非强制性的，主要来自教职工对园领导者的敬佩、信服、爱戴，能够对教职工的心理和情感产生比较深刻的影响作用，有利于良好管理氛围的形成。可见，在领导影响力的构成中，非权力性影响力占主导地位，起着决定作用。

（3）善于用人。

园长是领导者，不一定样样精通，但要知人善任，努力营造有利于造就人才、人尽其才的氛围。园长要大胆探索，努力形成符合幼儿园管理特点的用人机制、竞争机制、激励机制、约束机制、评价机制和分配机制等，用机制影响、约束教职工的教育、教学行为，从深层次上解决调动教职工积极性的问题。

（4）有效的授权。

所谓授权，就是领导者把所属权力按照规定和工作需要授予下级，从而给下级提供完成任务所必需的权限。有效的授权，既是运用权力的一种艺术，也是领导教职工的一种重要方式。园长在管理时，特别要善于分工授权，并把握以下几点：① 要因事用人，视能授权；② 明确职责范围；③ 园长在授权时，要确定自己保留的权力；④ 授权后，要进行必要的监督和控制。

六、做中学（应用题）

略

参考文献

一、著作类

（一）管理学

[1] 杨文士，等. 管理学原理[M]. 北京：中国人民大学出版社，2004.

[2]陈国钧，陆军. 管理学[M]. 南京：南京师范大学出版社，1997.

[3] 刘溶沧，杨之刚.财政学论纲[M]. 北京：经济科学出版社，1998.

[4] 叶振鹏，张馨.公共财政论[M]. 北京：经济科学出版社，1999.

[5] 财政部注册会计师考试委员会办公室.财务成本管理[M]. 大连：东北财经大学出版社，2000.

[6] 徐美恒，李明华.公共关系管理学[M].北京：中国人民公安大学出版社，2002.

[7] 斯蒂芬·P·罗宾斯、玛丽·库尔特. 管理学[M].孙健敏，等，译.北京：中国人民大学出版社，2004.

[8]石伟. 组织文化[M].上海：复旦大学出版社，2004.

[9]杨宝宏，杜红平.管理学原理[M]. 北京：科学出版社，2006.

[10] 赵继新，吴永林.管理学[M]. 北京：清华大学出版社，北京交通大学出版社，2006.

[11] 谭昆智.组织文化管理[M]. 北京：北京大学出版社，2008.

（二）教育管理学

[12] 中央教育科学研究所比较教育研究室.简明国际教育百科全书-教育管理[M].北京：教育科学出版社，1992.

[13] 马克·汉森.教育管理与组织行为[M]. 冯大鸣，等，译. 上海：上海教育出版社，1993.

[14] 金含芬.学校教育管理系统分析[M]. 西安：陕西人民教育出版社，1993.

[15] 孙灿成.学校管理学概论[M]. 北京：人民教育出版社，1993.

[16] 萧宗六.学校管理学[M]. 北京：人民教育出版社，1994.

[17] 孙绵涛.教育管理原理[M].广州：广东高等教育出版社，1999.

[18] 黄兆龙.现代学校管理学新论[M]. 北京：中国经济出版社，1994.

[19] 萧宗六、贺乐凡.中国教育行政学[M]. 北京：人民教育出版社，1996.

[20] 陈孝彬.教育管理学[M].修订版.北京：北京师范大学出版社，1999.

[21] 吴志宏，等. 新编教育管理学[M].上海：华东师范大学出版社，2000.

[22] 范先佐.教育投资体制改革的理论与实践问题研究[M].武汉：华中师范大学出版社，2003.

[23] 范先佐.教育财务与成本管理[M]. 上海：华东师范大学出版社，2004.

[24] 牟阳春，等.中国教育年鉴-2006[M].北京：人民教育出版社，2006.

[25] 王楚松. 校长的精神追求[M]. 长沙：湖南师范大学出版社，2007.

(三）学前教育管理学

[26]张燕,邢利娅.幼儿园组织与管理[M]. 北京：北京师范大学出版社，2002.

[27]张燕,邢利娅.幼儿园管理案例及评析[M]. 北京：北京师范大学出版社，2002.

[28]邢利娅,张燕.幼儿教育管理理论与实践[M].北京：北京师范大学出版社,2002.

[29]邢利娅.幼儿园管理[M].北京:高等教育出版社,2010.

[30]阎水金.学前教育行政与管理[M].长春：东北师范大学出版社，2003.

[31]李丽惠.幼儿园管理学[M].北京：科学普及出版社，1994.

[32]唐淑,等.幼儿园班级管理[M]. 南京：南京师范大学出版社,1997.

[33]高一敏.幼儿园科学管理新创——上海市徐汇区科技幼儿园内部管理体制改革初探[M].上海：上海科学技术文献出版社，1999.

[34]中国学前教育研究会.中华人民共和国幼儿教育文献汇编[M].北京：北京师范大学出版社，1999.

[35]谢秀丽.幼儿园工作管理[M]. 广州：广东高等教育出版社，2000.

[36]Dorothy June Sciarra、Anne G.Dorsey.幼儿园的开办与管理[M].张咏,等,译. 北京：中国轻工业出版社，2003.

[37]李生兰.幼儿园与家庭、社区合作共育的研究[M].上海：华东师范大学出版社，2003.

[38]丛中笑.对话:幼儿园管理丛书[M].北京：华夏出版社，2005.

[39]何幼华.幼儿园管理创意设计[M].上海：华东师范大学出版社，2006.

[40]李季湄.回到基本元素去——走进新《纲要》[M].北京师范大学出版社，2006.

[41]屈玉霞.幼儿园经营与管理[M].北京：科学出版社，2007.

[42]菲利斯·M.科里克.托幼机构管理[M]. 韦小冰,等,译.北京：北京师范大学出版社,2007.

[43]张燕.幼儿园管理[M].北京：人民教育出版社，2008.

[44]秦明华.幼儿园组织与管理[M].上海：复旦大学出版社，2008.

[45]张燕.学前教育管理学[M].修订版.北京：北京师范大学出版社，2009.

[46]刘艳珍、马鹰. 幼儿园组织与管理[M].北京:北京师范大学出版社，2011.

[47]程凤春.幼儿园管理的50个典型案例[M].上海:华东师范大学出版社，2010.

[48]陈迁.幼儿园管理的50个细节[M].福州:福建教育出版社,2011.

二、期刊类

[1]欧阳林.论学校公共关系管理的必要性[J].广西师范大学学报(哲学社会科学版)，1995(1).

[2]刘海生.学校公共关系的管理刍议[J].教学与管理，2003(12).

[3]齐新林.学校组织文化建设刍议[J].校长阅刊，2006(5).

[4]韩立福、章建石.学习型学校的组织文化及其特征[J].教学与管理，2006(11).

[5]胡晓华.学校文化管理建设的深层探索[J].教学月刊(中学版)，2007(7).

[6]武启云.学校组织文化及其构建[J].教学与管理，2007(9).

[7]胡松林.学校公共关系管理时代的来临——评《公众、事务与形象——学校公共关系管理导论》[J]. 教育科学研究. 2008(4).
[8]陈万军.目标管理在教育工作中的重要性[J].中国成人教育, 2008(11).
[9]李芹.学校组织文化内涵、结构与功能探讨[J].广东工业大学学报(社会科学版). 2008(2).
[10]尤小敏.幼儿园组织文化建设初探[J].教育导刊, 2002(10).
[11]阎水金.加强园所人力资源的管理[J].幼儿教育, 2002(12).
[12] 陆亚刚.五常法与幼儿园日常管理[J].幼儿教育, 2002(12).
[13]蔡蔚文.充分挖掘园本教育资源,促进幼儿发展[J].厦门教育学院学报, 2003(1).
[14] 黄缨,盘海鹰.谈"园本管理"在幼儿园的实施[J].山东教育(中学刊), 2003(36).
[15] 王雯.公办幼儿园转制过程中若干产权问题探讨[J].教育与经济, 2004(4).
[16]刘苏.幼儿园管理价值取向发展的几个阶段[J].早期教育,2004(4).
[17]赵晓霞.文化管理——幼儿园管理形象制胜的本源[J].学前教育研究,2005(1).
[18]程敏.托幼机构教育中的家长参与[J].学前教育,2005(6).
[19]吴振东.略论园长在教师专业发展中的多重角色[J].教育导刊(幼儿教育), 2005(10).
[20]钱琴珍,姜勇,阮婷.幼儿园组织氛围与教师专业发展结构模型研究[J].心理科学, 2007(3).
[21]朱新,胡群刚.加强幼儿园健康教育工作管理的探讨[J].江苏卫生保健, 2007(2).
[22]李桂荣.树立科学的幼儿园安全管理观[J].甘肃教育, 2007(7).
[23] 邢利娅、隋丽丽.园长在幼儿园组织文化建设中的地位和作用[J].内蒙古师范大学学报(教育科学版), 2007(12).
[24]卢悦明.幼儿园教职工健康管理的意义及其实施策略[J].教育导刊,2010(1).
[25] 刘馨.我国部分地区幼儿园安全状况与安全教育调查[J].学前教育研究,2005(12).
[26] 刘梅.幼儿园人力资源管理应以人为本 充分挖掘教师的潜能[J].山东教育(幼教刊),2006(11).
[27]张媛.激励策略在幼儿园教师管理中的运用[J].内蒙古师范大学学报,2011(4).
[28]欧阳静.浅谈现代幼儿园危机管理[J].当代学前教育,2008(4).
[29]石明兰.幼儿园危机管理初探[J].教育导刊,2008(5).
[30]刘冬梅,王洪涛.《劳动合同法》视野下的幼儿园人力资源管理[J].幼儿教育, 2008(5).
[31]金虹青,徐晶.幼儿园家长资源开发策略[J].学前教育研究, 2008(8).
[32]黄翠萍.以教师为本创建促进教师专业发展的幼儿园文化[J].学前教育研究, 2008(10).
[33]郑敏英.园本管理策略的探索与实践[J].贵州教育, 2008(18)
[34]赖长春.幼儿园高收费现象的本质、成因及对策[J].学前教育研究, 2009(6).

三、硕博论文类

[1]李成彦.组织文化对组织效能影响的实证研究[D].上海:华东师范大学,2005.

[2]王雯.我国民办幼儿教育发展的若干问题研究[D].武汉:华中师范大学, 2002.

[3]雷丽珍.中小学校长专业发展的影响因素研究[D].广州:华南师范大学, 2004.

[4]张明明.现代学校公共关系管理梯度模型建构初探[D].上海:华东师范大学, 2005.

[5]董汉民.我国当前幼儿园园长有效领导行为的调查研究[D].济南:山东师范大学, 2005.

[6]张英姿.学校组织文化初探[D].北京:首都师范大学, 2007.

[7]杨殊琛.内蒙古地区幼儿园园长课程管理现状与对策研究[D].呼和浩特:内蒙古师范大学, 2007.

[8]白凤英.呼市地区公办幼儿园园长负责制运行中的问题及对策研究[D].呼和浩特:内蒙古师范大学, 2009.

[9]马楠.幼儿园园长课程领导面临的困境及对策研究[D].长春:东北师范大学, 2008.

[10]李丽. 新城区幼儿园保教结合及其管理的问题及对策研究[D].呼和浩特:内蒙古师范大学,2009 .

[11]房玮婧.优秀园长专业发展的影响因素研究[D].呼和浩特:内蒙古师范大学,2010.

后记

经全国高等教育自学考试指导委员会同意，由教育类专业委员会负责高等教育自学考试教育类专业教材的审定工作。

《幼儿园组织与管理》自学考试教材由内蒙古师范大学邢利娅教授和蔡淑兰教授担任主编。

参加本教材审稿讨论会并提出修改意见的有北京师范大学张燕教授，中华女子学院余珍有教授和北京师范大学杜继刚副教授。全书由邢利娅和蔡淑兰教授修改定稿。他们付出了辛勤劳动，在此一并深表谢意。

全国高等教育自学考试指导委员会

教育类专业委员会

2015年5月